제4차 어린이집 표준보육과정을 반영한

보육학개론

Introduction to Childcare & Education

머리말

우리나라의 합계출산율은 2019년 기준 0.92명으로 매년 추락을 거듭하고 있는데, OECD 국가 중 유일하게 합계출산율이 1명 미만이라고 합니다. 심각한 저출산문제를 해결하기 위해 그간 우리나라는 노동, 주거, 교육 등 여러 분야에 정책과 예산을 집중하고 있습니다. 그 중 보육은 영유아기 자녀를 둔 맞벌이 가정의 육아를 지원하고, 생애 초기의 공정한 출발이라는 점에서 저출산이라는 국가적 위기 해결의 중요 과제로 관심을 받아왔습니다. 이에 2000년대 이후 부모가 믿고 맡길 수 있는 어린이집 확보를 위해 보육의 질적 수준 향상을 위한 노력이 이루어졌고, 양질의 보육을 위한 보육교사 전문성의 중요성에 대한 인식이 더욱 높아지고 있습니다.

『보육학개론』은 보육교사가 되고자 아동, 보육 관련 학과에 입학한 학생들이 주로 1학년 때 이수하는 필수 교과목입니다. 이에 보육에 대한 전반적인 이해와 전문성의 기초를 닦는 교과목이라 할 수 있습니다.

이 책의 저자들은 모두 보육 현장에서 보육교사, 어린이집 원장으로 재직을 하고 현재 대학에서 학생들을 지도하는 교수들입니다. 이에 보육교직원으로서의 경험을 바탕으로 보육 관련 내용을 처음 접하는 학생들에게 구체적이고 다양한 정보를 주고자 하였습니다. 그리고 오랫동안 대학에서 학생들을 지도한 경험을 바탕으로 학생들에게 다소 낯선 용어나 내용은 그림이나 사진 자료들을 활용해 최대한 쉽게 전달하고자 노력하였습니다. 뿐만 아니라 최근 보육과 관련된 변화들, 예컨대 어린이집 평가제 시행, 표준보육과정 및 누리과정 개정, 보육지원체계 개편 정책들을 모두 포함하여 학생들이 최신 정보를 습득할 수 있도록 하였습니다.

이 책은 15주 수업에서 중간, 기말고사를 제외한 13주 수업을 염두에 두고 총 13장으로 구성하였습니다. 1~4장은 보육의 개념을 시작으로 보육의 현황과 역사, 사상, 영유아 발달 등 보육의 기초를 정립할 수 있도록 하였습니다. 5~11장은 보육교직원, 표준보육과정 및 누리과정, 보육과정 운영, 환경, 건강 · 영양 · 안전, 운영관리, 보육평가 등 보육 실제를 이해할 수 있도록 하였습니다. 12~13장은 부모와 지역사회, 세계 여러 나라의 보육을 통해 보다 학생들이 보육에 대한 시야를 넓힐 수 있도록 하였습니다. 또한 각 장의 마무리로 관련 뉴스와 연구자료, 영상자료 등을 소개하여 내용에 대한 이해를 보충할 수 있도록 하였습니다.

이 책을 집필하면서 누리과정, 표준보육과정 개정 내용을 포함하기 위해 출판 일정이 부득이하게 늦어짐을 양해해 주신 파워북 관계자분들께 감사드립니다. 이 책을 통해 예비 보육교사들이 보육을 잘 이해하고, 보육교사로서의 비전을 갖게 되기를 기대합니다.

2020년 8월

저자 일동

차례

04 보육경험과 영유아발달

05 보육교직원

06 어린이집 표준보육과정

07 보육과정의 운영

08 보육환경

09 영유아의 건강, 영양, 안전

10 어린이집 운영관리

11 보육평가

12 부모와 지역사회

13 세계 여러 나라의 보육

CHAPTER 01

보육의 개념과 중요성

C H A P T E R

01

우리나라의 보육사업은 사회 변화에 따라 단순 보호기능에서 영유아의 건강한 성장과 발달을 지원하는 보육으로 발전하였다. 또한 빈곤층 취업모의 자녀를 대상으로 제한한 선별주의에서 모든 영유아를 보육대상으로 보는 보편주의로 변하였고, 영유아 보육이 개별 가족의 책임이 아니라 국가와 사회가 책임을 져야 한다는 사회적 공감대가 형성되어 국가가 주도적으로 보육의 질적 성장을 위해 노력하고 있다.

이 장에서는 보육의 개념과 보육의 필요성에 대해 알아보고, 어린이집 유형 및 현황을 살펴본다.

1. 보육의 개념

보육의 개념은 시대 및 사회마다 다르게 정의되었지만, 사전적 개념으로 볼 때 보육educare이란 보호care와 교육education의 합성적 의미이다. 보호는 가정과 같은 분위기를 조성하여 심신의 세심한 양육을 통해 정서적 안정감을 유도하는 것이고, 교육은 영유아의 신체적·사회적·인지적·언어적 발달에 기여할 수 있는 경험을 제공하는 것이다. 즉, 보육은 영유아기의 신체적 보호뿐 아니라, 교육적 차원에서 영유아의 긍정적 발달을 위해 적절한 활동과 경험을 제공하는 것을 의미한다.

우리나라의 보육은 초기에는 '탁아託兒'라는 개념으로 저소득층 가정이나 맞벌이 가정의 자녀를 위한 보호에 초점을 두었으나, 1991년 1월「영유아보육법」제정을 계기로 보호와 교육이 통합된 보육이라는 용어를 보편적으로 사용하기 시작하였다. 이는 영유아에게 있어서 보호와 교육이 분리될 수 없고 두 가지 모두 영유아에게 제공되는 서비스에 반드시 포함되어야 한다는 것을 의미한다.

「영유아보육법」제2조(정의)에 따르면 "보육이란 영유아를 건강하고 안전하게 보호·양육하고 영유아의 발달 특성에 맞는 교육을 제공하는 어린이집 및 가정양육 지원에 관한 사회복지서비스"를 말한다. 여기서 영유아란 6세 미만의 취학 전 아동을 의미한다. 따라서 보육이란 6세 미만의 영유아를 보호하고 교육하는 통합된 개념으로써 어린이집에서 제공하는 보육서비스뿐만 아니라 가정에서 자녀를 양육하는 것을 지원하는 것까지 보육의 의미로 확대하여 보고 있다.

표 1-1 영유아보육법에서 제시하는 보육의 개념

구분	개념
영유아보육법 (1991년 제정)	**제1조(목적)** 이 법은 보호자가 근로 또는 질병 기타 사정으로 인하여 보호하기 어려운 영아 및 유아를 심신의 보호와 건전한 교육을 통하여 건강한 사회성원으로 육성함과 아울러 보호자의 경제적·사회적 활동을 원활하게 하여 가정복지 증진에 기여함을 목적으로 한다.

(계속)

구분	개념
영유아보육법 (2004년 전문개정)	**제1조(목적)** 이 법은 영유아를 심신의 보호와 건전한 교육을 통하여 건강한 사회 성원으로 육성함과 아울러 보호자의 경제적 · 사회적 활동을 원활하게 함으로써 가정복지 증진에 기여함을 목적으로 한다. **제2조(정의)** 보육이라 함은 영유아를 건강하고 안전하게 보호 · 양육하고 영유아의 발달특성에 적합한 교육을 제공하는 사회복지서비스를 말한다.
영유아보육법 (2019. 4. 30. 일부개정/2020. 3. 1. 시행)	**제1조(목적)** 이 법은 영유아의 심신을 보호하고 건전하게 교육하여 건강한 사회 구성원으로 육성함과 아울러 보호자의 경제적 · 사회적 활동이 원활하게 이루어지도록 함으로써 영유아 및 가정의 복지 증진에 이바지함을 목적으로 한다. **제2조(정의)** 보육이란 영유아를 건강하고 안전하게 보호 · 양육하고 영유아의 발달 특성에 맞는 교육을 제공하는 어린이집 및 가정양육 지원에 관한 사회복지서비스를 말한다.

출처: 법제처 국가법령정보센터(http://www.law.go.kr)

2. 보육의 필요성

보육의 필요성을 아동권리적 측면, 가족 구조와 기능의 변화, 저출산에 따른 사회 변화의 측면에서 살펴보면 다음과 같다.

1) 영유아의 권리 보장

영유아는 출생과 더불어 건강하고 행복하게 성장할 권리가 있다. 1989년 유엔총회에서 채택한 유엔의 '아동권리에 관한 국제협약'에 따르면 18세 미만 아동은 네 가지 기본권, 즉 생존의 권리, 보호의 권리, 발달의 권리, 참여의 권리를 보장받아야 한다. 생존의 권리는 적절한 생활 수준을 누릴 권리, 안전한 주거지에서 살아갈 권리, 충분한 영양을 섭취하고 기본적인 보건 서비스를 받을 권리 등 기본적인 삶을 누리는 데 필요한 권리

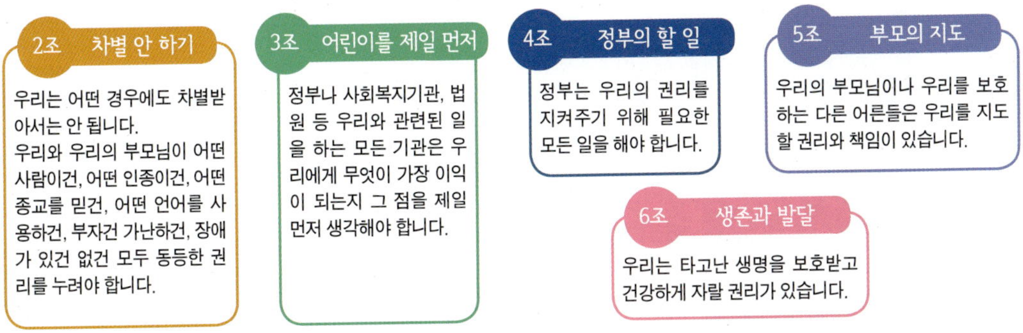

그림 1-1 유엔의 '아동권리에 관한 국제협약' 내용 일부

출처: 유니세프한국위원회(2013)

이다. 보호의 권리는 모든 형태의 학대와 방임, 차별, 폭력, 고문, 징집, 부당한 형사 처벌, 과도한 노동, 약물과 성폭력 등 어린이에게 유해한 것으로부터 보호받을 권리이다. 발달의 권리는 잠재능력을 최대한 발휘하는 데 필요한 권리로 교육받을 권리, 여가를 즐길 권리, 문화생활을 하고 정보를 얻을 권리, 생각과 양심과 종교의 자유를 누릴 수 있는 권리 등이다. 참여의 권리는 자신의 생활에 영향을 주는 일에 대해 의견을 말하고 존중받을 권리로 표현의 자유, 양심과 종교의 자유, 평화로운 방법으로 모임을 자유롭게 열 수 있는 권리, 사생활을 보호받을 권리, 유익한 정보를 얻을 권리 등이다.

유엔의 '아동권리에 관한 국제협약'에서 강조하는 바와 같이 일반 가정에서 성장하는 영유아뿐만 아니라 모든 영유아는 인종, 성, 연령, 출생 순위, 종교, 사회적 신분, 재산 등에 관계없이 건강하고 안전한 환경에서 교육과 보호를 받으며 양육받을 권리가 있다. 따라서 국가는 모든 아동이 최상의 발달을 할 수 있도록 양질의 보육을 제공하기 위해 노력해야 한다.

2) 가족 구조 및 기능의 변화

가족 구조와 기능의 변화로 인해 보육의 필요성이 증가하고 있다. 통계청 자료에 의

표 1-2 가족의 형태별 분포

(단위: 천 가구, %)

구분		1970	1975	1980	1985	1990	1995	2000	2005	2010	2015
혈연가구 수		5,576	6,367	7,470	8,751	10,167	11,133	11,928	12,490	12,995	13,694
핵가족(%)	부부	5.4	5	6.4	7.8	9.3	12.6	14.8	18	20.6	21.8
	부부와 미혼자녀	55.5	55.6	56.5	57.8	58	58.6	57.8	53.7	49.4	44.9
	편부모와 미혼자녀	10.6	10.1	10	9.7	8.7	8.6	9.4	11	12.3	15
직계가족(%)	부부와 양(편)친	1.4	0.5	0.6	0.8	0.9	1.1	1.2	1.2	1.2	1.1
	부부와 양(편)친과 자녀	17.4	10.9	10.4	9.9	9.3	8	6.8	5.7	5	4.2
기타 가족(%)		9.7	17.9	16.1	14	13.8	11.2	10.1	10.4	11.6	13

출처: 통계청(2020)

하면 지난 30년간 핵가족 비중은 지속적으로 증가한 반면, 3대 가족 등 직계가족 비중은 감소하였다. 즉, 핵가족 비중은 1970년 71.5%에서 2015년 81.7%로 증가하였고, 직계가족은 1970년 18.8%에서 2015년 5.3%로 감소하였다. 정부는 부부와 양친과 자녀로 구성된 직계가족의 비중은 지속적으로 감소가 예상되는 반면, 가구 분화와 더불어 핵가족 중 부부가족의 비중은 계속 늘어날 전망이며 이에 따라 가족의 형태별 분포도 지속적으로 변화할 것으로 전망을 하고 있다. 이와 같이 부부와 자녀 및 한부모 가족으로 이루어진 핵가족 비중 증가로 가족 내 돌봄기능의 약화가 예상되는 바, 가족 내 돌봄기능을 보완하는 보육정책의 중요성이 더 강조되고 있다.

다음으로 여성의 경제활동 참가율이 OECD 대비 낮은 수준에 머물고 있으나 꾸준히 증가하고 있어 2018년 기준으로 52.9%에 이른다. 이는 외벌이만으로는 생활에 어려움이 있고, 여성의 교육 수준 향상과 사회적 인식 변화 등의 영향 때문이다. 여성의 경제

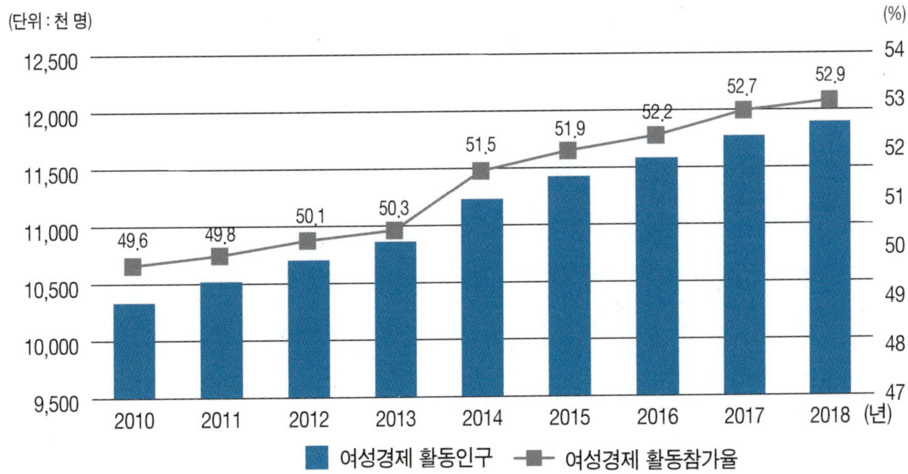

그림 1-2 여성경제활동 인구 및 참가율 추이

출처: 통계청(2020)

활동 참가율이 높아지고, 여성 취업에 대한 인식 및 가정 경제에 대한 기여도는 높아졌으나 여전히 자녀 출산과 육아로 인한 경력 단절 문제가 발생하는 M-Curve 현상도 지속되고 있다. 경력 단절 여성이 일을 그만 둔 사유로는 결혼(34.6%), 육아(30.1%), 임신 및 출산(26.3%)의 순으로 나타나(통계청 보도자료, 2016. 12. 7.) 결혼과 육아, 출산이라는 사건은 여성의 경력 단절에 여전히 큰 영향을 미치는 요인임을 알 수 있다. 이에 맞벌이 가정이 일과 육아를 병행할 수 있도록 주간의 자녀 양육을 책임질 양질의 어린이집이 매우 필요하다.

3) 출생아 수 및 합계출산율 변화

급속한 산업화와 도시화로 인해 취업에 대한 관심은 증가한 반면, 결혼은 필수가 아니라 선택이라는 결혼 가치관의 변화, 과거 자녀 중심적 가족 가치관에서 부부 중심적 가족 가치관으로의 변화, 높은 주거 및 교육 비용으로 인한 자녀 양육 부담의 증대 등의 사회 변화로 저출산이 심각한 국가적 위기로 부상하였다. 우리나라의 출생아 수는 2018년 약 32만 명으로 급격한 감소 추세를 보이고 있고, 합계출산율은 2018년 0.977명으로 OECD 34개 회원국 가운데 최하위를 기록하고 있다. 더 걱정스러운 부분은 정부가 저출산 문제를 해결하기 위해 그동안 막대한 재원을 투입하였으나 이러한 추세는 앞으로도 지속될 전망이라는 점이다. 저출산은 늘어난 기대수명과 더불어 인구 구조의 변화를 유발하여 고령화 현상에 대한 직접적 원인을 제공하였다. 저출산, 고령사회는 노동력은 감소하고 고령 인구를 부양해야 하는 사회적 비용의 증가를 초래한다는 점에서 사회문제로 이어질 수 있다. 이에 자녀 양육 및 보육은 더 이상 개별 가정의 문제가 아니라 국가 책임으로 받아들여지고 있고, 사회에서 자녀 양육을 함께 책임져야 한다는 인식이 증대되고 있다.

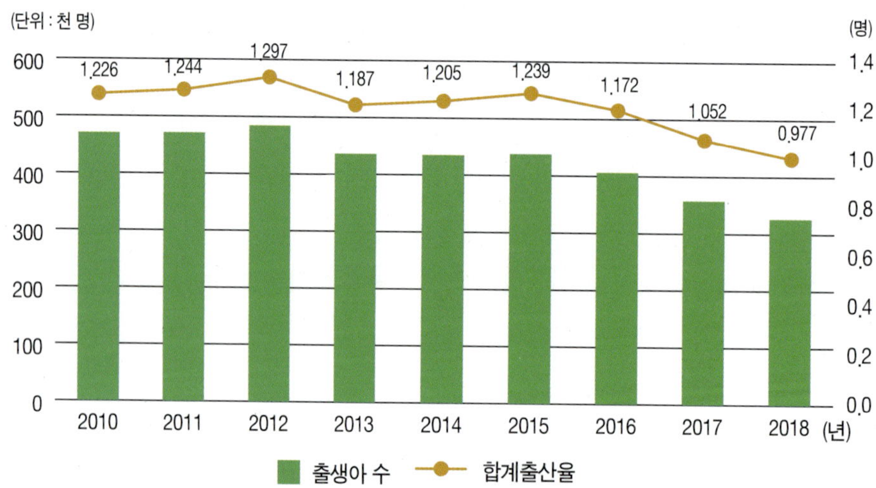

그림 1-3 출생아 수 및 합계출산율 추이

출처: 통계청(2020)

4) 인적자원에 대한 조기 투자의 중요성

보육서비스 지원은 미래 인적자원에 대한 투자와 여성의 경제활동 지원 및 저출산 대책으로서의 중요성을 지니는 핵심적인 사회정책이다(보건복지부, 2013). 이와 관련하여 인적자원에 대한 조기투자 및 보육서비스가 지니는 효과, 사회적 편익 등을 입증하는 연구들이 발표되면서 미래의 인적자원으로서의 영유아기에 대한 국가적인 관심이 증대되고 있다.

미국의 대표적인 종단연구인 Perry Preschool Project는 아동 조기투자의 효과에 대하여, 1달러 투자 시 16.14달러의 사회적 편익이 발생하는 것으로 설명하면서 인적자원 개발을 위한 시기 중 영유아 시기의 공적투자 수익률이 가장 높음을 밝히고 있다(Schweinhart, 2003). Heckman(2006) 역시 생애주기별로 투자비용을 동일하게 산정할 경우, 영유아기가 투자 대비 회수 비율이 가장 크게 나타나는 것을 밝힘으로써 영유아 발달 및 지원의 중요성을 강조하였다. 또한 영국의 대표적인 종단연구인 EPPEEffective Provision of Pre-School Education 프로젝트는, 한 명의 유아가 유아교육기관에 다닐 수 있도록 약 2,500파운드를 지원하는 것은 가난한 부모에게 약 1만 7,000파운드의 수입을 직접 지원하는 것과 동등한 효과가 있는 것으로 보고하였다(Siraj-Blatchford et al., 2003).

이와 같이 영유아기 양질의 보육서비스는 아동발달에 긍정적인 영향을 미치고, 사회경제적 계층에 관계없이 모든 영유아의 동일한 출발선을 보장한다. 궁극적으로 사회적 편익 및 국가의 이익 발생에 기여한다는 점에서 양질의 보육 제공의 중요성에 대한 관심이 증가하였다.

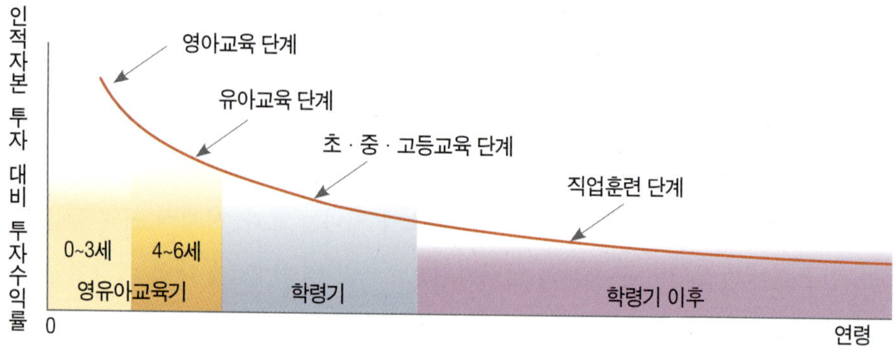

그림 1-4 영유아기 인적자본 투자 대비 회수비율

출처: Heckman, J.J. (2006)

3. 어린이집의 현황

어린이집의 명칭은 '○○어린이집'으로 하며, 명칭 사용에 유치원 · 학원 · 놀이방 등 유사기관으로 오인할 수 있는 명칭은 사용할 수 없다. 우리나라 어린이집의 유형은 어린이집을 설립한 주체가 누구인지, 어린이집에서 서비스를 제공하는 주요 대상이 누구인지, 어린이집 운영시간은 어떤지에 따라 구분해 볼 수 있다.

1) 어린이집 설립 주체에 따른 유형

(1) 국공립어린이집

국공립어린이집은 국가나 지방자치단체가 설치 · 운영하는 어린이집이다. 저소득층 밀집지역 및 농어촌지역 등 취약지역, 「건축법」에 따른 공동주택 중 대통령령으로 정하는 일정 세대 이상의 공동주택을 건설하는 주택단지, 산업단지에 우선적으로 설치하는 등 지역별로 균형 있게 배치하도록 규정하고 있다.

국공립어린이집은 상시 영유아 11인 이상을 보육할 수 있는 규모여야 한다. 국공립어린이집은 설립 주체인 국가 및 지방자치단체가 직접 보육교직원을 채용하여 운영하거나, 법인, 단체 또는 개인에게 위탁하여 운영할 수 있다.

(2) 사회복지법인어린이집

사회복지법인어린이집은 「사회복지사업법」에 의한 사회복지법인이 설치 · 운영하는 어린이집으로 상시 영유아 21인 이상을 보육할 수 있는 시설을 갖추어야 한다.

(3) 법인 · 단체 등 어린이집

법인 · 단체 등 어린이집은 각종 법인(사회복지법인을 제외한 비영리법인)이나 단체 등이 설치 · 운영하는 어린이집으로 종교법인이나 학교법인이 설치하여 운영하는 어린이집이 포함된다. 상시 영유아 21인 이상을 보육할 수 있는 시설을 갖추어야 한다.

(4) 직장어린이집

직장어린이집은 사업주가 사업장의 근로자를 위하여 설치 · 운영하는 어린이집으로, 상시 영유아 5인 이상을 보육해야 한다. 법적으로 상시 여성근로자 300명 이상 또는 근로자 500명 이상을 고용하고 있는 사업장의 사업주는 의무적으로 직장어린이집을 설치하도록 되어 있다. 의무사업장의 사업주가 직장어린이집을 단독으로 설치하기 어려운 경우에는 사업주 공동으로 직장어린이집을 설치 · 운영하거나, 지역의 어린이집과 위탁 계약을 체결하여 근로자 자녀의 보육을 지원하여야 한다.

(5) 가정어린이집

가정어린이집은 개인이 가정 또는 그에 준하는 곳에 설치 · 운영하는 어린이집으로 영유아 5인 이상 20인 이하를 보육할 수 있다.

(6) 협동어린이집

보호자 또는 보호자와 보육교직원 11인 이상이 조합을 결성하여 설치 · 운영하는 어린이집으로 상시 영유아 11인 이상을 보육할 수 있다. 종전에는 조합을 결성할 수 있는 자격이 부모에게만 있어 부모협동어린이집으로 불렀으나, 2016년부터 기준이 개정되어 보육교직원 또한 조합원이 될 수 있게 되었다. 이때 조합은 필히 영리를 목적으로 하지 않아야 하고, 다른 유형의 어린이집에 비해 부모의 참여를 중요시하는 공동육아의 특징을 갖는다.

(7) 민간어린이집

민간어린이집은 국공립, 사회복지법인, 법인 · 단체등, 직장, 가정, 협동 어린이집 에 속하지 않는 어린이집을 말한다. 상시 영유아 21인 이상을 보육할 수 있는 시설을 갖추어야 한다.

우리나라 어린이집의 현황을 살펴보면, 2019년 12월 기준으로 전국에 37,371개소가 운영되고 있다. 2013년 43,770개소로 가장 많았던 해에 비해 약 6,400개소가 줄었다. 설립 주체에 따른 어린이집 유형별 개소 수 현황을 살펴보면, 2019년 12월 기준으로 가정어린이집과 민간어린이집의 개소 수가 각각 45.8%, 33.6%로 가장 높은 비율을 차지하고 있다. 국공립어린이집과 직장어린이집이 지속적으로 증가하고 있고, 민간어린이집과 가정어린이집의 수는 지속적으로 감소하고 있다.

표 1-3 연도별 어린이집 설치 · 운영 현황

(단위: 개소)

구분	계		국공립 어린이집	사회복지 법인 어린이집	법인 · 단체등 어린이집	직장 어린이집	가정 어린이집	협동 어린이집	민간 어린이집
2019	개소	37,371	4,324	1,343	707	1,153	17,117	159	12,568
	비중(%)	100.0	11.6	3.6	1.9	3.1	45.8	0.4	33.6
2018	39,171		3,602	1,377	748	1,111	18,651	164	13,518
2017	40,238		3,157	1,392	771	1,053	19,656	164	14,045
2016	41,084		2,859	1,402	804	948	20,598	157	14,316
2015	42,517		2,629	1,414	834	785	22,074	155	14,626
2014	43,742		2,489	1,420	852	692	23,318	149	14,822
2013	43,770		2,332	1,439	868	619	23,632	129	14,751

출처: 보건복지부(2020a)

표 1-4 연도별 보육아동 현황(현원)

(단위: 명)

구분	계		국공립 어린이집	사회복지 법인 어린이집	법인 · 단체등 어린이집	직장 어린이집	가정 어린이집	협동 어린이집	민간 어린이집
2019	아동수	1,365,085	232,123	86,775	38,538	66,023	273,399	4,121	664,106
	비중(%)	100.0	17.0	6.4	2.8	4.8	20.0	0.3	48.6
2018	1,415,742		200,783	92,787	41,298	62,631	302,674	4,360	711,209
2017	1,450,243		186,916	96,794	43,404	58,454	321,608	4,508	738,559
2016	1,451,215		175,929	99,113	45,374	52,302	328,594	4,240	745,663
2015	1,452,813		165,743	99,715	46,858	44,765	344,007	4,127	747,598
2014	1,496,671		159,241	104,552	49,175	39,265	365,250	3,774	775,414
2013	1,486,980		154,465	108,834	51,684	34,479	364,113	3,226	770,179

출처: 보건복지부(2020a)

2) 서비스 대상에 따른 분류

(1) 영아전담어린이집

영아전담어린이집은 3세 미만의 영아만을 20인 이상 보육하는 어린이집으로, 정부는 2004년 이전까지 일부 어린이집을 영아전담어린이집으로 지정하여 신축비를 지원한 바 있다. 현재까지도 영아전담어린이집은 인건비와 운영비를 지원받고 있는데, 많은 가정어린이집에서 영아 보육서비스가 제공되기 때문에 최근에는 신규로 설치되지 않고 있다. 영아전담어린이집은 보육정원을 기준으로 2세 미만 반이 2세 반보다 많게 되도록 편성해야 하고, 2세 반만으로는 보육정원을 책정할 수 없다.

표 1-5 영아전담어린이집 현황

(단위: 개소)

구분	설립 주체별							
	총계	국공립 어린이집	사회복지 법인 어린이집	법인 · 단체 등 어린이집	직장 어린이집	가정 어린이집	협동 어린이집	민간 어린이집
영아전담 어린이집 수	405	55	76	13	0	43	0	218

출처: 보건복지부(2020a)

(2) 장애아전문어린이집 및 장애아통합어린이집

장애아보육을 지원하는 어린이집은 장애아전문어린이집과 장애아통합어린이집으로 구분된다. 장애아전문어린이집은 12명 이상의 장애영유아를 보육할 수 있는 시설을 갖춘 어린이집으로 장애아의 연령, 장애의 종류 및 정도를 함께 고려하여 반을 편성 · 운영하고 12세까지 입소가 가능하다. 장애아전문어린이집의 보육대상은 주로 중증의 장애아이며 특수교사, 언어치료사, 물리치료사 등을 배치하여 장애아에게 필요한 전문적인 서비스를 제공한다. 특수교사 및 장애영유아를 위한 보육교사는 장애아 3명당

1인을 배치하고, 교사 3인 중 1명은 반드시 특수교사 자격소지자를 배치해야 한다.

장애아통합어린이집은 정원의 20% 이내에서 장애아 종일반을 편성·운영하거나 장애아 종일반을 별도로 편성하지 않은 채 미취학 장애아를 3명 이상 통합보육하고 있

표 1-6 장애아전문 및 장애아통합 어린이집 현황

(단위: 개소)

구분	설립 주체별							
	총계	국·공립 어린이집	사회복지법인 어린이집	법인·단체 등 어린이집	직장 어린이집	가정 어린이집	협동 어린이집	민간 어린이집
장애아전문 어린이집	176	45	101	5	0	1	0	24
장애아통합 어린이집	1,100	876	37	32	8	11	2	134

출처: 보건복지부(2020a)

장애영유아를 위한 보육교사 자격기준 : 다음 각 호의 자격을 모두 갖춘 사람

1. 「영유아보육법」 제21조제3항에 따른 보육교사 2급 이상의 자격증을 소지한 사람
2. 보건복지부령으로 정하는 특수교육 또는 재활 관련 교과목 및 학점을 「고등교육법」 제2조에 따른 학교에서 이수하거나 「학점인정 등에 관한 법률」 제7조에 따라 인정받은 사람

구분	내용
기본 교과목	특수교육학개론, (특수아)통합교육, 개별화 교육계획, 언어치료학개론, 장애영유아교수방법론, 특수아(장애아)부모교육론, 특수아 행동지도, 정신지체아교육, 청각장애아교육, 정서장애아교육, 학습장애아교육, 지체부자유아교육, 언어발달장애, 자폐장애교육, 특수아 상담 및 가족지원, 특수교육 측정 및 평가, 시각장애아교육, 장애아동보육론, 감각장애아교육, 특수교구교재제작, 장애아보육실습, 장애아보육교사론, 발달지체영유아 조기 개입
학점	8과목(24학점) 이상

출처: 보건복지부(2020b)

는 어린이집이다. 교사의 배치는 장애아와 비장애아를 통합하여 보육하되 교사는 장애전담교사, 일반 보육교사 각각 1인씩 배치한다. 예를 들어, 장애아 3명과 비장애아 20명을 장애전담교사 1명과 일반보육교사 1명이 통합보육을 하게 된다.

(3) 방과후어린이집

방과후보육은 취학 전 영유아가 주된 대상인 어린이집에서 초등학생을 대상으로 방과후에 보육서비스를 제공하는 것을 의미한다. 최근 초등학교 내 돌봄교실이 활성화되면서 어린이집에서의 방과후 보육은 적극적으로 이루어지지 않는 추세이다. 그러나 장기간 어린이집을 이용한 졸업생이나 동생이 어린이집에 재원중인 초등학생들에게는 어린이집에서의 방과후 보육서비스가 유용할 수 있다.

3) 운영시간에 따른 분류

(1) 종일제 보육

어린이집은 기본적으로 종일제 보육을 실시한다. 어린이집은 주 6일 이상, 연중 계속 운영하는 것을 원칙으로 하며, 운영시간은 월~금요일은 오전 7시 30분부터 오후 7시 30분까지, 토요일은 오전 7시 30분부터 오후 3시 30분까지이다. 어린이집의 운영시간은 기본보육시간과 연장보육시간으로 구분된다. 오전 9시부터 오후 4시까지의 기본보육시간에는 담임교사가 해당 반에서 영유아를 보육하고, 오후 4시부터 7시 30분까지의 연장보육시간에는 연장보육전담교사가 연장보육반에서 영유아들을 보육한다.

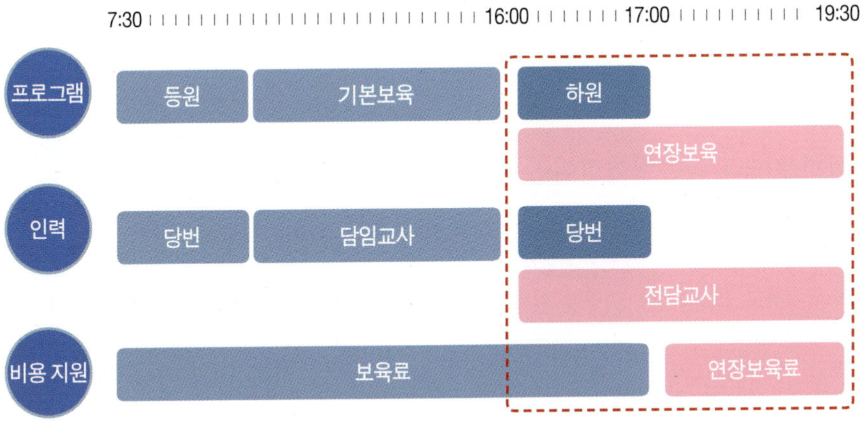

그림 1-5 2020 보육지원체계 개편안

출처: 보건복지부 보도자료(2019.9.19.)

(2) 그 밖의 연장보육

기준 종일제 보육시간(7:30~19:30) 이외의 시간에 연장보육을 제공할 수 있다. 연장보육에는 야간연장보육(19:30~24:00), 야간12시간보육(19:30~익일 07:30), 24시간보육(07:30~익일 07:30), 휴일보육(일요일, 공휴일 09:00~16:00)이 포함된다.

(3) 시간제보육

시간제보육은 어린이집을 다니지 않고 가정 양육을 하는 6~36개월 미만의 영아를 대상으로 지정된 시간제보육기관에서 시간 단위로 보육서비스를 제공하는 보육형태를 의미한다. 시간제보육기관으로 지정된 어린이집, 육아종합지원센터 등에서 이용이 가능하다.

1-1 보육뉴스

아파트마다 국공립어린이집을… "매년 300개소 설치 기대"

신규 500세대 이상 아파트 단지에는 국공립어린이집 설치 · 운영이 의무화됩니다.
개정 전 「영유아보육법」에서는 500세대 이상 아파트 단지에 국공립어린이집을 '우선 설치'하도록 규정하고 있었습니다. 이것이 '의무 설치'로 강화되어 오는 25일 이후 사용검사 신청 아파트 단지부터 적용됩니다.

이는 보육에 대한 국가 책임 강화를 위한 것으로, '문재인 공약 퍼즐 맞추기' 8번 '국공립어린이집 이용 아동 40%까지' 공약을 실현하기 위한 정책입니다.

24일 김강립 보건복지부 차관은 브리핑을 통해 "새롭게 500세대 이상의 아파트를 짓는 경우 아파트 내 어린이집은 국공립으로 운영된다. 이번 의무화 적용을 통해 올해 하반기에 약 65개소, 이후 매년 약 300개소의 국공립어린이집이 새롭게 설치될 수 있을 것으로 예상된다"고 말했습니다.

김 차관은 "다만 지역 내의 다양한 보육환경을 반영해서 유연하게 대응하고 입주자와 지방자치단체의 의사를 반영할 수 있는 예외 사유를 함께 두고 있다"고 설명했습니다.

이는 입주자의 과반수가 서면으로 국공립어린이집을 운영하는 데 찬성하지 않거나 보육수요 부족 등의 사유로 국공립어린이집 운영이 불필요하다고 지방보육정책위원회가 심의하는 경우에는 국공립어린이집을 설치하지 않을 수 있게 한 것입니다.

김 차관은 "지난해 실시한 보육실태조사 결과에 따르면, 학부모들이 가장 바라는 육아정책은 '국공립어린이집 확충'인 것으로 조사됐다"면서 "정부의 적극적인 확충사업 추진의 결과, 국공립어린이집은 현 정부 출범 이후 지금까지 1,000개소 이상 증가했다. 앞으로 지속해서 공공보육시설 확대를 통해 2021년까지 약 40%의 공공 보육 이용률을 차질 없이 달성할 수 있도록 최선을 다하겠다"고 약속했습니다.

한편, 8월 29일 국무회의 의결을 거쳐 확정된 2020년 정부 예산안 속 국공립어린이집 확충 예산은 748억 원으로 올해 688억 원보다 60억 원(8.7%) 늘었습니다. 정부는 국공립어린이집 수를 올해 4,152개소에서 내년 4,702개소로, 550개소 이상 확충할 계획입니다.

출처: 베이비뉴스(2019.9.24.)

더 알아보기 1-1

아동수당, 2019년 9월부터 만 7세 미만까지 연령 확대

보건복지부(장관 박능후)는 오는 9월부터 아동수당을 만 7세 미만(9월 기준으로 2012년 10월생까지) 아동까지 연령을 확대하여 지급할 계획이라고 밝혔다.

- 2018년 9월 도입된 아동수당제도는 처음에 소득 · 재산 하위 90% 가구 만 6세 미만 아동에게 월 10만 원을 지급하는 것으로 시작하였다.
- 이후 「아동수당법」 개정(2019. 1. 15. 개정)에 따라 2019년 1월부터는 소득 · 재산과 관계없이 만 6세 미만 모든 계층의 아동에게 월 10만 원씩 지급하였다.
- 2019년 9월부터 아동수당 연령이 만 7세 미만으로 확대되어 소득 · 재산과 관계없이 만 7세 미만 모든 계층의 아동에게 월 10만 원씩 지급하게 된다.

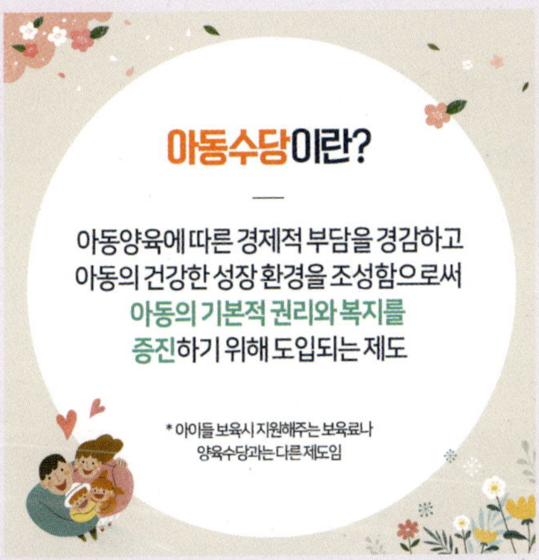

출처: 보건복지부 보도자료(2019.7.22.); 아동수당 홈페이지(www.ihappy.or.kr) 카드뉴스

더 알아보기 ❶-❷

포용국가 아동정책으로, 아동이 행복한 나라를 만듭니다

정부는 5월 23일 국무총리 주재 국정현안점검조정회의에서 관계부처 합동으로 제안한 "포용국가 아동정책"을 심의하고 발표하였다. 이는 2월 19일 대통령 주재 포용국가 사회정책 대국민 현장 보고 시 발표한 "포용국가 아동정책 추진방향"을 구체화한 것이다. 이번 정책은 아동이 양육의 대상이 아니라, 현재의 행복을 누려야 할 권리의 주체라는 인식에 기반을 두고, 아동의 삶을 실질적으로 개선하기 위해 국가의 책임을 확대하는 내용을 담고 있다(UN 아동권리협약은 아동을 18세 미만인 자로 규정하면서, 아동의 권리로서 생존권, 발달권, 참여권, 보호권을 국가가 보장해야 한다고 선언). 포용국가 아동정책은 "아동이 행복한 나라"라는 비전에 따라 4대 전략, 16대 과제(40개 소과제)로 구성되어 있다. 보호, 인권 및 참여, 건강, 놀이 등 4개 영역에서 주요과제 중심으로 10대 핵심과제를 구체화하면 다음과 같다.

비전	아동이 행복한 나라 "내일 만큼 오늘이 빛나는 우리"
4대 분야	10대 핵심 과제
보호권	① 보호가 필요한 아동은 국가가 확실히 책임지도록 시스템 혁신
	② 아동학대 대응체계 전면 개편
	③ 보호 종료 후 안정적으로 자립할 수 있도록 지원 강화
인권·참여권	④ 누락 없는 출생 등록
	⑤ 아동에 대한 체벌 금지 노력 등 아동권리 강화
	⑥ 아동의 목소리에 귀 기울이는 정부
건강권	⑦ 아동 발달단계에 맞는 건강 지원 강화
	⑧ 마음건강 돌봄 지원 강화 대책
놀이권	⑨ 아동이 맘껏 뛰어놀 수 있는 지역사회
	⑩ 놀이를 통해 잠재력을 키우는 학교

출처: 관계부처 합동 보도자료(2019.5.23.)

참고문헌

보건복지부(2013). 제2차 중장기보육 기본계획.

보건복지부(2020a). 2019년 보육통계.

보건복지부(2020b). 2020년 보육사업안내.

유니세프한국위원회(2013). 그림으로 보는 아동권리협약.

Heckman, J.J. (2006). Skill formation and the economics of investing in disadvantaged children. *Science*, *312*(5782), 1900–1902.

Schweinhart, L.J. (2003). Benefits, costs, and explanation of the High Scope Perry Preschool program. Paper presented at the Meeting of the SRCD. Tempa, FL, P.10.

Siraj–Blatchford, I., Sylva, K., Taggart, B., Sammons, P., Melhuish, E.C., & Elliot, K. (2003). Technical Paper 10 – The Effective Provision of Pre–School Education(EPPE) Project: Intensive Case Studies of Practice across the Foundation Stage. London: DfES / Institute of Education, University of London.

관계부처 합동 보도자료(2019.5.23). 포용국가 아동정책.

베이비뉴스(2019.9.24.). 아파트마다 국공립어린이집을… "매년 300개소 설치 기대".

보건복지부 보도자료(2019.7.22). 아동수당, 2019년 9월부터 만 7세 미만까지 연령 확대.

보건복지부 보도자료(2019.9.19). 2020 보육지원체계 개편안.

참고 사이트

법제처 국가법령정보센터(http://www.law.go.kr)

아동수당(http://ihappy.or.kr). 카드뉴스.

통계청. e–나라지표(http://www.index.go.kr)

CHAPTER 02

우리나라 보육의 역사

CHAPTER 02

우리나라 보육사업은 1920년대 구빈적 성격의 탁아프로그램으로 시작되었으나, 1961년 아동복리법 제정으로 실질적으로 아동복리를 위한 사업으로 변하였다. 그 이후 여성의 경제활동 참여 확대, 아동의 권리 및 복지 증진, 저출산 해결이라는 사회적 흐름 속에서 관련 법령 및 보육사업의 내용이 조금씩 발전하였다. 특히 1991년 영유아보육법 제정으로 단순 탁아에서 보호와 교육을 통합한 보육사업으로 확대 및 발전하였으며, 2004년 영유아보육법 개정으로 국가 차원의 중장기 보육계획이 의무화됨에 따라 보육서비스의 질적 수준과 보육의 공공성을 강화하는 방향으로 변하고 있다.

이 장에서는 영유아보육법 제정 이전 시기인 탁아사업기(1921~1990), 영유아보육법 제정 이후 시기(1991~2003), 전문 개정 이후 영유아보육법 시기(2004~현재)로 나누어서 우리나라 보육사업의 역사와 보육 정책의 특징에 대해 살펴본다.

1. 탁아사업기(1921~1990)

근대 이후 한국에서 최초로 보육이 출현한 것은 1921년 서울 태화기독교사회복지관에서 탁아프로그램을 개발한 것부터이다(김익균, 이창수, 2011). 이후 1926년 부산공생탁아소와 대구탁아소가 설치되어 운영되었고, 1939년에는 전국에 11개소의 공·사립 보육시설에서 435명의 어린이가 보육되었다(강영욱, 2002). 이때는 엄밀히 말하면 탁아라기보다는 구빈 목적의 아동보호사업이라고 볼 수 있다.

1961년 「아동복리법」이 제정된 이후 이를 근거로 종래의 구빈·구호적 성격에서 벗어나 실질적으로 아동의 복리를 증진시키기 위한 탁아사업이 시작되었다. 1961년 이후 탁아사업은 보건사회부가 주관하였고, 어린이집이 691개소로 확충되었다. 제5공화국의 출범과 함께 유아교육이 정부의 주요 시책 중 하나로 채택되면서, 1981년 탁아사업의 근거법이었던 「아동복리법」이 「아동복지법」으로 전면 개정되었고, 1982년 「아동복지법」 시행령을 개정하면서 탁아에 관한 규정이 「아동복지법」에서 제외되었다. 대신 같은 시기 제정된 「유아교육진흥법」에 탁아에 관한 내용을 포함하였다. 「유아교육진흥법」을 근거로 기존의 보건사회부에서 관장하던 709개소의 어린이집, 농촌진흥청에서 관장하던 382개소의 농번기탁아소, 1980년 12월부터 내무부에서 설치·관장하던 263개소의 새마을협동유아원 및 38개소의 민간 유아원 등 1,392개소의 보육 관련 시설이 새마을유아원으로 통합되었다. 하지만 법 제정과 장학지도는 문교부가, 시설 운영과 행정지도는 내무부가, 보건의료는 보건사회부에서 담당하도록 탁아사업의 관리 주체가 부문별로 나뉘어 있었다(이미화 외, 2012; 이정원 외, 2017).

당시 새마을유아원은 도시 빈민지역의 아동과 맞벌이 가정 자녀를 우선 대상으로 하는 종일제 시설로서 유아교육 기회의 확대, 유아 복지의 향상, 유아교육기관의 탁아·교육 기능의 보완과 강화, 유아교육의 질적 향상과 지역사회 개발 등을 설립 취지로 하였다. 하지만 실질적으로 새마을유아원은 대부분 반일제로 운영되었고, 교육내용도 기존의 유치원과 유사하였으며, 보육료 또한 비싼 특성이 있었다. 이에 새마을유아원만으로는 여성의 사회 참여 증가 및 가족구조의 핵가족화에 따라 급격히 증가한 보육수요를 충족시키기에 미흡하여 취업여성의 자녀 양육이 사회문제로 등장하였다.

노동부는 1987년「남녀고용평등법」제정을 통해 직장탁아제를 도입하였고, 이후 정부는 1989년「아동복지법」시행령을 개정하면서 1982년 삭제되었던 탁아시설의 설치 · 운영에 대한 법적 근거를 다시 규정함으로써 보건사회부가 탁아사업을 실시하는 명분을 가지게 되었다(이미화 외, 2012). 결과적으로 보육사업을 관장하는 부서가 보건사회부, 내무부, 문교부, 노동부 등으로 다원화되어 보육사업이 여러 부처에서 제각기 독자적으로 관리 · 운영됨에 따라 정부 재정의 비효율적 투자는 물론 체계적이고 효율적인 영유아 보육을 실시하는 데 어려움이 노출되었다. 이에 보육 관련 법령의 통합 및 주관부서를 일원화해야 한다는 필요성이 대두되었고, 1990년 12월 국회에서「영유아보육법」이 통과되면서 1991년부터「영유아보육법」을 근거로 보육사업을 보건사회부가 본격적으로 담당하여 운영하기 시작하였고, 탁아에서 보육으로 그 기능이 확대되었다.

표 2-1 탁아사업기의 주요 내용

구분	특징
기본방향	• 1962년 이후 여성 취업의 증가에 대응
관련 법	• 아동복리법, 아동복지법, 남녀고용평등법
보육료 지원	• 없음
일가정 양립	• 여성 취업 지원
관리 주체	• 보건사회부 → 문교부 · 내무부 → 노동부(직장탁아) · 보건사회부
한계	• 어린이집과 유치원 이원화 역사의 시작 • 관리 운영 주체의 잦은 변동 • 저소득층 위주 탁아

출처: 이정원 외(2017)

그림 2-1 시립탁아소 개설(1961)

그림 2-2 사당새마을유아원(1981)

출처: 서울사진아카이브(http://photoarchives.seoul.go.kr/)

2. 영유아보육법 제정 시기(1991~2003)

「영유아보육법」이 1991년 1월 제정 · 공포되어 「아동복지법」(보건복지부), 「유아교육진흥법」(내무부, 교육부), 「남녀고용평등법」(노동부)으로 분산 · 다원화되어 있던 보육 관련 시설이 일원화되었고, 1991년 8월 「영유아보육법」 시행령 및 시행규칙이 제정됨으로써 보육정책은 새로운 발전과 도약의 계기를 마련하게 되었다. 그동안 「유아교육진흥법」에 의해 내무부 산하에서 운영되어 오던 새마을유아원은 1993년까지 「교육법」에 의한 유치원이나 「영유아보육법」에 의한 보육시설로 전환할 수 있도록 하여 유치원과 보육시설의 이원화체계를 확립하게 되었다.

「영유아보육법」이 지향하는 보육정책의 기본이념은 전통적인 아동의 가정양육원칙을 지키고, 보육 대상을 보호자가 보호하기 어려운 영유아로 한정함으로써 불필요한 국가 개입을 최소화하고자 하였다. 또한 '보호'냐 '교육'이냐에 대해 그동안 계속되어 온 논란에 종지부를 찍고 보호와 교육을 통합한 '보육'이라는 진일보된 개념으로 전환하였다. 이러한 기본이념에 따라 보육의 내용도 아동에 대한 교육, 영양, 건강, 안전 등 보호와 교육뿐만 아니라 부모에 대한 서비스와 지역사회와의 교류까지 포괄하는 종합적인 서비스를 제공하도록 하였다.

영유아보육법령은 제정 이후 여러 차례 개정을 거쳤으나 그 근본적인 취지나 방향에서는 별다른 변화를 보이지 않았다. 주로 절대적으로 부족한 상태에 있던 보육시설의 양적 확충을 도모하기 위해 시설 설치 및 종사자의 자격기준을 완화시키는 데 개정의 방향이 맞추어져 왔다. 이는 1995년부터 추진한 보육시설 확충 3개년 계획과도 같은 맥락이다. 실제로 보육시설 확충 3개년 계획 이전인 1994년에 6,088개소이던 것이 1997년에는 1만 5,016개소로 약 2.5배 증가하였다. 더욱이 1998년에는 보육시설에 대한 인가제를 신고제로 전환함으로써 보육시설 설치를 원하는 자는 누구나 일정 자격만 갖추면 보육시장에 진입할 수 있도록 보육 장벽이 전면적으로 개방되기에 이르렀다. 몇 년간에 걸쳐 시행된 이러한 일련의 법 개정 조치들은 긍정적인 측면에서는 급격하게 증가한 보육수요에 대한 정부의 적극적인 반응이었다고 볼 수 있다. 그러나 다른 한편으로는 보육시설의 양적 확충을 목표로 민간 시설 위주의 무차별적인 확충이 이루어져 서비스 질의 저하, 보육 공급 구조의 민영화를 촉발하였다는 한계점을 가진다.

표 2-2 영유아보육법 제정 시기의 주요 내용

구분	특징
기본방향	• 탁아에서 보육으로 인식 전환 및 기능 확대 • 보육시설의 양적 확충
관련 법	• 영유아보육법
보육료 지원	• 소득계층별 차등적 지원
일가정 양립	• 인식 정립 시작
관리 주체	• 보건사회부 주관
한계	• 민간 시설 위주 확충으로 공급 구조의 민영화 • 서비스 질 저하

출처: 이정원 외(2017)

3. 영유아보육법 전문 개정 이후 시기

2000년대에 들어오면서 보육시설의 양적 확충보다는 믿고 맡길 수 있는 어린이집이 주요 관심사로 부각되었다. 이에 보육서비스의 질적 수준을 제고할 수 있는 구체적인 방안들에 대한 논의가 활발하게 이루어졌고, 이러한 결과로 2004년에 「영유아보육법」이 전문 개정되었다. 2004년 1월 29일 전문 개정된 「영유아보육법」의 시행에 따라 보육서비스의 질적 수준 향상과 보육의 공공성 강화 등을 통해 보육사업이 획기적으로 발전할 수 있는 계기가 마련되었다.

1) 보육서비스의 질 제고를 위한 제도 마련

2004년 「영유아보육법」 전문 개정으로 법적 기반을 마련한 보육서비스의 질 제고를 위한 제도는 크게 다음 네 가지로 살펴볼 수 있다. 첫째, 2004년까지 보육시설 설치를 원하는 사람이 시설을 설치한 뒤 시설 설치를 신고하는 형식이어서 보육시설의 수요와 공급이 균형을 맞추지 못해 여러 가지 문제가 발생하였다. 이에 보육시설을 설치할 때 사전 상담제를 실시하고 보육시설 설치를 신고제에서 인가제로 전환하였다. 둘째, 전국의 어린이집을 대상으로 어린이집의 질을 평가하여 일정 수준 이상의 어린이집을 인증해 주는 어린이집 평가인증제도를 위한 법적 기반을 마련하였다. 이에 따라 2005년 어린이집 평가인증 시범 운영을 통해 2006년부터 평가인증이 시행되고 있다. 셋째, 유치원 교사는 대학을 졸업한 이후 국가자격증이 주어지지만, 보육교사는 국가자격증이 없는 상태였다. 이에 2005년 12월 「영유아보육법」과 동법 시행규칙을 일부 개정하여 보육교사와 어린이집 원장 국가자격증 제도가 도입되었다. 넷째, 영유아가 건강하고 안전하며 바르게 생활하는 데 필요한 내용과 신체, 언어, 인지, 사회, 정서 등 전인적 발달을 위해서 영유아가 갖춰야 할 지식, 기술, 태도를 제시한 국가 수준의 표준화된 보육과정인 표준보육과정을 개발하고 고시하였다.

2) 보육 관련 기구 및 기관 설립

보육의 질적 수준을 높이기 위해 보육과 관련한 다양한 기구와 기관이 설립되었다. 우선 보육정책의 기본방향에 관한 심의와 관계 부처 간의 의견 조정을 위하여 국무총리 산하에 '보육정책조정위원회'를 두고, 보육에 관한 각종 정책, 사업, 보육지도 등을 심의하기 위해 보건복지부에 '중앙보육정책위원회', 시 · 도 및 시 · 군 · 구에 '지방보육정책위원회'를 두도록 하였다. 다음으로 어린이집 운영 및 가정양육 지원 등 보육사업 전반의 실무를 지원하는 기관으로 '중앙육아종합지원센터'와 '지방육아종합지원센터'를 두도록 하였다. 육아종합지원센터는 지역사회 내 육아지원을 위한 거점기관으로 어린이집 지원 · 관리 및 가정양육에 대한 맞춤형 지원을 담당하고 있는데, 구체적으로 보육컨설팅, 교직원 상담 및 교육, 부모 상담 및 교육, 일시보육 서비스 제공 등의 역할을 한다. 또한 육아정책 전문연구기관인 육아정책연구소와 어린이집 평가인증 및 보육교직원 자격증 발급 업무를 담당하는 한국보육진흥원을 설치, 운영함으로써 보육의 질 제고를 위한 기반을 마련하였다.

그림 2-3 한국보육진흥원
(https://www.kcpi.or.kr)

그림 2-4 중앙육아종합지원센터
(https://central.childcare.go.kr/)

3) 중장기 보육계획 수립

「영유아보육법」 제11조(보육계획의 수립 및 시행)와 「영유아보육법」 시행령 제19조(5년 단위의 보육계획 수립)에 의해 우리나라는 보육 중장기 기본계획을 수립하여 실행하고 있다. 국가 수준의 정기적인 보육 기본계획 수립 의무가 법적 근거를 갖추게 된 이후, 한국의 보육정책은 체계화되기 시작하였다고 할 수 있다. 5년간에 걸친 중장기 계획을 수립하게 됨으로써 보육정책에 대한 수요를 파악하기 위한 조사를 실시해야 할 필요성도 높아졌으며, 수요자의 욕구와 미래 전망에 근거한 계획의 도출과 실시 후 목표, 그에 따른 평가 등 정책의 체계화가 가능하게 되었다. 우리나라의 보육 중장기 계획은 제1차 중장기 보육계획(새싹플랜), 제1차 중장기 보육계획을 보완・수정한 아이사랑플랜, 제2차 중장기 보육계획(아이행복플랜), 제3차 중장기 보육계획 순으로 변화되어 왔다.

(1) 제1차 중장기 보육계획: 새싹플랜(2006~2008)

제1차 중장기 보육 기본계획은 '함께 키우는 건강한 아동'을 비전으로 삼고 있으며 민간 위주로 보육서비스가 제공되고 있다는 점, 보육서비스 수준과 다양성이 수요자를 만족시키지 못하고 있다는 점을 극복하고자 '보육의 공공성 강화'와 '양질의 보육서비스 제공'이라는 정책목표를 제시하였다. 새싹플랜의 정책목표를 달성하기 위해 정부는 5개의 정책분야와 그에 따른 20개의 주요 정책과제를 발표하였다. 5개의 정책분야는 공보육 기반 조성, 부모의 육아부담 경감, 다양한 보육서비스 제공, 아동 중심의 보육환경 조성, 보육서비스 관리체계 강화이다.

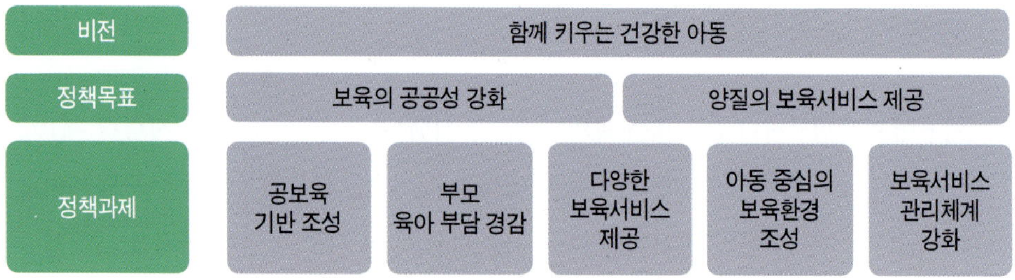

그림 2-5 제1차 중장기 보육계획(새싹플랜)의 추진 방향

① 공보육 기반 조성

보육의 공공성 강화를 위해 국공립 보육시설을 2005년 1,352개소에서 2010년 2,700개소로 확충하는 것을 목표로 하고 있다. 또한 전체 보육 아동의 70%가 이용하는 민간 보육시설의 수준을 개선하고자 민간 시설의 보육서비스 향상을 위한 비용을 정부가 기본보조금 형태로 지원하는 내용을 담고 있다.

② 부모 육아 부담 경감

그동안 만 5세 미만 저소득층 영유아에게 지원하던 차등보육료의 대상을 중산층까지 확대하였다. 저소득층의 경우 보육료의 전액을 지원하고, 이외 계층은 소득 수준에 따라 지원 비율을 달리하여 보육료를 지원하도록 하였다.

③ 다양한 보육서비스 제공

부모의 취업 여부와 근로형태 · 지역별 · 아동 특성별로 다양한 보육 수요를 충족시키기 위해 시간연장형 보육교사 지원을 매년 1,000명 이상 확대하였으며, 보육시설 중 일부를 시간제 보육시설로 지정하고자 하였다. 또한 장애아전담 보육시설을 매년 10개소씩 확충하고 장애아통합 보육시설을 매년 확대 지정하는 방식을 통해 장애아동의 보육시설 접근성을 제고하고자 하였다.

④ 아동 중심의 보육환경 조성

표준화된 보육과정의 미비로 인해 시설에 따라 운영프로그램의 수준차가 발생하는 문제를 해결하고 양질의 보육을 제공하기 위해 표준보육과정을 법제화하였다.

⑤ 보육서비스 관리체계 강화

보육시설의 수의 증가에 비해 시설을 관리하고 감독하기 위한 제도적 장치는 미흡한 상황이었다. 정부는 보육시설의 서비스 수준을 체계적으로 관리 감독하고 나아가 영유아에게 질 높은 보육서비스를 제공하기 위한 방법으로 평가인증시스템을 구축하였다.

제1차 중장기 보육 기본계획은 우리나라 최초의 '보육' 중장기계획으로, 보육에 대해 체계적이고 세부적인 지도를 마련했다는 점에서 큰 의의를 지닌다. 또한 국가 차원에서 공보육에 대한 중요성을 인지하고 그에 대한 보육정책 지원 계획을 구체적으로 수립한 점은 매우 긍정적으로 평가된다(이정원 외, 2017). 새싹플랜으로 인해 보육정보센터 및 보육자격사무국이 설치되는 등 보육 인프라가 확충되었고, 평가인증제 도입, 보육담당 공무원 확대 등으로 인해 보육행정력이 강화되었다. 또한 표준보육과정 개발, 보육인력의 자격 강화 등으로 인해 보육의 전문성이 강화되었는데 이러한 내용들은 모두 OECD에서 제안하는 정책 방향과 일치하는 정책이었다고 평가할 수 있다(이미화 외, 2012). 또한 참여정부 출범 이후 2004년에 최초로 전국 차원의 보육실태조사가 실시되었고, 이러한 내용을 기초로 2006년 정부는 중장기 계획을 수립할 수 있었다. 이후 보육실태조사는 3년마다 시행되도록 하였고, 국가계획의 경우 5년마다 수립될 수 있도록 하였다. 이러한 내용을 바탕으로 볼 때 참여정부가 보육정책에 있어 체계적인 기틀을 마련하는 데 큰 역할을 하였다고 볼 수 있다.

(2) 제1차 중장기 보육 기본계획 보완: 아이사랑플랜(2009~2012)

아이사랑플랜은 2008년 이명박정부 출범 이후 추진된 정책명으로, 우리나라 최초의 중장기 보육계획이었던 제1차 중장기 보육 기본계획(새싹플랜, 2006~2011)이 추진되던 중에 정부가 들어서게 됨에 따라 새 정부의 공약 및 국정 철학에 부합하는 보육정책 방향을 추진하고자 기존의 새싹플랜을 보완 · 수정하였다. 아이사랑플랜은 이명박정부

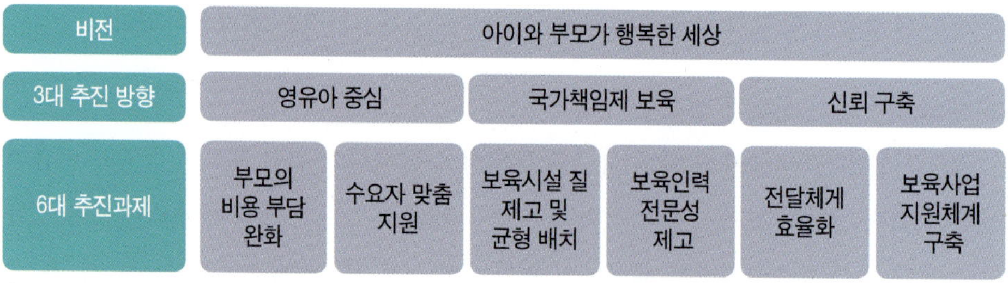

그림 2-6 제1차 중장기 보육 기본계획 보완(아이사랑플랜)의 추진 방향

의 '능동적 복지'를 구현하기 위해 보육에 대한 국가적 책임을 강화하고 수요자 중심의 보육 정책으로 새롭게 개편한 보육계획이다.

아이사랑플랜은 참여정부의 공보육에서 진일보한 국가책임보육으로의 발전을 꾀하려했다. 아이사랑플랜은 '아이와 부모가 행복한 세상'을 비전으로 삼고 영유아 중심, 국가책임제 보육, 신뢰 구축의 3대 전략을 제시하였다. 아이사랑플랜은 6대 추진 과제와 그에 따른 12개의 주요 정책과제를 발표하였다. 6대 추진과제는 부모의 비용 부담 완화, 수요자 맞춤 지원, 보육시설 질 제고 및 균형 배치, 보육인력 전문성 제고, 전달체계 효율화, 보육사업 지원체계 구축이다.

① 부모의 비용 부담 완화

보육료 전액 지원 대상이 차상위 이하 가구 및 만 5세아 일부(도시근로자 평균소득 100% 이하)에 불과하였는데, 0~4세 보육료 전액지원 대상을 2012년까지 보육시설 이용 영유아 가구의 80%까지 단계적으로 확대하고자 하였다. 또한 만 5세아의 경우 무상보육료 지원대상을 단계적으로 확대하여 2011년에는 모든 만 5세아에 대해 무상보육료를 지원하는 방안을 추진하고자 하였다.

한편, 양육 부담의 경감 및 지원의 형평성을 높이기 위해 시설 미이용 아동에게 '양육수당'을 지원하고자 하였다. 처음 지원 대상은 보육시설 및 유치원을 이용하지 않는 차상위 이하 0~1세 아동에게 월 10만 원을 제공하는 것으로 시작하였다. 2009년 양육수당 도입 이후 지원 대상 및 지원 금액을 단계적으로 확대하고자 하였다.

② 전달체계 효율화

기존의 시설 지원방식의 보육료 지원은 수혜 체감도가 높지 않고 보육료 신청, 지급 등의 과정이 복잡하다는 지적이 있었다. 이에 정부는 i-사랑카드(보육 전자바우처)를 도입하여 부모의 보육서비스 이용의 편리성을 제고하고, 수요자 중심의 보육서비스 전달 체계를 구축하여 부모에게 직접 보육료를 지원하고자 하였다.

아이사랑플랜의 보육정책 중 주목할 만한 부분은 0~2세 영아 및 만 5세아 무상보육에 대한 부분이다. 2012년부터 만 0~2세와 만 5세 아동에게 무상보육을 실시하였다. 이는 부모의 입장에서 자녀 양육비용에 대한 부담을 완화하는 데 도움을 주었다는 평가를 받을 수 있지만, 또 다른 측면들에서는 부작용을 낳은 정책이었다. 만 0~2세 영아 무상보육으로 인해 오히려 영아의 시설보육 의존을 심화시켰다는 지적을 받았으며, 지원 확대가 단기간에 이루어졌기에 지자체에서는 무상보육을 위한 예산 마련에 큰 재정적 어려움을 겪기도 하였다. 결과적으로 지원 대상 확대 위주의 보육정책은 국민들에게 무상보육의 의미, 지원 수준의 적정성에 대한 사회적 공감 부족을 낳았다(보건복지부, 2013).

(3) 제2차 중장기 보육 기본계획(2013~2017)

박근혜정부 출범 이후 제2차 중장기 보육 기본계획(2013~2017)이 마련되었다. 제2차 중장기 보육계획은 아이사랑플랜의 성과와 한계를 토대로 내용을 수정 · 보완하였으며, 공급자 중심의 양적 확충보다 수요자인 아동의 건전한 발달과 부모의 선택권을 높이는 맞춤형 지원형식에 주안점을 두었다(보건복지부, 2013).

제2차 중장기 보육 기본계획의 비전은 '아이는 행복하고 부모는 안심할 수 있는 세상'이며, 이러한 비전하에 아이의 건강한 성장과 발달에 최우선, 보육에 대한 국가의 책임 실현, 참여와 신뢰의 보육 생태계 조성이라는 3대 전략을 제시하였다. 제2차 중장기 보육 기본계획은 6대 추진과제와 그에 따른 14개의 주요 정책과제를 제시하였다. 6대 추진과제는 부모의 보육 · 양육 부담 경감, 수요자 맞춤형 보육 · 양육 지원, 공공성 확

비전	아이는 행복하고 부모는 안심할 수 있는 세상					
3대 전략	아이의 건강한 성장 발달		국가 책임 실현		참여와 신뢰 증진	
6대 추진과제	부모의 보육 · 양육 부담 경감	수요자 맞춤형 보육 · 양육 지원	공공성 확대와 품질 관리 강화	양질의 안심 보육 여건 조성	신뢰가 있고 투명한 보육 생태계 구축	보육서비스 재정 및 전달 체계 개선

그림 2-7 제2차 중장기 보육 기본계획의 추진 방향

대와 품질 관리 강화, 양질의 안심 보육 여건 조성, 신뢰가 있고 투명한 보육 생태계 구축, 보육서비스 재정 및 전달체계 개선이다.

① 부모 보육·양육 부담 경감

소득 수준에 관계없이 만 0~5세 전 연령에 보육료 및 양육수당을 지원하도록 하였는데, 이에 영유아 1명당 부모의 월 평균 보육비용이 2012년 20.9만 원에서 2015년 12.2만 원으로 41% 감소된 것으로 조사되었다(보건복지부, 2017).

구분	2012년 지원대상	2013년 3월 이후 지원대상
보육료	만 0~2세 전 계층(보육료만 해당) 만 3~4세 소득 하위 70% 만 5세 전 계층	만 0~5세 전 계층
양육수당	36개월 미만 차상위계층	취학 전 영유아 전 계층

출처: 보건복지부(2013.1.28.)

② 수요자 맞춤형 보육·양육 지원

종일제 중심 무상보육의 문제점으로 지적되었던 어린이집 초과 수요, 취업모 등 실수요층의 이용 불편 초래 등을 해결하고자 전업주부 · 맞벌이 · 시간제 취업모 등 다양한 보육수요를 반영한 맞춤형 보육지원체계를 마련하고자 하였다. 실제 맞춤형 보육은 2016년 도입되어 2020년 2월까지 시행되었다.

③ 보육서비스 재정 및 전달체계 개선

2012년 만 5세 누리과정 도입, 2013년 만 3, 4세까지 누리과정이 확대됨에 따라 어린이집 및 유치원의 장점을 살리고 단점을 해소하는 방향으로 유아교육과 보육의 통합 추진에 대한 필요성이 제기되었다. 이에 정부는 유보통합 추진위원회를 만들어 유보통합 추진방안에 대해 논의하는 등 한국형 유보통합을 추진하는 데 적극적인 노력을 기울였다.

제2차 중장기 보육 기본계획에서는 가계 부담 완화, 미래 인적자원 투자 등 보육에 대한 국가책임제를 실현하고자 하였다. 제2차 중장기 보육계획 중 전 소득계층 무상보육의 실시는 이러한 내용을 실현하는 데 적합한 정책이었다고 볼 수 있다. 그러나 무상보육과 맞춤형 보육이라는 두 정책은 수요자의 입장에서 보았을 때 상당히 혼란스러운 정책이었다. 무상보육이 시행된 이후 등장한 맞춤형 보육에서는 맞벌이와 전업주부라는 조건에 따라 어린이집 이용시간이 달라지는데, 이러한 부분이 정책 수요자들에게는 무상보육이라는 보육정책 방향에 대한 혼동을 가져오게 한 것으로 볼 수 있다(이정원 외, 2017).

(4) 제3차 중장기 보육 기본계획(2018~2022)

2017년 출범한 문재인정부는 2018년부터 5년간 추진될 보육사업으로 '보육 · 양육에 대한 사회적 책임 강화'를 실현하기 위한 제3차 중장기 보육 기본계획을 수립하였다. 그간의 보육 기본계획이 보육서비스 공급 확충과 무상보육 확대에 초점이 맞춰졌다면, 제3차 계획은 보육의 공공성 강화와 보육서비스 품질 향상에 중점을 두고 수립하였다. 이는 무상보육 도입, 여성의 경제활동 증가 등으로 어린이집 이용률이 증가하는 상황에서 부모들은 믿고 맡길 수 있는 어린이집에 대한 수요가 높고, 양적으로는 국공립어린이집에 대한 수요가 높으며, 질적으로는 어린이집의 충분한 이용시간 보장과 양질의 보육서비스에 대한 요구가 높아지고 있는 상황을 반영한 것이다.

3차 중장기 보육 기본계획은 '영유아의 행복한 성장을 위해 함께 하는 사회'라는 비

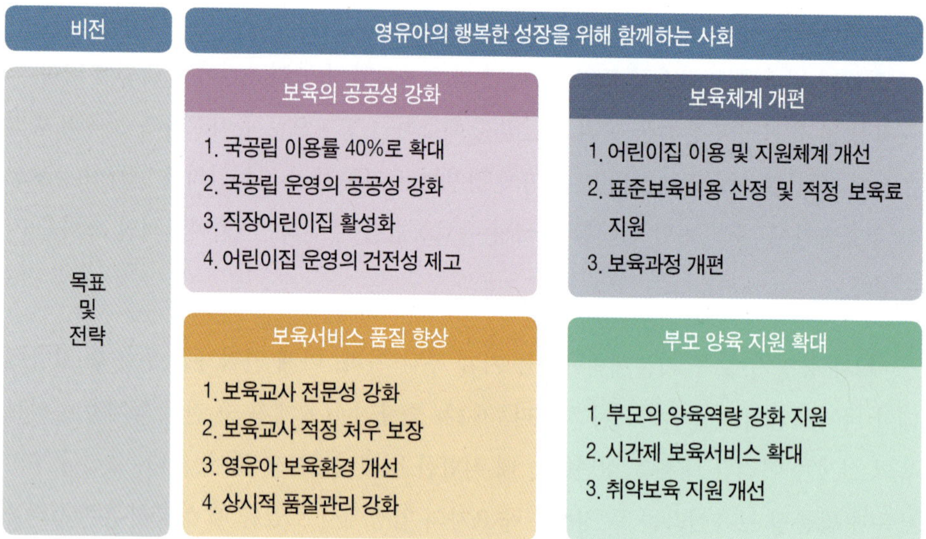

그림 2-8 제3차 중장기 보육 기본계획의 추진 방향

전을 설정하였으며, 국정과제인 '보육 · 양육에 대한 사회적 책임 강화'를 실현하기 위한 4개 분야 17개 과제로 구성됐다. 구체적으로 ① 보육의 공공성 강화, ② 보육체계 개편, ③ 보육서비스의 품질 향상, ④ 부모 양육 지원 확대의 분야별 각 세부과제는 다음과 같다.

① 보육의 공공성 강화

• **국공립 어린이집 이용률 40%로 확대**

정부의 지속적인 확충에도 불구하고 전체적인 국공립 비율은 경제협력개발기구 OECD 국가 대비 매우 낮은 수준이다. 이에 국공립어린이집의 획기적인 확충을 위해 앞으로는 신축되는 500세대 이상 공동주택 관리동 어린이집과 공공임대주택 단지 안에 원칙적으로 국공립어린이집을 설치하도록 할 계획이다. 또한 기존 민간 어린이집의 국공립 장기임차 방식을 새로 도입하고 매입 · 전환을 활성화할 계획이다.

그림 2-9 OECD 주요 국가의 설립 주체별 보육시설 현황(시설 수 기준)

• **국공립어린이집 운영의 공공성 강화**

위탁체 자격 기준, 선정 절차, 사후모니터링 등 국공립 어린이집 위탁 운영 전반에 걸쳐 공공성 및 공정성을 확보하고, 개인 중심의 국공립어린이집 위탁 운영방식을 공공성·책임성이 강화된 운영방식으로 전환한다.

• **직장어린이집 활성화**

취업부모 선호가 높은 직장어린이집의 설치를 확대하여 의무이행률을 90% 이상으로 높여갈 계획이다. 이를 위해 설치 의무 사업장이 직장어린이집을 직접 설치·운영하도록 위탁보육 인정을 최소화하고, 사업장 내 보육수요에 맞는 적정 규모의 직장어린이집을 설치하도록 최소 설치기준을 마련할 계획이다.

• **어린이집 운영의 건전성 제고**

우수 민간·가정 어린이집이 국공립 수준의 서비스 제공이 가능하도록 회계 투명성 확보, 수요자 중심성 확대 등 관리 강화를 통해 공공형 어린이집이 국공립 수준의 서비스 제공이 가능하도록 지원하고자 한다. 또한 전반적인 어린이집 운영의 전문성과 리더십을 갖춘 원장 배출을 위해 원장의 자격기준 요건을 강화하고, 유치원의 원감과 같은 중간관리직 신설 방안을 검토할 계획이다.

공공형 어린이집이란

- 민간, 가정, 법인 단체 등, 사회복지법인 어린이집 중 우수 어린이집을 선정하여 운영비를 지원하고 보육교직원 교육 등 품질관리를 지원함으로써 부모들이 믿고 맡길 수 있는 높은 수준의 보육서비스 제공
- 2011년 7월부터 '공공형 어린이집' 추진, 2019년 11월 말 기준 전국 2,355개소 운영
- 공공형 어린이집은 국공립어린이집과 동일한 보육료 수납, 보육교사 월 급여를 국공립어린이집 1호봉 이상으로 지급, 열린어린이집으로 운영 등 국공립 수준의 보육 인프라로 기능함

공공형 어린이집 현판

② 보육체계 개편

• 어린이집 이용 및 지원 체계 개선

어린이집 이용 욕구, 이용 의사 등 부모의 보육수요에 부응하고, 영유아 발달 등을 고려하여 충분한 시설 이용을 보장할 수 있도록 어린이집 보육 지원체계를 개선한다. 2013년 전면 무상보육이 실시된 이후 지나치게 높은 영아 보육, 보육료 지원 기준과 상이한 실제 보육시설 이용시간, 이용수요가 높은 맞벌이 및 한부모 가정 아동 기피현상 등의 문제점이 제기되었다. 이에 대한 대책으로 2016년 영아반에 대한 맞춤형 보육이 실행되었으나 이 역시 실행과정에서 다양한 문제점이 나타났다. 이에 정부는 보육시간을 기본보육과 연장보육으로 구분하여 보육시간별 전담 보육교사를 배치하는 보육지원체계를 마련하였고, 2020년 3월부터 시행하였다.

• 보육과정 개선

영유아 교육수요 변화, 누리과정 개편(2019 개정 누리과정, 교육부 · 보건복지부) 등 환경 변화를 반영하여 하루 일과에서 영유아의 놀 권리 및 균형적 발달을 보장할 수 있도록 표준보육과정을 개정하였다. 이에 표준보육과정의 확산 · 반영을 위해 보육교사

양성 과정 및 직무교육에 반영하고, 보육과정 컨설팅, 어린이집 평가제에 반영할 계획이다.

③ 보육서비스의 품질 향상

• **보육교사 전문성 강화**

보육교사와 유치원 교사와의 양성체계 및 자격체계 간 격차 해소를 위해 자격체계를 1 · 2급 중심으로 개편한다. 즉, 유치원 교사와 같이 대학을 중심으로 한 신규 자격 취득과정을 활성화하고, 대학 외 보육교사교육원, 학점은행제 방식의 양성과정을 정비해 나갈 계획이다. 또한 재직교사에 대한 보수교육도 관리를 강화하여 교사의 전문성이 지속적으로 유지 · 관리되는 체계를 만든다. 이를 위해 시 · 도별로 위임된 보수교육의 체계적 관리를 위해 총괄관리기관을 두어 보수교육의 지역별 · 기관별 편차를 해소할 방침이다.

표 2-3 어린이집과 유치원의 교사 자격 비교

구분	어린이집 보육교사	유치원 교사
자격 구분	• 보육교사 1, 2, 3급	• 유치원교사 1, 2급, 준교사
자격방식	• 학점 단위의 개방형 : 관련 과목 학점 이수 시 자격 부여(최소 고졸) • 2급 총 51학점(성적 제한 없음)	• 학과 단위의 목적형 : 최소 전문대 이상의 관련 학과 졸업 시 자격 부여(교직 이수) • 2급 총 72학점 이수(성적 기준 있음)
양성기관	• 일반대학, 전문대학 • 방송통신대, 학점은행 • 보육교사교육원 등	• 일반대학, 전문대학 • 방송통신대

• **보육교사 적정 처우 보장**

보육교사가 영유아에게 집중할 수 있도록 보조교사 및 대체교사를 현장 수요를 고려하여 확대하고, 보육체계 개편과 함께 보육교사의 적정 근로시간 보장과 초과근무수당 지급을 보장하는 체계를 마련할 계획이다.

• **영유아 보육환경 개선**

영유아가 건강하게 발달할 수 있는 쾌적한 보육환경을 조성할 수 있도록 예외적으로 총 정원의 범위 내에서 시・도 보육정책위원회에서 정한 반별 정원 추가 편성(만1세반 1명, 만2세반 2명, 만3세반 이상 3명 범위)을 허용했던 탄력보육을 최소한으로 운영하도록 한다. 교사와 아동 및 아동 간 상호작용이 효과적으로 이루어질 수 있는 적정 집단 크기와 구성방안을 검토하여 어린이집의 영유아 반 구성 기준(교사 대 아동 비율) 개편 방안도 마련한다.

• **상시적 품질관리 강화**

그동안 어린이집 평가인증제도는 어린이집의 자발적 신청에 따라 어린이집 평가가 진행되었으나, 2019년 6월부터 전체 어린이집 대상 평가제로 전환하여 어린이집 평가 관리의 사각지대를 해소한다. 또한 지도점검을 체계화화고, 어린이집 건강 및 안전관리를 강화하며 열린 어린이집 확대 등을 통해 부모의 어린이집 운영 참여 여건을 개선함으로써 상시적 품질관리를 강화한다.

④ 부모 양육 지원 확대

• **부모의 양육역량 강화 지원**

현장 수요를 반영한 부모양육 수준별, 자녀 발달 상황별 다양한 부모교육 프로그램을 개발하고 부모교육 참여를 활성화한다.

• **시간제 보육서비스 확대**

가정양육 가구의 단시간, 일시적 보육서비스 이용을 지원하기 위해 문화센터, 복지센터 등 지역사회 자원을 활용하여 시간제 보육서비스를 점진적으로 확대한다.

표 2-4 중장기 보육계획의 비교

구분	새싹플랜 (2006~2008)	아이사랑플랜 (2009~2012)	제2차 중장기 기본계획 (2013~2017)	제3차 중장기 기본계획 (2018~2022)
기본방향	• 국공립보육시설 확대 • 정부 재정 분담 강화 • 부모의 육아 부담 경감 • 다양한 수요맞춤형 보육서비스 제공 • 아동 중심 보육환경 조성	• 부모의 비용부담 완화 • 수요자 맞춤 지원 • 보육시설 질 제고 및 균형 배치 • 보육인력 전문성 제고 • 전달체계 효율화 • 보육사업 지원체계 구축	• 아이의 건강한 성장 발달 우선 • 보육 국가 책임 실현 • 참여와 신뢰의 보육 생태계 조성	• 우수한 보육서비스 제공 • 어린이집 공공성과 신뢰 증진 • 부모의 양육역량 강화
보육료지원	• 소득별 차등보육료 지원 • 기본보조금제도 도입	• 보육료 지원 확대 • 양육수당 지원 • 국공립어린이집 확대	• 0~5세 전 소득계층 보육료 및 양육수당 지원 • 보육료 적정화: 표준보육비용 계측 • 공공성 어린이집 지속적 확대	• 아동수당 지급 • 표준보육비용 재계측
일가정양립	• 입소 시 취업모 우선 배려 • 시간연장보육 확대	• 어린이집 입소 시 비정규직 근로자 차별 완화 • 시간연장보육 강화	• 맞벌이와 홑벌이 보육시간 차등화 : 맞춤형 보육 실시	• 표준보육시간제 도입 • 시긴제보육반 제공 확대
전달체계	• 국가자격증 제도 도입 • 보육담당 공무원 확충 및 보육행정 시스템 전산화	• 안전공제회 설립 • 인건비 지원과 연계한 서비스 계약제 도입 검토 • 보육진흥원 설립하여 보육교직원 자격 관리	• 육아종합지원센터 전국 확산	• 행정시스템 간 연계 및 DW 구축 : 각종 정보의 통합으로 어린이집 관련 정보 one-stop 관리

출처: 김진욱 외(2019)

2-1 보육뉴스

직장어린이집 미설치 사업장 이행강제금 연간 최대 3억 원

직장어린이집을 설치하지 않고 계속 버티는 사업장은 앞으로 이행강제금을 최고 50% 가중해 연간 최대 3억원까지 부과받게 된다.

보건복지부는 이런 내용을 담은 '영유아보육법 시행령 일부 개정령안'이 22일 국무회의에서 의결됐다고 밝혔다. 개정 시행령에 따라 11월 1일부터 직장어린이집 설치 의무를 이행하지 않은 사업장에 대해서는 이행강제금이 50%까지 가중 부과된다. 직장어린이집을 짓지 않은 사업장이 이행강제금을 누적해서 3회 이상 부과받은 경우 50% 범위에서 가중해서 부과할 수 있다. 11월 이후 최초로 이행강제금을 부과하는 경우부터 횟수를 산정하고, 최초 1년 이내(2회 부과)에는 가중 부과를 하지 않는다. 사업장이 미이행 사유를 인정받아 이행 명령과 이행강제금을 면제받았다가 그 사유가 거짓으로 확인된 경우에도 50% 범위에서 가중해서 부과할 수 있다. 보건복지부는 "현재는 연간 최대 2억 원의 이행강제금을 부과하고 있으나, 앞으로는 연간 최대 3억 원까지 부과돼 직장어린이집 설치를 촉진할 것으로 기대된다"고 말했다.

「영유아보육법」에 따라 상시근로자 500명 또는 상시 여성 근로자 300명 이상을 고용하고 있는 사업장은 사업장 단독 또는 공동으로 직장어린이집을 설치 · 운영하거나, 보육 대상 근로자 자녀의 30% 이상을 지역의 다른 어린이집에 위탁 보육해야 한다.

정부는 매년 실태조사를 벌여 직장어린이집 설치 의무를 이행하지 않거나, 실태조사에 응하지 않은 사업장은 2개 이상의 일간지와 보건복지부 · 고용노동부 홈페이지에 1년간 사업장 명단을 공개하고 있다. 또 설치 미이행 사업주에게는 이행강제금으로 1년에 2회, 1회당 최대 1억 원(연간 최대 2억 원)을 부과한다. 정부는 이행강제금 부과제도를 2016년 1월부터 시행했지만, 2017년에 처음으로 직장어린이집을 지어야 하는 의무를 이행하지 않은 사업장에 이행강제금을 부과했다.

2018년 직장어린이집 설치 의무 사업장은 1,389곳으로, 이 가운데 의무를 이행한 사업장은 1,252곳, 미이행한 사업장은 137곳이었다. 이행률은 90.1%로 2017년 86.7%보다 3.4% 증가했다.

연도별 직장어린이집 설치 현황

연도	1997	1998	1999	2000	2001	2002	2003	2004	2005	2006	2007
개소	158	184	207	204	196	199	236	243	263	298	320
연도	2008	2009	2010	2011	2012	2013	2014	2015	2016	2017	2018
개소	350	370	401	449	523	619	692	785	948	1,053	1,111

* 보건복지부(2018.12월말 기준)

출처: 연합뉴스(2019.10.22.)

참고문헌

강영욱(2002). 영유아 보육정책의 변천에 관한 사적 고찰. **한국행정사학지**, 11, 293-332.

강현구, 이순형(2014). 한국과 일본 영유아 보육 제도 비교연구. **아시아리뷰**, 4(1), 139-167.

김익균, 이창수(2011). **보육정책론**. 경기: 교문사.

김진욱, 박유정, 이미애, 윤소정(2019). **보육정책론**. 경기: 양서원.

보건복지가족부(2009). 아이사랑플랜 2009~2012.

보건복지부(2013). 제2차 중장기보육 기본계획.

보건복지부(2017). 제3차 중장기보육 기본계획.

이미화, 서문희, 이정원, 이정림, 도남희, 권미경, 양미선, 손창균, 김경미(2012). 2012 전국보육실태조사-어린이집조사 보고. 보건복지부 · 육아정책연구소.

이정원, 이윤진, 김희수(2017). 2018-2022 보육 중장기 발전방안 연구. 육아정책연구소.

보건복지부 보도자료(2013.1.28). 보육료, 유아학비, 양육수당 2월에 사전 신청하세요.

연합뉴스(2019.10.22.). 직장어린이집 미설치 사업장 이행강제금 연간 최대 3억 원.

서울사진아카이브 http://photoarchives.seoul.go.kr/

CHAPTER 03

보육사상의 이해

CHAPTER

03

보육사상은 보육의 실제에 영향을 미치는 중요한 문제이다. 보육사상은 우리가 영유아를 어떠한 기준과 관점을 가지고 돌보고 교육할 것인지와 관련되어 보육의 목적과 가치를 결정짓는 철학적 기반이 되기 때문이다. 보육사상은 시대에 따른 영유아 보육의 목적과 필요성, 수요자의 요구에 따라 변화해 왔다. 다양한 관점을 살펴보며 우리가 영유아를 어떠한 관점에서 바라보아야 할지 생각해 보는 과정을 통해 보육과정을 실행하는 교사 또는 예비교사로서 아동 중심 관점과 철학을 정립할 수 있을 것이다.

이 장에서는 시대적 배경과 이념의 변화에 따라 영유아에 대한 관점과 보육에 대한 관점이 어떻게 변하였는지를 살펴본다. 이를 위해 외국의 보육사상의 흐름과 주요 사상가들의 철학 및 우리나라의 보육사상의 흐름과 토대를 나누어 살펴본다.

1. 보육사상 이해의 중요성

보육은 영유아가 건강한 사회구성원으로 성장할 수 있도록 보호하고 교육하는 과정이다. 사상은 세계에 대한 여러 견해나 우리가 일상생활에서 접하는 다양한 사건과 사물에 대한 견해로 고정된 개념이라기보다는 역동적으로 변화하는 개념이다(지옥정, 2017). 이를 종합하면 보육사상은 영유아의 보호와 교육, 즉 보육에 대한 신념, 생각, 견해를 의미하는 역동적 개념으로 볼 수 있다.

흔히 역사는 과거와 현재의 대화로 비유된다. 인간은 역사적 · 문화적 존재로서 현재의 삶은 과거의 연장선에서 이루어지고, 오늘의 모습은 미래와 연결된다. 오늘 우리사회의 모습과 보육의 특성, 여러 현상을 이해하고, 미래의 보육을 그리기 위해서는 보육의 역사와 사상을 살펴보는 과정이 필요하다. 이를 통하여 다양한 사상가의 관점을 이해하고 비교해 볼 수 있다. 예를 들면 영유아에게 필요한 학습방법에 대해 어떤 사상가는 직접 교수에 의한 방식을 피력하기도 하고, 다른 사상가는 놀이를 강조하기도 한다. 여러 인물의 사상을 살펴보고 이해한다면 현재 보육사상을 이해할 수 있고, 보육에 대한 관점이 넓어지며 여러 상황을 해결하는 데 필요한 역량을 키울 수 있을 것이다. 또한 이를 바탕으로 미래의 보육을 발전시킬 수 있는 방향을 모색할 수 있을 것이다.

보육사상에 대해서 살펴보는 것은 보육과 관련된 역사적 사실과 사상이 전개된 과정을 이해하고 인식하면서 현실을 이해하고 문제점을 해결할 수 있는 방안을 제공할 수 있다. 또한 보육과 관련된 여러 나라의 전개 양상을 공통점과 특수성을 토대로 이해를 도모할 수 있다. 다양한 시대와 사회의 보육사상을 살펴보며 우리는 과거의 지혜를 배울 수 있고, 현재 문제에 대한 역사적 · 문화적 배경을 이해할 수 있으며, 현재 문제를 해결할 수 있는 미래사회로의 발전 방향을 제시할 수 있을 것이다.

2. 외국의 보육사상

1) 고대

외국의 영유아의 보육과 관련된 철학과 사상은 고대 그리스 · 로마 시대로 거슬러 올라가 살펴볼 수 있다. 고대 그리스 도시국가에서 교육의 목적은 영유아를 시민의 역할을 할 수 있도록 성장시키는 데 있었다. 이에 따라 각 도시국가의 특성에 따라 구체적 교육의 방향은 다양하게 나타났다. 여러 도시국가 중 아테네와 스파르타는 공통적으로 강한 애국심을 가진 시민을 양성하는 데 중점을 두었다. 고대 그리스 도시국가시대는 약 기원전 9~8세기로 추정되며, 농업에 의존하며 소수 엘리트와 왕을 중심으로 하는 보수적 성격의 사회의 대표로 스파르타와 상공업 위주의 민주적 개방사회인 아테네를 떠올릴 수 있을 것이다. 두 도시국가는 영유아를 교육하는 데 있어서도 서로 다른 특징을 보인다. 예를 들면 스파르타에서는 아이가 우는 행동을 나약한 행동으로 간주하여 금지하였지만, 아테네에서는 아이가 우는 것은 자연스러운 본성으로 이를 금지하는 것은 성장을 저해하는 것으로 보았다. 고대 사회의 보육사상을 살펴보기 위하여 그리스 도시국가 중 스파르타와 아테네, 그리고 이후 로마시대의 특성을 살펴보고자 한다.

(1) 스파르타

먼저 스파르타는 지리적 고립과 경제적 후진으로 인하여 끊임없는 전쟁을 겪은 국가이다. 학교를 교육적 기능을 하는 사회기관으로 크게 강조하였으며, 교육의 목적은 엄격한 훈련을 통해 군인으로서의 시민을 양성하는 것에 있었다. 이를 위하여 우생학적 결혼제도, 신생아 양육의 국가심사, 엄격한 가정교육, 건강한 자녀를 얻기 위한 여성의 체육활동 장려 등이 시행되었다. 스파르타에서는 남아와 여아 구분 없이 엄격한 군인교육을 받았으므로 신체적인 강인함과 고통에 대한 인내가 강조되었다. 맨발과 얇은 옷, 거친 음식, 심한 체벌과 같은 것은 신체의 강인함과 동작의 민첩성, 서열과 질서를 위한 방법이었으며 이는 국내·외 적을 방어하는 용감한 군인의 육성이라는 목표에 의하여 이루어졌다. 스파르타에서 영유아는 한 가족의 아이가 아니라 스파르타의 아이이며, 스파르타의 운명을 짊어진 아이라는 의식으로 교육이 실시되었다(송준식, 사재명, 2006).

(2) 아테네

아테네는 참정권이 성인 남성에게 한정되어 있는 제한된 직접 민주정치 형태를 띠고 있었으며, 원칙적으로 영유아의 교육은 가정의 몫으로 간주되어 가정교육을 강조하였다. 영유아는 어머니나 유모로부터 그리스신화와 같은 전해 오는 여러 이야기를 들으면서 상상력을 키우고, 아테네 시민으로서 인간과 사회에 대한 통찰을 경험하였다. 소크라테스는 주체적인 탐구능력과 자발적인 발견능력을 강조하여 질문을 통한 문답법을 통해 개인의 삶을 스스로 책임지게 하는 교육을 주창하였다. 소크라테스가 영유아의 교육에 대해 직접적으로 언급한 것은 찾아보기 어렵지만, 이러한 사상은 그의 제자인 플라톤에 의해 구체화된다. 플라톤은 어린 영유아를 가르치는 데 있어서 놀이, 음악, 체육을 강조했다. 놀이를 통해 영유아의 독특한 특성과 관심인 개성이 드러나므로 부모나 교사는 영유아의 놀이를 잘 관찰하고 개성에 맞게 지도해야 한다고 하였다. 이를

그림 3-1 라파엘로의 '아테나 학당' 속 플라톤(왼쪽)과 아리스토텔레스(오른쪽)

통해 플라톤이 강조한 인간의 가장 중요한 덕목인 아름다움의 추구와 추한 것을 경계하는 기본적 태도가 길러진다고 보았다. 또한 플라톤은 음악은 정신의 수양을 돕고, 체육은 신체적 건강을 지키는 데 필수적이므로 영혼의 훈련인 음악과 육체의 훈련인 체육교육을 장려하였다. 플라톤의 이러한 교육사상은 제자인 아리스토텔레스의 교육철학에도 계승되어 나타난다. 아리스토텔레스 역시 영유아기 놀이의 중요성을 강조하여, 특히 5세까지는 강제적 학습이 적합하지 않으므로 자연스러운 놀이를 통해 자신의 본성에 따라 성장할 수 있도록 해야 함을 주장하였다(송준식, 사재명, 2006). 또한 부모에 대한 교육뿐만 아니라 예비부모에 대한 교육을 강조하고 가정과 사회와 같은 환경의 영향을 주창하여 영유아가 접하는 여러 환경에 세심한 주의를 기울여 저속한 말이나 비열한 환경에 노출되지 않도록 해야 한다고 보았다.

(3) 로마

로마는 그리스로부터 많은 문화를 이어받았으며, 이탈리아 반도의 작은 도시국가로 출발하여 지중해 지역을 통한 대제국으로 성장하였다. 로마는 가정교육을 중시하였으며 점차 연령에 따른 교육기관을 설립하여 교육기관을 중심으로 한 지적 문화가 발전하였다. 종교적 태도와 농업사회를 기반으로 가족이 함께 농사일을 하고 신에게 기도를 드리는 일상생활을 통해 가정교육의 기반을 형성하였으며 아버지와 어머니 모두 권위있는 존재로 여겨졌다. 대표적 학자인 키케로는 로마의 웅변가로 영유아의 자주적인 덕성의 형성을 존중하고 이를 조성하여야 하므로 시와 음악, 놀이에 빠지도록 하여 스스로 악을 물리치고 선을 행할 수 있도록 해야 한다고 보았다. 이를 위해 영유아에게 체벌이 필요한 경우 모멸하지 않고 공평한 태도를 취해야 한다고 하였다. 또 다른 학자인 퀸틸리아누스 역시 영유아기의 독자성에 대한 통찰을 토대로 연령에 따른 차이를 고려하여 교육을 실시할 것을 주장하고, 학습은 그것이 즐거운 것으로 받아들이도록 하여 학습 의욕을 키울 것을 강조하였다. 이러한 과정을 통해 학습에서 아이가 갖고 있는 자질에 부합하는 교육이 이루어질 수 있으며, 체벌은 노예에게 어울리는 방법이며 자유

그림 3-2 피터 브뤼겔의 '영아살해'

로운 인간교육에는 적합하지 않다고 보았다.

플라톤이나 아리스토텔레스와 같은 그리스 철학자들은 영유아기 교육의 중요성과 본성에 따른 교육을 위한 실천방향으로 놀이를 중요하게 강조하였으나 당시 모든 영유아들이 존중받았다고 보기는 어렵다. 예를 들면 건강하지 않거나 장애가 있거나 불법적으로 태어나거나 단지 부모가 원하지 않는다는 여러 이유들로 영아들을 살해하기도 하였다. 또한 이 시기에는 영유아를 심하게 처벌하거나 성적으로 착취하거나 고된 노동을 시키는 것이 잘못된 일이라고 보지 않았다. 성경의 내용을 바탕으로 그리스도 탄생 시기를 배경으로 그린 '영아살해Massacre of the Innocents'라는 제목의 작품을 통해 이러한 모습을 짐작해 볼 수 있다. 이러한 회화 작품을 통해 나타나는 모습은 고대사회에서 어린 영아를 사람이나 생명체로 존중하였다고 보기는 어렵다.

2) 중세

중세는 유럽의 역사에서 서로마제국이 멸망하던 무렵(476년)부터 르네상스운동 전개와 더불어 근세가 시작되기 전까지의 5~15세기를 일컫는다. 로마의 쇠퇴로 인하여 많은 사람은 기독교사상으로부터 정신적 위안을 추구하여 신과 교회를 중심으로 사상이 형성되었다. 영유아 보육에 있어서도 교회와 수도원을 중심으로 이루어졌으며, 기사도정신을 키우는 것이 교육의 주요 내용을 이루기도 하였다. 중세에는 성직자에 의한 신앙교육을 바탕으로 한 교육이 주로 이루어져 내세에 대한 희망과 신에 대한 경건함을 강조하는 것으로 변하였다. 보육사상에 있어서도 자연과 생활을 통해 다양한 영유아의 흥미를 찾고 인격을 조화롭게 발전시키려는 노력보다는 신을 믿고 종교 교리를 위한 교육이 강조되었다. 이에 따라 놀이, 음악, 체육을 강조하던 경향은 엄격함, 인내심을 강조하는 종교적 교리로 변하였다.

중세시대는 지금의 어린이, 영유아의 개념을 찾아보기는 어렵다. 회화작품에 그려진 아이들의 모습은 아이들의 특징이 나타나기보다는 축소된 성인의 모습으로 보인다(필립 아리에스, 2003). 단지 성인과 몸집 크기만 다르고 아기 특유의 포동포동하거나 부드러운 피부로 묘사되기보다는 성인 남성의 근육을 가진 것처럼 그려지기도 한다. 실제 삶에서도 어린이와 성인에 대한 인식 차이는 크게 없어 보인다. 아이들은 배내옷을 벗으면 성인처럼 옷을 입어, 신분의 차이는 있지만 성인과 아이의 옷은 크기만 차이가 있었다고 보인다. 그림 3-3과 같이 놀이문화에서도 아이들이 카드놀이나 주사위놀이를 하며 돈을 걸고 도박을 하는 것도 불편하게 느끼지 않았던 것으로 보인다. 영아를 인간

그림 3-3 카드놀이하는 아이들

으로 보는 인식도 부족하여 심하게 울거나 장애가 있거나 때로는 여아나 남아라는 이유로 영아를 살해하는 경우도 일어났다. 3~4세가 되어 걷고 말하기 시작하면 성인과 같은 행동을 하도록 요구하였고, 이러한 지시에 따르지 못하면 몽둥이나 회초리로 때리는 처벌을 가하기도 하였다. 그림 3-4에서는 회초리를 들고 있는 교사의 모습이 표현되어 있다.

그림 3-4 회초리를 들고 있는 선생님과 두 명의 아이들

출처: https://commons.wikimedia.org/wiki/File:Brack_Vocabularius_rerum.jpg

중세의 영유아 보육은 가정과 교회를 중심으로 이루어지며 종교교육이 중심이 되었다. 봉건적인 기독교 중심의 사회였기 때문에 신의 초월성, 권위를 강조하였고 인간은 본성적으로 악하다는 가치관이 지배적이었다. 모든 교육의 목적은 신과의 올바른 관계를 통해 종교적·도덕적 실천이 강조되었다. 이러한 목적을 위해 복종, 모방, 반복으로 신앙과 예의, 기술을 가르쳤다. 교사 역시 신에게 인류를 인도할 권위를 받은 사람으로 여겨져 신체적 처벌을 통한 복종과 순종을 도모하고자 하였다.

아우구스티누스는 최고의 선을 신이라고 하며 신을 인식하고 사랑하고 즐기는 것을 축복의 삶이며 행복한 삶이라고 여겨 교육의 목적은 바로 이러한 인간 삶의 과제를 이루는 것에 있다고 보았다. 아우구스티누스는 교육방법에 있어서 영유아가 경험하여 친숙해지는 것은 자신의 흥미와 상상력를 가지고 동기부여가 될 수 있으며, 이러한 탐구정신을 통해 스스로 진리를 얻을 수 있다고 보았다. 따라서 교사는 가르칠 내용뿐만 아니라 학생에 대해서도 주의를 기울여 공감하며 이해할 필요가 있다고 하였다. 스콜라 철학의 대표적 학자인 아퀴나스 역시 교사의 역할은 학생의 잠재적 인식을 깨우치는 보조자로 설명한다. 그런데 이들의 사상은 결국 신의 은총과의 조화를 중심으로 접근되어 인간에 의한 교육보다 신에 의한 교육, 즉 신이 가장 중요한 교사라는 관점에서 적용되었다는 한계가 있다.

기독교사상이 사회와 문화에 절대적인 영향을 미쳤던 중세시대에는 현대적 개념의 아동기가 부재하였으므로 소수 상류층 자녀만이 교육의 혜택을 받을 수 있었고, 교회나 종교와 관련된 일을 할 소수의 영유아들에게만 단순한 읽기나 쓰기 교육을 하는 정도에 그쳤다(Sommervill, 1982).

3) 근대

근대는 14세기 이탈리아에서 시작된 인간 중심의 고대 그리스 · 로마 문예부흥을 지칭하는 르네상스부터라고 볼 수 있다. 르네상스가 시작되고 15~16세기에 걸쳐 유럽 전체로 전파되면서 고대 그리스 · 로마 시대의 예술, 문학, 철학과 같은 문화에 다시 관심을 갖기 시작하였다. 이는 기독교 중심의 사회에서 주체적 개인, 인간 본연으로 복귀하려는 흐름으로 시대에 따라 인문주의Humanism 실재주의Realism, 자연주의Naturalism 등의 경향이 나타난다. 이 시기에 들어서면서 영유아에 대한 개념이 생성되고 교과서가 처음으로 출판되는 등 변화가 일어나기 시작하였다. 이와 같이 근대사회에서는 영유아의 교육과 복지에 대한 관심이 중세에 비해 높아졌다. 근대의 보육사상을 주요한 사회적 변화와 관련하여 나누어 살펴보며 주요 사상가의 견해를 시대 흐름에 따라 고찰해 보면 다음과 같다.

(1) 15~17세기: 인문주의, 실용주의

① 15세기

르네상스 초기인 15세기의 베기우스(Mapheus Vegius, 1406~1458)와 에라스무스(Desiderus Erasmus, 1466~1536)는 중세의 체벌 중심 아동교육방법을 비판하고 애정을 토대로 개성을 인정하는 새로운 교육방법을 제기하였다. 또한 이전 시대에서 경시되었던 신체를 움직이는 체육교육을 다시 강조하였다.

② 16세기

16세기 종교개혁기에는 로마교회의 타락에 저항하는 흐름으로 교회의 도덕성, 성서주의, 인간 본연의 욕구를 강조하는 개혁운동이 일어났다. 독일 종교개혁의 초석을 마련한 루터(Martin Luther, 1483~1546)는 학교교육의 중요성을 강조하여 국가가 책임지는 의무교육으로 시행할 것을 주장하였다. 루터는 라틴어 성서를 모국어인 독일어로 번역하면서 대중들이 쉽게 예배의식에 참여할 수 있도록 하여 엘리트 중심 교육이 아닌 모든 국민을 대상으로 하는 교육의 실천을 도모하고자 하였다. 루터는 교회 중심의 학교를 국가 중심의 학교로 주체를 이동시키면서 공교육의 아버지로 불리기도 한다.

③ 17세기

17세기는 종교개혁의 여파로 유럽 내 여러 갈등과 전쟁이 끊이지 않은 시기로 교육의 침체기로 볼 수 있다. 대부분의 사람들은 거의 교육을 받지 못하는 상태에 놓였으나 콜럼버스, 코페르니쿠스, 갈릴레이, 뉴턴 등 근대과학의 발달로 실용적이고 구체적인 지식을 중시하는 실용주의Realism 방향의 새로운 교육이 태동하기 시작하였다. 『실낙원Paradise Lost』의 작가인 밀턴(John Milton, 1608~1674)은 기존 언어교육이 작문연습에 치중하여 언어에 대한 지식만을 강조한 것을 비판하며 의사소통과 전달의 도구로 언어를 가르칠 것을 주장하였다. 몽테뉴(Michel Eyquem de Montaigne, 1533~1592)는 서적 중심의 교육을 반대하고 활동 중심의 교육을 강조하여 외워서 하는 것은 아무것도 모르는 것이라고 하며 암기보다는 이해하고 판단하는 것을 강조하였다.

이와 같은 실용주의를 토대로 한 영유아 보육은 학문적으로도 더욱 체계화되었다. 성직자이자 교육자인 코메니우스(John Amos Comenius, 1592~1670)는 『세계도회Orbis Sensualum Pictus』(1659), 『대교수학Didactica Magna』 등을 저술하며 교육의 내용을 체계화하였다. 코메니우스가 저술한 『세계도회』는 세계 최초로 삽화가 포함된 교과서로, 스케치를 목판으로 인쇄한 150가지 주제의 실물 그림을 제시하여 영유아들이 언어를 학습하고 사물을 배울 수 있도록 직관적 이해를 돕는 교수의 중요성을 보여주었다. 코메니우스는 사물의 실체나 그림 자료 없이 단순히 이름만 가르쳐서는 안 되며 모든 감

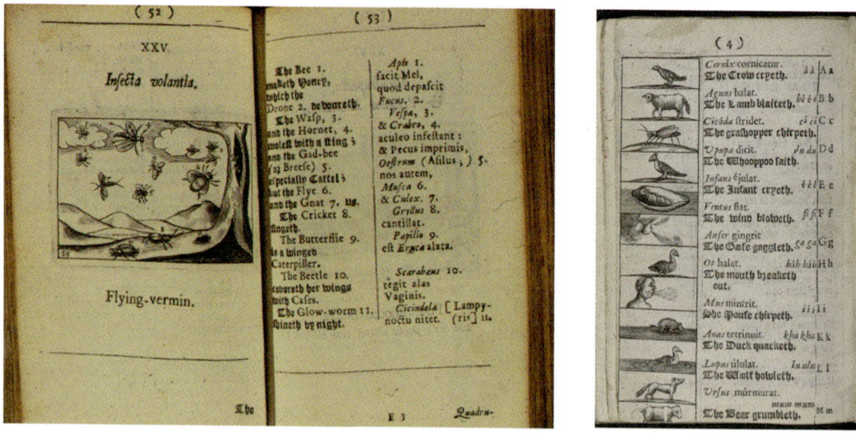

그림 3-5 코메니우스의 『세계도회』

출처: https://commons.wikimedia.org/wiki/File:Orbis_Sensualium_Pictus.png(왼쪽); https://www.bl.uk/collection-items/orbis-sensualium-pictus-animal-tales-space

각을 이용한 교육이 효과적임을 주장하였다. 또 추상적이고 암기 위주의 교육방식에서 영유아에 적합하고 실문에 의한 방법으로 이루어지는 교육방식의 전환을 보여주었다. 코메니우스의 『대교수학』은 모든 사람에게 모든 것을 가르치는 완전한 기술을 위한 책으로 교육에 관한 체계적인 최초의 저술서로 교육의 목적과 내용, 학교교육의 필요성과 개혁 방향, 영역별로 적합한 교수법을 아우르는 내용으로 구성되어 있다. 그리고 모든 사람에게 모든 것으로 가르쳐야 한다는 코메니우스의 범교육론이 담겨 있다. 또한 코메니우스는 모든 사람은 교육의 대상이 되며 출생 신분, 성별과 무관하게 동일한 교육을 받아야 하는 기회 균등을 주창하며 인생 최초의 시기에 행해지는 인간 형성의 중요한 교육으로 영유아기 교육을 강조하였다.

(2) 18세기: 계몽주의

18세기는 계몽주의의 대두와 함께 중산층의 사회적 지위 상승 욕구, 종교개혁 이후 평등 · 인권 사상, 영국 시민혁명 이후 사회 변화에 대한 기대, 과학기술 발전 등을 배경으로 자연주의와 같은 새로운 교육혁신운동이 대두하기 시작하였다. 또한 근대국가의 발달과 함께 교육제도의 정비가 이루어지기 시작하였다. 18세기의 영유아 보육사상을 살펴볼 수 있는 대표적 학자로는 로크(John Locke, 1632~1704)와 루소(Jean Jacques Rousseau, 1712~1778)가 있다.

① 로크

로크는 당시 지배적이었던 원죄설과 달리 인간은 선천적으로 선하지도 악하지도 않은 존재로 태어난다는 '백지설tabula rasa'을 주창하였다. 아동의 마음은 출생 시 백지와 같이 아무 성질이나 관념도 없는 아무것도 쓰여지지 않은 빈 석판에 비유하였다. 백지 상태로 결정되지 않는 영유아는 경험과 학습을 통해 지식이 형성되고, 출생 후에 선하게 또는 악하게 성장하는 것으로 환경의 영향력을 강조하였다. 로크는 영유아의 마음을 물줄기에 비유하며 조금만 방향을 달리해도 쉽게 전환되며, 시간이 지날수록 간격이 크게 벌어진다고 말하였다.

② 루소

『사회계약론』과 『에밀』의 저자로 알려진 루소는 영유아를 발달단계에 따라 스스로 성장하는 존재로 간주하였으나, 로크의 주장과 달리 영유아는 선천적으로는 순수하지만 성장하면서 편견, 불평등, 권위와 같은 나쁜 사회적 제도의 영향으로 타락해 간다고 하였다. 루소의 저작 『에밀』에서는 '에밀'이라는 한 아이의 어린시절부터 청년기까지의 교육과 성장에 관한 내용을 다루며 자연친화적인 교육방법이 최상의 교육이라고 말한다. 이러한 내용을 통해 전통적인 교수법이나 학교교육보다는 영유아의 자연적 발달을 토대로 어떠한 인위적인 행위를 가

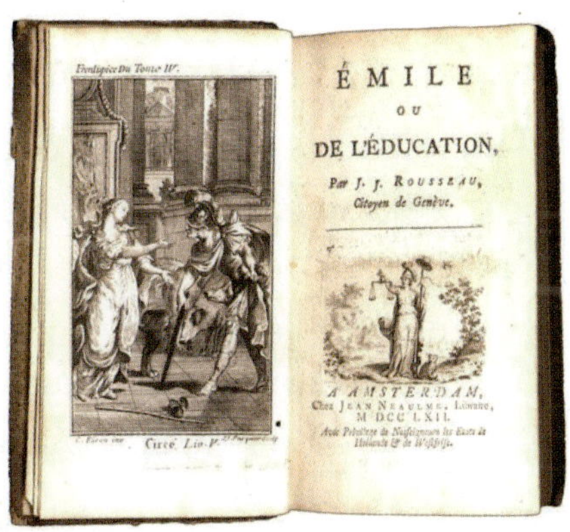

그림 3-6 루소의 『에밀』: '제네바의 시민 장 자크 루소'라는 서명이 있음

출처: https://www.seoul.co.kr/news/newsView.php?id=20170904016001

하지 말아야 한다는 이상적인 교육론을 주창한다. 루소는『사회계약론』을 통해 어린이들에게도 자유와 권리가 있으며, 어린이답게 살아갈 권리를 보장하는 것이 교육이어야 한다고 보았다.

로크와 루소의 주장은 영유아의 자유로운 신체활동, 자연스러운 발달 경향, 개인의 특성을 존중할 필요가 있으며 사회적 부속물로서 간주되던 영유아를 사회구성원이며 인격적 존재로 전환한 계기가 되었다. 인간성 회복을 위하여 생애 초기 교육을 강조하고, 지식 중심 교육에서 유아의 적극적이고 자발적인 참여를 강조하는 소극적 교육방법을 제기하였다. 또한 말이나 책에 의한 교육보다는 사물을 직접 보고 듣고 관찰하거나 경험하는 교육을 강조하며 기존 종교 중심 사회의 반발을 불러일으키기도 했으며, 교사 중심 교육에서 유아 중심 교육으로 전환을 가져왔다고 평가된다.

(3) 19세기: 신인문주의

19세기는 서구사회에서 근대화가 이루어지기 시작한 시기로 계몽사상에서 인간을 기계적이고 형식적으로 바라보는 관점에서 인간성을 강조하는 신인문주의Neo-humanism을 중심으로 나타난다. 이성과 지성을 강조하는 것보다는 윤리적, 미적, 지적 조화로서 인간성 탐구를 추구하여 인간발달에 맞는 교육과정 혁신과 근대적 의미의 학문으로 체계화하였다. 대표적 사상가로는 페스탈로치, 프뢰벨, 오웬 등이 있다.

① 페스탈로치

페스탈로치(Johann Heinrich Pestalozzi, 1746~1827)는 루소가『에밀』을 통해 주장한 인간의 선한 본성과 자연주의 학습의 영향을 받아 직접 고아와 빈민을 위한 학교를 열고 운영한 교육사상가이자 실천가이다. 페스탈로치는 아동의 본성에 따른 교육을 실시하기 위하여 자신의 아들을 루소의『에밀』의 내용처럼 양육하였으나, 아들이 12세가 되도록 읽거나 쓰기 못하는 것을 보고 초기 생각을 수정하게 되었다(정옥분 외, 2012). 영유아기의 교육과정은 아동 주도적인 것에만 순수하게 의존할 수 없으며 어떤 아동은 스스로 글자를 읽을 수 있게 되지만, 다른 아동은 읽기를 위한 여러 환경을 조성해 줄

그림 3-7 아이들과 함께 있는 페스탈로치의 모습

출처: https://media.timetoast.com/timelines/early-childhood-education-803a7cfe-9fcb-4e59-9d01-349c77001a15

필요가 있다고 보았다. 이를 위해 어린 영유아를 위한 교육방법에서 구체적인 경험과 관찰을 강조하였다.

페스탈로치는 학교에서 단순한 지식을 제공하기보다는 지적, 도덕적, 기능적 능력의 조화로운 발달을 제안하는 전인교육을 제안하였다. 지식은 구체적인 것에서 추상적인 것으로 이루어진다는 견해를 바탕으로 통합석인 교육방법을 강조하여 머리와 손, 가슴은 조화롭게 발달해야 한다고 보았다. 그에 따라 듣는 것보다 보는 것, 즉 시각화한 것을 더 잘 기억할 수 있으며, 노동계급의 어린이들뿐만 아니라 모든 어린이의 발달을 위하여 손을 훈련하는 것이 필요하다고 보았다. 페스탈로치는 감각을 통해 직관을 발달시키고 직관에 의해 사물을 정확하게 이해하는 교육이 기본이 된다고 하였다. 교사는 영유아의 능력에 맞게 수업을 진행해야 하며, 개인차의 중요성을 강조하였다. 그리고 인간 형성의 기초가 가정교육에 있음을 강조하며 어머니의 역할을 중요하게 보았다. 영유아를 가르치는 것은 모성을 매개로 어머니의 도움을 받아 이루어진다고 하였다. 페스탈로치가 관찰하고 실험하며 발전시킨 교육 사상과 제도는 교육학의 아버지로 불리는 독일의 헤르바르트(Johann Friedrich Herbart, 1776~1841)에 의해 계승되어 철학으로부터 교육학을 독립시켜 체계화되었다고 평가된다. 헤르바르트는 공통적인 이론적 토대가 되는 일반교육론을 통해 교육의 목적은 도덕성 함양이며 관리, 훈련, 교수로 구분되는 교육방법론을 논의하여 학문으로서 교육학의 토대를 이루었다. 이와 같이 아동발달의 초기 단계를 중요하게 여기고 아동 중심의 교육을 표방하는 사상은 루소를 거쳐 페스탈로치에 의해 구체적으로 나타났다(이순형 외, 2016).

② 프뢰벨

유치원의 아버지로 불리는 독일의 프뢰벨(Friedrich Wilhelm August Fröbel, 1782~1852)은 1805년 페스탈로치의 학교에 3개월간 머무르며 교사 경험을 하였고, 교수방법에 영감을 받아 자신의 교육철학을 실천하기 위한 학교를 열었다. 프뢰벨은 청소년보다 어린 영유아를 위한 교육에 더 관심을 갖고 영유아의 마음 속에 있는 신성을 키워나갈 수 있도록 하는 목적의 교육과정을 마련하였다. 이는 인간의 선천적인 능력은 어린 시기에 더 잘 계발될 수 있다고 보았기 때문이다. 프뢰벨은 독일어로 아이들의 정원이라는 의미의 '킨더가르튼kindergarten'을 설립하였고 교육과정을 만들었다. 부모나 교사를 정원사로 비유하며 어린 영유아가 자연적으로 성장하는 과정을 존중하며 애정을 가지고 보살피는 역할을 하는 사람으로 보았다.

프뢰벨은 자발적 발달과 자기표현을 끌어낼 수 있는 주요한 장치로 놀이를 중요하게 여겼다. 프뢰벨은 놀이 자체가 교육적이라는 견해를 가지고 영유아가 성인에 의해 구

그림 3-8 프뢰벨 유치원의 모습

출처: https://froebel-museum.de/pages/en/friedrich-froebel/life-and-works.php

속되지 않은 놀이를 통해 자신을 표현하는 자연스러운 방법이 된다고 보았다. 당시 사람들은 놀이에 대해 다양한 견해를 가지고 있었으나 주로 놀이를 해가 없는 학교 밖 행동, 유치한 행동이나 단순한 신체나 감각을 키우는 것 또는 성인이 되기 위한 준비를 하는 과정으로 간주하였다. 이와 달리 프뢰벨은 놀이는 자신의 본성과 우주와 자연간의 조화를 얻게 되는 과정으로 자신의 신성을 표현하는 창조적이고 자발적인 활동으로 큰 의미가 있는 교육적 활동으로 보았다. 프뢰벨이 고안한 교육내용은 은물, 작업활동 이외에 자신을 표현할 수 있는 노래, 이야기, 동시, 율동, 그림, 정원 가꾸기, 동물 돌보기, 산책 등이 포함되어 있었다. 프뢰벨이 고안한 교구인 은물Spielgaben은 '하느님이 주신 은혜로운 선물'이라는 뜻으로 놀이에 대한 가치를 반영한 교구이다. 이는 모든 교육은 감각에 대한 지각에서 시작해야 하므로 구체적인 사물을 제시하는 것이 유아의 흥미 유발을 위해 필요하다는 관점을 실제적으로 반영한 것이다. 은물은 형체, 면, 선, 점으로 이루어진 교구로 만물의 법칙을 담고 있으며 지금까지도 사용되고 있다. 은물은 전체와 부분 간의 관계를 다루기 위해 고안된 교구이므로 세계의 질서를 존중하도록 가

그림 3-9 프뢰벨의 은물

6가지 색 털실로 입힌 공(빨강, 노랑, 파랑, 주황, 초록, 보라)으로 이루어진 1번 은물(상징화된 자유와 통일의 개념을 알려줄 수 있다고 봄)(왼쪽), 서로 다른 길이의 막대로 이루어진 8번 은물을 가지고 놀이하는 유아(오른쪽)

출처: https://hellcomics.ru/en/frebel-gody-zhizni-pedagogicheskaya-sistema-fridriha-fr-belya/

르치는 목적이 있으며 유아가 마음대로 다루는 것은 허용하지 않는다. 프뢰벨은 은물에 대한 충분한 경험을 가진 후 작업활동을 하는 것이 필요하다고 보았다. 구멍 뚫기, 바느질하기, 그리기, 색칠하기, 종이끈으로 형태 만들기, 매트 짜기, 종이접기, 종이 오리기, 콩 끼우기, 상자 만들기, 점토 만들기의 11가지 작업을 고안하여 구체적인 활동을 통해 교육하였다. 프뢰벨이 창설한 유치원과 그가 고안한 은물은 이후 영유아 교육에 많은 영향을 미쳤다. 프뢰벨이 고안한 교육과정은 계열성에 기초하여 교사 지시대로 사용하는 교사 중심적인 측면이 있으며, 형이상학적 관념론에 기초하고 있고 은물과 작업에서 소근육을 강조하여 발달에 적합하지 않다는 비판을 받기도 한다.

③ 오웬

영국의 사업가 오웬(Robert Owen, 1771~1858)은 산업혁명 시기 협동조합을 만들고 보육제도를 마련한 사회혁신가였다. 18세기 후반 영국은 산업혁명으로 인하여 공장이 증가하고 도시로 인구가 집중되면서 여성뿐만 아니라 어린이까지 장시간 노동에 시달려야 했다. 그는 당시 아동들이 6~7세부터 취업하여 하루 12시간 이상 일해야 하는 현실을 비판적으로 바라보았다. 오웬은 어린이가 환경과의 상호작용을 통해 제대로 발달할 수 있다는 페스탈로치의 교육철학에 영향을 받아 환경의 영향을 중요하게 간주하여 당시 아동이 처한 상황은 빈곤과 비행을 대물림하는 문제가 있음을 제기하였다. 또한 인간을 잘 교육하는 것은 국가적 과업이며, 모든 사회구성원이 합리적이고 도덕적인 존재로 형성되기 위하여 계급이나 지역에 따른 차이 없이 교육이 이루어지도록 해야 한다고 보았다. 이러한 교육목표를 이루기 위하여 유아기부터 합리적인 성격 형성이 필요하며, 가정에서는 부모의 나쁜 영향을 받을 수 있으므로 학교와 같은 교육이 필요함을 주창하였다.

그는 이러한 교육적 신념을 담아 아동 취업연령을 10세 이상으로 상향하고, 1816년 자신의 공장 내에 공장 노동자의 자녀와 공장에 다니는 어린 아동의 교육적 성장을 위해 성격형성학원The institution for the formation of character을 설립하여 운영하였다. 성격형성학원에서 교사는 아동을 친절하고 부드러운 음성으로 대했으며, 교육이 이루어지는 장소는 갇힌 벽 안이 아니라 운동장, 야외, 공장, 박물관, 상점 등 다양한 공간에서 인간 생활 전반과 생산에 대한 학습이 이루어지도록 하였다.

오웬의 이러한 시도는 산업혁명 당시 어린 아동의 존엄성을 지키는 방식이 되었으며, 이후 유아학교운동으로 이어져 영국 사회에서 어린 영유아의 양육과 보호에 관심을 가지는 계기가 되었다.

(4) 현대

20세기에 이르러 성인 중심의 영유아 보육에서 영유아기의 발달적 특징에 기반한 영유아 대상 교육이 이루어지기 시작하며, 영유아에 대한 다양한 가능성을 인정하게 되었다. 제2차 세계대전 이후 많은 노동력이 필요하여 여성 노동력 확보를 위해 어머니가 일을 할 때 자녀를 돌보는 영유아 보육기관과 영유아 교육에 대한 수요에 의해 중류계층을 위한 사립유치원과 같은 다양한 기관이 늘어났다(Essa, 2014). 20세기 초 학교교육에 있어서 초등교육에 대해 학교교육을 통한 사회적 지위 상승이나 이상을 키워주려는 노력보다는 학교에서 기초적인 교육을 마친 후 노동자로 살아가는 것을 기대하였다(Brucacher, 1966). 이에 듀이와 같은 진보적 교육자들은 어린 아이들에게 민주적 사고와 같은 이상을 키워 사회적 불평등을 평준화할 수 있어야 한다고 주장하였다. 그리고 이 시기 프로이트, 피아제의 영유아 대상 연구는 과학적이고 체세적으로 이루어지기 시작하였다.

① 듀이

듀이(John Dewey, 1859~1952)는 교육은 스스로 민주사회를 지향하고 있으며, 이 외의 어떤 외적 권위에도 굴복하지 않는 것이라고 하며 기존 교육체제를 비판하였다. 듀이는 프뢰벨의 은물와 상징주의에서 나타나는 다의적이고 신비주의 이론에 대해 반박하며 교육이란 오히려 현실적으로 여기-지금Here and now 당면하는 생활과정 그 자체이며, 유아는 생활과정에서 직접적인 경험과 행동을 통해 학습한다고 보았다. 교육은 고정된 목표를 지향하는 것이 아니라 경험의 계속적인 재구성이며(Dewey, 1916),

그림 3-10 듀이의 실험학교 수업 모습

출처: http://faculty.webster.edu/corbetre/dogtown/dewey/dewey60-post.html

교육 내용의 선정과 조직의 중요성을 판단하는 기준은 사회적으로 유용하면서 현재 영유아가 가지고 있는 흥미와 관심에 두어야 함을 제기하였다. 놀이는 심리적 태도를 나타내므로 프뢰벨식의 은물, 놀이, 작업과 같이 주어지거나 예정된 위계와 같은 체계를 따라야 하는 것이 아닌 자유로운 상태임을 주장하였다. 지식 그 자체의 습득을 목적으로 하는 교육은 무기력한 정보를 전달하는 데 그치기 쉬우므로 탐구 또는 반성적 사고와 관련될 수 있도록 학습자의 경험이나 능력, 흥미에서 출발해야 한다고 하였다. 또한 교육은 삶의 준비가 아니라 삶 자체이며, 성인의 삶이 중요한 만큼 영유아의 삶도 중요하다고 보았다. 교사는 학생들에게 관심과 동기를 부여하는 환경뿐만 아니라 관심과 동기가 무엇인지 알고 있어야 한다고 하였다. 따라서 교육의 목적은 무엇을 아는 것이라기보다는 어떻게 생각하는지에 있다고 보고, 영유아를 수동적 위치에 두지 않고 스스로 학습의 필요성을 느낄 수 있도록 동기부여하며 학습의 주체임을 강조하였다. 듀이는 교사 중심의 교육내용보다는 학습자 중심의 교육내용이 더 효과적이며 문제해결학습, 프로젝트방법 등 다양하게 변화되는 교육과정을 제안하였다. 듀이가 설립한 실험학교에서는 프뢰벨의 상징적 작업이 아닌 가정과 학교의 현실사회의 작업을 통해 영유아가 사회의식을 점차 공유하는 민주적 학습이 이루어지도록 하였다. 이를 위하여 목공, 요리, 직물과 같은 다양한 작업을 통해 문제를 해결하고 새로운 발견을 하며 지적 관심사를 증진시키기 위해 질문과 탐구 기회를 제공하였다.

② 킬패트릭

듀이의 사상을 계승한 킬패트릭(William Heartd Kilpatrick, 1871~1965)은 학습자가 문제를 해결할 필요가 있는 것에 대해 계획을 세우고, 그 계획을 실행하기 위해 자료를 수집하는 방법과 수단을 고안하고 결과를 점검하는 문제해결법으로 재구성하였다. 이와 같은 실용주의를 기반으로 하는 진보주의 교육에서는 교육은 생활 준비가 아니라 생활 그 자체이며, 학습은 영유아의 흥미와 직접 관련되어야 하고, 이를 위해 교사는 영유아의 흥미를 감지할 수 있어야 한다고 보았다. 그리고 지식은 경험과 결합되어야 하므로 교재를 가르치는 것보다 호기심에서 생긴 직접적인 문제를 중심으로 타인과 협동하는 과정에서 의미를 찾아야 한다고 보았다.

③ 몬테소리

몬테소리(Maria Montessori, 1870~1952)는 이탈리아의 최초의 여의사로 정신이상자 수용시설에서 치료 대상을 선별하는 일을 하였다. 그 과정에서 정신적인 문제를 겪고 있는 사람들과의 접촉이 많아지면서 이러한 어린이들을 도울 방법을 모색하며 의학적 문제가 아닌 교육적 문제로 접근하였다. 몬테소리는 특수아동의 각 필요에 맞는 활동을 구성한 프로그램을 적용하였고, 그 결과 특수아동들이 일반 학교의 입학시험을 통과할 수 있었다. 이러한 방법을 일반 영유아에게 적용한다면 더 큰 효과가 있을 것으로 예상하였다. 그 후 다시 대학에서 철학을 공부하면서 루소, 페스탈로치, 프뢰벨 교육사상을 탐구하고 아동 중심 교육사상에 공감하였다. 당시에는 영유아는 비어 있는 그릇과 같아서 성인들이 그릇을 채워주어야 하며, 게으르고 무능력하기 때문에 결국 성인에 의해 길러져야 한다고 보았다(송준식, 사재명, 2006). 이와 달리 몬테소리는 영유아는 성인과는 분리되고 차이나는 생활을 하는 존재이므로 가장 자연스러운 상태에서 자발적인 활동이 억압 또는 간섭되지 않아야 하며 그 상태를 교사가 관찰하며 적절한 도움을 주어야 한다고 보았다. 이러한 과정을 반영하여 1907년 어린이의 집Casa dei Babbini를 열어 일반 영유아에게 프로그램을 적용하였다.

몬테소리는 생애 초기 스펀지가 물을 빨아들이듯 매우 빠른 속도로 주변 지식을

그림 3-11 몬테소리식 유아 교육기관의 모습

출처: https://www.sihirlibahce.com.tr/montessori/montessori-yontemi%E2%80%99nde-mekan/

습득하는 흡수정신absorbent mind이 있으며, 특정 학습을 잘 흡수하는 민감기seasitive periods가 있으므로 이를 위해 단계별로 준비된 환경이 중요하다고 보았다. 이에 따라 일상생활, 감각, 학문적 교육시기로 구분하고 각 시기에 맞는 활동과 교구를 만들었다. 현재 국제몬테소리협회 교육과정에서는 일상생활 연습, 감각교육, 언어교육, 산수교육, 문화교육의 다섯 가지로 구분하고 있다. 교사는 명령적이거나 권위적, 지식 주입적인 태도에서 벗어나 영유아의 보조자, 조력자로서 역할할 것을 지향하였다. 이러한 교구가 중심이 되는 활동은 교사나 부모와의 인간적 상호작용을 등한시하는 결과를 낳았다는 비판을 받기도 한다(Roopnarine & Johnson, 2013).

④ 손다이크와 힐

그 밖에도 손다이크(Edward Lee Thorndike, 1874~1949)는 행동주의 심리학에 기초하여 학습을 어떤 자극에 대해 아동이 반응하는 것이라고 규정하고, 정신이나 성격에서의 변화는 곧 행동에서의 변화라고 접근하였다. 이러한 관점은 유아 때부터 자기 지도나 사회적 협동을 통해 기본생활습관을 형성하는 것은 복종, 자조, 즐거움, 겸손, 용기와 같은 덕목을 길러준다고 강조하였다. 이를 기반으로 미국의 유치원 교육과정 변혁운동을 주도한 힐(Patty Smith Hill, 1868~1946)에 의해 유아를 민주시민으로 육성하기 위하여 기본생활습관 지도를 강화하며, 교사는 습관 형성의 속도와 개선 상태를 관찰하고 측정할 수 있도록 하였다. 또한 교육의 범위를 하향하여 더 어린 연령의 영유아 교육을 포괄하고 초등 1학년 교육과 입학 전 교육 연계의 중요성을 주장하였다. 이러한 흐름은 1930년대 한국에 파견된 미국 선교사, 유치원 교사에 의해 전파되었으며, 최근까지도 영유아보육에서 기본생활습관을 강조하는 전통으로 남아 있다(양옥승, 2008).

이상과 같이 영유아 보육사상과 관련된 역사적 흐름을 살펴볼 때 영유아 보육사상은 성인 중심에서 영유아 중심으로 논의가 이루어지고 있으며, 보육과정을 사회문화적 환경으로 인식하며 놀이, 영유아기의 발달특성 및 발달단계, 영유아의 흥미를 어떻게 바라보고 있는지 서로 다른 관점을 가지고 변화되는 것을 알 수 있다. 최근에는 과학, 합리성, 객관성, 보편성을 중심으로 탐구되어 왔던 모더니즘의 관점에서 현상학, 해석학, 포스트모더니즘의 관점에서도 영유아 보육이 탐구되고 있다. 또한 이론을 바탕으로 원리를 추출하여 구성한 보육과정 이외에도 이탈리아의 레지오 에밀리아Reggio Emilia시에서 자국의 문화와 전통을 토대로 교육과 사회적 서비스가 결합되어 운영하고 있는 자생적인 교육과정과 같이 매우 다양한 영유아보육과정이 이루어지고 있다.

3. 우리나라의 보육사상

우리나라의 전통사회는 영유아를 긍정적이면서 질적인 존재로 인식하였는데(유안진, 1994), 조선시대에는 아동을 동몽童蒙이라 하여 아동이 무지몽매한 존재이나 좋은 가르침에 의해 무한하게 발전할 수 있는 존재로 인식하였다. 『주역』에 의하면 동몽은 산 기슭을 흐르는 물의 형태를 비유한 것으로, 아직 샘에서 흐르는 물줄기는 가냘프고 의지할 것이 못되나 나중에 큰 강이 될 가능성을 갖고 있다고 하였다(류점숙, 1991).

우리 전통사회에서 아동은 태내에서 잉태되는 순간부터 하나의 생명체이자 인격체로 존중받았다. 태중 10개월은 일 년에 미치지 못하지만 이를 질적인 변화를 고려하여 일 년으로 간주하고 출생 시 한 살을 먹는 한국식 나이계산법은 이러한 우리 사회의 아동존중사상을 단적으로 보여주는 예이다. 그리고 출생하지 않은 태아라 하더라도 잉태되는 순간부터 좋은 교육이 필요하다고 생각하여 태교의 중요성을 강조하였다. 태교는 어머니뿐만 아니라 아버지도 함께하는 것으로 부모는 자녀에 대해 높은 관심을 가지고 헌신적으로 돌보고 가르치는 것을 강조해 왔다.

안경식(2005)은 우리나라 아동교육사상이 서양의 사상만으로 구성될 수 없음을 지적하고 우리나라 전통사상의 근간을 이루는 신화, 무속, 불교, 도교, 유교, 동학에 반영된 아동교육관을 고찰하였다. 이를 토대로 우리나라 전통사회의 아동교육사상은 다음과 같은 점을 특징으로 논의하였다. 첫째, 아동을 우주적・신적 존재로 간주하고 아동 자체를 완성된 하나의 인간으로 인정하였다. 둘째, 태교와 조기교육을 매우 중요하게 생각했다. 셋째, 영유아를 가르침에 있어서 가정이 중요한 교육적 공간이며 부모의 역할, 특히 어머니의 역할을 중요하게 여겼다. 넷째, 영유아를 가르치고 돌보는 데 있어서 정성과 사랑이 중요함을 강조하였다. 이에 따라 우리나라 전통사회의 영유아 보육사상에 영향을 미친 주요한 배경으로 불교, 유교, 도교를 살펴보고 우리나라 해방 전후 근대사회 아동운동을 이끈 방정환의 교육사상에 대해서 살펴본다.

1) 불교

불교는 기원전 5세기경 석가모니가 창시한 종교로 우리나라에는 삼국시대에 전파되었으며, 초기 수용과정에서는 지배체제와 왕권을 강화하는 것과 관련되어 사회적으로 큰 영향을 미쳤다. 불교에서는 절대적으로 경배하고 복종해야 하는 신이 있기보다는 모든 우주만물은 연기, 즉 변하므로 절대적인 존재가 없다고 본다. 이에 따르면 영유아는 성인과 동일한 인격체로 간주되며 주체적 인격을 가진 존재로 보았다. 일체중생一切衆生 실유불성悉有佛性이나 연기설緣起說을 통해 태아는 물론 영유아기도 당연히 존중받아야 하는 존재로 인식한다. 이처럼 불교에서는 어린 영유아를 불성을 가진 주체적이고 독립적인 인격체로 보았음을 알 수 있다.

불교 경전 중 하나인 『보적경寶積經』에는 인간의 수명을 10단계로 나누어 설명하는 10기설이 다음과 같이 제시된다. 10기설은 인간의 수명을 100년으로 간주할 때 10단계가 있으며 이 단계는 영아嬰兒, 동자童子, 소년少年, 소장少壯, 성년盛年, 성취成就, 점쇠漸衰, 후만朽萬, 극노極老, 백년百年으로 구분한다. 이 중 영유아를 일컫는 표현인 영아嬰兒는 강보에 누워 있는 시기를 의미하고, 동자童子는 어린아이가 놀이를 즐겨 하는 시기로 설명한다. 이러한 발달 구분에서 미성숙은 발달적 차원이 아닌 깨달음과 관련된 인간의 본질적 면에 초점을 두고 바라본다. 이에 따라 오히려 영유아가 이상적인 보살의 모습으로 그려지기도 하며 순수한 모습을 성인이 본받아야 함을 이야기한다. 『화엄경』의 입법계품에는 선재동자가 대승보살의 대표적인 실천자로 그려져 있으며, 『대보정격』에는 8살 묘혜동녀妙慧童女가 부처님의 말씀을 설교하였다고 한다. 『법화경』에는 어린아이들이 장난으로 모래를 쌓아 불탑을 만들거나 나뭇가지나 손가락으로 불상을 그려도 그 공덕으로 성불한다는 내용이 있다. 『대열반경』에는 보살이 닦아야 할 다섯 행동이 제시되는데 그중 '영아행'은 자비심으로 나타나는 선한 행동으로 보살은 어린이와 같은 깨끗하고 거짓 없는 행동을 해야 함을 말한다. 불교에서는 아동은 성인과 동일하게 불성을 가

그림 3-12 김천 직지사의 '수월관음도'
선재동자가 중생을 구원하는 물이 든 정병을 들고 있는 것으로 깨달음을 얻었음을 보여줌
출처: http://m.buddhismjournal.com/news/articleView.html?idxno=19540

지고 있어 성불할 수 있으며, 어린 영유아는 순수한 마음상태 때문에 더 잘 깨달을 수 있고, 성인은 외부 사물을 실체라고 착각하여 오히려 깨닫지 못하게 된다고 보았다(윤혜진, 1992).

불교에서 아동은 여전히 깨닫지 못한 존재이므로 배움은 필요하다고 본다. 이를 위해 부모와 교사의 역할도 강조하였다. 불교에서는 연기설에 기반하여 결과보다는 원인을 중요하게 간주하여 임신과 출생의 과정을 중시하고, 부모는 태교부터 시작하여 자녀를 사랑으로 가르쳐 악을 멀리하고 선을 행하도록 교육시킬 의무가 있다고 보았다. 교사의 역할은 송나라 불서인 『벽암록』의 내용 중 '줄탁동시啐啄同時'에서 찾아볼 수 있다. 이는 병아리가 알에서 깨어나기 위해 병아리가 알을 쪼는 행동과 어미닭이 그 신호를 알아차리고 바깥에서 도와주는 행동이 동시에 일어나는 것을 의미한다. 제자가 깨우칠 때까지 품고 보살피는 스승의 모습을 그리며 아직 깨우치지 못한 제자의 한계를 깰 수 있도록 줄탁을 동시에 한다는 의미이다. 이를 통해 볼 때 교육은 학생이 스스로 노력해야 함과 교사는 그때를 알고 교감하며 도움을 줄 수 있어야 함을 의미한다.

2) 유교

유교는 기원전 5~4세기경 중국의 춘추전국시대 말기 공자에 의해 체계화되어 맹자와 순자를 거치며 발전된 사상체계이다. 우리나라에는 고구려 소수림왕 시기에 전래되었다고 알려졌으며, 삼국시대와 고려시대에는 국교를 불교로 삼았으나 교육이념은 유교사상을 따랐을 만큼 유교는 사회, 문화를 아우르는 하나의 도덕적 체계로 영향을 미쳤다. 이후 고려 말을 거치면서 조선시대에는 정치이념으로 적용되고 이황과 이이에 의해 조선 성리학으로 발전되었다(문미옥 외, 2004).

유교사상에서는 인仁과 효제孝悌가 주요 원리로 교육을 강조하며, 인이란 사람을 사랑함仁者愛人과 사람다움仁者人也으로 타인을 사랑하는 정신이자 완성된 인격체를 갖춘 사람다움을 의미한다. 유교에서는 자기 도덕성의 완성을 이룬 이상적 인간상은 성인 또는 군자라 칭하며 그렇지 못한 사람은 소인으로 배척한다. 인을 완성하기 위하여 자신의 분별과 노력을 통해 끊임없이 수양하는 과정을 강조한다. 자신의 욕구와 감정을 조절하여 사회규범인 예에 부합할 수 있도록 극기복례克己復禮를 강조하였다. 이는 인간은 하늘이 부여한 옳은 성품을 가지고 태어나지만 자신의 욕심과 감정으로 인하여 그 본성을 해치게 된다는 관점을 보여준다. 맹자는 인간은 선천적으로 선이 무엇인지 아는 양지良志를 가지고 있다고 보았다.

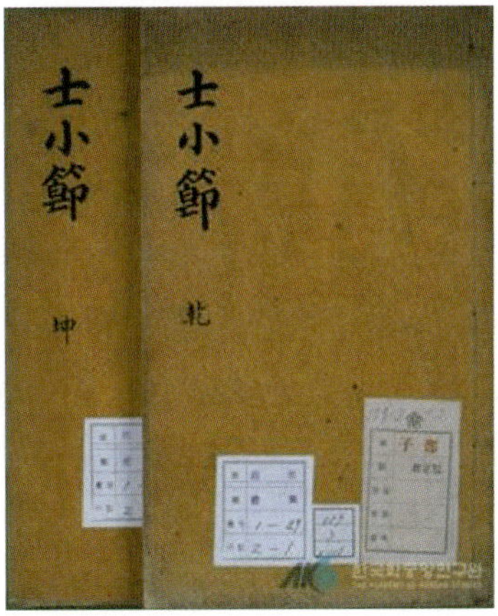

그림 3-13 이덕무의 『사소절』

출처: https://encykorea.aks.ac.kr/Contents/Item/E0025747#modal

율곡 이이는 『격몽요결擊蒙要訣』의 「서문」에 "초학의 향방을 정하여 굳은 뜻이 없는 제자들에게 뜻을 세우고, 몸을 삼가며, 부모를 봉양하고 남을 대하는 방법을 가르치기 위해서 쓴 책"이라고 글을 처음 배우는 아동에게 하는 조언을 담고 있다. 또한 "만일 어려서 가르치지 않고서 이미 장성하게 되면 좋지 못한 버릇이 들어 정신을 차리지 못하여 그를 가르치기란 몹시 어렵다"라고 하였다. 이는 어린 시기 교육의 중요성을 언급하고 있으며 성인이 되어 올바른 사람이 되기 위해 성실하고 근면한 생활자세와 학문 탐구가 필요함을 의미한다.

조선 후기 실학자 이덕무가 저술한 『사소절士小節』은 조선시대의 교육 사상과 방법을 담고 있다. 『사소절』에는 지극히 중요한 일은 자식을 가르치는 것보다 더한 것이 없다고 할 만큼 영유아를 가르치는 것을 강조하였다. 여기에서는 교육에서 개인차를 존중하고 평등주의를 언급하고 있으며, 교수방법으로 점진적 단계의 원리, 연습의 원리, 조기교육의 원리, 노작의 원리, 중용의 원리, 발전적 계열의 원리 등을 담고 있다. 안경식(2005)은 이에 대해 다음과 같은 네 가지 교수방법으로 제시하였다. ① 글공부를 시킬 때 아동의 능력을 고려하여 분량을 조절할 것, ② 성품에 따라 교육을 하되 지나치게 엄격하게 하는 것은 금할 것, ③ 어린 아동의 특성을 고려하여 복잡하고 번거로운 설명보다는 간략한 해설을 위주로 할 것, ④ 부모나 교사는 어린 아이에게 글을 가르칠 때 인내하고 위엄과 사랑으로 대할 것을 제시하고 있다.

조선시대에 들어오면서 널리 퍼진 유교사상의 장유유서長幼有序는 연장자와 연소자의 관계가 사랑과 공경의 도리로 나타나야 한다는 것을 이야기하고 있으며 일방적인 것이 아니라 쌍방적인 관계의 규범으로 어른은 아이를 사랑하고 가르치며 아이는 어른에게 공경을 행해야 한다는 뜻임에도 장유유서의 본질은 훼손된 채 행위만 남은 것으로 보인다.

3) 도교

불교, 유교와 함께 동양의 3대 종교인 도교는 신선사상을 기반으로 노자老子와 장자莊子의 사상이 결합된 노장사상이 기반이며 이후 유교, 불교와 여러 신앙요소들이 결합되어 우리나라 문화에 많은 영향을 주었다. 도교는 우리나라에 삼국시대에 전래되었다고 알려져 있고, 고려시대에 종교로서 체계를 갖추기 시작하였다. 노자의 무위자연無爲自然 사상에 의하면 억지로 무엇을 하지 않고 자연의 순리에 따라 살아가는 것을 강조하며 인간을 우주와 밀접한 관계가 있는 자연적 존재로 본다. 노자에 따르면 어린 영유아는 영아嬰兒 또는 출생 후 피부색이 붉으므로 적자赤子로 표기되며, 영아를 몸과 마음이 자연의 이치인 도에 따라 움직이며 성인과 같은 의도가 없다고 본다(안경식, 2005). 어린 영유아를 아직 세상의 선악과 시비에 물들지 않은 무심, 무욕의 존재로 보고 자연의 원리를 가장 잘 체득한 사람으로 이상적 인간형으로 보기도 한다.

노자는 몸을 생명이자 자연으로 중요시하였으며, 자연의 이치대로 몸과 마음을 수련하는 양생養生을 강조하였다. 도교의 교육적 목표인 양생은 신체의 단련과 도덕적 수양이 함께 이루어져야 한다. 신체의 단련은 불사의 신체를 얻기 위한 수련이며, 도덕적 수양은 충효忠孝, 화순和順, 인신仁信을 핵심으로 공덕을 쌓거나 선행을 배풀어야 한다고 보았다(김용수, 2006). 어린 영유아는 이미 자연적 특성을 가지고 있는 존재이고 도에 따라 살아간다고 하여 기교와 지식과 같은 인위적인 방식으로 가르치는 것은 영유아의 본성을 해칠 수 있다고 하였다. 따라서 자연의 이치인 영유아가 가지고 있는 본성과 특성에 따라 가르쳐야 한다고 보았다.

4) 방정환

소파 방정환(1899~1931)의 교육사상은 동학사상을 기반으로 한 천도교의 사상에 토대를 두었다. 천도교에서는 모든 생명은 그 안에 천주를 모시고 있다는 시천주侍天主 사상을 바탕으로 어린 영유아를 성인과 평등한 존재로 인식한다. 천도교에서는 수정 순간부터 생명의 존엄성을 강조해 왔다. 최제우의 '불연기연不然其然'에서는 "갓난아기의 어리고 어림이여 말은 못해도 부모를 알고 있으니 어찌 아는 것이 없다고 하겠는가. 이 세상 사람이여 어찌 앎이 없겠는가"라고 했다. 이에 따라 성리학, 실학과는 달리 영유아에 대한 체벌을 금하고 존엄한 존재로 존중하는 태도를 갖출 것을 말한다. "아이를 때리는 것은 한울을 때리는 것이니 한울이 싫어하고 기운을 상하게 하는 것"이라는 관점에서 동학의 우주관, 인간관에 따라 인격적 차별대우를 반대한다. 이러한 관점은 조선시대 성리학과 실학을 기반으로 한 영유아관이 지닌 한계를 극복하여 독립된 인격을 가진 존재로 인식하고 있음을 보여준다(이순형 외, 2016). 이는 서양에서 17세기경 영유아를 독립된 존재로 바라보기 시작한 관점의 전환이 있었다는 점에서 영유아 보육사상적 기초가 아동존중사상을 강조하는 방향으로 변하고 있음을 보인다(백혜리, 1997).

동학은 민족주의 성향의 종교로 자리를 잡으며 우리나라에서 19세기 후반 제국주의의 영향으로 일본과 같은 외세의 문물에 흔들리지 않는 민족의 뿌리지키기 운동을 전개하였다. 당시 시대 배경인 식민지 조국의 상황, 3·1운동, 민족주의를 기반으로 소파 방정환은 독립운동의 일환으로 교육실천을 구상하였고 이는 어린이운동으로 전개되었다. 조국의 미래는 어린아이에게 달렸고, 어린이를 올바르게 교육시키는 것이야말로 민족의 미래를 위한 것으로 생각했기 때문이다. 방정환은 유교적 전통으로 인한 당대의

그림 3-14 방정환이 1923년 창간한 한국 최초의 순수 아동잡지「어린이」창간호

그림 3-15 1920년대에 발행된 어린이날 포스터

출처: http://contents.history.go.kr/front/ti/view.do?treeId=06029&levelId=ti_029_0100

교육과 관습, 세계적으로 팽배해져 있던 제국주의의 영향으로 일제강점기에 놓인 조선의 상황과 국내외를 지배하던 세계관이 당시의 교육을 수신修身과 산술算術에 국한되게 하였다고 보았다. 책을 통한 문자교육, 주입식의 도덕교육은 실생활에 응용되지 못하고 단순한 지식 습득 위주의 교육으로만 이루어져 사람들은 경직되고, 정서가 메말라감을 비판하였다. 어린이의 지적 측면만 중요시했던 식민사관 교육에 대항하여 정의적 측면의 교육을 강조하고 감각을 위한 예술교육에 많은 노력을 하였는데, 이를 위하여 방정환은 어린이들이 직접 그리고 생각하여 표현하는 예술을 지향하는 교육을 펼쳤다.

방정환은 아동을 태생적으로 선하다고 보며 이러한 입장은 '천사주의 아동관'이라고도 한다. 방정환은 아동을 개성과 인격과 존엄성을 가진 독립된 인격체로 보아 늙은이나 젊은이와 함께 존재성을 인정하는 의미로 어린이라는 단어 사용을 주창한다. 어린사람에게 인격과 존엄성을 부여한 방정환은 어린이에게 존댓말 쓰기 운동과 같은 구체적인 실천원리를 통한 교육으로 구현되었다. 방정환은 교육자로서 자신이 해야 하는 일은 단지 싹트는 것을 북돋아주고 보호할 뿐이라고 한 것은 아동의 내적인 성장 가능성을 인정한 것이고, 아동을 하나의 독립체로서 고유한 세계를 인정하는 것으로 볼 수 있다. 방정환은 교육방법에서 흥미를 강조하여야 한다고 생각했다. 「어린이」지 창간호(1923)의 편집후기에 해당하는 '남은 잉크'에서 "교훈이나 수양담은 학교에서 많이 듣는 고로 여기서는 그냥 재미있게 하고 놀자. 그러는 동안에, 모르는 동안에 저절로 깨끗하고 착한 마음이 자라게 하자!"라고 생각하며 이 책을 꾸몄다고 밝혔다. 이는 방정환인 생각한 교육이 어른들의 잔소리나 딱딱한 언어로 당위적으로 전달되어서는 안 되며, 어린이들이 재미있게 동화를 읽고 그림을 그리고 노래를 부르며 교육내용이 저절로 스며들게 하는 교육방법임을 알 수 있게 한다.

표 3-1 소년회에서 어린이날을 맞아 배포한 내용

어른들에게 드리는 글	어린 동무들에게
• 어린이를 내려다보지 마시고 쳐다보아 주시오. • 어린이를 가까이 하시어 자주 이야기하여 주시오. • 어린이에게 경어(敬語)를 쓰시되 늘 보드랍게 하여 주시오. • 이발이나 목욕, 의복 같은 것을 때 맞춰 하도록 하여 주시오. • 잠자는 것과 운동하는 것을 충분히 하여 주시오. • 산보와 소풍 같은 것을 가끔 시켜 주십시오. • 어린이를 책망하실 때에는 쉽게 성만 내지 마시고 자세히 타일러 주시오. • 어린이들이 서로 모여 즐겁게 놀만한 놀이터와 기관 같은 것을 지어주시오. • 대우주 뇌신경의 말초는 늙은이에게 있지 아니하고 젊은이에게도 있지 아니하고 오직 어린이들에게만 있는 것을 늘 생각하여 주시오.	• 돋는 해와 지는 해를 반드시 보기로 합시다. • 어른들에게는 물론이고 당신들끼리도 서로 존대하기로 합시다. • 뒷간이나 담, 벽에 글씨를 쓰거나 그림 같은 것을 그리지 말기로 합시다. • 길가에서 떼를 지어 놀거나 유리 같은 것을 버리지 말기로 합시다. • 꽃이나 풀을 꺾지 말고 동물을 사랑하기로 합시다. • 전차나 기차에서 어른에게 자리를 사양하기로 합시다. • 입은 꼭 다물고 몸은 바르게 가지기로 합시다.

3-1 보육뉴스

유엔 "어떤 체벌도 금지"... 민법 내 징계권 조항 삭제될까?

[앵커]
가장 많은 나라가 가입하고 있는 유엔 아동권리위원회가 우리나라의 아동권리 상황에 우려를 나타냈습니다. 관심이 쏠리는 건 아동 폭력, 가정 내 체벌 부분인데 어떤 체벌도 금지하라라고 권고했습니다.

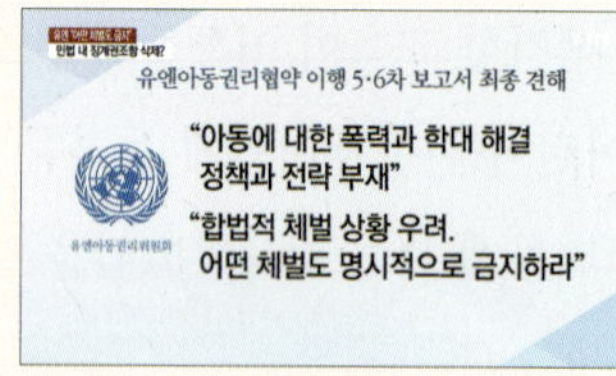

[기자]
세 살배기가 빗자루와 주먹으로 마구 맞아 숨졌습니다. 다섯 살 난 아이도 손발이 묶인 채 맞다 숨졌습니다. 가해자는 모두 부모. '말을 안 들어서', '훈육 차원'이란 변명이 할 말을 잃게 합니다. 유엔도 심각하다고 봤습니다. 합법적인 체벌 상황에 우려를 표한다며 어떤 체벌도 명시적으로 금지하라고 권고했습니다.

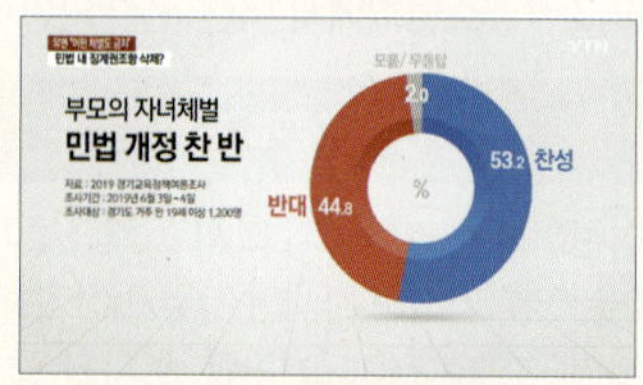

유엔이 우려한 합법적 체벌 상황은 민법 915조 징계권입니다. 친권자가 자녀를 보호하기 위해 징계할 수 있다는 내용인데 유엔은 부모의 권리처럼, 또는 사랑의 매처럼 인식될 근거를 없애라고 권고했습니다. 아동단체도 압박에 나섰습니다. 세 개 아동단체가 지난 9월부터 민법 내 징계권 조항 삭제를 위한 지지서명을 받아 온 것을 정부에 전달할 예정입니다. 하지만 법무부는 계속 전면 폐지에 신중해야 한다는 입장이고, 보건복지부는 방향은 세웠지만 여론 수렴만 하고 있습니다. 민감한 문제라며 유엔의 권고 사항을 시민단체와 논의하는 첫 자리에서도 아동학대와 징계권 문제는 제외됐습니다. 하지만 삭제든 개정이든 지난 1958년 법 제정 후 한 번도 개정되지 않은 민법 내 징계권 조항은 손질이 불가피해 보입니다. 최근 여론조사에서도 부모의 자녀 체벌 관련 민법 개정에 찬성 의견이 절반을 넘습니다.

유엔아동권리위원회는 전 세계에서 가장 많은 국가가 가입한 위원회입니다. 따라서 권고 사항이 의무는 아니지만, 무게감이 큽니다. 오는 2024년까지 이행 상황을 담은 다음 보고서에 어떤 내용이 포함될지는 정부의 의지에 달려 있습니다.

출처: YTN(2019.11.18.)

참고문헌

김용수(2006). 웰빙과 도교양생. **동서사상**, 1, 45-74.

류점숙(1991). 조선후기 동몽교재의 내용연구. 경북대학교 박사학위논문.

문미옥, 이혜상, 민행란(2004). **한국전통문화와 유아교육**. 서울: 양서원.

백혜리(1997). 조선시대 성리학, 실학, 동학의 아동관 연구. 이화여자대학교 박사학위논문.

송준식, 사재명(2006). **유아교육의 역사와 사상**. 서울: 학지사.

안경식(2005). **한국 전통 아동교육사상**. 서울: 학지사

양옥승(2008). **유아교육과정 탐구**. 서울: 학지사.

유안진(1994). **한국의 전통육아방식**. 서울: 서울대학교 출판부.

윤혜진(1992). 불교의 아동자아관. **한국불교학**, 17, 147-166.

이순형, 이혜승, 이성옥, 황예신, 이완정, 이소은. 권혜진, 이영미, 정윤주, 한유진, 성미영(2016). **보육학 개론 4판**. 서울: 학지사.

정옥분, 권민균, 김경은, 김미진, 노형향, 박연정, 손화의, 엄세진, 윤정진, 이경희, 임정하, 정순화, 정현희, 최형성, 황현주(2012). **보육학 개론 2판**. 서울: 학지사.

지옥정, 김수영, 정정희, 고미애, 조혜진(2017). **유아교육개론**. 서울: 창지사.

필립 아리에스 저, 문지영 역(2003). **아동의 탄생**. 서울: 새물결.

Brucacher, J.S. (1966). *A history of problems of education*. New York: McGraw-hill Book Company.

Dewey, J. (1916). *Democracy and education: An introduction to the philosophy of education*. New York: MacMillan.

Essa E.L. (2014). *Introduction to early childhood education* (7th ed.). CA: Cengage Learning.

Roopnarine, J. & Johnson, J.E. (2013). *Approaches to Early Childhood Education* (6th Edition). Pearson.

Sommervill, C.J. (1982). *The rise and fall of childhood*. Beverly Hills: Sage.

YTN(2019.11.18), https://www.ytn.co.kr/_ln/0103_201911182147139170

CHAPTER 04

보육경험과 영유아발달

CHAPTER 04

보육은 영유아의 발달을 지원하기 위한 것이다. 영유아에게 알맞은 보육환경 및 보육경험을 제공하기 위해서는 영유아의 발달 특성과 요구에 대한 기본적인 이해가 필수적이다.

이 장에서는 영유아의 발달이란 무엇이며 어떤 특성이 있는지 이해해 보고자 한다. 구체적으로 발달의 개념, 영유아발달에 대한 이론, 영유아 시기별 발달 특성을 살펴본다.

1. 발달의 개념

1) 발달의 정의

발달development은 시간이 지남에 따라 나타나는 신체적, 심리적, 행동적 특성의 변화를 의미한다. 그러므로 발달은 '성장growth'과 '성숙maturation'(김정원 외, 2013), '학습learning'을 모두 포괄하는 광의의 개념이며, 영유아기뿐만 아니라 사람의 전全 생애에 걸쳐 일어난다.

발달적 변화는 상승적 변화(증가)와 하강적 변화(감소)를 모두 포함하고, 그 변화의 성격이 양적일 수도 질적일 수도 있다. 예를 들어, 스스로 이동할 수 없던 영아가 기는 기술을 터득해 혼자서 이동이 가능해지는 것은 상승적 변화라 할 수 있는 반면, 영아가 모국어의 말소리에 반복 노출됨에 따라 모국어에서 구분하지 않는 말소리들을 지각적으로 구별하는 능력이 감퇴하는 현상은 하강적 변화라 할 수 있다. 동시에 기기에서 걷기로의 발달은 먼저 있었던 행동 유형이 나중에 나타난 행동 유형으로 대체되는 것이므로 질적 변화(유형의 변화)라 할 수 있고, 말소리 구분 능력이 감소하는 것은 동일한 행동 또는 능력의 정도가 변하는 것이므로 양적 변화라 할 수 있다.

2) 발달의 원리

발달의 원리principles란 신체 · 운동, 언어, 인지, 정서, 사회성 등 여러 발달 영역에 일반적으로 적용되는 경향성을 말한다. 널리 받아들여지는 발달의 원리를 몇 가지 살펴보면 다음과 같다.

(1) 발달에는 일정한 순서와 방향이 있다

발달은 대체로 유사한 순서를 따라 특정 방향으로 진행된다. 예로, 사고 수준은 일반적으로 단순한 수준의 사고에서 더 복잡한 수준의 사고로 발달한다. 그런가 하면 영아는 혼자서 완전히 걷기 전에 무언가에 몸을 의지하며 걷는 행동을 보인다. 또한 두세 단어로 된 문장을 발화하기 전에 한 단어로 된 문장을 발화하는 것이 먼저 나타난다. 또 자주 언급되는 예로, 신체적 성장이 두미 방향과 중심-말초 방향으로 일어난다는 것이 있다. 두미 방향 성장은 발달 초기에 머리 쪽이 먼저 성장하고 점차 몸통과 다리 쪽이 속도를 내며 발달한다는 것을 뜻하고, 중심-말초 방향 성장은 영유아기에 신체의 중심인 머리, 가슴, 몸통이 먼저 성장하고 다음으로 신체의 바깥쪽인 팔과 다리, 마지막으로 손과 발이 발달한다는 것을 뜻한다. 이렇듯 많은 영역에서 발달은 대략적 방향과 순서가 있다.

(2) 발달의 속도는 일정하지 않다

발달의 두 번째 원리는 변화의 속도가 일정하지 않고 어느 시기에는 보다 빠른 속도로, 어느 시기에는 더욱 느린 속도로 변화가 일어난다는 것이다. 신체 성장을 예로 들면, 태내에서 아기의 신장은 배아기(약 임신 3~8주)보다 태아기(임신 9주 이후)에 더 빨리 성장한다. 또한 생후 3년간 체중 발달을 나타낸 그림 4-1에 나타나 있듯이, 출생 후 첫 6개월간의 체중 변화 속도는 그 이후의 속도보다 더 빠르다. 신장과 체중은 생후 1년간 가장 빠른 속도로 증가하다가 유아기에 그 속도가 감소하고 초기 청소년기에 다시 급등하는 경향이 있다. 이외에 생후 18개월 전후로 소위 '어휘 폭발'이 일어나는 것도 아동의 단어 습득의 속도가 일정치 않음을 보여주는 예이다.

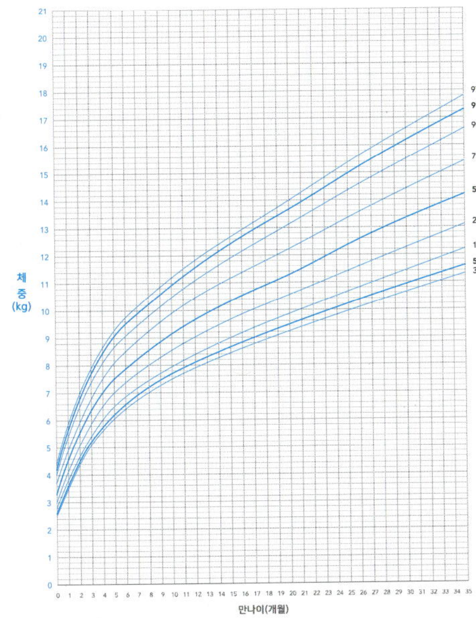

남아 0~35개월 체중 백분위수

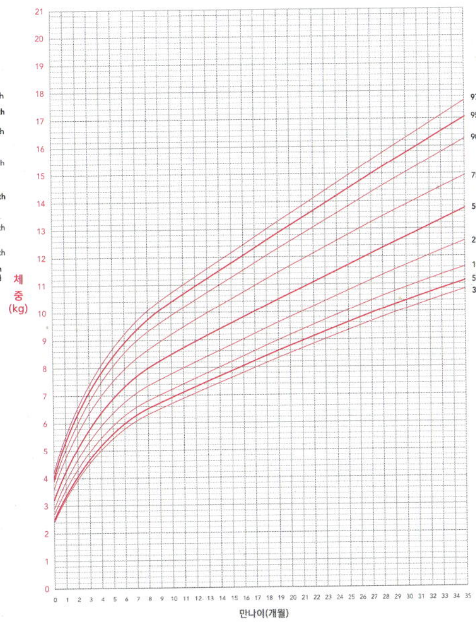

여아 0~35개월 체중 백분위수

그림 4-1 남아와 여아의 생후 3년간 체중 변화

출처: 질병관리본부, 한국 아동의 성장도표

(3) 발달에는 개인차가 있다

발달의 세 번째 원리는 발달의 속도와 과정, 결과가 개인마다 다름을 의미한다. 어떤 영아는 10개월에 걷기 시작하며, 어떤 영아는 15개월에 걷기 시작한다. 이는 발달 '속도'의 개인차를 보여주는 예이다. 한편, 비슷한 발달 수준에 도달하더라도 그 세세한 과정은 개인마다 다르다. 예로, 유아들은 다양한 경로로 한글 읽고 쓰는 법을 터득한다. 어떤 유아는 학습지를 통해, 어떤 유아는 공룡 이름이 나오는 책을 반복해서 보는 경험을 통해 읽고 쓰기를 터득한다. 이는 발달 '과정'의 개인차를 보여준다. 또한 인간의 발달은 최종 도달하는 발달 '결과'에 있어서도 다양하다. 대부분이 모국어를 습득하여 다른 사람의 말을 이해하고 자신의 의사를 말로 표현할 줄 안다 하더라도, 어떤 사람들은 더 효과적인 의사소통기술을 터득하고 이른바 '말을 잘 하는 사람'으로 평가받는다. 마찬가지로 문해능력에서도 어떤 사람들은 글을 읽고 쓸 줄 아는 것을 넘어서 더 높은 수준의 글쓰기 기술을 습득해 전문적인 작가가 된다.

(4) 여러 발달 영역은 밀접한 연관성을 가지고 상호작용한다

인간의 발달은 여러 영역에서 동시에 일어나며, 다양한 영역의 발달 간에는 밀접한 연관성이 있다는 원리이다. 생후 18개월 무렵 일어나는 자아개념 발달은 비슷한 시기에 일어나는 일인칭 대명사 습득과 관련이 있다. 또한 자기 자신self에 대한 정서인 자랑스러움, 창피함 등 2차 정서의 출현을 가져온다. 다른 예로, 영아가 걸을 수 있게 되면 멀리 있는 사물에 혼자 접근이 가능해지고 그 결과 자유롭게 탐색할 수 있는 사물의 범위가 늘어난다. 이처럼 확대된 대물 상호작용의 기회는 영아가 다양한 사물의 속성을 배울 수 있게 해준다. 또한 걷기가 가능한 영아는 사물을 성인에게 가져가서 보여줄 수 있으므로 사회적 상호작용의 기회와 자신의 흥미를 끄는 사물의 명칭을 배울 기회를 이전보다 많이 가지게 된다. 이는 영아의 운동능력 발달이 인지발달, 사회성발달, 언어발달과 상호 연결되어 있음을 나타낸다.

(5) 발달은 유전과 환경이 상호작용하여 이루어지는 과정이다

발달의 결과는 유전과 환경의 복잡한 상호작용을 통해 만들어진다. 예를 들면 한 사람의 키는 부모로부터 물려받은 유전에 의한 영향을 받지만, 이러한 유전적 요소가 실제로 표현되는 과정에서 영양과 자극(예: 운동), 수면 등의 환경적 요소가 개입한다. 다시 말해, 적절한 영양을 섭취하지 못하거나 운동을 하지 못하거나 수면을 제대로 취하지 못하면 큰 키와 관련된 유전적 요소를 가진 아동이라도 그러한 특성이 덜 발휘될 수 있다. 한편, 아동의 유전적 특성이 주어진 환경의 영향을 확대하거나 완화하기도 한다. 빈곤, 민감하지 못한 양육, 유해물질 등 똑같은 환경적 어려움 또는 위험에 노출되더라도 유전적 요인에 의해 개인이 그러한 노출의 영향을 더 크게 혹은 적게 받는다. 마지막으로, 유전은 아동이 처할 환경에 영향을 주기도 한다. 가령, 뛰어난 음악적 재능과 관련된 유전자를 가지고 있는 아동은 음악에 소질과 흥미를 보임으로써 부모가 아동을 음악학원에 보내게 유도하기도 한다. 또한 유전은 아동 스스로 음악 관련 활동을 할 수 있는 환경을 추구하게 하기도 한다.

2. 영유아발달 이론

앞서 발달이란 무엇이고 어떠한 일반적 원리를 갖는지 살펴보았다. 여기에서는 영유아기 발달의 특성과 기제에 대한 다양한 이론적 관점을 살펴볼 것이다. 구체적으로, 발달에 대한 생물학적 관점, 정신역동적 관점, 학습적 관점, 인지발달적 관점, 맥락적 관점, 상호 관련성 관점을 살펴본다. 이를 통해 각 이론이 영유아발달의 어떠한 측면을 강조하는지 비교해 볼 수 있다.

1) 생물학적 관점

발달에 대한 생물학적 관점은 발달의 생물학적 기초를 중시한다(Kail, 2015). 이 관점에 따르면, 발달적 변화가 언제 어떠한 순서로 일어날지는 유전자에 이미 프로그램화되어 있고, 발달은 이러한 생물학적 계획에 따라 일어난다. 이러한 관점을 지닌 이론으로 성숙 이론과 동물행동학 이론이 있다.

(1) 성숙 이론

어떤 씨앗이 어떤 꽃을 피우며 무슨 나무가 될지는 씨앗 속에 이미 계획되어 있으며 환경에 의해 거의 달라지지 않는다. 게젤Gesell의 성숙 이론maturational theory에 따르면, 아동도 이와 마찬가지로 발달의 계획과 시간표가 유전자에 이미 들어 있다. 아동은 유전자에 내재된 발달 시간표에 따라 신체적 · 정신적 성숙을 나타내며, 이 과정에서 성인의 개입이나 후천적 경험, 양육환경은 거의 영향을 미치지 못한다고 본다(Kail, 2015).

영아들은 대부분 생애 첫해 후반기에 '기기crawling → 가구에 의지해서 몸을 지탱하고 서기 → 혼자 서기 → 혼자 걷기'의 순으로 발달을 보인다. 성숙 이론에 따르면 이러한 변화는 유전자에 들어있는 계획이 때가 되어 펼쳐지는 것이다. 즉, 외부 환경으로부터의 특별한 노력이나 입력 없이 신경 · 근육 체계의 성숙이 이루어지면서 단계별로 펼쳐지는 것이다. 아랫니가 나고 그 다음에 윗니가 나는 것이나, 청소년기에 2차 성징이 출현하는 것 등 보편적으로 나타나는 발달적 변화의 시기 및 순서는 발달의 생물학적 기초를 강조하는 성숙 이론에 의해 잘 설명된다고 할 수 있다.

(2) 동물행동학 이론

동물행동학 이론ethological theory은 진화의 과정에서 생존에 유리하고 환경에 적응적인 행동이 유전자를 통해 후대에 전달된다고 보고, 발달의 시기와 순서 역시 생존에 유리하도록 프로그램화되어 있다고 본다. 이 이론은 특히 특정 시기에 특정한 학습이 일어나도록 프로그램화된 '결정적 시기'의 존재를 강조한다. 로렌츠가 오리에게서 발견한 각인imprinting은 오리가 알에서 깨어난 지 24시간 이내에만 일어날 수 있다. 이처럼, 동물행동학 이론은 모든 동물은 특정 학습이 제한된 시기에만 일어나도록 생물학적으로 프로그램되어 있으며 인간 아기도 마찬가지라고 본다. 한편, 동물행동학 이론은 결정적 시기에 예정된 변화와 발달이 일어나기 위해서는 경험과 환경의 협조가 필요하다는 점도 강조한다. 생물학적으로 프로그램화되어 있는 적응적 행동이 실제로 출현하기 위해서는 그것을 촉진하는 경험이 꼭 필요하다는 것이다. 따라서 동물행동학 이론은 발달의 생물학적 기반을 중시하면서도 경험의 역할을 성숙 이론보다 조금 더 인정한다고 할 수 있다.

2) 정신역동적 관점

발달에 대한 정신역동적 관점psychodynamic theories은 개인이 심리적으로 경험하는 역동, 즉 생애의 각 시기에 직면하는 갈등을 어떻게 해결하는지에 따라서 발달이 결정된다고 본다(Kail, 2015). 이 관점은 프로이트의 연구에 기원을 두고 있으며 성격 발달에 주 관심을 둔다. 이러한 관점을 지닌 이론으로 에릭슨의 심리사회적 이론이 있다.

(1) 심리사회적 이론

심리사회적 이론psychosocial theory은 프로이트의 영향을 받은 에릭 에릭슨(Erick Erickson, 1902~1994)에 의해 창시되었다. 그의 이론에 따르면, 인간은 생애의 특정 시기에 특정 심리적 · 사회적 갈등에 직면하게 된다. 그러한 갈등과 어려움을 어떻게, 얼마나 쉽게 극복했는지에 따라 발달의 결과가 달라지는데, 갈등을 효과적으로 극복한 사람은 이후에도 어려움을 잘 다룰 수 있지만, 그렇지 못한 경우에는 이후 발달에서 어려움을 겪게 된다. 에릭슨은 개인이 맞닥뜨리는 어려움 또는 해결해야 하는 과제에 고정된 단계와 시기가 있다고 보고, 그에 따른 심리사회적 발달을 표 4-1과 같이 8단계로 제시했다.

이 이론을 15개월 영아에게 적용해 보면, 영아는 자율성 대 수치심이 발달하는 단계로서, 이 시기 주요한 발달과제는 자신이 결정을 내릴 수 있는 독립적인 존재임을 깨닫는 것이다. 15개월 영아는 이동능력과 사물 조작능력을 상당히 습득한 상태이므로 일상생활의 많은 일을 자신이 원하는 대로 하고 싶어 한다. 이 시기 영아가 주도적으로 무언가를 하고자 할 때 성인이 이를 격려하고 기다려 준다면, 영아는 자신이 결정을 내릴 수 있는 독립적인 존재임을 깨닫고 자율성을 발달시킬 수 있을 것이다. 반대로 영아의 시도를 성인이 저지하거나 부끄러움을 주는 일이 반복해서 일어나면, 영아는 수치심을 발달시키게 되고 이는 이후의 성격발달에 좋지 않은 영향을 미칠 수 있을 것이다.

표 4-1 에릭슨의 심리사회적 발달단계

심리사회적 단계	시기	과제
신뢰감 대 불신감	출생~만 1세	세상은 안전하고 좋은 곳이라는 느낌 발달시키기
자율성 대 수치심	만 1~3세	자신이 결정을 내릴 수 있는 독립적인 존재임을 깨닫기
주도성 대 죄책감	만 3~6세	새로운 것을 시도하는 자발성과 실패를 다루는 능력
근면성 대 열등감	만 6세~청소년기	기본적 기술 학습하기, 타인들과 작업하기
정체성 대 정체성 혼란	청소년기	지속적이고 통합된 자아개념 발달시키기
친밀성 대 고립	청년기	타인과 사랑의 관계 형성
생산성 대 침체	장년기	아동 양육과 돌봄 또는 다른 생산적 일을 통해 젊은 세대에 기여
통합감 대 절망감	노년기	자신의 삶을 만족스럽고 가치 있는 삶으로 바라보기

3) 학습적 관점

학습적 관점에서는 영유아가 노출되는 외부 환경과 경험에 따라 발달이 결정된다고 보며, 영유아의 발달을 이끄는 원동력이 영유아의 외부에 있다고 본다. 학습적 관점은 경험이 아동의 미래를 결정한다는 왓슨(J. B. Watson)의 주장에 기원을 두고 있다. 여기서는 그러한 주장을 검증하고 발전시킨 스키너와 반두라의 이론을 살펴본다.

(1) 학습 이론

스키너(B. F. Skinner, 1904~1990)는 아동 대상 연구를 통해 왓슨의 주장을 검증하고 학습 이론learning theories을 발달시켰다. 학습 이론에 따르면, 행동의 변화는 행동의 결과에 대한 경험을 통해서 일어난다. 구체적으로 강화와 처벌을 통해 행동적 변화가 일어나는데, 강화란 행동의 결과로 긍정적인 결과, 즉 보상이 주어졌을 때 그 행동이 늘어나는 것을 의미하고, 처벌이란 행동의 결과로 부정적인 결과가 주어졌을 때 그 행동의 빈도가 줄어드는 것을 의미한다. 강화 중에서 정적 강화와 부적 강화를 구분할 수 있는데, 정적 강화는 특정 행동을 했을 때 그 사람이 좋아하는 것을 더 줌으로써 행동의 빈도를 증가시키는 것이고, 부적 강화는 특정 행동을 했을 때 그가 싫어하거나 피하고 싶어 하는 일을 줄여주거나 제거해 줌으로써 행동의 빈도를 증가시키는 것이다. 가령, 놀이가 끝나고 정리를 하면 칭찬을 해주어서 정리를 더 많이 하도록 하는 것은 정적 강화라 할 수 있고, 정리를 하면 유아가 싫어하는 잔소리를 듣지 않게 해주어 정리를 더 많이 하게 하는 것은 부적 강화라 할 수 있다. 이처럼 학습 이론은 아동의 행동이 외부의 반응에 따라서 형성된다고 보았다. 실제로, 적절하게 사용된 강화와 처벌은 아동의 행동에 큰 영향을 준다.

(2) 사회인지 이론

앨버트 반두라(Albert Bandura, 1925~)의 사회인지 이론social cognitive theory은 사회학습 이론social learning theory으로도 불린다. 이 이론은 경험이 아동발달의 여정을 이끈다고 보는 점에서 스키너의 학습 이론과 유사하지만, 아동이 강화와 처벌에 반응하는 수동적 존재가 아니라 외부 세계, 특히 사회적 상황에서 일어나는 일을 능동적으로 해석하고자 노력하는 존재로 여긴다는 점에서 다르다. 이 이론에 따르면, 다른 사람들의 행동과 반응은 아동이 외부 세계를 이해하는 중요한 정보원이며, 아동은 직접적인 강화와 처벌 경험 외에 타인을 관찰하고 모방함으로써 배운다. 아동이 생물학적으로 어떤 행동을 배울 수 있게 되면 '타인의 행동 관찰 → 행동에 대한 심상 형성 → 행동 모방 → 행동 연습 → 행동 반복 동기화' 과정을 거쳐 새로운 기술을 개발한다.

반두라에 따르면, 아동은 경험을 통해 자신의 능력과 재능에 대한 신념인 자기효능감self-efficacy을 가지게 되고, 이러한 자기효능감은 아동이 타인의 행동을 모방할지 결정하는 데 영향을 미친다. 즉, 주변 사람의 모든 행동을 모방하는 것이 아니라 모방 대상이 누구인지, 그 행동이 보상을 받는지, 아동 자신이 그러한 행동을 잘할 수 있다고 믿는지 등의 인지적 해석이 모방 여부에 영향을 준다.

4) 인지발달적 관점

영유아발달에 관한 이론 중 영유아의 사고발달, 즉 인지적 발달에 초점을 맞춰 발달 과정을 설명한 이론으로 피아제의 인지발달 이론을 살펴본다.

(1) 인지발달 이론cognitive development theory

피아제(J. Piaget, 1896~1980)는 아동이 호기심을 가지고 자신을 둘러싼 물리적 환경을 능동적으로 탐색하는 존재이며 물리적 세계와의 직접적인 상호작용(놀이, 탐색)을 통해 세상에 대한 지식을 스스로 구성해 가는 존재라고 보았다. 아동이 세상을 탐색하고 지식을 구성해 가면서 아동의 인지발달이 이루어지는데, 이때 아동의 사고는 일정한 단계를 거치면서 발달하며 각 단계에서 질적으로 다른 사고방식이 나타난다고 하였다. 피아제는 단계별로 특징적인 사고방식에 기초해서 각 단계를 감각운동기, 전조작기, 구체적 조작기, 형식적 조작기라고 이름 붙였다. 각 단계의 특징은 표 4-2에 요약되어 있다.

표 4-2 피아제의 인지발달 단계별 특징

인지발달 단계	시기(연령)	인지적 특징
 감각운동기	출생~만 2세	보고, 듣고, 만지고, 맛보고, 냄새 맡는 등의 감각(senses)과 쥐기, 흔들기, 밀기, 당기기 등의 운동(motor)을 통해서 세상을 탐색하고 사고하는 특징이 있다. 바꾸어 말하면, 지금 눈에 보이지 않는 것, 감각기관을 통해 지각할 수 없는 것에 대해서는 사고를 거의 하지 못한다고 볼 수 있다. 어린 영아가 방금까지 흥미를 갖고 있던 장난감을 수건 밑에 숨겨서 보이지 않게 하면 더는 장난감을 찾지 않고 아무 일이 없었다는 듯 관심을 다른 데로 돌리는 모습은 그러한 특징을 뒷받침한다.

(계속)

인지발달 단계	시기(연령)	인지적 특징
 전조작기	만 2~6세	이 시기 유아는 타인의 관점에서 주어진 상황이 어떻게 보일지를 예상하지 못하고 타인도 자신과 동일하게 상황을 지각할 것으로 생각하는 자아 중심적(egocentric) 사고를 보인다. 또 상황의 여러 측면을 동시에 고려하지 못하고 상황의 한 가지 측면에만 초점을 맞추는 중심화(centration)를 보인다. 보존과제에서 물의 높이와 용기의 단면을 둘 다 고려하지 못하는 것은 사고의 중심화와 관련이 있다. 또한 이 시기 유아는 상징을 사용할 수 있고 물활론적 사고를 보인다.
 구체적 조작기	만 7~11세	문제를 해결하기 위해서 정신적 조작(mental operation), 즉 논리적 사고가 가능하다. 논리적 사고가 발달하고 사고가 더 조직화되지만, 이러한 사고가 구체적이고 지각 가능한 실재에 한정해서 가능하다는 한계를 지닌다. 구체적 경험에서 추상적 원리를 도출하는 귀납 추론은 능숙하게 할 수 있지만, 일반적이고 추상적인 개념을 가지고 논리적 사고를 해야 하는 연역적 추론은 아직 어려워한다. 또한 가역적 사고가 가능해서 머릿속에서 상황이 일어난 순서를 거슬러 올라갈 수 있다. 예를 들어, 반으로 잘린 과자를 보고 잘리기 전에 온전한 과자 한 개였던 것을 생각할 수 있나.
 형식적 조작기	만 11세 이후	추상적 대상에 대해서도 정신적 조작이 가능하다. 즉, 구체물이 없이도 추상적인 용어들만을 가지고 논리적 사고와 정신적 조작을 할 수 있다. 가설적 사고와 연역적 사고(hypothetical-deductive reasoning)를 통해 논리적 귀결을 할 수 있다. 문제를 해결하기 위해 논리를 사용해서 가설을 세우고, 실제 행동으로 옮기기 전에 여러 개의 해결책을 고려한다. 가설을 체계적이고 계획적으로 테스트할 수 있다.

5) 맥락적 관점

발달에 대한 상황적 관점 혹은 맥락적 관점contextual perspective은 발달이 아동이 속한 문화적 배경에 의해 이끌어지는 측면을 강조한다. 이러한 관점을 지닌 이론으로 비고츠키의 사회문화적 이론이 대표적이다.

(1) 사회문화적 이론socio-cultural theory

비고츠키(L. S. Vygotsky, 1896~1934)는 피아제처럼 아동의 사고발달에 큰 관심을 가졌다. 그러나 아동이 주변의 물리적 세계를 스스로 탐색하며 인지적 발달을 이루어간다는 피아제의 입장과 달리, 비고츠키는 아동이 주변의 사회적 세계(즉, 타인, 집단, 문화)와의 상호작용을 통해 인지적 기술을 습득한다고 보았다.

그림 4-2 성인의 비계 설정

아동은 자신이 만든 도토리 캐릭터들을 가지고 이야기를 만드는 중이다. 성인은 이야기가 더 풍부해질 수 있게 돕고 있다.

비고츠키의 시각에 따르면, 아동은 문화의 산물이며 아동의 인지발달은 아동이 속한 문화적 맥락에 의해 조직되고 영향받는다. 우선, 아동이 어떤 인지기술을 익힐지는 아동이 속한 문화에서 어떤 기술을 중요하고 가치 있게 여기는지에 따라 달라진다. 어떤 문화에서는 문자를 읽고 쓰는 기술, 셈하는 기술이 중요하게 여겨지고, 다른 문화에서는 별을 보고 방향을 아는 기술이 중요할 것이다. 촉진하고 전수하려는 인지기술이 다른 문화는 그 산물로 서로 다른 아동의 모습을 산출해 낸다. 둘째, 문화는 인지활동의 도구를 제공함으로써 인지발달에 영향을 준다. 예로, 주판, 벤다이어그램, 숫자 등은 사고기술 및 지식을 조직하고 소통하는 방식에 영향을 준다.

비고츠키에 의하면, 아동의 인지발달 과정은 아동 혼자 거치는 것이 아니라 더욱 유능한 파트너에 의해 안내되는 여행이다. 고등 정신기능은 도제과정처럼 성인 또는 유능한 또래에 의해 전수되는 것이고, 아동은 유능한 또래 또는 성인의 도움을 받아서 혼자 해결할 수 있는 것보다 조금 더 높은 수준의 학습영역인 근접발달영역에 도달하며, 그러한 도움, 발판, 안내 역할을 비계 설정scaffolding이라고 한다.

6) 상호 관련성 관점

영유아발달을 바라보는 현대적 관점 중에는 여러 발달적 성취 간의 관련성을 강조하는 관점이 있다. 이 관점에서는 발달을 이해하기 위해서는 발달의 각 요소가 어떻게 협업하는지를 이해해야 한다고 본다. 브론펜브레너의 생태학적 체계 이론이 아동과 아동을 둘러싼 다양한 외부 환경 간의 상호 영향에 초점을 두었다면, 상호 관련성 관점은 아동과 아동의 외부 환경뿐만 아니라 아동 내부의 다양한 발달 간의 상호 영향까지 포함한다고 할 수 있다. 이러한 관점을 가진 이론으로 역동적 체계 이론과 발달적 폭포 이론을 살펴본다.

(1) 역동적 체계 이론

역동적 체계이론dynamic system theory에 따르면, 발달과정에서 새로운 기술과 능력은 독립적으로 발달하는 여러 요인의 협응coordination과 상호작용의 결과로 나타난다(Smith & Thelen, 2003; Thelen, 2005; Thelen & Smith, 1994; van Geert, 1998).

역동적 체계 이론가인 텔렌(Esther Thelen, 1941~2004)은 발달을 특정 시점에서 아동이 생물학적으로 가능한 한도 내에서 과제의 요구를 충족하기 위해 여러 행동 양상을 조합하는 과정이라고 하였다. 또한 발달을 세상에 무언가를 일어나게끔 하려는 아동의 매일의 계속되는 노력의 산물이라고 하였다. 즉, 발달적 성취는 아동의 생물학적 한계 또는 가능성과 하위 기본동작의 숙달과 조합, 그리고 연습이 모여서 일어나는 것이라고 보았다.

역동적 체계 이론에 따르면, 독립적인 걷기의 출현은 미리 정해진 프로그램에 따른 결과나 한 가지 능력의 성숙이 아니다. 그보다는 출생 시부터 관찰되는 걷기 반사, 몸의 지방과 근육의 변화, 직립 자세를 유지하기 위한 자세 조절, 시각적 단서 사용능력 등 다양한 체계에 의해 영향을 받는 것이다. 걷기를 위해서는 많은 하위 동작의 숙달이 필요하며 수많은 연습이 필요하다. 실제로, 이제 막 걷기 시작하는 영아는 1시간에 약 30회 이상 넘어진다는 연구결과가 있다. 넘어짐을 통해 피드백을 얻는 자연스러운 연습 과정을 거쳐 드디어 숙달된 걸음을 걸을 수 있게 되는 것이다. 즉, 새로운 행동의 출현은 여러 수준의 체계 간의 장기적인 상호작용이 누적된 효과를 보여준다(Smith, 2013).

(2) 발달적 폭포 이론

그림 4-3 폭포

발달적 폭포 이론developmental cascades theory은 아동의 발달을 폭포에 비유하는 이론으로, 장기간에 걸친 발달적 변화를 설명하고자 한다. 그림 4-3에서 보듯이, 폭포는 위에 있는 하나의 원천에서 여러 경로를 통해 결국 아래에 있는 웅덩이에 이른다. 또한 폭포수의 경로는 물줄기의 방향이 갈라지는 지점(예: 바위)을 여러 개 지난다. 발달적 폭포 이론에 따르면, 아동의 발달 역시 다양한 경로로 일어난다. 또한 발달과정은 아동의 유전적 특성과 아동이 경험하는 사건들에 대한 반응으로 인해 서로 다른 경로로 갈라진다.

한편, 발달적 폭포 이론은 발달적 성취를 이전에 있었던 많은 발전과 작은 변화가 누적되어 점진적으로 이르게 된 것이라고 본다. 첫 단어 발화와 같이 질적으로 다른 행동이 갑자기 나타나는 것처럼 보이지만, 실은 그동안 경험한 사건과 발전시켜온 능력, 깨달음, 숙련된 기술, 선택들이 누적된 결과라는 것이다.

발달적 변화의 흐름 속의 한순간은 그때까지의 많은 사건과 과정이 더해진 효과를 반영하면서, 동시에 이후의 발달 궤적 또는 경로를 제한한다. 즉, 하나의 발달 시점에서 일어난 일들은 다음 발달을 위한 무대를 마련한다. 즉, 미래에 가능한 사건과 행동, 불가피한 사건과 행동에 영향을 미치고, 유전적 요인의 발현 여부에 영향을 준다(Oakes & Rakison, 2019).

마지막으로, 발달적 폭포 이론은 발달 경로가 발달 영역마다 따로 있는 것이 아니라 발달의 여러 영역을 종횡무진 가로질러서 존재한다고 본다. 발달 영역들은 연결되어 있어서 한 영역에서의 변화는 다른 영역에 입력 자극input이 되어 다른 영역의 발달 기회를 제공한다. 즉, 발달이란 다양한 체계가 함께 변화하는 것이다. 하나의 발달적 성취 사건은 운동, 시각, 청각, 사회적, 인지적 체계들의 수많은 상호작용이 축적된 결과를 반영하는 것이다.

3. 영유아기의 발달 특성

1) 영아기의 발달 특성

0세부터 만 2세까지의 영아기는 인간의 삶에서 가장 극적인 변화가 일어나는 시기이다. 스스로 앉고, 기고, 서고, 걸을 수 있는 신체 발달을 이루고, 몸짓과 언어를 이용해 다른 사람과 의사소통이 가능해지며, 지적 능력과 사회·정서적 능력에서도 상당한 변화가 일어난다.

(1) 감각 · 신체 · 운동능력 발달 특성

① 감각

신생아의 시각은 후각, 미각, 촉각에 비해 덜 예민하다. 처음에는 주변이 흐릿하게 보이다가 생후 1년간 시력이 빠르게 향상된다. 색의 전 범위를 볼 수 있게 되는 것은 생후 3개월경이다. 영아는 소리에 민감하지만 성인보다는 청력이 낮다. 인간의 말소리 범위에 해당하는 피치의 소리를 가장 잘 듣는다. 불협화음보다 협화음을 선호하고, 서로 다른 리듬을 구별할 줄 안다.

② 신체

영아기에는 신체 크기가 빠르게 성장한다(출생에서 2년 동안 신장과 체중의 변화는 질병관리본부 홈페이지의 '한국 아동의 성장도표'에서 확인 가능함). 영아기 성장을 위해서는 적절한 영양 섭취와 수면이 중요하다. 성장호르몬의 80%는 수면 중에 분비된다. 표 4-3은 미국수면협회가 권고하는 영아의 수면량을 보여준다.

한편, 영아기에는 뇌 발달이 활발히 일어난다. 신생아의 뇌에는 평생 가지고 있을 거의 모든 뉴런이 있지만, 시냅스는 영아기에 그 어떤 시기보다 빠른 속도로 만들어진다. 이때 시냅스는 필요한 것보다 더 많이 만들어져서, 만 1세에는 수상돌기와 시냅스의 수

표 4-3 영아기 하루 권장 수면량

나이	추천	적절할 수 있음	추천하지 않음
0~3개월	14~17시간	11~13시간	11시간 미만
		18~19시간	19시간 초과
4~1개월	12~15시간	10~11시간	10시간 미만
		16~18시간	18시간 초과
1~2세	11~14시간	9~10시간	9시간 미만
		15~16시간	16시간 초과

출처: 미국수면협회 홈페이지(www.sleepfoundation.org)

가 정점에 이른다. 이렇게 만들어진 시냅스는 영아의 환경과 경험에 따라 유지되기도 하고 제거되기도 한다. 영아의 환경과 경험은 감각을 통해 뇌에 보고되고, 이러한 입력이 뉴런의 활동을 자극한다. 입력이 늘어나면 해당 영역의 시냅스가 더 자주 활성화된다. 예를 들어, 말소리를 자주 들으면 뇌의 언어영역이 자주 활성화되는 것이다. 같은 시냅스가 반복해서 사용되면 시냅스가 강화된다. 시냅스가 강해지면 학습, 기억과 다른 인지능력을 지원하는 네트워크의 연결성과 효율성이 높아진다. 반면에, 만들어진 시냅스 중 좀처럼 사용되지 않는 것은 약해지고 결국 제거된다. 따라서 영아가 경험하는 보육환경은 영아의 뇌가 어떻게 구성될지에 커다란 영향을 끼친다.

그림 4-4 생후 7개월 영아

③ 운동능력과 협응기술

영아는 4개월경 머리를 들고 가눌 수 있게 되며, 팔로 바닥을 짚고 가슴을 바닥에서 든다. 5개월경에는 잠깐 앉아 있을 수 있게 되고 점점 더 오래 앉아 있을 수 있다. 생후 7~8개월이면 스스로 앉고 무언가를 잡고 일어나며 기기 시작한다. 9~15개월이면 기기에서 걷기로 나아가 도움 없이 혼자 걷는 것이 가능해진다. 계단 오르기, 경사면 걷기, 다양한 지면에서의 이동을 체험하면서 영아는 몸의 균형을 유지하고 자세를 조절하는 방법을 배운다.

영아가 어떤 물체를 향해 팔을 성공적으로 뻗고 도달할 수 있는 것은 4개월경부터이다. 뻗기 동작은 점점 더 연속적이고 부드러운 동작으로 변한다. 물체를 잡기 위해서는 손가락들의 움직임을 협응시킬 수 있어야 하는데, 4개월에는 물건을 잡기 위해 엄지를 제외한 손가락을 사용하지만, 7~8개월이 되면 사물을 쥐기 위해 엄지손가락을 사용하고 더 효율적인 자세로 점차 변화해 간다. 나중에는 접시에 있는 치즈를 집어 먹을 때

엄지와 검지만을 사용해서 입으로 가져갈 수 있을 정도로 정교하고 효율적인 잡기 행동을 보인다. 이때 물체를 잡은 후 물체를 흔들거나 밀고 당기는 등의 행동도 할 수 있다. 첫돌 이후에는 사물을 잡기 위해 손의 위치나 동작을 다양하게 조절한다. 양손의 협응도 향상되어서 만 1세에는 한 손만을 뻗어 물체를 잡지만, 만 2세에는 사물의 크기에 따라 한 손 또는 두 손을 뻗어서 물체를 잡을 수 있다.

혼자 힘으로 음식을 먹기 위해서는 음식을 집는 능력뿐만 아니라 손을 자신의 입으로 가져가는 능력도 필요하다. 대개 6개월 영아들은 손으로 음식을 집을 수 있지만, 입으로 가져가는 도중에 시행착오를 겪는다. 가령 처음에는 뺨으로 가져갔다가 그리고 나서 입으로 가져간다. 손이 아닌 숟가락으로 음식을 먹는 것은 더 어렵다. 음식을 쏟지 않기 위해서는 손목을 돌려서 입으로 가져가야 하는데, 1세 영아는 숟가락을 돌리지 않아서 빈 숟가락을 빨게 된다. 2세가 되면 성인처럼 손목을 돌려서 음식을 뜨거나 숟가락을 입으로 가져간다.

(2) 언어능력 발달 특성

① 말소리 습득

생후 3개월 영아는 사람이 내는 말소리에 특별한 흥미를 보이며, 자연의 소리나 기계가 내는 소리, 사람이 내는 기침 소리, 웃음소리보다 사람의 말소리를 더 선호한다(Shultz & Vouloumanos, 2010; Vouloumanos & Werker, 2007; Vouloumanos et al., 2010). 또한 아기들은 언어의 말소리가 가지는 특징을 민감하게 구별한다. 태어난 지 며칠밖에 되지 않은 신생아가 다른 언어를 듣고 구분할 수 있는 것(Moon et al., 1993)이나 /d/와 /t/ 같은 음소들을 구별할 줄 아는 것이 그러한 구분능력을 보여준다. 그러나 이러한 말소리 구분 능력은 모국어에 대한 지속적 노출에 의해 변한다. 구체적으로, 생후 8~10개월에 모국어에서 구별하는 소리에 대한 구분능력은 유지되거나 더 민감해지고, 모국어에서 구별하지 않는 소리(예: 일본어에서 /r/과 /l/의 구분)에 대해서는 구분능력이 감소하거나 소실되기 시작한다. 이는 아직 말을 하지 못하는 영아라 할지라도 이미 모국어에 대한 학습을 시작하였음을 의미한다.

영아는 말소리를 듣는 것만 좋아하는 것이 아니라 말소리를 내는 것도 즐거워한다. 발성기관이 발달하면서 '쿠잉'이라 부르는 목젖 울리기를 하고, 더 나아가서는 옹알이를 한다. 옹알이는 처음에 "마", "바"와 같은 한 음절의 소리였다가 "바바", "마마", "다다"와 같이 반복되는 소리로 발전하고, "마마바"와 같이 소리의 조합도 나타난다. 옹알이는 점점 더 정교하게 변하고 모국어를 닮아가는데, 즉 옹알이의 길이가 길어지고, 의문문, 평서문과 유사한 억양이 나타나며, 모국어에 없는 소리가 옹알이에서 사라진다. 한편, 영아의 옹알이는 영아가 말소리를 냈을 때 성인이 즉시 반응해 주는 경우 그 빈도가 증가한다. 그러므로 영아의 말소리 산출에 민감하고 긍정적인 반응을 보이며 영아 지향적 언어infant directed speech를 사용해 영아와 대화하는 것이 필요하다.

② 단어 습득

영아는 약 4개월부터 자신의 이름을 알아들으며 말소리의 흐름 속에서 반복해서 나오는 단어를 인식하기 시작한다. 영아는 말할 수 있는 단어보다 더 많은 단어를 이해한다. 첫 단어 발화는 12개월 전후로 나타난다. 15개월 이후 어휘 습득의 속도가 빨라지면서 18개월경(15~24개월)에는 어휘 폭발기라 할 만큼 빠른 속도로 단어를 습득하기 시작하는데, 이 시기 영아는 매일 10~20개의 새로운 어휘를 습득할 수 있다. 영아는 단어를 배우는 과정에서 많은 오류를 범하게 마련이다. 즉, 적절한 범위보다 단어를 넓게 적용하거나(과잉확장) 좁게 적용(과잉축소)하는 시행착오를 겪으면서 단어가 지칭하는 대상의 범위를 서서히 배워간다. 예로, 이전에 본 적 없는 새로운 견종의 개를 보고 "이거 멍멍이 아니야"라고 하거나, 오렌지를 보고 "사과"라고 한다. 영아의 단어 학습은 영아가 일상생활에서 풍부한 언어적 입력에 노출되고 성인이 영아와 함께 책을 읽을 때 촉진된다. 또한 성인이 영아에게 말할 때 영아 지향적 언어를 사용하는 것은 영아가 문장 속에서 단어를 분리해 내는 것을 돕고, 말에 흥미를 갖도록 돕는다.

③ 문법 습득

영아는 처음에 한 단어로 의미를 표현하다가(예: 싫어, 또, 아니야, 물), 18개월경부터 단어 조합을 시작해 이어문과 전보식 문장을 사용한다(예: 장갑 껴, 노이터 가, 빨간 물고기). 만 2세경에는 세 단어 조합이 나타나고(예: 가티가티 숨어요), 모국어 문법에 대한 상당한 지식을 습득하여 의문문, 의문사를 사용한 문장을 말할 수 있다. 30개월 무렵에는 영아의 문장 속에 문법적 형태소와 단어가 출현한다(예: 상어가 물에 빠졌어). 영아는 자신이 배운 문법적 요소를 처음 듣는 단어와 상황에 능동적으로 적용하기 때문에 "컵이가 떨어졌어요", "닭이가 울어요"와 같은 문법적 실수(과잉일반화)를 보인다. 이러한 실수는 영아가 언어를 배울 때 성인의 말을 수동적으로 모방하는 것이 아니라는 점을 보여준다.

④ 효과적 말하기 기술

7~10개월에 영아는 상대방이 말을 마칠 때까지 기다렸다가 말을 하는 것을 배우기 시작한다. 또 소리와 몸짓을 함께 사용해서 효과적으로 소통한다. 10개월경부터 공동주의joint attention가 가능해서 어떤 사물에 대해 성인과 함께 주의를 기울일 수 있다. 2세경에는 대화에서 자연스럽게 차례를 지킬 수 있다.

(3) 사회 · 정서 능력 발달 특성

① 정서

영아의 정서는 0~3개월부터 나타나기 시작해서 6~12개월에는 기쁨, 슬픔, 혐오, 분노, 좌절, 공포 등 모든 기본정서를 경험한다. 그러다가 18~24개월에 2차 정서를 느끼기 시작하는데, 2차 정서란 자랑스러움, 부끄러움, 죄책감, 부러움 등으로 자아에 대한 의식과 관련된 감정이다. 예로, 만 2세 아동은 퍼즐을 맞추는 데 성공했을 때 손뼉을 치며 다른 사람의 인정을 기대하고 이를 확인하는데, 이는 아동이 자신에 대해 자랑스러움을 느낀다는 것을 뜻한다. 생후 첫해는 정서 조절이 덜 발달되어 있지만, 18~24개월 정도에는 정서 조절능력이 발달하고, 자신의 정서를 '좋아', '싫어', '무서워' 등 말로써 표현하기 시작한다.

② 애착

생후 6~8주부터 6~8개월의 영아는 친숙한 주양육자에게 미소와 소리내기 등 긍정적 반응을 더 많이 보이고, 불안하거나 고통스러운 상황에서 친숙한 주양육자에 의해 더 빨리 진정된다. 그러나 아직 친숙한 주양육자로부터 분리되는 것을 거부하지는 않는다. 6~8개월부터 약 18개월까지 영아는 한 명의 양육자를 강하게 선호하고 분리에 대해 저항하며 낯선 사람에 대한 불안을 보이기 시작한다. 특히 새로운 환경을 탐색할 때 애착의 대상을 반복적으로 쳐다보아 안전기지로 삼는다. 18개월 이상이 되면 부모가 돌아온다는 것을 인식할 수 있게 되어 분리에 대한 저항이 전보다 다소 감소하고 부모와의 헤어짐에 더 효율적으로 대처할 수 있게 된다. 부모의 감정과 목표를 이해할 수 있게 되어감에 따라 부모와 헤어질 때 자신의 행동과 목표를 조정하고 협상하는 능력을 점차 키우게 된다.

③ 자아개념

영아는 자신의 발과 다리, 손을 인식하고 다른 사람, 사물과 독립된 존재로서의 자신을 인식하기 시작한다. 5~7개월 영아는 거울에 비친 자신을 흥미로워하며 그것이 자신인 줄 모르고 거울 속 아기에게 웃음을 짓고 만지는 행동을 한다. 15~18개월에는 상당수 영아가 거울 속에 비친 아이가 자신이라는 것을 안다. 즉, 거울에 비친 아이의 코에 뭔가가 묻어 있는 것을 보고 자신의 코에 무엇이 묻었음을 알고 지우려 한다. 24개월경 거의 모든 아동이 이러한 거울과제를 통과한다. 따라서 약 18개월 이후 영아기 후반기에 자아개념이 생기는 것으로 보인다. 이후 영아는 자신의 나이와 성별을 알게 되고, 과거에 자신이 경험한 일을 회상할 수 있게 된다. 이는 시간에 따라 지속되는 자기 자신을 서서히 이해하기 시작함을 의미한다.

④ 사회도덕적 판단과 친사회적 행동

영아는 말을 할 수 있기 전부터 악한 인물보다 선한 인물을 선호하고, 남을 괴롭히는 인물을 처벌하는 영웅을 선호한다. 또한 자신과 유사한 사람을 돕는 사람을 선호한다('더 알아보기'에 제시한 추천 동영상 참고). 19개월경 아동은 자원이 균등하게 분배되기를 기대한다. 가령, 또래보다 적은 양의 간식을 받으면 불공평하다고 느낀다. 이러한 사회도덕적 판단이 인류의 집단생활에서 중요한 적응적 가치를 지니기 때문에 오랜 진화의 역사를 통해서 이러한 판단능력을 갖추게 되었을 가능성이 있다.

아동이 직접 친사회적 행동을 하는 것은 걸음마기에 출현한다. 18개월 아동도 단순한 이타적 행동을 하기 시작한다. 다친 사람을 보면 위로하고, 떨어진 물건을 주우려는 사람을 도와 물건을 주워준다. 타인의 스트레스 신호를 인지하고 타인의 요구와 의도를 이해하는 능력이 향상됨에 따라서 친사회적 행동이 늘어난다. 예를 들면, 영아는 어린이집 하원시간에 다른 아동을 데리러 온 부모를 보고 그 부모의 자녀에게 다가가 부모가 왔음을 손으로 가리키며 보여줄 수 있다.

⑤ 자기통제

첫돌 무렵이면 주변 사람들이 요구하는 바에 따라 적절한 반응을 할 수 있을 정도로 자기통제의 시작을 보인다. 따라서 성인이 영아에게 만지면 안 되는 것, 다른 사람을 때리거나 아프게 하면 안 된다는 것 등 행동의 한계를 알려주면, 영아는 그에 따라 자신을 조금씩 통제하기 시작한다. 2세경에는 이러한 타인의 통제를 내면화하여 "안돼" 하고 통제를 하는 성인이 없어도 이를 기억하고 자신을 통제할 수 있는 능력을 보이기 시작한다. 따라서 간단한 규칙을 준수할 수 있게 된다.

(4) 인지능력 발달 특성

① 감각과 운동, 조작을 통한 주변 세계 탐색

영아는 감각과 운동, 조작을 통해 끊임없이 주변 세계를 탐색한다. 시각, 청각, 촉각 등 다양한 감각을 동시에 사용해 탐색함으로써 각기 다른 감각기관을 통해 얻어지는 정보를 연결한다. 예를 들면, 둥근 모양의 물건을 시각으로도 알 수 있지만, 만졌을 때 모가 없이 매끄러운 촉각을 통해서도 둥근 모양임을 알 수 있다. 색깔과 모양, 재질, 무게, 기능(예: 굴러가기, 소리내기) 등 사물의 다양한 속성에 대한 학습이 활발히 일어난다. 영아는 기기, 걷기 등 운동을 통해서 바닥의 경사나 굴곡, 깊이를 지각하는 능력을 발달시킨다. 때문에, 아직 그러한 경험이 부족한 갓 기기 시작한 아기(또는 아직 기지 못하는 아기)는 기기 경험이 풍부한 아기와 달리, 시각절벽에서 두려움을 느끼지 않는다. 영아는 사물을 쥐고 흔들기, 바닥에 치며 두드리기, 떨어뜨리기, 던지기, 넣기, 쌓기, 누르기 등 다양한 동작을 통해 주변 세계의 물리적 법칙과 인과관계를 발견한다.

② 범주화

범주화categorization란 한 종류에 속하는 여러 사례에 대하여 동종의 것으로 취급하여 똑같이 반응하는 것이다. 가령, 여러 색의 색연필을 경험하고 나서 이전에 보았던 색연필과 다른, 한 번도 보지 못한 색연필을 보여주어도 그것이 색연필임을 알고 종이에 끼적이기를 시도하는 것이다. 이러한 범주화능력은 영아기부터 나타난다. 즉, 영아는 주변 사물 또는 자극을 지각적 특징에 기초해 범주화하는데, 예로 개와 고양이를 서로 다른 범주로 인식하고(Quinn et al., 1993), 세모와 동그라미를 서로 다른 범주로 인식하는 능력을 보인다(Quinn et al., 2001).

③ 기억

영아도 사건을 기억한다. 발을 차면 모빌이 흔들린다는 규칙을 파악한 영아는 며칠 동안 그러한 규칙을 기억하고 동일한 모빌을 보여주었을 때 발차기를 더 많이 시도한다. 영아는 월령이 증가함에 따라 사건을 더 오래 기억할 수 있게 된다. 6개월 영아는 행동을 24시간 동안 기억하지만 48시간 후에는 기억하지 못한다. 9개월 영아는 한 달은 기억하지만 석 달은 기억하지 못한다. 20개월에는 사건을 1년 동안 기억할 수 있다(Bauer & Pathman, 2008). 기억력은 영아의 뇌에 있는 해마와 전두엽의 발달, 자아개념의 습득, 언어 습득과 관련이 있을 것으로 여겨지고 있다.

④ 사회인지

사회인지는 자신과 타인을 포함한 사람들이 어떻게, 왜 행동하는지에 대한 이해와 믿음을 말한다(Sommerville, 2010). 영아기는 기초적인 사회인지적 이해가 발달하는 시기로, 영아는 일찍부터 사람들의 행동에 큰 관심을 가지고 자신을 둘러싼 사회적 세계에 관찰자observer로서 그리고 행위자actor로서 참여한다.

6개월경에 영아는 사람들의 행동(예: 손을 뻗어 물체를 잡는 행위)을 유목적적이고 의도적인 행동으로 해석한다. 이러한 이해는 영아기 동안 더 추상적으로 변한다. 즉, 처음에는 행동의 가시적인 목표를 이해할 수 있었다면(예: 무엇을 집으려고 하는지, 아는 것; Woodward, 1998), 9~12개월에는 서로 다른 정서적 표현의 의미를 인식할 수 있게 된다. 예를 들어, 브로콜리와 과자 중에서 과자만 연달아 먹는 행동은 그 사람이 과자를 브로콜리보다 더 좋아하기 때문임을 안다. 또한 어떤 물체에 접근하거나 어떤 행동을 할지를 결정하기 위해 성인의 정서 표현을 참고하는 사회적 참조를 보인다(Baldwin & Moses, 2001; Adolph et al., 2008).

12~15개월에 영아는 어떻게 개인의 특성이나 성향이 행동을 동기화하는지 이해한다. 그래서 사람이 이전의 행동을 새로운 상황에서도 계속 추구할 것이라고 기대하고(Kuhlmeier et al., 2003; Song et al., 2005), 선호와 경향이 개인적이어서 다른 사람들은 다른 것을 좋아할 수 있다는 것을 이해한다(Sootsman & Woodward, 2007). 2세에 가까워질수록 타인의 의도와 목표에 대한 이해가 발달한다. 이러한 사회인지적 이해의 발달은 사회적 세계에 참여하고 관찰하는 기회에 의해 이끌어진다. 따라서 영아가 사회적 상호작용에 참여하고 관찰할 기회를 제공하는 것이 중요하다. 성인이 아동에게 협동적 파트너로 역할하는 상황(Sommerville & Hammond, 2007)과 언어적 설명을 해주면서 행동하는 것(Sobel & Sommerville, 2009), 행동을 보여주기 전에 행동의 목표를 먼저 보여주는 것(Sommerville & Crane, 2009)이 학습을 촉진한다.

2) 유아기 발달 특성

유아기는 아동의 생활환경의 범위가 확대되고, 복잡한 사회적 영향을 받는 시기이다. 또래집단과의 상호작용을 통해 사회적 기술을 본격적으로 습득하고 사물에 대한 호기심, 직관적 사고능력이 발달한다.

(1) 신체 · 운동 능력 발달 특성

① 신체

유아기에는 영아기에 가지고 있던 지방이 빠지기 시작하고 팔다리와 몸통이 길어진다. 신체에서 머리가 차지하는 비율이 영아기에 비해 감소한다. 키와 체중은 꾸준히 증가해서 키는 1년에 5~7cm, 체중은 1년에 2~3kg 정도 증가한다. 뇌에서는 자주 사용하는 영역의 시냅스가 강화되고 수초화가 활발히 일어난다.

② 운동능력

유아기는 모든 근육의 기능이 높은 수준으로 발달하는 시기로서, 능숙한 걷기와 보폭의 증가에서 더 나아가 만 5~6세경에는 방향이나 속도를 빠르게 변화시키면서 달릴 수 있게 된다. 또한 점프하기, 던지기, 오르기, 균형잡기, 줄넘기, 수영, 자전거 타기, 공 튀기기, 공 던지고 받기 등 다양한 운동이 가능해진다. 이처럼 근육과 운동기능이 많이 발달하는 시기이지만, 동시에 안전사고를 당할 위험이 매우 높은 시기이므로 보육환경의 안전점검과 안전교육이 중요하다. 특히 유아가 다양한 대근육발달을 이루고 스스로 안전하게 신체활동을 하는 방법을 배울 수 있도록 자유롭고 다양한 신체활동의 기회를 실외에서 풍부하게 제공할 필요가 있다.

유아기에는 소근육운동기술도 빠른 진전을 보여서 간단한 옷 입기, 지퍼 사용이 가능해지며 자조기술이 발달한다. 만 3~4세에는 단추 끼우기가 가능하고 화장실에 가기 위해 옷을 벗을 수 있다. 일반적으로 혼자 옷 입고 벗기가 가능한 시기는 만 5세이고, 신발끈 매기는 6세가 되어야만 가능하다. 또한 유아기에는 소근육발달로 그림 그리기, 글씨 쓰기, 가위질이 가능해지고, 만 5세에는 젓가락으로 음식을 먹을 수 있다.

③ 수면

성장호르몬의 80%는 잠자는 동안 분비되며, 수면은 낮동안 배운 것의 일부가 잊혀지고 중요한 것은 장기기억으로 넘어가는 시간이기도 하다. 수면은 자아통제, 학습과 기억, 신체적 상해, 비만 등에도 영향을 준다. 만 3~5세의 유아기에 권장하는 수면량은

10~13시간이다. 8~9시간 또는 14시간도 적절할 수 있다. 그러나 8시간 미만이나 14시간 이상의 하루 수면은 권장되지 않는다.

④ 식습관

유아기는 균형잡힌 식단과 건강한 식습관이 중요하다. 연구결과에 따르면 유아들은 성인이 보상으로 제공하는 음식에 긍정적인 정서를 연합한다. 따라서 보육환경에서 보상으로서 단 음식이나 캔디를 주는 것보다 건강한 음식을 보상으로 주는 것이 건강한 음식 먹기를 격려하는 방법이 될 수 있다. 그 외에 교사의 모델링, 음식교육, 적은 양을 주고 맛을 보게 한 뒤 서서히 양을 늘릴 수 있도록 하는 것도 건강한 식습관 형성에 도움이 된다.

(2) 언어능력 발달 특성

① 구어

아직 명확하지 않았던 발음이 4세와 5세에는 정확해진다. 어휘가 자기표현을 무리없이 할 수 있을 정도로 확장된다. 발음이나 문장구조와 관련된 농담, 유머, 수수께끼가 가능해진다. 유아기 동안 모국어의 문법 습득이 활발히 일어나서 만 6세경에는 거의 모든 문법이 습득된 상태가 된다. 만 3세에는 짧고 단순한 문장으로 의사를 표현하다가, 4세와 5세로 가면서 더 많은 단어로 구성된 길고 복잡한 문장을 말한다.

효율적 말하기능력도 눈에 띄게 발달한다. 만 3세 유아는 청자가 응답하지 않을 경우 응답을 이끌어내기 위해 반복해서 말하는 것 같은 의사소통 노력을 한다. 만 4세경이 되면 청자에 알맞게 자신의 말을 변형한다. 예를 들면, 자신보다 어린 2세 아동에게 장난감을 설명할 때는 동일한 내용을 성인에게 설명할 때보다 더 짧고 단순한 문장을 사용해 설명하고 더 쉬운 어휘를 사용하며 청자의 주의를 끌고 지속시키기 위한 행동과 말을 더 많이 한다. 상대방의 연령, 지식의 정도와 상태에 따라 달리 말하는 기술을 갖게 되는 것이다. 또한 존대말과 경어 사용도 이때 잘할 수 있게 된다.

이외에 언어를 사고의 수단으로 사용하기 시작하고 이야기를 창작할 수 있게 되며 동시를 지을 수 있게 된다. 이야기 듣기와 말하기를 즐기고 간단한 토의나 토론이 가능해지는 시기이다.

② 문어

소리와 글자의 관계를 이해하기 시작하고 글자를 변별한다. 구어에서 과잉일반화가 나타나는 것처럼, 단어를 쓰는 데 있어서 과잉일반화가 나타난다. 가령, 코끼리를 쓰는 데 있어서 '코낄이'라고 쓰거나 비둘기를 '비둙이'라고 쓰는 오류를 보인다.

(3) 사회적 능력 발달 특성

① 정서

유아는 영아보다 더 다양하고 복합적인 정서를 인식한다. 만 5~6세경에는 후회와 안도감을 느낄 수 있는데, 이는 실제로 하지 않았지만 할 수도 있었던 선택안에 대해 '그렇게 했더라면~' 하고 가상적인 사고를 할 수 있는 인지능력이 발달하였기 때문이다. 유아기에는 또한 정서를 일으키는 원인에 대한 이해가 발달하여 상황에 의해 어떤 정서가 유발될지 안다. 다른 사람의 감정에 감정이입을 할 수 있고, 이야기 속의 인물들의 정서에 공감, 반응할 수 있다. 유아의 공감능력은 친사회적 행동과 이타적 행동의 기초가 되고 또래와의 원만한 관계의 기초가 된다. 그러나 아직 타인의 정서와 자신의 정서가 다를 수 있다는 것을 이해하는 데 한계를 가지고 있어 대인 갈등을 효과적으로 해결하는 데 어려움을 겪는다.

② 자기 조절

만 3세경부터는 자신을 통제하고 조절하기 위한 전략과 방법을 고안하기 시작하고 사용한다. 가령, 먹고 싶은 것을 참기 위해 이것은 내가 먹고 싶은 음식이 아니라고 의도적으로 상상하거나 노래를 부르는 것처럼 다른 것으로 시선과 주의를 돌린다. 이러한 전략의 발달로 인해 마시멜로 테스트에서 유아의 수행은 만 2~4세에 발달적 변화가 나타난다. 그러나 이러한 테스트에서의 수행은 청소년기까지 계속해서 발달하는 것으로 유아기에 완성되는 것이 아니다.

③ 자아개념

유아는 자신에 대해 긍정적 자아개념을 갖고 때로는 자신이 실제 할 수 없는 것을 할 수 있다고 느낀다. 따라서 높은 곳에서 뛰어내릴 수 있다거나 공중을 날 수 있다는 생각을 하기도 한다. 늘어난 신체능력에 대한 과장된 자신감으로 인해 상해를 입을 수 있는 위험이 있다.

④ 친사회적 행동

유아는 영아보다 타인을 돕는 전략을 더 다양하게 획득한 상태이다. 따라서 적절한 이타적 반응이 이전보다 증가한다. 공동의 목표를 달성하기 위한 협동은 약 만 4세부터 가능하다. 한편, 유아의 친사회적 행동은 유아의 정서상태와도 관련이 있는데, 유아가 슬픔을 느끼는 상황에서는 친사회적 나눔 행동을 덜 하는 경향이 있다.

⑤ 사회도덕적 판단

이 시기에는 가족과 사회의 도덕적 규칙을 내면화하고 내면화된 규칙에 따라 행동을 수행하게 된다. 또한 유아기에는 도덕과 관습을 구별하고, 관습의 위반보다 도덕의 위반을 더 심각한 위반으로 여긴다. 규범을 위반하는 구성원에 대해서는 부정적으로 평가한다.

한편 유아기에는 습득한 성 역할 규범을 자신과 타인에게 강하게 적용한다. 따라서 보육현장의 교사와 부모는 유아가 성 역할에 대한 편견을 갖지 않도록 적절한 모델링과 지도를 해야 한다.

⑥ 또래와의 관계

또래와 집단놀이과정에서 협동과 상호작용의 즐거움을 경험하고 역할관계의 상호성을 배우게 된다. 이를 통해 자아중심성이 어느 정도 완화된다. 물건 교환과 협력활동을 통해 우정을 경험한다. 친한 친구가 분명해지고 놀이집단을 형성하며 또래로부터 인정받는 것에 민감하다.

(4) 인지능력 발달 특성

① 조망수용능력

피아제는 유아들이 자신의 생각, 느낌, 바램과 타인의 그것을 구분하지 못하는 자기중심성을 가지고 있다고 주장했지만, 후속 연구들은 그러한 주장이 유아의 조망능력을 다소 과소평가한 것임을 보여주었다(Flavell, 1992). 유아들도 단순한 형태의 조망수용과 상위인지 능력을 가지고 있으며, 이러한 능력은 초등학교에 들어간 이후에도 계속해서 발달한다. 만 4세 이전에는 대부분의 아동이 어떤 믿음이 틀릴 수도 있다는 것을 이해하기 어려워하지만(Wellman et al., 2001), 4세 또는 5세가 되면 이러한 틀린 믿음에 대한 이해가 출현한다. 관련 연구들은 마음에 대한 이해의 출현과 발달이 양육 경험에 의해 촉진될 수 있으며 다소 훈련이 가능한 것임을 보여주고 있다. 특히 마음 상태에 관한 언어를 강조하는 방법이 이점을 주는 것으로 나타나고 있다(Hofmann et al., 2016; Miller, 2016).

② 수능력

유아는 언어적 과제로 비슷한 이해를 보이기 훨씬 전부터 물체에 기반한 수 과제를 수행한다. '2 + 2'와 같은 간단한 덧셈·뺄셈 문제를 언어와 상징으로 주었을 때 풀지 못하더라도 물체에 기반하여 푼다. 이와 마찬가지로 언어적 수세기를 통해 비교할 수 있기 훨씬 전에 물체에 기반하여 수가 똑같은지를 비교하는 것이 가능하다. 비언어적 측정에서의 수행능력은 2세 반에서 3세 사이에 나타난다. 3세경에는 대략 10까지 수세기를 순서대로 암송하였던 것이, 4세경에는 열 개가량을 셀 수 있게 되고, 유아기가 끝날 무렵 6세경에는 20, 30 등 수를 이해하고 말할 수 있다. 그러나 만 4세경에 20까지 셀 수 있는 유아도 있고 99까지 셀 수 있는 유아도 있어 개인차가 크다.

③ 기억

유아는 정보의 출처를 추적하는 능력이 미숙하여 다른 사람에게서 들은 내용과 직접 경험하거나 실제 일어난 일, 미디어에서 본 것 사이에 혼란을 겪는다. 또한 질문자의 제안과 실제 일어난 일을 혼동하며 질문자의 권위에 의해 영향을 받는다. 반복된 심문과 유도에 의해 쉽게 영향을 받으며 새로 들은 사실과 기존 기억을 결합하기도 한다.

④ 물리적 세계에 대한 지식

유아기에는 주변의 사물과 자연에 대해 호기심이 계속해서 확대된다. 그래서 하늘은 왜 파란색인지, 바다는 왜 파란지, 바람은 어떻게 부는지, 해가 뜨고 지는 것은 어떻게 일어나는지, 물고기는 어떻게 자는지 등 무한한 호기심을 가진다. 이러한 호기심을 해결하기 위해 상상을 하기도 하고, 실제로 탐색과 관찰, 실험 등의 방법을 생각해 내고 활용해 보는 능력을 보인다. 이러한 것을 가능하게 하는 관찰, 비교, 분석, 예측 등의 탐구기술을 점차 습득하는 시기이다. 길이, 크기, 무게 등 사물의 다양한 속성 차원을 비교하고 측정하고 서열화하는 것이 가능해진다. 5세경이면 이를 간단한 그래프나 그림, 사진, 기호로 나타내는 것도 가능해진다. 또한 다양한 모양의 이름을 습득하고 위치관계, 공간관계를 묘사하는 말을 습득한다. 공간관계 묘사 어휘들은 난이도가 서로 다른데, 가령 왼쪽/오른쪽에 대한 구분과 용어를 맞게 사용하는 것은 만 5세에도 아직 많은 아이들에게 어려운 일이다. 유아는 패턴과 규칙성을 발견하고 모방하여 만 5세가 되면 스스로 패턴을 창조할 수 있다.

또한 유아기에는 동식물의 명칭과 특징, 성장과정 등에 대한 지식이 크게 성장한다. 또한 생명체를 소중히 여기는 마음을 가지고 돌볼 수 있게 된다. 도구와 기계에 관심을 가지고 이런 것들을 활용하여 만들고 창작하는 것을 즐긴다.

⑤ 상상력과 창의력

영아기가 끝나는 2세경, 아동들은 기존의 표상을 새로운 언어적 정보에 기초해 조작할 수 있다(예: 마른 테디베어를 젖어 있는 것으로 상상하기; Ganea & Saylor, 2013). 또 과거 사건의 표상을 현재 주어지는 정보와 결합함으로써 표상을 조작할 수 있다(Király et al., 2018). 또한 유아기를 거치면서 일어나지 않은 상황에 대한 결과를 추론할 수 있게 된다. 이러한 사고는 2세경 가상놀이의 상황에서 나타나기 시작한다. 3세경이 되면 아동들은 '모든 양이 보라색이라면'처럼 사실과 다른 가정에 대해 연속해서 연역적으로 추리하는 것이 가능하다(Dias & Harris, 1988). 한편, 문제에 대한 여러 가지 대안들을 고려하는 능력은 많은 인지적 능력을 요구하기 때문에 유아기에 걸쳐 서서히 발달한다(Grigoroglou et al., 2019; Mody & Carey, 2016).

더 알아보기 ❹-❶

영아의 친사회적 행동 및 판단

다음 영상을 보고 보육 경험이 영아의 친사회적 행동에 미칠 수 있는 영향에는 무엇이 있을지 토의해 보자.

https://www.youtube.com/watch?v=FRvVFW85lcU

https://www.youtube.com/watch?v=Z-eU5xZW7cU&t=221s

더 알아보기 ❹-❷

유아의 기억

다음 영상의 내용을 바탕으로, 유아에게 사건에 대한 기억을 질문할 때 주의할 사항을 도출해 보자.

https://www.youtube.com/watch?v=H4CyELYKlWI

https://www.youtube.com/watch?v=z_og0z68llk

참고문헌

김정원, 이경화, 이연규 · 전선옥 조순옥, 조화연, 최일선(2018). **보육학개론**. 경기: 양서원.

Adolph K.E., Tamis−LeMonda, C.S., Ishak, S., Karasik, L.B., Lobo, S.A. (2008). Locomotor experience and use of social information is posture specific. *Developmental Psychology*, *44*, 1705−1714.

Adolph, K.E., Hoch, J.E., & Cole, W.G. (2018). Development (of Walking): 15 Suggestions. *Trends in Cognitive Science*, *22*, 699−711.

Baldwin D.A., Moses, L.J. (2001). Links between social understanding and early word learning: Challenges to current accounts. *Social Development*, *10*, 309−329.

Bauer, P.J., & Pathman, T. (2008). Memory and Early Brain Development. In: Tremblay RE, Boivin M, Peters RDeV, eds. Paus T, topic ed. Encyclopedia on Early Childhood Development [online]. http://www.child−encyclopedia.com/brain/according−experts/memory−and−early−brain−development. Published December 2008. Accessed January 11, 2020.

Brooks, R., Meltzoff, A.N. (2005). The development of gaze following and its relation to language. *Developmental Science*, *8*, 535−543.

Dias, M.G., & Harris, P.L. (1988). The effect of make−believe play on deductive reasoning. *British Journal of Developmental Psychology*, 8, 207−221.

Flavell, J.H. (1992). Perspectives on perspective taking. In: Beilin H, Pufall P, eds. The Jean Piaget symposium series. Prospects and possibilities. pp. 107−139. Hillsdale, NJ: Erlbaum.

Ganea, P.A., & Saylor, M.M. (2013). Representational constraints on language development: Thinking and learning about absent things. *Child Development Perspectives*, 7, 227−231.

Grigoroglou, M., Chan, S., & Ganea, P.A. (2019). Toddlers'understanding and use of verbal negation in inferential reasoning search tasks. *Journal of Experimental Child Psychology, 183*, 222–241.

Hofmann, S.G., Doan, S.N., Sprung, M., Wilson, A., Ebesutani, C., Andrews, L.A., Curtis, J., & Harris, P.L. (2016). Training children's theory–of–mind: A metaanalysis of controlled studies. *Cognition, 150*, 200–212.

Kail, F. (2015). Child Development.

Kiraly, I., Olah, K., Csibra, G., & Kovacs, A.M. (2018). Retrospective attribution of false beliefs in 3–year–old children. *Proceedings of the National Academy of Sciences of the United States of America, 115*, 11477–11482.

Kuhlmeier, V., Wynn, K., & Bloom, P. (2003). Attribution of dispositional states by 12–month–olds. *Psychological Science, 14*, 402–408.

Miller, S.A. (2016). *Parenting and theory of mind*. New York, NY: Oxford University Press.

Mody, S., & Carey, S. (2016). The emergence of reasoning by the disjunctive syllogism in early childhood. *Cognition, 154*, 40–48.

Moon, C., Cooper, R.P., & Fifer, W.P. (1993). Two–day–olds prefer their native language. *Infant Behavior and Development, 16*, 495–500.

Oakes, L.M., & Rakison, D.H. (2019). *Developmental Cascades: Building the Infant Mind*. Nwe York, NY: Oxford University Press.

Quinn, P.C., Emimas, P.D., & Rosenkrantz, S.L. (1993). Evidence for representations of perceptually similar natural categories by 3–month–old and 4–month–old infants. *Perception, 22*, 463–475.

Quinn, P.C., Slater, A.M., Brown, E., & Hayes, R. (2001). Developmental change in form categorization in early infancy. *British Journal of Developmental Psychology, 19*, 207–218.

Shultz, S., & Vouloumanos, A. (2010). Three–month–olds prefer speech to other naturally occuring signals. *Language Learning and Development, 6*(4), 241–257.

Smith, L.B., & Thelen, E. (2003). Development as a dynamic system. *Trends in Cognitive Sciences, 7*, 343–348.

Sobel, D.M., & Sommerville, J.A. (2009). Rationales and children's causal learning from others'actions. *Cognitive Development, 24*(1), 70–79.

Sommerville, J.A. (2010). Infants'Social Cognitive Knowledge. In: Tremblay RE, Boivin M, Peters RDeV, eds. Zelazo PD, topic ed. Encyclopedia on Early Childhood Development [online]. http://www.child-encyclopedia.com/social-cognition/according-experts/infants-social-cognitive-knowledge. Published September 2010. Accessed January 11, 2020.

Sommerville, J.A., & Crane, C. (2009). Ten-month-old infants use prior information to identify an actor's goal. *Developmental Science, 12*, 314–325.

Sommerville, J.A., Hammond, A.J. (2007). Treating another's actions as one's own: Children's memory of and learning from joint activity. *Developmental Psychology, 43*, 1003–1018.

Song, H., Baillargeon, R., & Fisher, C. (2005). Can infants attribute to an agent a disposition to perform a particular action? *Cognition, 98*, B45–B55.

Sootsman, J., & Woodword, A.L. (2007). Infants track action goals wothin and across agents. *Cognition, 104*, 287–314.

Thelen, E. (2005). Dynamic systems theory and the complexity of change. *Psychoanalytic Dialogues, 15*(2), 255–283.

Thelen, E., & Smith, L.B. (1994). *A dynamic systems approach to the development of cognition and action*. Cambridge, MA: The MIT Press.

van Geert, P. (2000). The dynamics of general developmental mechanisms: From Piaget and Vygotsky to dynamic systems models. *Current Directions in Psychological Science, 9*, 64–68.

Vouloumanos, A., & Werker, J.F. (2007). Listening to language at birth: Evidence for a bias for speech in neonates. *Developmental Science*, *10*(2), 159–164.

Vouloumanos, A., Hauser, M.D., Werker, J.F., & Martin, A. (2010). The tuning of human neonates'preference for speech. *Child Development*, *81*, 517–527.

Wellman, H.M., Cross, D., & Watson, J. (2001). Meta–analysis of theory–of–mind development: The truth about false belief. *Child Development*, 72(3), 655–684.

Woodward, A.L. (1998). Infants selectively encode the goal object of an actor's reach. *Cognition*, *69*, 1–34.

Xu, F., & Spelke, E.S. (2000) Large number discrimination in 6–month–old infants. *Cognition*, *74*, B1–B11.

참고 사이트

미국수면협회(https://sleepfoundation.org)

질병관리본부(https://knhanes.cdc.go.kr/knhanes/sub08/sub08_02.do)

CHAPTER 05

보육교직원

CHAPTER

05

어린이집 원장은 어린이집을 총괄하고 보육교사와 그 밖의 직원을 지도 · 감독하며 영유아의 건강관리 및 보호자와의 상담, 그 밖에 어린이집의 관리 · 운영 등의 업무를 책임져야 할 막중한 의무를 가지고 있다. 또한 보육교사의 경우 보육아동을 위하여 보호, 교육 및 가족서비스 등 포괄적인 서비스를 제공하는 전문가로 보육서비스의 질적 수준을 좌우하는 매우 중요한 요인이다.

이 장에서는 어린이집에 배치되는 보육교직원의 유형, 자격기준, 양성교육 및 보수교육에 대해 알아보고, 보육교사의 역할과 자질에 대해 살펴본다.

1. 보육교직원의 유형

어린이집에 근무하는 성인에 대해 과거에 '보육시설 종사자'로 부르던 것을 2011년 「영유아보육법」 개정을 통해 '보육교직원'이라고 명하고 있다(영유아보육법 제17조, 2011. 6. 7. 개정). 이는 어린이집 근무자에 대한 전문성과 위상을 높이려는 사회적 인식을 반영한 결과이다. 「영유아보육법」에 따르면 보육교직원이란 "어린이집 영유아의 보육, 건강관리 및 보호자와의 상담, 그 밖에 어린이집의 관리 · 운영 등의 업무를 담당하는 자로서 어린이집의 원장 및 보육교사와 그 밖의 직원"을 말한다(영유아보육법 제2조). 일반적으로 보육교직원은 원장, 보육교사, 간호사, 영양사, 조리원을 의미하며, 어린이집의 규모와 특성에 따라 그 밖의 보육교직원을 둘 수 있다. 구체적으로 보육교직원의 유형별 배치기준은 **표 5-1**과 같다.

표 5-1 보육교직원의 유형과 배치기준

구분	배치기준
원장	어린이집별 1명. 다만, 영유아 20인 이하를 보육하는 어린이집은 원장이 보육교사를 겸임할 수 있다.
보육교사	• 만 1세 미만의 영유아 3명당 1명을 원칙으로 한다. • 만 1세 이상 만 2세 미만의 영유아 5명당 1명을 원칙으로 한다. • 만 2세 이상 만 3세 미만의 영유아 7명당 1명을 원칙으로 한다. • 만 3세 이상 만 4세 미만의 영유아 15명당 1명을 원칙으로 한다. • 만 4세 이상 미취학 영유아 20명당 1명을 원칙으로 하며, 영유아 40명당 1명은 보육교사 1급 자격을 가진 사람이어야 한다. • 취학아동 20명당 1명을 원칙으로 한다. • 장애아 보육은 장애아 3명당 1명을 원칙으로 하되, 장애아 9명당 1명은 특수교사 자격 소지자로 한다.
간호사	영유아 100명 이상을 보육하는 어린이집의 경우 간호사(간호조무사 포함) 1명을 두어야 한다.

(계속)

구분	배치기준
영양사	영유아 100명 이상을 보육하는 어린이집의 경우에 영양사 1명을 두는 것을 원칙으로 하되, 어린이집 단독으로 영양사를 두는 것이 곤란한 경우에는 같은 시 · 군 · 구의 5개 이내 어린이집이 공동으로 영양사를 둘 수 있다.
조리원	영유아 40명 이상 80명 이하를 보육하는 어린이집의 경우 조리원 1명을 두며, 영유아가 80명을 초과할 때마다 1명씩 증원한다.
그 밖의 보육교직원	어린이집의 규모와 특성에 따라 의사(또는 촉탁의사), 사회복지사, 사무원, 관리인, 위생원, 운전기사, 치료사 등의 보육교직원을 둘 수 있다.

출처: 영유아보육법 시행규칙 제10조 [별표2] (보육교직원의 배치기준)

보육교직원의 복무에 대한 규정을 살펴보면(영유아보육법 시행규칙 제10조, 별표 2), 어린이집의 원장은 전임이어야 하며, 다른 어린이집, 사회복지시설, 유치원 및 종교시설 등의 업무를 겸임할 수 없다. 반을 담당하는 보육교사의 근무시간은 평일 8시간을 원칙으로 하고, 그 밖에 전후로 연장되는 시간은 어린이집의 원장과 보육교사가 교대근무하며 초과근무수당을 지급하여야 한다. 또한 보육교직원의 휴가는 보육 공백을 최소화할 수 있도록 순번제로 실시하고, 보수교육, 출산휴가 등으로 어린이집의 원장, 보육교사 또는 그 밖의 보육교직원의 공백이 생기는 경우에는 이를 대체할 수 있는 대체원장, 대체 교사 또는 그 밖의 인력을 각각 배치하여야 하도록 규정하고 있다.

한 가지 주목할 점은 저출산으로 인한 출생아 수 감소로 매년 어린이집 숫자가 줄어들고 있는 반면, 보육교직원 수는 매년 증가 추세에 있다는 점이다. 즉, 어린이집 숫자는 2013년 43,770개소를 기점으로 매년 감소하여 2018년 말 기준 39,171개소의 어린이집이 운영되고 있는 반면, 보육교사의 수는 2013년 총 212,332명에서 매년 증가하여 2018년 말 기준 총 239,996명의 보육교사가 보육현장에서 근무하고 있다. 이는 어린이집 운영 개소 수는 줄어들고 있다 하더라도 보조교사, 시간제교사, 시간연장형 교사 등 보육현장에 투입되는 다양한 직군의 보육교사들이 증가하고 있는 데서 기인한 것으로 추정된다.

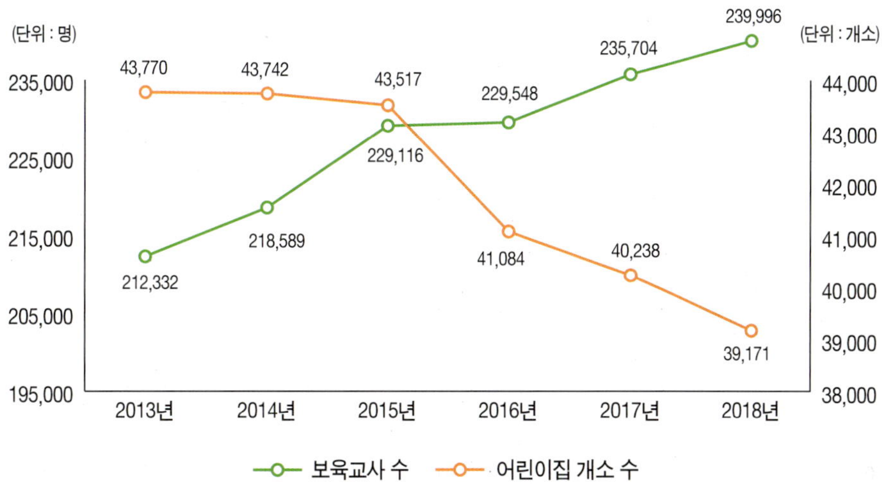

그림 5-1 연도별 보육교사 수 변화 추이

출처: 보건복지부 연도별 보육통계(2013~2018) 자료 편집

2. 보육교직원의 자격

1) 보육교사 및 어린이집 원장의 국가자격증 제도

보육교사 및 어린이집 원장의 자격은 국가자격증 제도가 도입되기 이전까지 「영유아보육법」에 의하여 자격 인정기준만 갖추면 별도의 자격증 없이 자격을 증명하는 서류 제출로 자격을 인정하였다. 또한 어린이집 및 시 · 군 · 구청에서 어린이집 원장 및 보육교사의 자격 인정 여부를 개별적으로 판단하여 온 바, 복잡한 어린이집 원장 및 보육교사 자격기준에 대한 통일된 해석 주체의 부재로 시 · 군 · 구청 보육담당자는 어린이집 원장 및 보육교사의 자격요건 심사에 어려움을 겪었다. 이에 전문적이고 세부적인 자격 검정 및 자격증 교부 체계를 구축하고 보육교사와 어린이집 원장 자격관리의 효율성 및 투명성을 제고하기 위해 국가자격증 제도를 도입하여 국가가 보육교사, 어

린이집 원장의 자격을 관리하게 되었다. 보육교직원 국가자격증 제도는 「영유아보육법」 개정(2004.1.29.)으로 법률적 근거가 마련되었고, 2005년 1월 30일부터 보육교사 자격증, 2006년 12월 30일부터 어린이집 원장 자격증을 교부하기 시작하였다.

국가자격증 제도 도입으로 어린이집 원장 · 보육교사의 자질 및 전문성을 향상시키고 보육교사, 어린이집 원장에 대한 사회적 인식을 제고하며 궁극적으로는 보육서비스의 질적 수준 향상에 기여하였다. 이에 어린이집에 보육교사, 어린이집 원장으로 근무하기 위해서는 반드시 보건복지부 장관이 검정 · 수여하는 국가자격증을 받아야 한다. 보육교사와 어린이집 원장의 국가자격증 교부 및 관리는 보건복지부의 업무 위탁을 받아 한국보육진흥원에서 담당하고 있다.

2) 보육교사의 자격기준

보육교사 자격은 1, 2, 3급으로 구분되는데, 우선 최초로 보육교사 자격을 취득하기 위한 방법은 전문대학 또는 이와 동등 이상의 학교를 졸업하여 보육교사 2급 자격을 받거나, 보육교사교육원으로 불리는 교육훈련시설을 수료하여 보육교사 3급 자격을 받는 두 가지 방법이 있다. 보육교사 1급은 보육교사 2급 자격 취득 이후 일정 기간 이상의 보육업무 경력과 승급교육 등의 요건을 충족한 경우 받을 수 있는 자격으로 보육교사 자격 중 가장 높은 수준의 자격이다. 구체적으로 보육교사 자격기준은 표 5-2와 같다.

표 5-2 보육교사의 등급별 자격기준

등급	자격기준
보육교사 1급	• 보육교사 2급 자격을 취득한 후 3년 이상의 보육업무 경력이 있는 사람으로서 보건복지부장관이 정하는 승급교육을 받은 사람
	• 보육교사 2급 자격을 취득한 후 보육 관련 대학원에서 석사학위 이상을 취득하고 1년 이상의 보육업무 경력이 있는 사람으로서 보건복지부장관이 정하는 승급교육을 받은 사람

(계속)

등급	자격기준
보육교사 2급	• 전문대학 또는 이와 같은 수준 이상의 학교에서 보건복지부령으로 정하는 보육 관련 교과목 및 학점을 이수하고 졸업한 사람 • 보육교사 3급 자격을 취득한 후 2년 이상의 보육업무 경력이 있는 사람으로서 보건복지부장관이 정하는 승급교육을 받은 사람
보육교사 3급	• 고등학교 또는 이와 같은 수준 이상의 학교를 졸업한 사람으로서 보건복지부령으로 정하는 교육훈련시설에서 정해진 교육과정을 수료한 사람

* '보육업무 경력'이란 다음의 어느 하나에 해당하는 경력을 의미함
  - 어린이집에서 어린이집의 원장, 보육교사, 특수교사 또는 치료사로 근무한 경력
  - 육아종합지원센터에서 육아종합지원센터의 장, 보육전문요원, 특수교사, 대체교사 또는 일시보육 담당 보육교사로 근무한 경력
  - 일시보육서비스지정기관에서 기관의 장 또는 일시보육 담당 보육교사로 근무한 경력
  - 「유아교육법」에 따른 교육과정과 방과후 과정을 운영하는 유치원에서 원장, 원감, 수석교사 또는 교사로 근무한 경력

출처: 영유아보육법 시행령 제21조 [별표1] (어린이집의 원장과 보육교사의 자격기준)

3) 어린이집 원장의 자격기준

어린이집 원장의 자격은 운영할 수 있는 어린이집의 규모나 유형에 따라 일반 어린이집, 가정어린이집, 영아전담어린이집, 장애아전문어린이집으로 구분된다. 구체적으로 어린이집 원장의 자격기준은 다음과 같으며, 어린이집 원장 자격을 취득하기 위해서는 사전직무교육을 이수해야만 한다.

(1) 일반 어린이집 원장

- 운영 가능 어린이집 : 보육정원이 300명 이하인 어린이집. 장애아전문어린이집을 제외한 모든 어린이집의 원장으로 근무 가능

• 자격기준

- 보육교사 1급 자격을 취득한 후 3년 이상의 보육 등 아동복지업무 경력이 있는 사람
- 「유아교육법」에 따른 유치원 정교사 1급 자격 또는 같은 법에 따른 특수학교(유치원 과정을 말함) 정교사 자격을 취득한 후 3년 이상의 보육 등 아동복지업무 경력이 있는 사람
- 유치원 원장의 자격을 가진 사람
- 「초 · 중등교육법」에 따른 초등학교 정교사 자격 또는 같은 법에 따른 특수학교(초등학교 과정을 말함)의 정교사 자격을 취득한 후 5년 이상의 보육 등 아동복지업무 경력이 있는 사람
- 「사회복지사업법」에 따른 사회복지사 1급 자격을 취득한 후 5년 이상의 보육 등 아동복지업무 경력이 있는 사람
- 「의료법」에 따른 간호사 면허를 취득한 후 7년 이상의 보육 등 아동복지업무 경력이 있는 사람
- 국가 또는 지방자치단체에서 7급 이상의 공무원으로 보육 등 아동복지업무에 5년 이상 근무한 경력이 있는 사람

(2) 가정어린이집 원장

• 운영 가능 어린이집 : 개인이 가정 또는 그에 준하는 곳에 설치 · 운영하는 어린이집으로 상시 5인 이상 20인 이하를 보육하는 어린이집

• 자격기준

- 일반기준에서 정한 자격을 갖춘 사람
- 보육교사 1급 이상의 자격을 취득한 후 1년 이상의 보육업무 경력이 있는 사람

(3) 영아전담어린이집 원장

• 운영 가능 어린이집 : 만 3세 미만 영아만을 20인 이상 보육하는 어린이집

• 자격기준

- 일반기준에서 정한 자격을 갖춘 사람
- 간호사 면허를 취득한 후 5년 이상의 아동간호업무 경력이 있는 사람

(4) 장애아전문어린이집 원장

- 운영 가능 어린이집 : 「장애아동복지지원법」에 따른 12명 이상의 장애영유아를 보육하는 어린이집을 포함하여 모든 어린이집 원장으로 근무 가능
- 자격기준

> - 일반기준에서 정한 자격을 갖춘 사람으로서 대학(전문대학을 포함)에서 장애인복지 및 재활 관련 학과를 전공한 사람
> - 일반기준에서 정한 자격을 갖춘 사람으로서 장애영유아 어린이집에서 2년 이상의 보육업무 경력이 있는 사람

■ 영유아보육법 시행규칙 [별지 제 12호의2서식] 〈개정 2016. 12. 31〉

제 호 ← 자격번호

(어린이집 원장, 보육교사)자격증

성명 :

생년월일 :

자격 : *세부자격종류(자격인정일자)*

사진
3cm × 4cm

위 사람은 영유아보육법 제22조에 따라 위와 같이(어린이집 원장, 보육교사)의 자격이 있음을 인정하고 이 증서를 수여함.

발급일자 → 년 월 일

보건복지부장관 직인

210mm × 297mm(백상지 $80g/m^2$)

그림 5-2 어린이집 원장, 보육교사 자격증 서식 및 내용

3. 보육교직원의 교육과정

전문적이고 우수한 보육교직원을 확보하기 위해서는 체계적인 양성교육과 보수교육이 이루어져야 한다. 양성교육은 보육교사 자격 취득을 위한 사전교육을 의미하고, 보수교육은 어린이집에 근무하는 동안 현직에서 받는 재교육을 뜻한다.

1) 대학에서의 보육교사 양성교육

「고등교육법」에 따른 대학 등에서 보육교사 2급 자격을 취득하기 위해서는 **표 5-3**에서 제시하는 보육관련 교과목 및 학점을 이수해야 한다. 또한 **표 5-4**에서 제시한 교과목은 반드시 대면교육으로 이수해야 한다.

표 5-3 대학 등에서 이수해야 할 보육 관련 교과목 및 학점

<table>
<tr><th>영역</th><th colspan="2">교과목</th><th>이수과목(학점)</th></tr>
<tr><td>가. 교사 인성</td><td colspan="2">보육교사(인성)론, 아동권리와 복지</td><td>2과목(6학점)</td></tr>
<tr><td rowspan="2">나. 보육 지식과 기술</td><td>필수</td><td>보육학개론, 보육과정, 영유아발달, 영유아교수방법론, 놀이지도, 언어지도, 아동음악(또는 아동동작, 아동미술), 아동수학지도(또는 아동과학지도), 아동안전관리(또는 아동생활지도)</td><td>9과목(27학점)</td></tr>
<tr><td>선택</td><td>아동건강교육, 영유아 사회정서지도, 아동문학교육, 아동상담론, 장애아 지도, 특수아동 이해, 어린이집 운영 관리, 영유아 보육프로그램 개발과 평가, 보육정책론, 정신건강론, 인간행동과 사회환경, 아동간호학, 아동영양학, 부모교육론, 가족복지론, 가족관계론, 지역사회복지론</td><td>4과목(12학점) 이상</td></tr>
<tr><td>다. 보육 실무</td><td colspan="2">아동관찰 및 행동연구, 보육실습</td><td>2과목(6학점)</td></tr>
</table>

* 교과목의 명칭이 서로 다르더라도 교과목의 내용이 비슷하면 같은 교과목으로 인정하고, 다목의 교과목 중 보육실습은 교과목 명칭과 관계없이 보육실습기관과 보육실습기간의 조건을 충족하면 보육실습으로 인정한다.
* 각 교과목은 3학점을 기준으로 하되, 최소 2학점이어야 한다.
* 17과목 이상, 51학점 이상 이수하여야 한다.

출처: 영유아보육법 시행규칙 제12조 1항 [별표4] (보육 관련 교과목 및 학점)

표 5-4 대면 교과목

영역	교과목
가. 교사 인성	보육교사(인성)론, 아동권리와 복지
나. 보육 지식과 기술	놀이지도, 언어지도, 아동음악(또는 아동동작, 아동미술), 아동수학지도(또는 아동과학지도), 아동안전관리(또는 아동생활지도)
다. 보육 실무	아동관찰 및 행동연구, 보육실습

* 대면 교과목은 8시간 이상 출석 수업과 1회 이상 출석 시험을 실시한다.
출처: 영유아보육법 시행규칙 제12조 1항 [별표4] (보육 관련 교과목 및 학점)

2) 보육실습에 관한 기준

보육교사 자격증을 취득하기 위해서는 보육실습 교과목을 이수하고 정원 15인 이상으로 평가인증을 유지하는 어린이집 또는 교육과정과 방과후 과정을 운영하는 유치원에서 보육실습을 수행하여야 한다. 실습은 보육실습 교과목이 개설된 학기 및 직전, 직후 방학에 할 수 있다. 실습기관의 실습 지도교사는 실습지도 이전에 보육교사 1급 또는 유치원 정교사 1급 자격증을 소지한 사람이어야 하며, 실습 지도교사는 동일한 실습 기간 내에 1명당 보육실습생을 3명 이내로 지도하여야 한다. 또한 실습기간은 6주 240시간 이상을 원칙으로 하되 실습을 2회에 나누어 실시할 수 있다. 실습은 평일(월요일~금요일) 오전 9시부터 오후 7시 사이에 한 경우만 인정되며 1일 실습시간은 8시간을 초과할 수 없다. 실습에 대한 평가는 보건복지부장관이 정하는 보육실습일지와 보육실습 평가서에 근거한다. 보육실습 교과목을 반드시 3학점 이상으로 이수하고, 평가점수가 80점 이상(B학점)인 경우에만 실습을 이수한 것으로 인정하므로 성실하고 최선을 다해 보육실습에 임할 것이 요구된다.

표 5-5 보육실습 기준

구분	내용
실습 운영	• 이론수업과 보육현장 실습으로 운영
실습 기간	• 6주 이상 240시간 이상(2회에 나누어 실시 가능)
실습 기관	• 법적으로 인가받은 정원 15명 이상으로 평가인증을 유지하는 어린이집 • 교육과정과 방과후 과정을 운영하는 유치원
실습 지도교사	• 보육교사 1급 또는 유치원 정교사 1급 • 실습 지도교사 1명당 보육실습생 3명 이내 지도
실습 인정시간	• 평일 오전 9시부터 오후 7시 • 실습시간은 하루 8시간을 초과할 수 없음
실습 평가	• 보건복지부장관이 정하는 보육실습일지와 보육실습 평가서 • 평가점수가 80점 이상이어야 이수 인정

3) 보육교직원 보수교육

유능하고 자질 있는 보육교직원의 역할을 수행하기 위해서는 지속적인 현직 재교육을 통해 전문성을 유지 또는 향상시킬 수 있어야 한다. 현직 재교육은 보육교직원으로 하여금 지식이나 이론, 그리고 기술을 자신의 경험에 비추어 받아들이고, 이렇게 받아들인 것을 실제 현장에 적용하고 그 결과에 대하여 반성적인 사고를 함으로써 스스로의 신념이나 실천적 지식을 형성해 나가도록 한다는 점에서 양성교육 못지 않게 매우 중요하다. 보육교직원은 법적으로 반드시 이수해야 하는 보수교육뿐만 아니라 어린이집 원내 교육, 그리고 한국보육진흥원, 육아종합지원센터, 위탁 재단, 학회 등에서 이루어지는 원외 교육 등 다양한 재교육에 참여하고 있는데, 법정 보수교육 중심으로 살펴보면 다음과 같다.

법적으로 반드시 이수해야 하는 보수교육은 보육교직원의 자질 향상을 위해 실시하는 교육으로서 보육에 필요한 지식과 능력을 유지 · 개발하기 위하여 보육교직원이 정기적으로 받는 직무교육과 보육교사가 상위 등급의 자격(3급 → 2급, 2급 → 1급)을 취득하기 위해 받아야 하는 승급교육 및 어린이집 원장의 자격을 갖추기 위하여 받아야 하는 사전직무교육을 말한다. 원장 및 보육교사 일반직무교육에서 기본 및 심화 교육과정은 보육업무 경력 등을 감안하여 교육대상자가 선택하여 이수할 수 있다. 특별직무교육은 영아 보육과정, 장애아 보육과정, 방과후 보육과정으로 구성되어 있고, 주로 온라인 교육으로 이루어지며, 온라인 교육의 경우 고용노동부 환급과정으로 운영되고 있다.

표 5-6 어린이집 원장의 보수교육

<table>
<tr><th colspan="5">직무교육</th><th>사전직무교육</th></tr>
<tr><td colspan="2">일반직무교육</td><td colspan="3">특별직무교육</td><td rowspan="2">어린이집 원장
사전직무교육</td></tr>
<tr><td>기본교육/
심화교육</td><td>장기 미종사자
교육</td><td>영아보육
직무교육</td><td>장애아보육
직무교육</td><td>방과후보육
직무교육</td></tr>
</table>

출처: 보건복지부(2020)

표 5-7 보육교사 등의 보수교육

<table>
<tr><th colspan="5">직무교육</th><th colspan="2">승급교육</th></tr>
<tr><td colspan="2">일반직무교육</td><td colspan="3">특별직무교육</td><td rowspan="2">2급 보육교사
승급교육</td><td rowspan="2">1급 보육교사
승급교육</td></tr>
<tr><td>기본교육/
심화교육</td><td>장기 미종사자
교육</td><td>영아보육
직무교육</td><td>장애아보육
직무교육</td><td>방과후보육
직무교육</td></tr>
</table>

출처: 보건복지부(2020)

보수교육 구분별 교육대상 및 교육시간은 **표 5-8**과 같다. 이 중 2020년 3월부터 새로이 적용되는 교육이 장기 미종사자 직무교육이다. 장기 미종사자 직무교육은 어린이집 원장 또는 보육교사 자격을 가지고 만 2년 이상 보육업무를 수행하지 않다가 다시 보육업무를 수행하려는 경우 채용 이전까지 반드시 40시간의 교육을 받아야 한다.

표 5-8 보수교육 구분별 교육대상 및 교육시간

<table>
<tr><th colspan="3">교육 구분</th><th>교육대상</th><th>교육시간</th><th>비고</th></tr>
<tr><td rowspan="6">직무교육</td><td rowspan="3">일반직무교육</td><td>보육교사</td><td>현직에 종사하고 있는 보육교사로서 보육업무 경력이 만 2년을 경과한 자와 보육교사 직무교육(승급교육 포함)을 받은 해부터 만 2년이 경과한 자</td><td>40시간</td><td>3년마다</td></tr>
<tr><td>원장</td><td>어린이집 원장의 직무를 담당한 때부터 만 2년이 지난 경우</td><td>40시간</td><td>3년마다</td></tr>
<tr><td>장기미종사자</td><td>만 2년 이상 보육업무를 수행하지 아니하다가 다시 보육업무를 수행하고자 하는 보육교사 또는 원장 자격 취득자</td><td>40시간</td><td>이수하고자 하는 자</td></tr>
<tr><td rowspan="3">특별직무교육</td><td>영아보육</td><td>영아보육을 담당하고 있는 일반직무교육 대상자와 영아보육을 담당하고자 하는 보육교사 및 어린이집 원장</td><td>40시간</td><td>이수하고자 하는 자</td></tr>
<tr><td>장애아보육</td><td>장애아보육을 담당하고 있는 일반직무교육 대상자와 장애아보육을 담당하고자 하는 보육교사 및 어린이집 원장</td><td>40시간</td><td>이수하고자 하는 자</td></tr>
<tr><td>방과후보육</td><td>방과후보육을 담당하고 있는 일반직무교육 대상자와 방과후 보육을 담당하고자 하는 보육교사 및 어린이집 원장</td><td>40시간</td><td>이수하고자 하는 자</td></tr>
<tr><td rowspan="2">승급교육</td><td colspan="2">2급 승급교육</td><td>보육교사 3급의 자격을 취득한 후 보육업무 경력이 만 1년 경과한 자</td><td>80시간
(평가시험)</td><td>이수하고자 하는 자</td></tr>
<tr><td colspan="2">1급 승급교육</td><td>보육교사 2급의 자격을 취득한 후 보육업무 경력이 만 2년 경과한 자 및 보육교사 2급의 자격을 취득한 후 보육 관련 대학원에서 석사학위를 취득한 경우 보육업무 경력이 만 6개월이 경과한 자</td><td>80시간
(평가시험)</td><td>이수하고자 하는 자</td></tr>
<tr><td colspan="3">원장사전 직무교육</td><td>「영유아보육」 시행령 [별표1] 제1호의 가목부터 라목(일반, 가정, 영아전담, 장애아전문 어린이집 원장)까지 어느 하나의 자격을 취득하고자 하는 자</td><td>80시간
(평가시험)</td><td>이수하고자 하는 자</td></tr>
</table>

출처: 보건복지부(2020)

4. 보육교사의 역할과 자질

보육현장에서 중요하게 요구되는 보육교사의 역할과 자질은 다음과 같다(성미영 외, 2015; 신혜원 외, 2016).

1) 보육교사의 역할

보육교사의 역할이란 보육교사의 지위를 가지는 개인이 수행할 것으로 사회적으로 기대되는 책무라고 할 수 있다. 영유아의 발달적 특징이 복잡하기 때문에 보육교사에게 기대되는 역할은 초·중등 교사보다 더 복잡하고 다양하다. 보육교사의 역할은 고정되어 있다기보다는 사회와 교육체제가 요구하는 것과 보육에 대한 인식에 따라 변해왔다. 보육의 의미가 부모의 보살핌을 받지 못하는 상황의 영유아를 돌보는 것으로 받아들여졌던 시기에는 보육교사의 역할 또한 엄마를 대신하는 역할로서 영유아의 의식주를 돌보는 양육이 중시되었다. 이후 보육의 개념이 양육 못지않게 교육의 의미를 다룸에 따라 보육교사의 역할 또한 교육활동을 계획하고 이를 실행하는 교수자로서의 역할이 강조되고 있다.

(1) 양육자로서의 역할

보육의 전통적 의미는 보호와 양육이다. 영유아의 보호와 양육은 본래 주양육자가 담당하는 역할이지만 현대사회에서 맞벌이가정 및 한부모가정의 증가 등 여러 가지 이유로 인해 가정 내의 주양육자가 이를 담당하지 못하는 경우가 증가하면서 보육교사가 양육의 역할을 담당하게 되었다. 점차 보육에서 교육의 기능이 강조되고 있으나 대리양육자로서의 보호와 양육 역할의 중요성은 강조해도 지나침이 없다(박은혜, 2009). 양육에서 가장 중요한 것은 민감한 양육으로서 아동의 요구를 즉시, 정확하게 파악하여 적절하게 대처하는 것이다. 양육의 역할이 제대로 이루어져야 교사와 영유아 간에 안정애착이 형성되어 다른 대인관계에까지 긍정적 영향을 미칠 수 있다. 부모와 불안정한 애착을 형성한 경우라도 교사와 안정애착을 형성할 수 있다. 교사와의 안정애착은 부모와의 불안정 애착관계를 개선하고 이로 인해 파생되는 여러 부정적인 영향을 상쇄할 수 있기 때문에 더욱 중요하다.

양육자로서의 역할에서 빠질 수 없는 것이 영유아의 건강과 안전을 지키는 일이다. 영유아의 성장과 건강에 필요한 영양을 섭취할 수 있도록 오전・오후 간식 및 점심식사를 충분히 섭취할 수 있도록 해야 한다. 이 시간을 통해 함께 어울려 식사하는 기쁨을 느끼고 올바른 식사예절을 배울 수 있도록 지도할 필요가 있다. 또한 충분한 휴식 및 수면을 취하게 해주는 것도 영유아의 건강을 위한 교사의 역할이다. 영유아기에는 충분한 수면시간이 확보되어야 하고, 특히 어린이집에서 집단생활을 하는 영유아는 집단생활로 인한 긴장감이나 높은 활동 수준 등을 고려할 때 매일 일정한 낮잠시간 운영을 통해 충분한 휴식을 취할 수 있게 해야 한다.

보육교사는 안전한 환경을 제공함으로써 영유아가 다치지 않게 보호하고 나아가 활발한 탐색을 통해 지적 호기심을 충족시킬 수 있도록 해야 한다. 이를 위해 물리적으로 안전한 교재・교구를 제공하고 환경의 위험 요소를 없애거나 안전장치를 구비해야 한다. 올바른 교구의 사용법 및 규칙을 지도하여 안전하게 교재・교구를 사용할 수 있게 해야 한다. 또한 대인안전과 관련하여 영유아의 유괴나 성폭력 등에서 안전할 수 있도록 영유아를 지키고 관련 교육을 실시하는 것도 영유아의 안전을 보장하기 위한 교사의 역할이다.

(2) 교수자로서의 역할

보육의 개념은 양육의 역할을 주로 강조하던 초기 개념에서 변화하여 점차 교수자의 역할이 중요시되고 있다. 이는 보육을 통해 아이를 돌보는 것care뿐만 아니라 교육education이 함께 실행되어야 함을 의미하는 것으로서, 교사는 교육활동을 계획하고 실행하며 평가하는 교수자로서의 역할을 수행할 필요가 있다. 특히 영유아기의 교육은 교과서 없이 영유아–교구, 영유아–영유아, 영유아–교사 간의 상호작용이나 활동을 중심으로 이루어지므로 보육실의 환경을 마련하고 영유아의 활동을 적극적으로 지원해 주는 교사의 역할이 중요하다(백혜리, 1990). Spodek(1985)은 보육교사의 교수자 역할을 진단자, 교육과정 설계 및 조직자, 평가자 역할로 구분하였다.

• 진단자의 역할

보육교사는 교육활동을 효과적으로 수행하기 위해 가장 먼저 영유아의 발달 수준 및 흥미를 이해할 필요가 있다. 이를 위해 영유아를 관찰하고 부모상담 등을 통해 영유아에 대한 정보를 수집하여 영유아의 현재 발달 수준을 파악한다. 비고츠키의 근접발달지대의 원리에서도 알 수 있듯이, 영유아의 현재 발달 수준을 파악하고 그에 맞는 수준의 교육활동을 계획하고 실행할 때 가장 좋은 교육적 효과를 볼 수 있기 때문이다. 그 첫걸음이 영유아의 발달 수준 및 영유아의 특성을 파악하는 진단자의 역할이다.

• 교육과정 설계 및 조직자 역할

교육과정 설계 및 조직자로서 교사는 영유아의 발달 수준을 고려하여 적합한 교육활동 및 교육과정을 설계하고 적합한 환경을 조직해야 한다. 영유아기는 동일 연령에서도 개인의 발달에 따른 역량 차이가 큰 시기이므로 하나의 교육활동도 발달 수준의 차이를 두어 계획할 필요가 있다. 또한 영유아의 특성상 교육활동 진행 중 돌발상황이 많이 일어날 수 있기 때문에 이를 미리 예측하여 준비하는 등 교사의 역량과 철저한 사전 준비가 필요하다. 이렇게 철저히 교육활동을 준비한 교사는 영유아의 돌발질문이나 돌발상황을 오히려 교육적으로 활용하여 더욱 양질의 교육활동을 실행할 수 있다.

• 평가자로 역할

보육교사는 평가자로서 자신이 수행하는 교육활동의 효과를 평가하고 이로 인한 영유아의 발달 수준의 변화를 가늠할 수 있어야 한다. 교사는 교육활동의 목표를 설정하고 영유아를 관찰하며 여러 가지 평가방식을 익혀 영유아를 다각도로 평가할 필요가 있다. 평가과정을 통해 교육활동의 효과 및 부족한 점을 파악하고 개선할 수 있기 때문에 더욱 효과적이고 지속적인 교육활동이 가능하다. 평가결과는 부모상담 시 아동에 대한 이해를 돕기 위한 객관적 자료로 활용될 수 있으며, 교사의 교육활동 평가자료로도 활용할 수 있다.

(3) 모델로서의 역할

사회학습 이론에 기반했을 때 영유아는 모방을 통해 많은 것을 배운다. 특히 영유아가 주의를 집중하고 모방하는 대상은 '의미있는 타인'으로서 주로 부모 및 형제자매와 교사, 또래 등이 해당한다. 이 중 성인에 해당하는 사람이 부모와 교사로서, 이들은 영유아에게 사회적으로 인정되는 올바른 생활방식 및 관련 지식을 전달하는 중요한 역할을 수행한다. 어린이집에 다니는 영유아는 하루 대부분의 시간을 어린이집에서 보내는 경우가 많기 때문에 교사는 영유아에게 부모보다 더 권위 있고 매력적인 모델이 될 수 있다. 교사가 아이들과 생활하며 보여주는 언어, 생활방식, 감정의 표현 및 문제 해결방식, 가치관 등 모든 행동과 사고가 부지불식간에 영유아에게 영향을 미치기 쉽다. 따라서 교사는 자신의 생활 전반을 돌아보고 영유아들에게 의식적으로 올바르고 교육적인 모습을 보여줄 필요가 있다.

2) 보육교사의 자질

자질資質이란 타고난 성품이나 소질 또는 어떤 분야의 일에 대한 능력이나 실력의 정도를 의미한다. 보육교사의 역할 수행에 영향을 미치는 교사의 자질은 크게 개인적 자질과 전문적 자질로 구분하여 생각해 볼 수 있다. 개인적 자질은 영유아에 대한 사랑 등 보육교사의 인성적인 면과 관련이 깊은 반면, 전문적 자질은 보육교사로서 가지고 있는 전문 지식 및 양육기술 등과 관련된다. 최근에는 사회가 전문화, 분업화되며 교사의 전문적 자질이 더 많이 강조되는 경향이 있으나, 영유아 보육은 자연스러운 생활 속에서 체험 위주로 이루어진다는 점에서 교사의 개인적 자질은 여전히 매우 중요하다(이순형 외, 2013). 보육교사로서 개인적 자질과 전문적 자질을 모두 갖추고 있는 것이 가장 바람직하므로 예비보육교사는 자신이 부족하다고 생각되는 부분을 개발할 필요가 있다.

(1) 개인적 자질

• 신체적 · 심리적 건강

보육교사는 건강해야 한다. 여기에는 신체적 건강과 심리적 건강이 모두 포함된다. 영유아를 보육하는 일은 기본적으로 상당한 수준의 신체활동을 요구하는 일이다. 여러 영역에서 아직 기술이 부족하고 발달 수준이 미흡한 영유아들을 안전하게 양육하기 위해서 교사는 지속적으로 움직여야 한다. 또한 쉴 새 없이 움직이며 탐색하는 에너지가 왕성한 영유아들을 집단으로 보육하는 업무를 하기에 교사도 영유아들과 함께 움직여야 한다. 보육교사가 질병으로 인해 아플 경우, 대체교사를 투입한다고 해도 보육업무에 차질을 빚게 되고 영유아가 새로운 선생님과 생활해야 하는 문제가 있기 때문에 교사가 스스로 자신의 체력을 안배하고 신체적 건강을 유지할 수 있는 자질을 갖추어야 한다.

정신적 건강도 보육교사의 중요한 자질이다. 교사는 영유아에게 매우 의미 있는 타인으로서 영유아에게 모델의 역할을 한다. 이는 정서적 표현방법이나 심리상태가 드러나는 표정 및 행동 등에서도 마찬가지다. 따라서 정신적으로 건강하지 못한 교사는 영유아의 발달에 악영향을 미칠 수밖에 없다. 교사는 밝고 건강한 정신상태를 유지해야 하고, 불안, 우울 성향이 있으면 안 되며, 자기통제력이 높아서 영유아를 상대로 자기조절을 하지 못하는 불상사가 일어나지 않아야 한다.

• 영유아에 대한 관심과 애정

보육은 영유아를 대상으로 하는 업무이다. 기본적으로 인간에 대한 이해와 수용, 애정이 없으면 사람을 대하는 직업에 종사하기가 어렵다. 보육은 성인보다 더 약하며, 발달상태가 미흡하고, 무엇보다 많은 애정과 돌봄을 요하는 특성을 가진 영유아를 대상으로 하는 업무이기 때문에 영유아에 대한 관심과 애정이 있어야 한다. 이는 상호작용을 통해 영유아와의 관계 형성 및 발달에 긍정적인 영향을 미치는 중요한 요소이다.

• 자기효능감

여러 연구 결과에서 자기효능감이 높은 교사가 교육활동을 성공적으로 이끈다는 것이 입증되었다. 자신의 능력을 믿는 자기효능감은 교수활동에 대한 교수효능감으로 이어지고, 교수효능감이 높은 교사는 교육활동을 계획하고 실행하는 데 있어 더욱 적극적으로 임하게 된다. 영유아를 자신이 잘 보살필 수 있다고 생각하기 때문에 영유아와의 상호작용에 있어서도 더욱 적극적으로 참여하고, 이는 영유아와의 관계에도 긍정적인 영향을 미친다. 그러므로 보육교사는 본인의 능력, 특히 교수활동과 관련하여 높은 효능감을 유지할 수 있도록 노력해야 한다.

• 공정성

영유아는 규칙이 어떤 객관적 준거를 사용하지 않고 일관성 없이 강요될 때 불공평하다고 느낀다. 교사는 공평한 태도 및 행동을 보여야 하고, 모든 상황에서 공정과 통제력을 갖고 있어야 한다. 교사는 행동을 결정할 때 객관적 준거를 활용해야 하며, 자신의 행동에 대해 설명해 줌으로써 영유아가 상황을 이해할 수 있도록 도와주어야 한다.

• 탐구심과 창의성

보육교사는 새로운 재미와 행복을 추구하고 주변과 자신의 삶에서 호기심을 유지할 수 있어야 한다. 영유아의 요구에 대해 융통성 있게 반응하며 답을 강요하기보다는 자유로운 표현을 격려해 주어야 한다. 일상생활에서도 늘 새로운 방식을 고민하고 이를 다양하게 표현하도록 노력할 필요가 있다. 보육교사는 유머를 사용하고 탐구심을 유지하며 창의적 활동을 즐길 수 있어야 한다.

(2) 전문적 자질

• 영유아발달에 대한 지식

영유아의 연령에 따른 신체·운동, 인지·언어, 사회·정서 등 발달의 각 영역에 대한 특성을 구체적으로 이해하고 발달을 돕기 위해 어떤 환경적 자극을 제공해 주어야 할지를 명확하게 파악해야 한다. 특히 보육프로그램을 운영하는 과정에서 영유아발달에 대한 지식을 충분히 활용할 수 있는 적용능력을 갖추고 있어야 한다. 이렇게 함으로써 영유아 행동에 대한 통찰력을 가질 수 있으며 영유아가 보이는 행동상의 어려움에 효과적으로 대처할 수 있다.

또한 교사는 영유아가 보이는 발달의 보편성뿐만 아니라 발달의 개인차도 주목해야 한다. 영유아기 발달의 개인차에 대한 이해는 영유아에 대한 교사의 편견과 왜곡된 이해 및 차별적 대우를 줄이는 데 효과적이다. 특별한 관심을 요하는 영유아가 누구인지 파악하고 발달적 요구가 무시되지 않도록 세심한 주의를 기울여야 한다.

• 의사소통 능력

교사의 의사소통능력은 영유아에게 정보를 제공해 주고 애정과 관심을 표현하는 핵심기제이다. 보육교사는 다양한 어휘와 문장을 사용하여 자신의 생각과 느낌을 구체적·적극적으로 표현할 수 있도록 노력해야 한다. 잘 듣기 위해서는 먼저, 상대의 말을 끝까지 경청하는 연습이 필요하며 주의를 집중하는 훈련도 요구된다. 이와 더불어서 영유아의 요구에 대한 민감성도 필요하다. 잘 들을 수 있게 되면 영유아의 요구에 대한 의미 파악이 용이해지며 의사소통이 보다 효율적으로 진행될 수 있다. 교사는 영유아가 보내는 신호를 읽어서 그들이 생각하고 느끼는 바를 언어적으로 표현해 줄 수 있어야 한다.

교사와 영유아의 언어 상호작용에서 중요한 것은 질문이다. 교사는 질문하기를 즐겨하며 영유아의 질문에 적극적으로 반응하고 영유아가 다양한 질문을 할 수 있도록 개방적인 태도를 유지해야 한다.

• **보육교사로서의 윤리의식**

미국 NAEYC National Association for the Education of Young Children는 아동, 가정, 동료교사 및 기관, 지역사회와 공동체에 대한 책임의 4영역으로 나누어 유아 대상 윤리기준 및 실천강령을 제시하였다. 또한 한국어린이집연합회와 육아정책연구소에서도 보육교직원 윤리강령과 윤리 선언문을 공표하여 보육교직원의 윤리의식을 강조하였다. 영유아는 신체적 · 정신적으로 미성숙하고 의사 표현이나 자기 주장을 정확하게 하기 어렵기 때문에 보육교사에 대한 정서적 의존도가 높다. 따라서 보육교사는 투철한 사명감과 윤리의식을 갖추어 보육교사로서 지켜야 할 윤리적 기준들을 지켜나갈 수 있어야 한다.

5-1 보육 뉴스

2년 이상 보육현장 떠나있던 보육교사 대상 사전 의무교육 9월부터 시작

보건복지부(장관 박능후)는 9월 2일(월)부터 한국보육진흥원(원장 유희정)에서 만 2년 이상 어린이집에 종사하지 않다가 다시 근무하려는 자를 대상으로 사전 직무교육 신청 접수를 시작한다고 밝혔다.

이는 영유아보육법 시행규칙 개정(2019.6.12., 시행 2020.3.1.)으로 내년 3월 1일(일)부터 어린이집에 근무하고자 하는 만 2년 이상 장기 미종사자의 사전 직무교육이 의무화된 데 따른 것이다. 보건복지부는 영유아보육법령(법률 제51조의2조, 시행령 제26조의2조)에 따라 지난 6월 한국보육진흥원에 어린이집 장기 미종사자 교육 기능을 위탁하였다. 한국보육진흥원에서는 지난 7~8월 교육자료 개발, 시스템 구축 등을 거쳐 9월 2일(월)부터 교육신청 접수를 통해 교육을 시행한다. 그간 원장·보육교사가 자격을 취득하고 만 2년 이상 보육업무에 종사하지 않더라도 별도의 직무교육 없이 다시 어린이집 근무가 가능하였다. 이에 대해 새로운 보육현장에 적응하는 어려움과 그로 인한 보육서비스 질 저하 우려 등이 문제로 제기되었다.

법령 개정에 따라 이번에 도입되는 「어린이집 장기 미종사자 교육」은 근무 공백이 있는 보육교직원의 빠른 현장 적응을 지원하고, 전문성을 높이는 데 도움을 주어 보육서비스 질 향상에도 기여할 것으로 예상된다. 「어린이집 장기 미종사자 교육」은 만 2년 이상 장기 미종사자(원장·보육교사 자격 취득자)가 근무시작일 이전까지 총 40시간을 이수해야 한다. 이 교육과정은 원장, 보육교사별로 3개 영역(인성 소양, 건강 안전, 전문지식 기술), 10개 교과목으로 구성된다.

출처: 보건복지부 보도자료(2019.9.2.)

더 알아보기 5-1

보육교직원 윤리강령

2010년 한국어린이집연합회(구 한국보육시설연합회)와 육아정책연구소가 보육교직원 윤리강령 개발 연구를 실시하였고, 이 연구 결과를 바탕으로 2011년 전국보육인대회에서 보육교직원 윤리강령과 윤리선언문이 공표되었다.

보육교직원 윤리강령은 서문과 영유아 · 가정 · 동료 · 사회에 대한 윤리의 4개 장으로 구성되어 있다.

• 제 I 장, 영유아에 대한 윤리

1. 영유아에게 고른 영양과 충분한 휴식을 제공하여, 몸과 마음이 건강한 사람으로 자라도록 돕는다.
2. 성별, 지역, 종교, 인종, 장애 등 어떤 이유에서도 영유아를 차별하지 않고, 공평한 기회를 제공한다.
3. 영유아는 다치기 쉬운 존재임을 인식하여 항상 안전하게 보호한다.
4. 영유아에 대한 정서적, 언어적, 신체적 학대를 행하지 않는다.
5. 어린이집 내외에서의 영유아 학대나 방임을 민감하게 관찰하며, 필요한 경우 관련 기관("아동보호전문기관" 등)에 보고하고 조치를 취한다.
6. 영유아의 인격을 존중하고, 개인의 잠재력과 개성을 인정한다.
7. 개별적 상호작용 속에서 영유아의 요구를 수용하기 위해 노력한다.
8. 영유아의 사회 · 정서 · 인지 · 신체 발달을 통합적으로 지원하는 보육프로그램을 실시한다.
9. 특별한 도움을 필요로 하는 경우, 전문가와 협력하여 영유아의 입장에서 최선의 대안을 찾는다.
10. 보육활동을 계획, 실행, 평가하는 모든 과정에 영유아의 흥미와 의사를 반영한다.
11. 영유아의 개인적 기록과 정보에 대해 비밀을 보장한다.

• 제 II 장, 가정에 대한 윤리

1. 상호 신뢰를 바탕으로 영유아의 가정과 동반자적인 관계를 유지한다.
2. 각 가정의 양육가치와 의사결정을 존중한다.
3. 경제적 수준, 가족형태, 지역, 문화, 관습, 종교, 언어 등 어떤 것에 의해서도 영유아의 가정을 차별 대우하지 않는다.
4. 보육활동 및 발달 상황에 관한 정보를 정확하게 제공하여 영유아에 대한 가정의 이해를 돕는다. 다문화, 심신장애 등으로 의사소통에 도움이 필요한 경우 문제를 해결할 최선의 방법을 도모한다.
5. 어린이집 운영 전반에 관한 정보를 공개하여 영유아 가정의 알 권리에 응한다.
6. 보육프로그램과 주요 의사결정에 영유아의 가정이 참여하도록 안내한다.

(계속)

7. 필요한 사회적 지원, 전문서비스 등 관련 정보를 제공하여 영유아 가정의 복리 증진을 돕는다.
8. 영유아 가정의 사생활을 보호하고 익명성을 보장한다.

• **제Ⅲ장, 동료에 대한 윤리**

[어린이집 원장]

1. 최상의 보육서비스 제공에 필요한 인적, 물적 환경의 조성 및 유지를 위해 노력한다.
2. 보육교사를 신뢰하고 존중하며 전문성과 자율성을 인정한다.
3. 성별, 학연, 지연, 인종, 종교 등에 따라 보육교사를 차별하지 않는다.
4. 업무 관련 의사결정이 필요한 경우, 보육교사의 의견 개진 기회를 보장한다.
5. 보육교사에게 지속적 재교육 등 전문적 역량 제고의 기회를 부여한다.
6. 보육교사에게 적정 수준의 보상(보험, 급여 등)을 안정적으로 제공하며, 복지증진에 힘쓴다.
7. 보육교사 개인의 기록과 정보에 대한 비밀을 보장한다.

[보육교사]

1. 존중과 신뢰를 바탕으로 협력하며, 서로의 전문성과 자율성을 인정한다.
2. 상호간 역량계발과 복지증진에 부합하는 근무환경이 되도록 힘쓴다.
3. 어린이집 원장 및 동료와 영유아 보육에 대한 신념을 공유한다.
4. 보육교사로서의 전문성 향상을 위해 스스로 노력한다.
5. 어린이집 내에서 영유아 및 보육교사의 인권과 복지를 위협하는 비윤리적 사태가 발생한 경우, 법률규정이나 윤리기준에 따라 조치를 취한다.

• **제Ⅳ장, 사회에 대한 윤리**

1. 공보육에 대한 책임을 인식하고, 항상 질 좋은 보육서비스를 제공한다.
2. 영유아의 안전을 위협하는 환경이나 정책이 발견될 시, 관계기관과 협의하여 개선한다.
3. 공적 책임이 있는 어린이집으로서 재정의 투명성을 유지하고, 부정한 방법으로 사적 이익을 취하지 않는다.
4. 영유아의 권익보호를 위해 관련 정책 결정 및 법률 제정에 적극 참여하며, 사회적으로 이를 널리 알리는 데 앞장선다.
5. 지역사회 실정에 맞는 어린이집의 책임과 역할을 인지하고, 실천하고자 노력한다.

참고문헌

박은혜(2009). **유아교사론**. 서울: 창지사.

백혜리(1990). 유아교사의 전문성에 관한 연구. 이화여자대학교 대학원 석사학위논문.

보건복지부(2020). 보육사업안내.

성미영, 김진경, 서주현, 민미희, 김유미(2015). **보육교사론**. 서울: 학지사.

신혜원, 민성혜, 김의향, 신윤승(2016). **보육교사론**. 경기: 양서원.

이순형, 권기남, 김진욱, 민미희, 김정민, 김은영, 이성옥, 정현심, 심도현, 안혜령(2013). **보육교사론**. 경기: 양서원.

Spodek, B.S. (1985). *Teaching in the early years* (3rd ed.). New Jersey: Prentice Hall, Inc.

보건복지부 보도자료(2019.9.2.). 2년 이상 보육현장 떠나있던 보육교사 대상 사전 의무교육 9월부터 시작.

CHAPTER 06

어린이집 표준보육과정

CHAPTER 06

어린이집에서 이루어지는 영유아의 경험은 영유아의 발달과 특성을 깊이 있게 이해하고 있는 보육전문가들에 의해 잘 안내된다. 영유아의 경험을 잘 안내하기 위해서 어린이집은 국가 수준의 지침과 어린이집만의 보육철학에 맞추어 보육의 목표를 세울 것이다. 보육목표는 어린이집에서의 영유아의 경험의 내용과 그 실행방법을 결정하는 이정표가 될 것이고, 실행한 결과를 반성적으로 고찰하며 그 목표는 수정되어 다시 보육의 내용과 실행에 영향을 줄 것이다. 바로 이 과정이 어린이집 상황에서 수립되고 실행되는 보육과정이다. 여기서는 보육과정이 무엇이고 어떤 특성을 가지고 있는지, 우리나라 국가 수준의 보육과정이 어떻게 만들어졌고, 현재의 모습은 어떠한지에 대해 살펴본다.

1. 보육과정의 개념 및 특성

1) 보육과정의 개념

보육과정이란 어린이집에서 이루어지는 교육과정curriculum이다. 보육활동이 이루어지려면 먼저 목적 및 목표를 수립하고, 그 목표에 맞는 보육의 내용이 편성되어야 한다. 편성된 보육의 내용은 보육교사의 전문적 역할을 통해 운영되는데, 그 과정은 교수·학습과정을 통해 이루어진다. 실시한 보육에 대해 영유아의 발달과 보육과정 운영 측면에서 평가가 이루어지고 그 결과는 다시 보육의 목표 수립에 반영될 것이다. 이러한 측면에서 보육과정을, 영유아 보육활동에 대한 목적 및 목표의 설정, 활동내용의 선정과 조직, 활동과정과 결과에 대한 평가 등에 관한 전체적 계획과 조직 또는 전체적 설계도(이순형 외, 2013)라고 말한다. 그림 6-1에서 보듯이, 보육과정은 목표, 내용, 실행, 평가의 과정으로 구현되며, 이 과정은 순환적이고 반복적으로 이루어진다. 또한 보육의 목표가 수립된 후, 또는 목표 수립과정까지도 보육의 내용 편성, 실시 및 평가 과정은 동시에 진행될 수 있다.

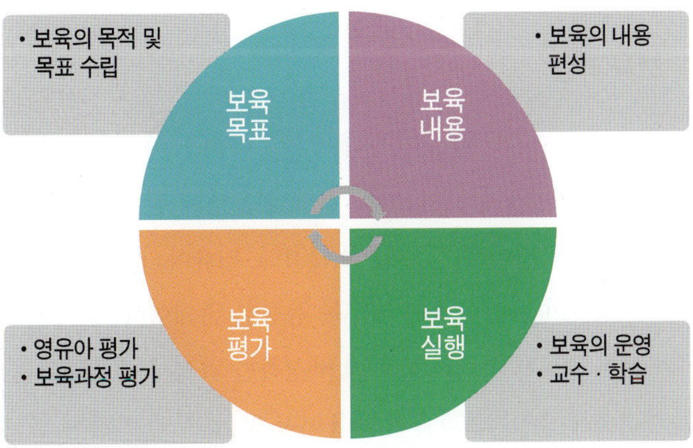

그림 6-1 보육과정의 순환과정

2) 보육과정의 특성

「영유아보육법」 제29조제1항에 따르면, 보육과정은 영유아의 신체, 정서, 언어, 사회성 및 인지적 발달을 도모할 수 있는 내용을 포함하여야 한다. 보육과정이 수립되고 운영되고 평가되는 과정은 교사의 전문적인 의사결정을 통해 이루어지지만, 이 모든 의사결정은 영유아의 발달과 놀이, 흥미, 요구 등 영유아 중심 · 놀이 중심으로 이루어져야 한다.

(1) 영유아 중심 보육과정

영유아 중심 보육과정은 정해진 교과적 지식을 영유아가 습득하도록 일방적으로 제공하는 교사 중심, 교사 주도의 보육과정이 아니라 개별 영유아가 스스로의 관심과 흥미에 기반하여 어린이집에서의 경험을 주도적으로 구성해 나가는 보육과정이다. 영유아 중심 보육과정에서 교사는 영유아의 경험에 귀 기울이고, 함께하고, 지원하고, 촉진하는 역할을 한다(김은영 외, 2019). 영유아 중심 보육과정을 경험하는 영유아는 자신의 흥미와 관심을 지속시키는 과정에서 문제 해결, 자기조절, 긍정적 자아개념, 사회성, 의사소통능력 등을 발달시킬 수 있는 풍부한 기회를 얻는다.

(2) 놀이 중심 보육과정

놀이 중심 보육과정은 교수 · 학습 장면에서 영유아의 놀이를 통한 학습활동, 영유아가 자발적으로 참여하는 활동, 자유놀이를 일과의 운영에 활용하여 놀이와 학습이 통합적으로 이루어지는 접근법이다(김은영 외, 2019). 영유아의 발달특성상 놀이와 학습은 분리될 수 없고, 영유아는 놀이하며 배우는 유능한 존재이다. 놀이 중심 보육과정이 되려면 영유아와 보육교사가 협력하고 함께 구성하는 과정이 필요하다(Rogers, 2010). 놀이 중심 보육과정에서 '놀이'는 학습의 내용이자 방식, 그리고 과정 그 자체이다(교육부 외, 2019c).

그림 6-2 교육부 홍보 영상 '아이들이 행복해요!! 놀이로 성장하는 누리과정!'

출처: 교육부 공식블로그(https://if-blog.tistory.com/9302)

3) 보육과정의 중요성

하나의 어린이집 또는 하나의 교실에서 진행되는 보육과정은 보육의 질과 관련되는 중요한 요소이다. 어린이집과 교실의 운영은 보육과정 운영과 떼려야 뗄 수 없는 관계이며, 어린이집과 교실에서 이루어지는 보육의 질은 보육과정을 효과적으로 운영하느냐에 달려 있다(OECD, 2012). 보육과정의 실행 수준이 높아지면 보육활동의 질이 높아져서 유아의 발달 및 학습에 긍정적인 효과를 가져올 수 있다(박창현 외, 2012).

2. 어린이집 표준보육과정: 국가 수준의 보육과정

1) 국가 수준의 보육과정의 개념

OECD 국가들은 국가 수준에서 보육의 목적, 내용, 실행, 평가에 대한 최소한의 지침을 제시하여 영유아의 건강한 발달과 보육 받을 수 있는 권리를 보장하고 있다. 국가 수준의 보육과정은 'curriculum', 'guideline', 또는 'framework' 등으로 표현된다(김은영 외, 2019). 국가 수준의 보육과정이 의미하는 바는 첫째, 전국적인 영유아보육의 보편성, 공통성으로서의 법제적 보육과정, 둘째, 어린이집-초등학교-중학교-고등학교 학교급 연계의 출발점으로서의 국가 수준 교육과정, 셋째, 국가-지역-학교 교육행정 체계의 출발점으로서의 국가 교육과정을 의미한다(김은영 외, 2019). 따라서 어린이집 또는 교실 단위로 이루어지는 보육과정은 목표의 수립단계부터 국가 수준의 보육과정을 반영할 수 있어야 한다.

2) 어린이집 표준보육과정

우리나라의 국가 수준 보육과정의 이름은 '어린이집 표준보육과정'이다. 「영유아보육법」 제29조제2항에 따르면, 보건복지부장관은 '표준보육과정'을 개발, 보급하여야 하며, 동일 조의 제3항에 따르면 어린이집의 원장은 '표준보육과정'에 따라 영유아를 보육하도록 노력하여야 한다. '표준보육과정'에 대한 조항은 2004년 개정 「영유아보육법」에서 처음 등장하였다. 이 시기 어린이집은 구체적인 보육 목표와 내용에 대한 국가적 수준의 지침이 없이 운영되고 있어 보육 목표와 내용이 어린이집마다 다르고 질적 수준에 차이가 있었다. 따라서 어린이집에서 영유아에게 어떠한 목표하에 어떠한 경험을 제공할 것인가에 대한 국가 수준의 지침이 필요하게 되었다. 이에 따라 2007년에 구체적인 보육내용 및 교사지침이 고시(여성가족부 고시 제2007-1호)되면서 제1차 표준보육과정이 만들어졌다. 제1차 표준보육과정은 0~1세 보육과정, 2세 보육과정, 3~5세 보육과정으로 구성되었으며, 발달수준 및 연령별 보육내용과 보육과정의 영역을 제시하였다.

2012년에는 어린이집과 유치원의 교육과정이 '5세 누리과정'으로 일원화되는 큰 변화가 일어났다. 유치원 교육과정과 어린이집 보육과정으로 이원화되어 유아들의 경험에 차이가 발생될 수 있다는 문제가 제기되었기 때문이다. 동시에 대부분의 OECD 국가들이 유아 교육 · 보육의 공공성을 강화하는 추세에 맞추어 만 5세 유아들의 소득 전 계층으로 무상보육이 실현되었다. 그 결과, 2012년에 5세 누리과정 및 0~4세를 위한 제2차 표준보육과정을 마련되었다.

무상보육이 실현되는 과정에서 만 3~4세 유아들에 대한 형평성의 문제가 제기되어 2013년부터 만 3~5세 유아 모두 어린이집과 유치원에 다니면 소득과 상관없이 무상보육을 받을 수 있도록 누리과정이 만 3~5세로 확대되었다. 이에 0~1세 보육과정, 2세 보육과정, 3~5세 보육과정(누리과정)을 포함한 제3차 어린이집 표준보육과정이 마련되었다. 그 결과, 매년 1월 1일 현재 만 3세 이상인 영유아 중 어린이집에서 보건복지부장관과 교육부장관이 협의하여 정하는 공통의 보육 · 교육 과정을 제공받는 영유아를 대상으로 무상보육을 실시한다는 조항(무상보육의 내용 및 범위 등에 관한 영유아보육법 제22조제1항)이 성립되었다. 3~5세 유아 모두에게 누리과정이 적용되면서 생애 초기의 공정한 출발이 보장되었으며, 3~5세 보육의 질이 향상되고 학부모의 재정적 부담을 줄이는 등의 실질적 효과를 가져왔다(교육부 · 보건복지부, 2019a).

그러나 누리과정 적용을 통한 보육의 긍정적 변화에도 불구하고 몇 가지 문제가 제기되었다. 첫째, 국가 수준 보육과정으로서의 체계를 갖추기 위한 구성체계 보완이 필요하고, 둘째, 과다한 연령별 교육내용으로 인해 현장의 부담감이 많으며, 셋째, 국가 수준의 보육과정에 기초하여 어린이집마다 보육과정을 구성하기보다 교사용지도서의 활동을 그대로 적용하는 획일화의 문제가 나타났다(교육부 외, 2019). 이에, '누리과정의 성격'과 '추구하는 인간상'을 신설하여 구성체계를 보완하고, 기존 구성 체계를 유지

그림 6-3 어린이집 표준보육과정 개정 역사

하되 5개 영역의 내용을 간략화하며, 유아 중심 · 놀이 중심 보육과정을 추구하고, 현장의 자율성을 강조하며, 평가를 간략화하는 방향으로 누리과정이 개정되어 2020년 3월부터 적용되었다(교육부 · 보건복지부, 2019a). 또한 개정 누리과정 시행에 따라 아동의 경험 간 연결, 연령 간 발달 연계, 보육현장의 안정적 적용을 돕는 차원에서 보육과정의 일관성을 높이기 위해 제4차 어린이집 표준보육과정(0~2세 포함)이 개정되어 2020년 9월부터 적용되었다(보건복지부, 2020). 그림 6-3은 어린이집 표준보육과정 역사를 보여준다.

다음 절들에서는 제4차 어린이집 표준보육과정(2019 개정 누리과정 포함)에 대해 살펴보고자 한다. 이 장에서는 표준보육과정의 목적 및 목표와 편성, 실행, 평가에 관련된 원리를 살펴보고자 한다. 표준보육과정에 맞추어 구체적으로 어떻게 보육내용을 편성하고 실행하는지, 보육평가는 어떻게 이루어지는지에 대해서는 '제7장 보육과정의 운영'과 '제11장 보육평가'에서 다룬다.

3. 제4차 어린이집 표준보육과정 2019 개정 누리과정 포함

제4차 표준보육과정의 총론에 기초하여 표준보육과정의 성격, 구성 방향 및 운영에 대해 설명하고자 한다. 그림 6-4는 총론의 구성을 한눈에 보여주는 그림이다. 2019 개정 누리과정 기준 5개 영역에서 이루어지는 유아의 경험은 편성·운영, 교수·학습, 평가와 연계되어 있다. 그러나 우리에게 실제 보이는 것은 유아가 놀이를 통해 5개 영역을 경험하며 궁극적으로 추구하는 인간상을 향해 나아가는 모습인데, 이는 유아의 경험과 편성·운영, 교수·학습, 평가가 연계된 부분이 교사의 운영방식의 형태로 내재되어 있기 때문이다(교육부 외, 2019).

그림 6-4 표준보육과정의 구성 이해

출처: 교육부 외(2019)

1) 표준보육과정의 성격

어린이집 표준보육과정은 0~5세 유아를 위한 국가 수준의 공통 교육과정이며 0~1세 보육과정, 2세 보육과정, 3~5세 보육과정(누리과정)으로 구성한다.

가. 국가 수준의 공통성과 지역, 기관 및 개인 수준의 다양성을 동시에 추구한다.
나. 영유아의 전인적 발달과 행복을 추구한다.
다. 영유아 중심과 놀이 중심을 추구한다.
라. 영유아의 자율성과 창의성 신장을 추구한다.
마. 영유아, 교사, 원장, 부모 및 지역사회가 함께 실현해 가는 것을 추구한다.

제4차 어린이집 표준보육과정은 국가 수준 교육과정으로서 구성체계를 확립하기 위해 '성격' 부분을 신설하였다. 이 부분에서 표준보육과정이 0~5세 유아를 위한 국가 수준의 공통 교육과정임을 명시하였고, 따라서 어린이집은 이를 바탕으로 0~5세 보육과정을 편성·운영해야 한다.

2) 표준보육과정의 구성 방향

표준보육과정이 추구하는 인간상과 목적 및 목표, 그리고 표준보육과정을 구성함에 있어 중점을 두었던 사항은 다음과 같다.

(1) 추구하는 인간상

표준보육과정은 우리나라 보육이 추구해 나가야 할 비전으로서 인간상을 다음 그림 6-5와 같이 다섯 가지로 구체화하였다.

건강한 사람	몸과 마음이 고루 발달하고 스스로 건강함을 유지하며 안정적이고 안전한 생활을 하는 사람
자주적인 사람	자신에 대해 잘 알고 존중하며 자신감을 가지고 스스로 할 수 있는 일을 주도적으로 해나가는 사람
창의적인 사람	주변 세계에 열려 있고 호기심이 많으며 자기만의 방식으로 상상하고 느끼고 표현하고 탐구하는 가운데 새롭고 독창적인 생각을 하는 사람
감성이 풍부한 사람	예술과 문화를 사랑하고 존중하며 자신을 둘러싼 주변 세계에 경이감과 아름다움을 느끼고 즐길 수 있는 풍부한 문화적 감수성을 지닌 사람
더불어 사는 사람	내가 속해 있는 사회에 소속감을 느끼며 다른 생명과 사람을 존중하고 배려하며 보다 나은 사회를 만들기 위해 사회문제에 관심을 갖고 협력하며 나눔을 실천해 가는 민주 시민

그림 6-5 표준보육과정의 추구하는 인간상

출처: 교육부 외(2019)

(2) 목적 및 목표

표준보육과정의 목적은 영유아가 놀이를 통해 심신의 건강과 조화로운 발달을 이루고, 바른 인성과 민주 시민의 기초를 형성하는 데 있다.
이를 실현하기 위한 목표는 다음과 같다.

가. 0~2세 보육과정 목표

1) 자신의 소중함을 알고 건강하고 안전한 환경에서 즐겁게 생활한다.
2) 자신의 일을 스스로 하고자 한다.
3) 호기심을 가지고 탐색하며 상상력을 기른다.
4) 일상에서 아름다움에 관심을 가지고 감성을 기른다.
5) 사람과 자연을 존중하고 소통하는 데 관심을 가진다.

나. 3~5세 보육과정(2019 개정 누리과정) 목표

1) 자신의 소중함을 알고, 건강하고 안전한 생활 습관을 기른다.
2) 자신의 일을 스스로 해결하는 기초능력을 기른다.
3) 호기심과 탐구심을 가지고 상상력과 창의력을 기른다.
4) 일상에서 아름다움을 느끼고 문화적 감수성을 기른다.
5) 사람과 자연을 존중하고 배려하며 소통하는 태도를 기른다.

표준보육과정의 목적은 추구하는 인간상을 바탕으로, 영유아가 스스로의 본성인 놀이를 통하여 건강한 몸과 마음, 바른 인성을 가진 민주시민으로 성장하도록 지원하는 것이다. 표준보육과정의 목표는 이러한 목적을 구현하기 위하여 영유아에게 필요한 자질과 능력을 구체적으로 제시하였다. 그림 6-6의 2019 개정 누리과정의 예에서 보듯이, 추구하는 인간상의 구체적 내용을 제시한 것이 목표이지 5개 영역의 내용을 배우는 것이 목표가 아니다. 5개 영역은 유아가 경험해야 할 내용이고, 유아들은 5개 영역의 경험을 통해 추구하는 인간상, 목적, 목표를 향해 성장해 가는 것이다(교육부 · 보건복지부, 2019b).

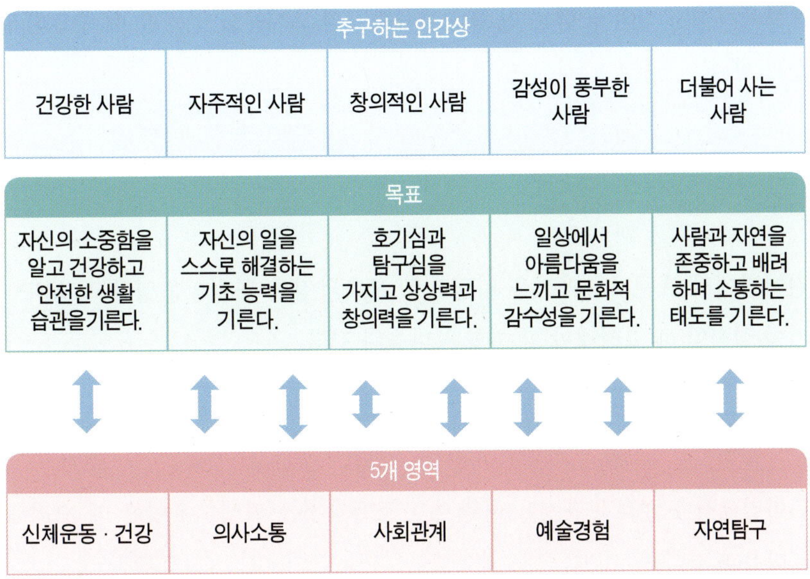

그림 6-6 추구하는 인간상, 목표 및 5개 영역 간의 관계

출처: 교육부 · 보건복지부(2019b)

(3) 구성의 중점

표준보육과정 구성의 중점은 다음과 같다.

가. 영유아는 개별적인 특성을 지닌 고유한 존재임을 전제로 구성한다.

나. 0~5세 모든 영유아에게 적용할 수 있도록 구성한다.

다. 추구하는 인간상 구현을 위한 지식, 기능, 태도 및 가치를 반영하여 구성한다.

라. 표준보육과정은 다음의 영역을 중심으로 구성한다,

1) 0~1세 보육과정과 2세 보육과정은 기본생활, 신체운동, 의사소통, 사회관계, 예술경험, 자연탐구의 6개 영역을 중심으로 구성한다.

2) 3~5세 누리과정은 신체운동 · 건강, 의사소통, 사회관계, 예술경험, 자연탐구의 5개 영역을 중심으로 구성한다.

마. 0~5세 영유아가 경험해야 할 내용으로 구성한다.

바. 초등학교 교육과정과의 연계성을 고려하여 구성한다.

표준보육과정 구성의 중점은 현 표준보육과정의 고시문을 구성할 때 주요하게 고려한 점을 말한다.

3) 표준보육과정의 운영

어린이집에서 표준보육과정을 바탕으로 보육과정을 편성 · 운영하고, 교수 · 학습 및 평가를 실시할 때 고려해야 할 사항은 다음과 같다.

(1) 편성 · 운영

어린이집에서 표준보육과정을 바탕으로 보육과정을 편성 · 운영할 때 고려해야 할 사항은 다음과 같다.

> 다음의 사항에 따라 표준보육과정을 편성 · 운영한다.
>
> 가. 어린이집의 운영 시간에 맞추어 편성한다.
> 나. 표준보육과정을 바탕으로 각 기관의 실정에 적합한 계획을 수립하여 운영한다.
> 다. 하루 일과에서 바깥 놀이를 포함하여 영유아의 놀이가 충분히 이루어지도록 편성하여 운영한다.
> 라. 성, 신체적 특성, 장애, 종교, 가족 및 문화적 배경 등으로 인한 차별이 없도록 편성하여 운영한다.
> 마. 영유아의 발달과 장애 정도에 따라 조정하여 운영한다.
> 바. 가정과 지역사회와의 협력과 참여에 기반하여 운영한다.
> 사. 교사 연수를 통해 표준보육과정의 운영을 개선할 수 있도록 한다.

(2) 교수 · 학습

교수 · 학습의 의미는 교사의 가르침보다는 영유아의 배움에 있음을 고려하여, 교사의 교수 · 학습에서의 역할을 교수계획안 작성이 아닌 영유아의 놀이를 통한 배움 중심의 지원으로 인식해야 한다. 영유아가 어린이집에서 의미 있는 배움을 경험할 수 있도록 교사는 다음의 사항을 고려하여 영유아의 배움을 지원해야 한다.

교사는 다음 사항에 따라 영유아를 지원한다.

가. 영유아의 의사 표현을 존중하고 민감하게 반응한다.
나. 영유아가 흥미와 관심에 따라 놀이에 자유롭게 참여하고 즐기도록 한다.
다. 영유아가 놀이를 통해 배우도록 한다.
라. 영유아가 다양한 놀이와 활동을 경험할 수 있도록 실내외 환경을 구성한다.
마. 영유아와 영유아, 영유아와 교사, 영유아와 환경 사이에 능동적인 상호작용이 이루어지도록 한다.
바. 각 영역의 내용이 통합적으로 영유아의 경험과 연계되도록 한다.
사. 개별 영유아의 요구에 따라 휴식과 일상생활이 원활히 이루어지도록 한다.
아. 영유아의 연령, 발달, 장애, 배경 등을 고려하여 개별 특성에 적합한 방식으로 배우도록 한다.

(3) 평가

평가는 다음 사항에 중점을 두고 실시한다.

가. 표준보육과정 운영의 질을 진단하고 개선하기 위해 평가를 계획하고 실시한다.
나. 영유아의 특성 및 변화 정도와 표준보육과정의 운영을 평가한다.
다. 평가의 목적에 따라 적합한 방법을 사용하여 평가한다.
라. 평가의 결과는 영유아에 대한 이해와 표준보육과정 운영 개선을 위한 자료로 활용할 수 있다.

4) 영역별 목표 및 내용

제4차 어린이집 표준보육과정은 영역별 내용을 간략화하였다. 특히 각 영역은 영유아가 놀이하며 통합적으로 경험한다는 점을 강조한다. 영역이란 영유아가 놀이하면서 무엇을 경험하고 배워야 하는지를 유사한 내용으로 나누어 구성한 것이다. 영유아는 스스로 자신의 발달수준 및 연령에 맞게 놀이하기 때문에 발달수준이나 연령별로 내용을 제시할 필요가 없다(교육부 외, 2019).

(1) 0~1세 보육과정

가. 기본생활

기본생활 영역의 목표는 영아가 건강하고 안전한 일상생활을 경험하는 것에 있다. 기본생활 영역의 내용은 건강하게 생활하기와 안전하게 생활하기로 구성하였다.

• 기본생활 영역 •

목표: 건강하고 안전한 일상생활을 경험한다.

목표	내용 범주	내용
건강한 일상생활을 경험한다.	**건강하게 생활하기**	• 도움을 받아 몸을 깨끗이 한다. • 음식을 즐겁게 먹는다. • 하루 일과를 편안하게 경험한다. • 배변 의사를 표현한다.
안전한 일상생활을 경험한다.	**안전하게 생활하기**	• 안전한 상황에서 놀이하고 생활한다. • 안전한 상황에서 교통수단을 이용해 본다. • 위험하다는 말에 주의한다.

그림 6-7 0~1세 보육과정 기본생활 영역의 목표, 내용 범주 및 내용

나. 신체운동

신체운동 영역의 목표는 영아가 감각으로 탐색하고 신체활동을 즐기는 데 있다. 신체운동 영역의 내용은 감각과 신체를 인식하는 것과 신체활동을 즐기는 것으로 구성되었다.

• 신체운동 영역 •
목표: 감각으로 탐색하고 신체활동을 즐긴다.

목표	내용 범주	내용
감각 탐색을 즐긴다.	**감각과 신체 인식하기**	• 감각적 자극에 반응한다. • 감각으로 주변을 탐색한다. • 신체를 탐색한다.
신체활동을 즐겁게 경험한다.	**신체활동 즐기기**	• 대소근육을 조절한다. • 기본 운동을 시도한다. • 실내외 신체활동을 즐긴다.

그림 6-8 0~1세 보육과정 신체운동 영역의 목표, 내용 범주 및 내용

다. 의사소통

의사소통 영역의 목표는 영아가 의사소통 능력의 기초를 형성하는 데 있다. 의사소통 영역의 내용은 일상생활에서의 듣기와 말하는 능력의 기초를 형성하고, 읽기와 쓰기에 관심을 가지며, 책과 이야기를 즐기는 것으로 구성되었다.

• 의사소통 영역 •
목표: 의사소통 능력의 기초를 형성한다.

목표	내용 범주	내용
일상생활에서 듣고 말하기를 즐긴다.	**듣기와 말하기**	• 표정, 몸짓, 말과 주변의 소리에 관심을 갖고 듣는다. • 상대방의 이야기를 들으면서 말소리를 낸다. • 표정, 몸짓, 말소리로 의사를 표현한다.
읽기와 쓰기에 관련된 관심을 가진다.	**읽기와 쓰기에 관심 가지기**	• 주변의 그림과 상징에 관심을 가진다. • 끼적이기에 관심을 가진다.
책과 이야기에 관심을 가진다.	**책과 이야기 즐기기**	• 책에 관심을 가진다. • 이야기에 관심을 가진다.

그림 6-9 0~1세 보육과정 의사소통 영역의 목표, 내용 범주 및 내용

라. 사회관계

사회관계 영역의 목표는 영아가 나를 인식하고, 친숙한 사람과 관계를 맺는 데 있다. 사회관계 영역의 내용은 나를 고유한 존재로 알고 존중하는 것과 안정적인 애착을 기반으로 더불어 생활하는 것으로 구성되었다.

• 사회관계 영역 •

목표: 나를 인식하고, 친숙한 사람과 관계를 맺는다.

목표	내용 범주	내용
나를 고유한 존재로 안다.	**나를 알고 존중하기**	• 나를 인식한다. • 나의 욕구와 감정을 나타낸다. • 나와 친숙한 것을 안다.
안정적인 애착을 형성하고, 또래, 교사와 함께 지낸다.	**더불어 생활하기**	• 안정적인 애착을 형성한다. • 또래에게 관심을 가진다. • 다른 사람의 감정과 행동에 관심을 가진다. • 반에서 편안하게 지낸다.

그림 6-10 0~1세 보육과정 사회관계 영역의 목표, 내용 범주 및 내용

마. 예술경험

예술경험 영역의 목표는 영아가 아름다움을 느끼고 경험하는 데 있다. 예술경험 영역의 내용은 영아가 주변에서 아름다움을 찾아보고, 이를 창의적으로 표현하는 것으로 구성되어 있다.

• 예술경험 영역 •
목표: 아름다움을 느끼고 경험한다.

목표	내용 범주	내용
자연과 생활에서 아름다움에 관심을 가진다.	**아름다움 찾아보기**	• 자연과 생활에서 아름다움을 느낀다. • 아름다움에 관심을 가진다.
예술적 경험을 표현한다.	**창의적으로 표현하기**	• 소리와 리듬, 노래로 표현한다. • 감각을 통해 미술을 경험한다. • 모방 행동을 즐긴다.

그림 6-11 0~1세 보육과정 예술경험 영역의 목표, 내용 범주 및 내용

바. 자연탐구

자연탐구 영역의 목표는 영아가 주변 환경과 자연에 관심을 가지는 것에 있다. 자연탐구 영역의 내용은 일상에서 탐구과정을 즐기고, 생활 속에서 주변 환경을 탐구하며, 자연에 대한 관심을 기반으로 자연과 더불어 살아가는 내용으로 구성되었다.

• 자연탐구 영역 • 목표: 주변 환경과 자연에 관심을 가진다.		
목표	내용 범주	내용
일상에서 탐색을 즐긴다.	**탐구과정 즐기기**	• 주변 세계와 자연에 대해 호기심을 가진다. • 사물과 자연 탐색하기를 즐긴다.
주변 환경을 탐색한다.	**생활 속에서 탐구하기**	• 친숙한 물체를 감각으로 탐색한다. • 물체의 수량에 관심을 가진다. • 주변 공간과 모양을 탐색한다. • 규칙성을 경험한다.
생명과 자연에 관심을 가진다.	**자연과 더불어 살기**	• 주변의 동식물에 관심을 가진다. • 날씨의 변화를 감각으로 느낀다.

그림 6-12 0~1세 보육과정 자연탐구 영역의 목표, 내용 범주 및 내용

(2) 2세 보육과정

가. 기본생활

기본생활 영역의 목표는 영아가 건강하고 안전한 생활습관의 기초를 형성하는 것에 있다. 기본생활 영역의 내용은 건강한 생활습관의 기초를 형성하기 위한 건강하게 생활하기와, 안전한 생활습관의 기초를 형성하기 위한 안전하게 생활하기로 구성하였다.

• 기본생활 영역 •

목표: 건강하고 안전한 생활습관의 기초를 형성한다.

목표	내용 범주	내용
건강한 생활습관의 기초를 형성한다.	**건강하게 생활하기**	• 자신의 몸을 깨끗이 해 본다. • 음식에 관심을 가지고 즐겁게 먹는다. • 하루 일과를 즐겁게 경험한다. • 건강한 배변 습관을 갖는다.
안전한 생활습관의 기초를 형성한다.	**안전하게 생활하기**	• 일상에서 안전하게 놀이하고 생활한다. • 교통수단을 안전하게 이용해 본다. • 위험한 상황에 대처하는 방법을 경험한다.

그림 6-13 2세 보육과정 기본생활 영역의 목표, 내용 범주 및 내용

나. 신체운동

신체운동 영역의 목표는 영아가 감각을 활용하고, 신체활동을 즐기는 데 있다. 신체운동 영역의 내용은 감각을 활용하고 신체를 인식하는 것과 신체활동을 즐기는 것으로 구성되었다.

• 신체운동 영역 •

목표: 감각을 활용하고, 신체활동을 즐긴다.

목표	내용 범주	내용
감각을 활용하고, 신체를 인식한다.	**감각과 신체 인식하기**	• 감각 능력을 활용한다. • 신체를 인식하고 움직인다.
신체활동을 즐긴다.	**신체활동 즐기기**	• 대소근육을 조절한다. • 기본 운동을 즐긴다. • 실내외 신체활동을 즐긴다.

그림 6-14 2세 보육과정 신체운동 영역의 목표, 내용 범주 및 내용

다. 의사소통

의사소통 영역의 목표는 영아가 의사소통 능력과 상상력의 기초를 형성하는 데 있다. 의사소통 영역의 내용은 일상생활에서 듣기와 말하기를 즐기고, 읽기와 쓰기에 관심을 가지며, 책과 이야기에 재미를 느끼며 즐기는 것으로 구성되었다.

• 의사소통 영역 •

목표: 의사소통 능력과 상상력의 기초를 형성한다.

목표	내용 범주	내용
일상생활에서 듣기와 말하기를 즐긴다.	**듣기와 말하기**	• 표정, 몸짓, 말에 관심을 갖고 듣는다. • 상대방의 이야기를 듣고 말한다. • 표정, 몸짓, 단어로 의사를 표현한다. • 자신의 요구와 느낌을 말한다.
읽기와 쓰기에 관심을 가진다.	**읽기와 쓰기에 관심 가지기**	• 주변의 그림과 상징, 글자에 관심을 가진다. • 끼적이며 표현하기를 즐긴다.
책과 이야기에 재미를 느낀다.	**책과 이야기 즐기기**	• 책에 관심을 가지고 상상한다. • 말놀이와 이야기에 재미를 느낀다.

그림 6-15 2세 보육과정 의사소통 영역의 목표, 내용 범주 및 내용

라. 사회관계

사회관계 영역의 목표는 영아가 나를 알고, 다른 사람과 더불어 생활하는 경험을 하는 데 있다. 사회관계 영역의 내용은 나를 알고 존중하는 것과 다른 사람과 즐겁게 더불어 생활하는 것으로 구성되어 있다.

• 사회관계 영역 •

목표: 나를 알고, 다른 사람과 더불어 생활하는 경험을 한다.

목표	내용 범주	내용
나를 알고 긍정적으로 여긴다.	**나를 알고 존중하기**	• 나와 다른 사람을 구별한다. • 나의 감정을 표현한다. • 내가 좋아하는 것을 한다.
다른 사람과 즐겁게 지내기 위한 태도를 기른다.	**더불어 생활하기**	• 가족에게 관심을 가진다. • 또래와 함께 놀이한다. • 다른 사람의 감정과 행동에 반응한다. • 반에서의 규칙과 약속을 알고 지킨다.

그림 6-16 2세 보육과정 사회관계 영역의 목표, 내용 범주 및 내용

마. 예술경험

예술경험 영역의 목표는 영아가 아름다움을 느끼고 즐기는 데 있다. 예술경험 영역의 내용은 영아가 자연과 생활에서 아름다움을 찾아보고, 이를 예술을 통해 창의적으로 표현하는 것으로 구성되어 있다.

• 예술경험 영역 •
목표: 아름다움을 느끼고 즐긴다.

목표	내용 범주	내용
자연과 생활에서 아름다움을 느끼고 관심을 가진다.	**아름다움 찾아보기**	• 자연과 생활에서 아름다움을 느끼고 즐긴다. • 아름다움에 관심을 갖고 찾아본다.
예술을 통해 자유롭게 표현한다.	**창의적으로 표현하기**	• 익숙한 노래와 리듬을 표현한다. • 움직임과 춤으로 자유롭게 표현한다. • 미술 재료와 도구로 표현해 본다. • 일상생활 경험을 상상놀이로 표현한다.

그림 6-17 2세 보육과정 예술경험 영역의 목표, 내용 범주 및 내용

바. 자연탐구

자연탐구 영역의 목표는 영아가 주변 환경과 자연을 탐색하는 과정을 즐기는 것에 있다. 자연탐구 영역의 내용은 일상에서 탐구하는 과정을 즐기고, 생활 속에서 주변 환경을 탐구하며, 생명과 자연에 대한 관심을 기반으로 자연과 더불어 살아가는 내용으로 구성되었다.

• 자연탐구 영역 •

목표: 주변 환경과 자연을 탐색하는 과정을 즐긴다.

목표	내용 범주	내용
일상에서 탐색하는 과정을 즐긴다.	**탐구과정 즐기기**	• 주변 세계와 자연에 대해 호기심을 가진다. • 사물과 자연을 반복하여 탐색하기를 즐긴다.
주변 환경에 관심을 가지고 탐색한다.	**생활 속에서 탐구하기**	• 친숙한 물체의 특성과 변화를 감각으로 탐색한다. • 물체의 수량에 관심을 가진다. • 주변 공간과 모양을 탐색한다. • 규칙성에 관심을 가진다. • 주변 사물을 같고 다름에 따라 구분한다. • 생활 도구에 관심을 가진다.
생명과 자연에 관심을 가진다.	**자연과 더불어 살기**	• 주변의 동식물에 관심을 가진다. • 날씨와 계절의 변화를 감각으로 느낀다.

그림 6-18 2세 보육과정 자연탐구 영역의 목표, 내용 범주 및 내용

(3) 3~5세 보육과정(누리과정)

가. 신체운동 · 건강

신체운동 · 건강 영역의 목표는 유아가 실내외에서 신체활동을 즐기고, 건강하고 안전하게 생활하는 습관을 기르는 것이다. 신체운동 · 건강 영역의 내용은 유아가 다양한 신체활동에 참여하는 것을 즐기고, 청결과 위생, 즐거운 식사, 적당한 휴식을 통해 건강하게 생활하며, 일상에서 안전하게 생활하는 방법을 배우고, 실천하는 내용으로 구성되어 있다.

• 신체운동 · 건강 영역 •
목표: 실내외에서 신체활동을 즐기고, 건강하고 안전한 생활을 한다.

목표	내용 범주	내용
신체활동에 즐겁게 참여한다.	**신체활동 즐기기**	• 신체를 인식하고 움직인다. • 신체 움직임을 조절한다. • 기초적인 이동운동, 제자리 운동, 도구를 이용한 운동을 한다. • 실내외 신체활동에 자발적으로 참여한다.
건강한 생활습관을 기른다.	**건강하게 생활하기**	• 자신의 몸과 주변을 깨끗이 한다. • 몸에 좋은 음식에 관심을 가지고 바른 태도로 즐겁게 먹는다. • 하루 일과에서 적당한 휴식을 취한다. • 질병을 예방하는 방법을 알고 실천한다.
안전한 생활습관을 기른다.	**안전하게 생활하기**	• 일상에서 안전하게 놀이하고 생활한다. • TV, 컴퓨터, 스마트폰 등을 바르게 사용한다. • 교통안전 규칙을 지킨다. • 안전사고, 화재, 재난, 학대, 유괴 등에 대처하는 방법을 경험한다.

그림 6-19 3~5세 보육과정(누리과정) 신체운동 · 건강 영역의 목표, 내용 범주 및 내용

나. 의사소통

의사소통 영역의 목표는 유아가 일상생활에서 듣고 말하기를 즐기고 읽기와 쓰기에 관심을 가지며 상상하기를 즐기는 것을 통해 일상생활에 필요한 의사소통 능력과 상상력을 기르는 것이다. 의사소통 영역의 내용은 유아가 일상에서 듣기와 말하기를 즐기고, 읽기와 쓰기에 관심을 가지며, 책과 이야기를 즐기면서 상상하기를 즐기는 내용으로 구성되어 있다.

• 의사소통 영역 •

목표: 일상생활에 필요한 의사소통 능력과 상상력을 기른다.

목표	내용 범주	내용
일상생활에서 듣고 말하기를 즐긴다.	**듣기와 말하기**	• 말이나 이야기를 관심 있게 듣는다. • 자신의 경험, 느낌, 생각을 말한다. • 상황에 적절한 단어를 사용하여 말한다. • 상대방이 하는 이야기를 듣고 관련해서 말한다. • 바른 태도로 듣고 말한다. • 고운 말을 사용한다.
읽기와 쓰기에 관심을 가진다.	**읽기와 쓰기에 관심 가지기**	• 말과 글의 관계에 관심을 가진다. • 주변의 상징, 글자 등의 읽기에 관심을 가진다. • 자신의 생각을 글자와 비슷한 형태로 표현한다.
책이나 이야기를 통해 상상하기를 즐긴다.	**책과 이야기 즐기기**	• 책에 관심을 가지고 상상하기를 즐긴다. • 동화, 동시에서 말의 재미를 느낀다. • 말놀이와 이야기 짓기를 즐긴다.

그림 6-20 3~5세 보육과정(누리과정) 의사소통 영역의 목표, 내용 범주 및 내용

다. 사회관계

사회관계 영역의 목표는 유아가 자신을 이해하고 존중하고 더불어 생활하는 태도와 다양한 문화에 관심을 가지는 것이다. 사회관계 영역의 내용은 유아가 자신을 존중하고 친구와 가족뿐 아니라 공동체에서 더불어 살아가는 데 필요한 사회적 기술을 익히며, 유아가 속한 지역사회에서 나아가 우리나라를 포함한 세계 여러 나라에 관심을 갖는 내용으로 구성되어 있다.

• 사회관계 영역 •

목표: 자신을 존중하고 더불어 생활하는 태도를 가진다.

목표	내용 범주	내용
자신을 이해하고 존중한다.	**나를 알고 존중하기**	• 나를 알고 소중히 여긴다. • 나의 감정을 알고 상황에 맞게 표현한다. • 내가 할 수 있는 것을 스스로 한다.
다른 사람과 사이좋게 지낸다.	**더불어 생활하기**	• 가족의 의미를 알고 화목하게 지낸다. • 친구와 서로 도우며 사이좋게 지낸다. • 친구와의 갈등을 긍정적인 방법으로 해결한다. • 서로 다른 감정, 생각, 행동을 존중한다. • 친구와 어른께 예의 바르게 행동한다. • 약속과 규칙의 필요성을 알고 지킨다.
우리가 사는 사회와 다양한 문화에 관심을 가진다.	**사회에 관심 가지기**	• 내가 살고 있는 곳에 대해 궁금한 것을 알아본다. • 우리나라에 대해 자부심을 가진다. • 다양한 문화에 관심을 가진다.

그림 6-21 3~5세 보육과정(누리과정) 사회관계 영역의 목표, 내용 범주 및 내용

라. 예술경험

예술경험 영역의 목표는 유아가 자연과 생활, 예술을 접하면서 느낄 수 있는 아름다움에 관심을 가지고 자신의 생각, 느낌, 상상한 것을 창의적으로 표현하며 다양한 예술 표현을 존중하는 것이다. 예술경험 영역의 내용은 주변에서 아름다움을 찾아보고 즐기며, 자신의 생각이나 느낌을 창의적으로 표현하고 서로 다른 예술표현을 존중하고 감상하기를 즐기는 내용으로 구성되어 있다.

• 예술경험 영역 •

목표: 아름다움과 예술에 관심을 가지고 창의적 표현을 즐긴다.

목표	내용 범주	내용
자연과 생활 및 예술에서 아름다움을 느낀다.	**아름다움 찾아보기**	• 자연과 생활에서 아름다움을 느끼고 즐긴다. • 예술적 요소에 관심을 갖고 찾아본다.
예술을 통해 창의적으로 표현하는 과정을 즐긴다.	**창의적으로 표현하기**	• 노래를 즐겨 부른다. • 신체, 사물, 악기로 간단한 소리와 리듬을 만들어 본다. • 신체나 도구를 활용하여 움직임과 춤으로 자유롭게 표현한다. • 다양한 미술 자료와 도구로 자신의 생각과 느낌을 표현한다. • 극놀이로 경험이나 이야기를 표현한다.
다양한 예술 표현을 존중한다.	**예술 감상하기**	• 다양한 예술을 감상하며 상상하기를 즐긴다. • 서로 다른 예술 표현을 존중한다. • 우리나라 전통 예술에 관심을 갖고 친숙해진다.

그림 6-22 3~5세 보육과정(누리과정) 예술경험 영역의 목표, 내용 범주 및 내용

마. 자연탐구

자연탐구 영역의 목표는 유아가 일상에서 호기심을 가지고 탐구하는 과정을 즐기며 자연과 더불어 살아가는 태도를 갖는 것이다. 자연탐구 영역의 내용은 유아가 호기심을 가지고 궁금한 것을 적극적으로 알아보고, 생활 속에서 수학적 · 과학적 경험을 하며, 자연과 생명에 관심을 가지고 소중히 하는 내용으로 구성되어 있다.

• 자연탐구 영역 •

목표: 탐구하는 과정을 즐기고, 자연과 더불어 살아가는 태도를 가진다.

목표	내용 범주	내용
일상에서 호기심을 가지고 탐구하는 과정을 즐긴다.	**탐구과정 즐기기**	• 주변 세계와 자연에 대해 지속적으로 호기심을 가진다. • 궁금한 것을 탐구하는 과정에 즐겁게 참여한다. • 탐구과정에서 서로 다른 생각에 관심을 가진다.
생활 속의 문제를 수학적, 과학적으로 탐구한다.	**생활 속에서 탐구하기**	• 물체의 특성과 변화를 여러 가지 방법으로 탐색한다. • 물체를 세어 수량을 알아본다. • 물체의 위치와 방향, 모양을 알고 구별한다. • 일상에서 길이, 무게 등의 속성을 비교한다. • 주변에서 반복되는 규칙을 찾는다. • 일상에서 모은 자료를 기준에 따라 분류한다. • 도구와 기계에 대해 관심을 가진다.
생명과 자연을 존중한다.	**자연과 더불어 살기**	• 주변의 동식물에 관심을 가진다. • 생명과 자연환경을 소중히 여긴다. • 날씨와 계절의 변화를 생활과 관련짓는다.

그림 6-23 3~5세 보육과정(누리과정) 자연탐구 영역의 목표, 내용 범주 및 내용

더 알아보기 6-1

누리과정의 성과

기본적으로 누리과정은 유아의 교육과 보육의 기회를 확대했다는 점에서 의의를 가지며, 다음과 같은 정책적 측면에서 효과를 달성했다고 평가된다.

1) 유치원과 어린이집 이용률 증가
- 누리과정 도입 후, 유치원과 어린이집의 이용률이 증가한 것으로 나타났다. 이윤진 외(2016)의 연구에 따르면, 2011년 대비 2015년 연령별 기관 이용률에서 만 3세 87.0% → 89.5%, 만 4세 76.8% → 90.8%, 만 5세 82.7% → 92.9%로 상승하였다.

2) 누리과정 운영자와 이용 부모들의 만족도 향상
- 이진화 외(2015)의 연구에 따르면, 누리과정 운영자인 원장, 교사, 행정가들은 누리과정으로 인해 초등교육 이전의 공교육으로서 유아교육에 대한 대국민 이미지가 상승되었고, 유아 교육 · 보육 기회 균등, 연령별 교육 · 보육 과정으로 체계적인 운영이 가능하게 된 점 등에서 만족하는 것으로 나타났다.
- 누리과정 이용 부모들은 질적으로 수준 높은 교육 · 보육 과정의 적용과 기관 간 수업의 질적 격차 완화, 교사의 전문적 역량 강화 등을 긍정적인 변화로 인식하는 것으로 나타났다(이진화 외, 2015).

3) 유치원과 어린이집의 교육 및 보육의 질 개선
- 공통과정으로서 누리과정이 취약계층의 유아발달에 도움이 되었다는 선행연구 결과는 고무적이며 누리과정 시행으로 교사의 질적 수준이 높아지고, 공립유치원의 확충 등으로 기관 선택권이 확대된 점은 유아와 학부모의 입장에서는 긍정적으로 평가된다(이윤진 외, 2016).

4) 누리과정 담당 교원의 자격 향상 및 처우 개선
- 유치원 누리과정 담당교사의 자격 강화 수준은 누리과정 시행 이전에 비하여 높아진 것으로 나타났다(조부경 · 김경은, 2017).
- 어린이집의 경우에는 보육교사 1급이 누리과정을 담당하는 경우가 가장 많았으며 보육교사 3급의 비율이 꾸준히 감소하였다는 점을 통하여 누리과정의 도입이 교원의 자격 향상에 기여하였음을 알 수 있다(이윤진 외, 2016).

5) 유치원과 어린이집 유아의 역량 강화
- 누리과정은 유아의 발달에 긍정적 영향을 미치며 부모의 학력, 우울, 지역 규모가 유아의 초등학교 적응에 미치는 영향, 즉 학습 격차를 불러일으킬 수 있는 환경 변인들을 통제 가능하다(조부경 · 김경은, 2017).
- 3~5세 누리과정 유아관찰척도(이미화 외, 2013)를 활용한 누리과정 효과를 분석한 결과(이정림 외, 2014), 3~5세 전 연령에서 누리과정을 배운 후의 신체운동 · 건강, 의사소통, 사회관계,

(계속)

예술경험, 자연탐구 전 영역별 평균 점수가 누리과정을 배우기 전에 비하여 향상되었다.

6) 생애초기 출발선 평등 보장

- 누리과정은 취약계층 유아에게 보다 긍정적인 효과가 있는 것으로 나타났으며(조부경 · 김경은, 2017), 누리과정을 통한 5세 유아의 변화 정도를 분석한 연구(이정림 외, 2014)에서도 저소득 가정의 유아가 누리과정을 통해 일반 가정의 유아보다 더 많은 성취와 발달의 진전이 있었다.

7) 유아교육 · 보육에서 인성과 창의성 강조

- 누리과정의 목적은 '유아의 심신과 조화로운 발달을 도와 민주시민의 기초를 형성'하는 것으로, 누리과정 운영 실태 조사(이정욱 · 박진이, 2013)에서도 누리과정을 실시한 어린이집 교사들이 창의 · 인성교육을 하루 일과 속에서 통합적으로 실시하고 있음이 확인되었다.

참고문헌

이윤진, 김지현, 이민경(2016). 누리과정 정책 성과 분석. 육아정책연구소, 연구보고 2016-26.

이정림, 정주영, 최효미, 오유정, 이정아(2014). 「3~5세 누리과정 유아관찰척도」를 활용한 누리과정 효과 분석 연구. 육아정책연구소, 연구보고 2014-27.

이정욱, 박진이(2014). 5세 누리과정 교사용 지도서와 초등학교 1학년 통합교과 교사용 지도서의 주제와 활동의 연계성 분석. 유아교육연구, 34(6), 365-389.

이진화, 박창현, 윤지연(2015). 「3~5세 누리과정」 운영 및 이용 실태와 정책 효과 분석. 육아정책연구소, 연구보고 2015-26.

조부경, 김경은(2017). 교육 · 보육과정으로서 누리과정의 성과와 내실화 방안. 유아교육연구, 19(3), 1-22.

출처: 김은영 외(2019)

참고문헌

교육부, 보건복지부(2019a). 2019 개정 누리과정(안) 공청회.

교육부, 보건복지부(2019b). 2019 개정 누리과정 해설서.

교육부, 보건복지부(2019c). 2019 개정 누리과정 놀이이해자료.

교육부, 보건복지부, 육아정책연구소(2019). 2019 개정 누리과정 교사연수자료: 강사용.

김은영, 임부연, 강은진, 고영미, 김진숙, 문무경, 이경화, 이미화, 이완정, 이정욱, 정선아(2019). 누리과정 개정 정책 연구. 교육부, 충청남도교육청, 육아정책연구소.

박창현, 박찬옥(2012). 유아교육기관장의 운영능력, 유아교사의 역량, 교육과정 실행 간의 구조적 관계. **유아교육학논집**, 16(3), 245-270.

보건복지부(2020). 제3차 어린이집 표준보육과정 고시 개정.

이순형, 이혜승, 이성옥, 황혜신, 이완정, 이소은, 권혜진, 이영미, 정윤주, 한유진, 성미영(2013). **보육학개론 4판**. 서울: 학지사.

OECD (2012). *Quality Matters in Early Childhood Education and Care: New Zealand*. Paris: OECD.

Rogers, S. (2010). Play and pedagogy: A conflict or interests? In S. Rogers (Ed.). *Rethinking play and pedagogy in early childhood education: concepts, contexts and cultures* (pp. 5-18). London: Routledge.

CHAPTER 07

보육과정의 운영

CHAPTER

07

보육교사는 국가 수준의 표준 보육과정 · 누리과정에 근거하여 보육과정을 계획하고 운영하여야 한다. 제4차 표준교육과정에서는 교사 중심의 보육과정 운영에서 벗어나 영유아를 최우선으로 존중하며 놀이가 중심이 되는 보육과정을 운영할 것을 강조한다. 따라서 이 장에서는 보육과정의 계획과 운영을 살펴보기에 앞서 보육과정 운영에서 놀이의 중요성을 살펴보고 놀이 중심 보육과정의 의미와 교사의 역할을 알아보고자 한다. 그리고 영유아반의 보육과정 및 일과운영에 대해 살펴보고자 한다.

1. 놀이와 보육과정

1) 놀이의 의미

영아부터 유아까지 모든 아이들은 노는 것을 좋아한다. 놀이는 영유아의 인지, 사회, 정서 발달에 중요한 역할을 하며, 영유아는 놀이 속에서 탐구하고, 새로운 것을 발견하고 배워나간다. 또한 영유아는 놀이 속에서 타인과 원만한 관계를 유지하는 방법을 배우기 시작한다(Reed et al., 1993). 이와 같이 모든 아이들이 좋아하고, 아이들에게 긍정적 영향을 미치는 '놀이'는 정확히 무엇일까? 놀이와 활동(또는 학습)은 어떻게 구분이 될까? 예를 들어, 한 아이가 축구장에서 열심히 뛰어다니며 공을 차고 있는 장면을 떠올려보자. 이 아이는 지금 놀이를 하는 중일까? 아니면 축구를 배우고 있는 중일까?

어떠한 활동을 '놀이'라고 부를 수 있으려면, 몇 가지 조건을 충족해야 한다. 즉 놀이는 필수적 특성을 지니고 있어야 하는데, 그 특성은 5가지로 제시할 수 있다(Rubin et al., 1983).

첫째, 놀이는 내적으로 동기화된 것이다. 놀이는 다른 외적 목적 때문에 하는 것이 아니라 놀이 자체가 목적이 된다. 즉 놀이를 하는 자체가 만족을 주기 때문에 영유아는 놀이를 하는 것이다.

둘째, 놀이는 영유아가 자유롭게 선택해서 하는 것이다. 누군가 놀라고 강요한다면 그것은 놀이가 아닐 수 있다. 영유아는 자신이 자유롭게 선택해서 하는 활동의 경우 놀이라고 생각하지만, 부모나 교사가 하라고 해서 하는 활동은 놀이라고 생각하지 않을지도 모른다.

셋째, 놀이는 즐거워야 한다. '즐거움'이라는 긍정적 정서는 놀이가 가지는 가장 본질적 특성이라 할 수 있다.

넷째, 놀이는 비사실적 요소를 지니고 있다. 놀이는 놀이하는 사람의 흥미에 맞춰 현실의 왜곡과 가장이라는 요소를 지닌다. 대표적인 예로 '상징놀이'를 들 수 있는데, 상징놀이 속에서 영유아는 다양한 비사실적 상상의 세계를 만들어 낸다.

마지막으로 놀이 하는 사람은 적극적으로 참여한다는 특성이 있다. 놀이에 참여하고 있는 영유아는 수동적이거나 무관심하기보다는 집중하여 신체적으로나 심리적으로 몰입하게 된다.

이와 같은 특성을 지닌 놀이는 여러 가지 면에서 일과는 다르다. 놀이와 일의 주된 차이는 일을 즐길 수는 있으나, 여전히 외적으로 동기화된 것이라는 점이다. 즉 일은 돈을 버는 등의 외적 목적을 갖는다. 일도 놀이처럼 자유롭게 선택되지만, 일을 피할 수 있는 선택권은 없다. 또한 대부분의 사람들에게 일은 즐거운 것이 아니며, 일에는 비실제적 요소가 거의 없다(Hughes, 2010). 영유아에게 '일'에 해당하는 것을 '학습'이라고 본다면, 보육과정 운영 시 영유아의 자발적 놀이와 교사가 주도한 학습에 많은 차이가 있음을 짐작해 볼 수 있을 것이다. 영유아 보육에서 놀이 중심 보육은 항상 강조되고 있는 부분인데, 현재 실행 중인 프로그램이 진정한 놀이 중심 보육인지는 세심하게 평가해 볼 필요가 있다. 만약 특정 주제를 미리 정해 놓고 교사가 놀이형태의 활동을 넣어 사전계획에 따라 보육과정을 단순히 운영한다거나, 교사의 준비된 활동을 실행하기 위해 영유아의 놀이를 중단하는 경우가 발생한다면 이는 놀이 중심 보육이라고 할 수 없을 것이다.

제4차 표준보육과정(2019 개정 누리과정 포함)에서는 영유아 중심·놀이 중심 보육과정을 강조하는데, 여기에서 말하는 '놀이'는 자유롭게 자발적 참여를 통해 이루어지고 즐거움을 느끼는 영유아가 주도하는 놀이를 의미한다. 즉, 위에서 살펴본 놀이의 본질적 특성과 동일한 것이다. 진정한 놀이는 영유아가 배우는 내용이자, 배우는 방식이며, 배우는 과정이 된다. 영유아는 자신의 관심과 흥미에 따라 자유롭게 선택하여 즐겁게 몰입하여 놀이를 하고, 주도적 놀이 속에서 배움을 이어나가는 유능한 존재이다. 보육과정 운영에서 영유아의 놀이를 중심에 두고 이를 지지하고 지원하는 것이 가장 중요한 이유가 바로 여기에 있다.

그림 7-1 유아들의 실내외 놀이 모습

2) 놀이를 중심에 둔 보육과정의 의미

영유아는 스스로 놀이를 하면서 배워나가는 유능한 존재이다. 영유아는 일상의 놀이 속에서 자연스럽게 다양한 환경을 경험하고, 궁금한 점들을 직접 탐색을 통해 알아나가며, 문제를 해결하는 방식들을 연습한다. 또한 자유롭게 자신이 생각한 것을 표현하고 그 속에서 상상력과 창의력을 발휘하며, 또래와 함께 놀면서 다른 사람과 함께 살아가는 방법을 알아가게 된다. 놀이 속에서 이루어지는 이 모든 과정은 즐거움과 몰입 속에서 이루어지며 배움으로 자연스럽게 이어진다.

영유아는 놀이할 때 가장 흥미를 유발하는 대상에 내적으로 동기 부여되고 몰두하게 된다. 또한 영유아는 놀이를 하면서 자신의 다양한 잠재능력을 발휘하며 역량을 발달시킨다. 놀이 속에서 이루어지는 자기주도적 학습을 통해 영유아는 주의 집중해서 적극적으로 참여하고 자기조절을 발달시키며 자신을 통제하는 연습을 하게 된다. 놀이는 영유아를 위한 최적의 발달과 학습에 있어 본질적인 것이다. 놀이의 특성은 영유아의 특성과 일치되어 영유아의 발달을 더욱 촉진할 수 있는 시너지를 발휘하게 된다. 이는 교사 주도적인 활동에서는 불가능한 것이다(Hoorn et al., 2015).

영유아에게 놀이는 삶 자체이자 배움의 내용, 방식, 과정이다. 놀이는 영유아의 배움이 일어나는 가장 중요한 원천으로, 영유아는 놀이를 하면서 표준보육과정에서 제시하는 5~6개 영역의 내용들을 통합적으로 경험하게 된다. 영유아는 놀이를 하면서 성장하며 놀이를 통해 신체를 더욱 자유롭게 움직일 수 있고, 의사소통능력이 발달하면서

영유아의 놀이에서 어떠한 배움이 일어나고 있는가?

영유아는 놀이를 하며 배워나간다. 그렇다면 사진의 영유아들은 모래놀이를 하면서 어떤 배움을 경험하고 있을까?

영유아는 햇볕과 바람을 느끼고, 파도소리를 듣고 모래를 만지며 다양한 감각적 경험을 하고 있을 것이다. 제대로 앉아 있기 위해 다리에 힘을 주고 움직임을 조절하고 있으며, 모래구덩이를 팔 때 어느 정도의 힘이 들어가는지 자연스럽게 체득하고 있을 것이다. 젖은 모래와 마른 모래를 만지며 모래와 물의 특성을 이해하고, 모래를 다양한 모양으로 만드는 도구들을 탐색해 보고 있을 것이다. 그러던 중 모래 구덩이의 크기를 가늠하고 길이를 비교할 수도 있을 것이다. 구덩이를 파고 길을 만들던 놀이는 자연스럽게 사람들과 자동차가 등장하는 상상의 이야기로 이어질 수도 있으며, 모래를 뭉쳐서 형태를 만들고 모래 위에 그림도 그리고 이야기를 지어내며 자유로운 표현을 즐기고 있을 것이다. 이 과정에서 두 명의 영유아는 서로 이야기를 주고받고, 때로는 다툴 수도 있고, 어떻게 하면 재미있는 놀이를 할 수 있을지 의논을 해야 할 수도 있을 것이다. 이외도 우리가 알지 못하는 더 많은 배움이 이 놀이 속에 담겨 있을 것이다.

위의 내용에서 우리는 영유아가 놀이를 통해 신체운동, 자연탐구, 의사소통, 예술표현, 의사소통 영역을 다양하게 경험하고 있음을 알 수 있다. 그리고 영유아들은 즐거움과 몰입, 상상, 탐구, 표현, 문제해결, 소통의 방식을 사용하고 있으며, 계속 변화하는 놀이 속에서 배움의 과정이 나타남을 엿볼 수 있다. 이는 영유아에게 놀이시간이 더 많이 제공될수록, 더 다양한 놀이경험이 제공될수록 이들의 배움 역시 늘어날 수 있음을 잘 보여준다.

모래놀이를 하고 있는 영유아들의 모습

영유아들의 모래놀이 과정 안에 배움의 내용과 방식, 과정이 담겨 있다.

적극적으로 탐구하고 상상한다. 나아가 놀이 속에서 세상과 소통하고, 협력하고, 배려하는 방법을 배워나간다(교육부 외, 2020b). 영유아의 놀이와 교육은 별개로 이루어지는 것이 아니다. 놀이 속에서 자연스러운 배움이 일어나고, 배움이 일어나는 과정은 다시 새로운 놀이로 연결된다.

영유아는 놀이를 통해 가장 자연스럽게, 최대한의 효과를 낼 수 있는 배움의 과정을 경험하며, 이는 곧 영유아를 위한 보육과정의 중심에 놀이를 두어야 한다는 것을 의미한다. 영유아와 놀이를 서로 분리해서 볼 수 없듯이, 영유아를 위한 보육과정에서도 절대 놀이를 배제할 수 없다. 보육과정이 놀이 중심으로 운영될 때, 즉 놀이 중심 보육과정이 운영될 때 영유아는 주도적이고 즐거운 경험 속에서 스스로 배워나갈 수 있으며, 최적의 발달을 이루어나갈 수 있을 것이다.

3) 놀이 중심 보육과정과 교사의 역할

놀이 중심 보육과정은 놀이를 중심에 두고 보육과정을 운영하는 것을 의미한다. 놀이 중심 보육과정을 운영하기 위해서 교사는 영유아의 놀이를 잘 이해하고 영유아의 놀이를 존중해야 한다. 교사는 놀이에 관심을 가지고 놀이 속에서 영유아의 흥미와 관심, 요구를 발견할 수 있어야 하며, 영유아가 놀이를 계속 이어나갈 수 있도록 적절한 지원을 해야 한다. 또한 교사는 영유아가 놀이에 자유롭게 참여하고 즐기도록 지원할 뿐 아니라, 스스로 놀이를 즐기고 영유아들과 놀이 속에서 즐겁게 상호작용하며 영유아와 놀이를 함께 만들어 나가야 한다. 즉 교사는 영유아와 함께 보육과정을 만들어 나가야 하는 것이다.

이때 중요한 것은 놀이는 영유아가 주도하는 것이며, 교사의 지원은 영유아의 흥미와 관심에 기반해야 한다는 점이다. 아무리 잘 계획된 활동이라도 영유아가 흥미와 관심을 가지지 않는다면, 활동의 목적을 달성하기는 어렵다. 교사는 영유아들이 자유롭게 자신이 흥미를 가지는 놀이에 참여하여 그 과정을 즐길 수 있도록 지원해야 한다. 영유아 스스로 주도한 즐거운 놀이 속에서 영유아는 스스로 배워나갈 수 있다.

놀이 중심 보육과정을 운영하는 교사는 영유아의 놀이에 관심을 가지고 관찰하고, 영유아가 놀이를 통해 배우도록 지원하며, 놀이 지원을 위한 실내외 환경을 구성하고, 놀이과정에서 능동적 상호작용이 이루어지도록 지원해야 한다. 교육부 외(2020a, 2020b), 보건복지부, 육아정책연구소(2019)에서 제시하는 내용과 Hoorn et al.(2015)의 내용을 참고하여 놀이 중심 보육과정 운영 시 교사의 역할에 대해 구체적으로 살펴보면 다음과 같다.

첫째, 교사는 영유아가 놀이를 통해 배울 수 있도록 지원해야 한다.

영유아는 놀이에서 유능함을 보이며 놀이 속에서 배우고 성장한다. 영유아가 주도하여 만들어낸 놀이에는 교육의 내용과 방식이 담겨 있으며 영유아는 배움의 과정을 이어나간다. 따라서 놀이를 통해 영유아가 배우도록 하려면 교사가 계획하여 주도하는 활동이 아닌 영유아가 주도하는 놀이에 먼저 중점을 두어야 한다. 교사가 배움의 가치가 있다고 생각하는 주제에 맞추어 사전에 계획하여 활동을 운영하는 방식은 영유아의 흥미와 관심과 관련이 없을 수 있으며, 이와 같은 방식은 진정한 배움으로 이어지기 힘들다. 영유아가 주도하는 놀이에서 시작해, 교사는 영유아의 흥미와 관심, 요구를 바탕으로 놀이를 지원해야 한다. 교사는 사전계획을 최소화하고 영유아의 놀이가 먼저 실행될 수 있도록 해야 한다. 교사가 영유아를 지원하는 방식은 이야기나누기와 동화듣기, 그림이나 움직임으로 표현하기, 요리하기 등 다양하므로, 놀이의 흐름에 맞게 적절한 방식을 사용해야 할 것이다.

둘째, 교사는 영유아가 다양한 놀이와 활동을 경험할 수 있도록 최적의 실내외 환경을 구성해야 한다.

놀이 환경은 영유아가 놀이를 하며 사용할 수 있는 놀이자료와 공간의 구성을 의미한다. 놀이를 위한 물리적 환경을 구성하는 것은 교사가 영유아의 놀이를 지원하기 위해 사용할 수 있는 전략 중 가장 비지시적인 전략에 해당한다. 영유아의 주도적인 놀이를 지원하기 위하여 교사는 영유아의 관심과 요구에 맞춰 놀이자료를 제공하고 영유아가 놀이과정에서 이를 자유롭게 사용할 수 있도록 해야 한다. 비구조적인 열린 자료를

그림 7-2 유아의 놀이를 지원하는 교사

풍부하게 제공하여 영유아가 자신만의 방식으로 활용할 수 있도록 지원하며, 영유아가 찾아낸 새로운 놀이자료나 창의적인 놀이 방식을 인정하고 존중해야 한다. 교실의 흥미영역은 영유아들이 가장 좋아하는 놀이를 중심으로 구성하는 것이 좋으며, 영유아들이 흥미를 보이지 않는 영역은 다른 영역과 통합하여 재구성하거나 다른 영역으로 대체하는 것도 가능하다. 또한 영유아의 관심과 흥미, 요구에 따라 새로운 영역을 구성할 수 있으며, 이때 영유아가 주도적으로 놀이 영역을 창조할 수 있도록 지원해야 한다. 한편 교사는 영유아가 실외 공간에서 마음껏 뛰어놀며, 자연과 계절의 변화를 만나고 탐색할 수 있도록 영유아가 몸을 충분히 움직여 즐겁게 놀이하고 위험으로부터 자신을 안전하게 보호하는 능력을 기를 수 있도록 지원해야 한다.

셋째, 교사는 유아 간, 유아와 교사 간, 유아와 환경 간에 적극적이고 능동적 상호작용이 이루어질 수 있도록 해야 한다.

영유아의 놀이과정에는 다른 영유아와의 상호작용, 환경과의 상호작용, 교사와의 상호작용 모두가 나타난다. 놀이 중심 보육과정에서는 영유아 간의 상호작용이 더욱 적극적으로 일어날 수 있으며, 궁금증이 있거나 관심이 있는 환경에 대한 자발적 탐색 역시 빈번하게 일어날 수 있다. 교사는 영유아 간의 상호작용이 긍정적으로 이루어질 수 있도록 해야 하며, 영유아가 주도적으로 자유롭게 환경을 탐색하며 환경과 즐겁게 상호작용할 수 있도록 지원해야 한다. 또한 영유아와 상호작용할 때 영유아의 이야기에 귀 기울이고 일방적으로 지시하거나 답이 정해져 있는 질문을 하기보다는 영유아의 관심을 긍정적으로 지지할 수 있는 상호작용을 할 필요가 있다.

보육과정을 운영하면서 교사는 영유아의 놀이를 지원하기 위해 상황에 따라 다양한 상호작용을 할 수 있다. 교사의 상호작용은 크게 소극적 상호작용과 적극적 상호작용으로 구분할 수 있는데, 소극적 상호작용에는 영유아의 놀이 관찰하기, 정서적으로 지원하기 등이 포함되며, 적극적 상호작용에는 영유아의 놀이에 참여하기, 질문하기, 제안하기 등이 포함된다. 교사는 영유아가 놀이에서 보이는 감정과 흥미 등을 관찰하면서 영유아의 놀이가 진행되는 과정에서 배움이 일어나도록 상호작용하기에 적절한 순간과 방법을 잘 결정해야 한다. 즉 교사는 현재 진행되고 있는 놀이의 내용과 흐름, 영유아의 관심과 요구 등을 고려하여 적절하게 개입할 필요가 있다.

마지막으로 위의 세 가지 역할이 제대로 수행되기 위해서는 무엇보다 교사가 민감한 관찰자가 되어야 한다.

교사가 영유아의 놀이를 지원하기 위해 무엇을 제공해야 하는지 알기 위해서는 충분히 오래 관찰하는 것이 필요하다. 놀이 중심 보육과정에서는 교사가 일방적인 사전계획이 아닌 영유아의 현재 놀이에 근거하여 놀이를 지원하고 활동을 실행해야 하기 때문에, 현재 영유아가 어떠한 관심을 가지고 있고 영유아에게 무엇이 필요한지 파악하는 것이 선행되어야 한다. 교사는 영유아의 놀이를 관찰하면서 놀이의 의미를 읽고, 의미있는 장면을 메모하거나 사진을 찍어서 기록할 수 있다. 아동의 놀이를 관찰하고 기록하여 그 의미를 읽으며, 놀이 속에서 나타나는 아동의 관심과 다양한 상황을 파악하고 영유아의 놀이를 적절한 방식으로 지원할 수 있을 것이다.

2. 보육과정의 운영

보육과정은 국가 수준의 표준보육과정을 기초로 어린이집이 보육철학을 수립하여 영유아가 무엇을 어떻게 경험해야 할지를 조직하고 결정하는 것이다. 어린이집에서 영유아가 경험하는 보육의 질은 보육과정이 어떻게 운영되느냐에 따라 달라진다.

어린이집의 보육과정은 영유아가 경험하는 모든 것을 조직하는 행위이며, 영유아의 보육경험은 일상생활, 놀이, 활동을 통해 이루어진다. 교사는 영유아에게 편안한 일상생활을 제공하고, 자유로운 놀이를 위한 놀이자료와 환경을 마련하며 의미 있는 활동이 가능하도록 해야 한다. 또한 영유아의 자유로운 놀이와 일상생활을 우선 하고 이를 지원하는 계획을 수립하여야 한다. 보육과정을 실행하는 과정에서는 영유아의 권리 존중을 최우선으로 하기 위하여 영유아의 자발적 선택과 의사를 존중하여야 한다.

하루 일과는 영유아가 편안하게 일상생활 유지하고 영유아가 실내놀이와 바깥놀이를 충분히 경험할 수 있도록 구성해야 한다. 영유아는 아직 어리기 때문에 어린이집에서 편안하게 하루를 보내는 것이 중요하므로, 교사는 영유아가 하루 일과에서 등 · 하원, 낮잠, 급 · 간식과 같은 일상생활과 관련된 활동들이 편안하고 안정적으로 이루어질 수 있도록 운영해야 한다. 이와 함께 하루 일과 운영과 영유아의 놀이 및 활동 실행에 대한 평가를 실시하고, 그 내용을 이후 보육계획에 반영하여 보육과정의 개선을 위해 노력해야 한다(보건복지부, 한국보육진흥원, 2019; 보건복지부, 한국보육진흥원, 2020).

1) 보육과정의 계획과 운영

(1) 연간, 월간, 주간, 일일 보육계획과 운영[1]

어린이집 교사는 영유아가 발달에 적합한 양질의 보육경험을 할 수 있도록 표준보육

---

1 제3차 표준보육과정에 근거한 연간, 월간, 주간, 일일 보육계획 수립과 운영

과정과 어린이집의 철학, 영유아의 흥미와 요구 등을 반영하여 보육계획을 수립해야 한다. 어린이집은 연간보육계획안을 표준보육과정의 목적과 목표, 추구하는 인간상을 반영하여 수립해야 하며, 어린이집의 특성에 맞춰, 월간, 주간, 일일 보육계획안 중 필요한 계획을 수립한다. 보육계획을 수립함으로써 교사는 영유아의 연령과 발달수준, 개인차 등을 고려하여 보육과정을 운영할 수 있다. **제3차 표준보육과정**과 2020 어린이집평가 매뉴얼에 근거하여 어린이집의 연간, 월간, 주간, 일일 보육계획 의미와 수립 유의사항을 살펴보면 다음과 같다(보건복지부, 중앙육아종합지원센터, 2013; 보건복지부, 한국보육진흥원, 2020).

① 연간보육계획

연간보육계획은 보육프로그램을 실행하기 위하여 1년이라는 시간적 틀 안에서 세우는 계획으로, 표준보육과정에서 추구하는 인간상, 목적 및 목표와 철학에 기초하여 수립해야 한다. 연간보육계획에는 계절, 명절, 행사 등 어린이집의 일 년간의 중요한 경험이 포함되어야 한다. 연계보육계획 수립 시 유의해야할 사항은 다음과 같다.

- 영유아의 연령과 발달을 고려하고 각 연령의 영유아가 보편적으로 관심있는 주제를 선정하여 표준보육과정의 전 영역이 모두 포함될 수 있도록 한다.
- 유아의 경우 연간보육계획이 주제로 묶어 제시되고 있으며, 계절, 유아의 경험과 흥미, 관심 등을 반영한 보편적 주제를 참고하여 어린이집과 반의 특성에 맞게 적절히 수정 · 보완하여 활용한다.
- 영아의 경우 발달특성을 반영하여 연간보육계획의 주제를 월별이 아니라 연령에 맞게 6~9개로 선정하여 영아가 해당 주제를 진행할 때 통합적인 활동이 자연스럽게 반복, 심화, 확장되도록 융통성을 고려한다.

〈만 2세〉

순서	주제	주	소주제
1	어린이집이 좋아요 (7주)	1	나는 ○○반이에요
		2	엄마, 아빠와 헤어질 수 있어요
		3	우리 반 선생님과 친구들이에요
		4	재미있는 놀잇감이 있어요
		5	내가 좋아하는 놀잇감이에요
		6	편안하게 지내요
		7	안전하게 놀아요
2	봄나들이 가요 (5주)	1	바깥놀이가 재미있어요
		2	안전하게 바깥놀이해요
		3	꽃구경은 즐거워요
		4	벌레가 꿈틀꿈틀해요
		5	봄나들이 갈까요
3	나는요 (5주)	1	나는 ○○○이에요
		2	내 몸을 살펴보아요
		3	나는 느껴요
		4	내가 좋아하는 것이 있어요
		5	혼자서도 잘해요
4	재미있는 여름이에요 (7주)	1	날씨가 더워졌어요
		2	비가 많이 와요
		3	깨끗하게 씻어요
		4	물놀이가 재미있어요1
		5	물놀이가 재미있어요2
		6	여행을 가요
		7	
5	나는 가족이 있어요 (5주)	1	엄마 아빠가 좋아요
		2	우리 가족을 흉내 내요1
5	나는 가족이 있어요 (5주)	3	우리 가족을 흉내 내요2
		4	우리 가족을 소개해요1
		5	우리 가족을 소개해요2
6	동물놀이해요 (6주)	1	여러 가지 동물이 있어요
		2	엄마동물 아기동물
		3	동물처럼 소리를 내어보아요
		4	동물처럼 움직여보아요
		5	○○반이 좋아하는 동물
		6	동물을 사랑해요
7	알록달록 가을이에요 (6주)	1	가을이에요
		2	가을나들이
		3	단풍이 물들어요
		4	자연물로 놀이해요
		5	알록달록 색깔나라
		6	재미있는 그리기 나라
8	겨울과 모양을 즐겨요 (5주)	1	여러 가지 모양이 있어요
		2	모양놀이해요
		3	즐거운 성탄이에요
		4	추워요
		5	따뜻하게 지내요
9	나는 친구가 있어요 (6주)	1	내 친구가 좋아요
		2	친구와 함께하는 놀이가 있어요
		3	우리는 ○○살 (설날)
		4	형 · 언니가 되었어요
		5	즐거웠던 우리반이에요
		6	

〈만 3세〉

연간 주제		소주제		실시기간
월	주제명	주	소주제명	
3	어린이집과 친구	1	어린이집의 환경	3월 1주~ 3월 4주
		2	어린이집에서의 하루	
		3	어린이집에서 만난 친구	
		4	함께 놀이하는 어린이집	
4	봄	1	봄의 날씨	월 1주~ 4월 2주
		2	봄이 풍경	
4~5	동식물과 자연	1	궁금한 동식물	4월 3주~ 5월 2주
		2	동물과 우리 생활	
		3	식물과 우리 생활	
		4	자연과 더불어 사는 우리	
5~6	나와 가족	1	나의 몸과 마음	5월 3주~ 6월 1주
		2	소중한 나	
		3	소중한 가족	
		4	행복한 우리 집	
6	우리 동네	1	우리 동네 모습	6월 2주~ 6월 4주
		2	우리 동네 생활	
		3	우리 동네 사람들	
7	건강과 안전	1	즐거운 운동과 휴식	7월 1주~ 7월 4주
		2	깨끗한 나와 환경	
		3	맛있는 음식과 영양	
		4	안전한 놀이와 생활	
7~8	여름	1	여름의 날씨	7월 5주~ 8월 1주
		2	여름 꽃과 과일	
8~9	교통기관	1	여러 가지 육상 교통기관	8월 2주~
		2	고마운 육상 교통기관	
		3	항공/해상 교통기관	
8~9	교통기관	4	즐거운 교통생활	9월 1주
9	우리나라	1	우리나라 사람들의 생활	9월 2주~ 9월 4주
		2	우리나라의 놀이와 예술	
		3	우리나라의 역사와 자랑거리	
10	가을과 열매	1	가을 풍경 (2권)	10월 1주~ 10월 5주
		2	가을의 변화	
		3	풍성한 가을	
		4	추석과 놀이	
		5	가을 나들이	
11~12	환경과 생활	1	물과 우리 생활	11월 1주~ 12월 1주
		2	돌 · 흙과 우리 생활	
		3	바람 · 공기와 우리 생활	
		4	빛과 우리 생활	
		5	소리와 우리 생활	
12~1	겨울과 놀이	1	겨울 날씨 (2권)	12월 2주~ 1월 2주
		2	겨울 풍경 (2권)	
		3	사랑을 나눠요	
		4	건강한 겨울나기	
		5	눈과 눈사람	
1	생활도구	1	다양한 생활도구	1월 3주~ 1월 5주
		2	생활도구를 움직이는 힘	
		3	생활도구로서의 미디어	
2	형님이 되어요	1	많이 컸어요	2월 1주~ 2월 4주
		2	동생들에게 알려주어요	
		3	형님이 될 준비를 해요.	
		4	즐거웠던 우리 반	

그림 7-3 연간보육계획안 예시

출처: 보건복지부, 중앙육아종합지원센터(2013); 중앙육아종합지원센터 보육과정 웹사이트

② 월간(주제별)보육계획

일반적으로 월간보육계획은 연간보육계획을 토대로 작성한 한 달간의 보육계획으로 연간보육계획의 목표에 달성하기 위한 구체적인 내용을 계획하는 것으로서 매월 주제와 소주제에 대한 내용이 활동별로 수립되어 있다. 월간보육계획은 해당 주제에서 다루어야 할 내용의 범위와 수준을 제시해 주는 이정표이자 전반적인 활동의 목록을 포함한다. 그러나 영아의 경우 주제를 월별로 수립하지 않기 때문에 월간보육계획보다는 주제별 보육계획이라 볼 수 있다. 월간보육계획 수립 시 유의해야 할 사항은 다음과 같다.

- 표준보육과정의 영역별 수준의 세부내용을 사전에 인지하고 영유아의 개별적 발달 특성과 흥미를 고려하여 소주제를 선정하는 것이 바람직하다.
- 소주제의 개수는 해당 반 영유아의 흥미 지속 정도, 발달 수준을 고려하여 가감할 수 있다.

구분	주	1주	2주	3주	4주	5주	6주	7주	8주	9주	10주
	소주제	만져보아요		살펴보아요		들어보아요		맡아보아요		맛보아요	온몸으로 느껴 보아요
등원 및 맞이하기		부모와 교사가 반갑게 인사하기						부모가 친구들과 반갑게 인사하기			
일상생활	기본생활 및 안전	혼자서 양말을 벗어요			양말을 서랍에 넣어요			내 물건을 찾아요			
일상생활	점심 및 간식	즐겁게 먹어요			숟가락, 포크를 사용해요			꼭꼭 씹어 먹어요			
일상생활	낮잠	내 이불, 내 베개를 찾아요			편안한 옷 입고 잠을 자요			이불을 덮고 잠을 자요			
일상생활	기저귀갈이/배변활동	친구들도 기저귀가 있어요			기저귀를 휴지통에 버려요			쉬, 응가라고 표현해요			
실내자유놀이	신체	둥근 고리 끼우기 놀이해요	촉감신발 신고 걸어요	굴러가는 공을 따라가요	데굴데굴 색깔물병	소리 나는 구슬발을 지나가요	부엌 물건으로 '쿵짝쿵짝'	향기주머니 나무	코를 킁킁!!	조물조물 바나나 주스를 만들어요	감각터널을 지나가요
실내자유놀이	언어	내 이름을 부르면 대답해요	울퉁불퉁 종이에 끼적여요	이게 뭐야?	내가 끼적인 그림을 보아요	속닥속닥 작은 소리	토닥토닥 발헤기놀이	코코코	음식 관련 그림책을 보아요	과일 이름 듣고 말해요	몸을 부딪쳐서 소리내요
실내자유놀이	감각·탐색	선생님과 로션을 발라요	친구 기저귀를 만져보아요	색깔판으로 보아요	신문지로 놀아요	종이가 쿵쿵	놀잇감으로 소리내요	냄새를 맡아요	음식 봉지 두 조각 퍼즐	과일을 맛보아요	손 발로 물도장을 찍어요
실내자유놀이	역할·쌓기	소꿉그릇에 밀가루 반죽을 담아요	촉감블록으로 놀이해요	원통블록으로 놀이해요	가방을 메고 다녀요	소리 나는 블록을 쌓아요	동물 소리 듣고 흉내 내요	우유팩을 쌓아요	주스 따르는 흉내 내요	모형음식을 식판에 담아요	하얀 블록에 끼적여요
실외놀이		모래로 놀아요		색깔판으로 공원을 보아요		소리 나는 신발을 신고 걸어요		향기 나는 꽃과 풀을 찾아요		그늘이 시원해요	바람이 불어요
귀가 및 가정과의 연계		놀이 사진을 함께 보아요			'누가 왔을까?' 목소리를 들어요			만났을 때 꼭 안아요			
비 고		이 주제는 1년 중 어느 시기라도 할 수 있도록 융통적으로 조정할 수 있으나 각 소주제가 적어도 2주 동안 충분히 이루어지도록 계획한다.									

그림 7-4 만 1세 월간(주제별) 보육계획안 예시

출처: 보건복지부, 중앙육아종합지원센터(2013)

- 소주제 진행기간은 일반적으로 한 주 단위로 계획하지만, 해당 반 영유아의 흥미와 소주제 관련 활동에 대한 이해 정도 등을 고려하여 한 주 이상 지속하여 진행할 수도 있다.
- 일상생활 활동과 실내외 놀이 활동 등 하루 일과를 기준으로 구분하여 활동을 제시한다.

③ 주간(소주제별)보육계획

주간보육계획은 1주 동안에 이루어지는 모든 활동을 한눈에 파악할 수 있는 세부적인 보육계획으로 주제별 보육계획의 소주제에서 제시한 여러 가지 관련 활동을 요일별로 배치하여 수립한 것이다. 즉 주간보육계획은 교사가 선정한 활동을 요일별로 균형 있게 배치하는 것으로 보육과정의 영역별 내용과 관련된 활동을 조직하는 것이다. 주간보육계획은 주제별 보육계획을 1주 단위로 나누어 작성한 것이지만, 영아의 경우 소주제의 실시기간이 2주 또는 3주까지 반복되어 지속되므로 소주제별 보육계획으로 볼 수 있다. 주간보육계획 수립 시 유의해야 할 사항은 다음과 같다.

- 주간보육계획안에 배치된 활동을 보육과정에 근거하여 소주제간 활동들이 연계되도록 작성한다.
- 소주제 관련 활동은 하루에 진행되는 것이 아니라 며칠 동안 연속적, 반복적으로 배치하고 진행한다.
- 소주제의 실시기간은 교실 운영, 영아의 흥미, 주변의 여건 등을 고려하여 교사가 조정한다.
- 소주제와 관련된 보육활동은 영유아의 흥미와 능력에 따라 여러 날에 걸쳐 지속될 수도 있고, 매일 다른 활동이 제시될 수도 있으며, 교사가 계획한 활동과 다른 놀이를 할 수도 있다.

주제 : 세계속 우리나라/ 소주제 : 세계 여러 나라의 생활

구분		월	화	수	목	금	토
기본생활		• 남의 몸 함부로 만지지 않기					
등원		• 가보고 싶은 나라에 대해 이야기하기					
오전자유선택활동	쌓기놀이 영역	• 여러 나라의 다양한 건축물 구성하기					
	역할놀이 영역	• 여러 나라의 음식점 놀이			• 세계 여러 나라 요리대회		
	미술영역		• 여러 나라의 악기 만들기			• 여러 나라의 재미있는 벽화	
	언어영역	• 여러 나라의 음식책 만들기				• 세계의 행운을 주는 물건	
				• 다른 나라 사람들은 이가 빠지면 어떻게 할까?			
	수·과학 영역		• 과학:세계의 다양한 국수에 대해 알아봐요				
				• 과학:국수 요리 해봐요		• 수:우리가 만든 세계 보물찾기 게임	
	음률영역	• 세계의 악기 오케스트라			• 세계의 전통음악과 춤을 즐겨요		
대·소집단 활동		• 언어: 먼먼 나라에 대한 재미있는 수수께끼	• 이야기나누기: 다른 나라 사람들은 무엇으로 먹을까?	• 신체: 우리 모두 국수가 되어보자	• 동화: 일본의 주먹밥 할아버지와 우리나라의 혹부리 영감	• 이야기나누기: 집은 다 다르고 특별해요 • 미술 여러 나라의 집 만들기	
실외활동		• 리비아의 놀이: 행운의 막대기					
점심 및 휴식		• 다른 나라 음식 맛보기 • 세계 여러 나라의 조용한 음악 들으며 휴식하기					
오후자유 선택활동		• 세계의 비슷한 악기들 • 추운 나라의 집, 더운 나라의 집					
귀가 및 가정과의 연계		• 세계 여러 다른 나라의 물건, 소품 가져와 소개하기 • 세계 민속 박물관 견학하기					
활동간 연계		※ 가능한 활동간의 연계의 예 • 〈오전 역할〉 여러 나라의 음식점 놀이, 〈오전 언어〉 여러 나라의 음식책 만들기 ⇒ 〈대·소집단〉 다른 나라 사람들은 무엇으로 먹을까? ⇒ 〈오전 역할〉 세계 여러 나라 요리대회 • 〈오전 수·과학〉 세계의 다양한 국수에 대해 알아봐요 ⇒ 〈오전 수·과학〉 국수 요리 해봐요, 〈대·소집단〉 우리 모두 국수가 되어보자 • 〈오전 쌓기〉 여러 나라의 다양한 건축물 구성하기 ⇒ 〈오후〉 추운 나라의 집, 더운 나라의 집 ⇒ 〈대·소집단〉 집은 다 다르고 특별해요, 〈대·소집단〉 여러 나라의 집 만들기 • 〈오전 음률〉 세계의 악기 오케스트라, 〈오후〉 세계의 비슷한 악기들 ⇒ 〈오전 미술〉 여러 나라의 악기 만들기⇒ 〈오전 음률〉 세계의 전통음악과 춤을 즐겨요					

그림 7-5 만 5세 주간(소주제별)보육계획안 예시

출처: 중앙육아종합지원센터 보육과정 웹사이트

④ 일일보육계획

교사는 월간보육계획에 따른 주간 보육을 계획하면서 일일보육계획을 하게 된다. 일일보육계획은 등원 및 맞이하기, 일상생활, 실내자유놀이, 바깥놀이, 귀가 및 가정과의 연계의 구분으로 이루어진 것에 하루 일과별 구체적인 시간의 흐름에 따른 구체적인 계획과 실행을 포함한다. 즉 일과를 시간대별로 활동 순서를 정하여 활동 계획과 필요한 준비물 등을 미리 계획해 보는 것이다. 교사는 일일보육계획안을 통해 하루에 진행될 모든 활동과 교사가 해야 할 역할을 한눈에 파악할 수 있다. 일일보육계획 수립 시 유의해야 할 사항은 다음과 같다.

- 일일보육계획 수립 시 등원에서 귀가까지 종일보육 일과를 수립해야 하며, 하루 일과를 유사하게 반복적으로 구성하여 영유아가 일과를 예측하는 것이 가능하도록 한다.
- 주간보육계획안에서 선정한 활동을 기초로 활동의 난이도, 활동간 연계, 사전 경험의 연계, 영유아의 흥미와 반응 정도 등을 고려하여 계획을 수립한다.
- 일일보육계획안에는 급 · 간식, 낮잠 및 휴식 시간 등과 같은 일상생활 관련 내용이 포함되어야 한다.

2세 일일보육계획 및 실행		201○년 ○월 ○일 ○요일 날씨 : ○○	담임 / 원장
주제			
소주제			
구분	활동 계획 및 방법	준비물 및 유의점	실행
7:30~9:00 등원 및 통합보육			
9:00~9:30 화장실가기 및 오전간식			
9:30~10:50 오전 실내자유놀이			
10:50~11:10 정리정돈 및 화장실가기			
11:10~11:50 실외놀이 및 손씻기			
11:50~13:20 점심식사 및 이닦기			
13:20~15:00 낮잠			
15:00~15:30 화장실가기 및 오후간식			
15:30~16:50 오후 실내자유놀이			
16:50~17:30 실외놀이 및 손씻기			
17:30~19:30 귀가 및 통합보육			
일일 평가			

그림 7-6 만 2세 일일보육계획안(보육일지) 예시

출처: 보건복지부, 중앙육아종합지원센터(2013)

(2) 놀이 중심 보육과정의 계획과 운영[2]

제4차 표준보육과정(2019 개정 누리과정 포함)은 영유아 · 놀이 중심 보육과정으로, 영유아의 놀이를 지원하기 위한 모든 과정에 포함되는 보육과정의 계획과 운영을 강조한다. **제4차 표준보육과정**에 근거하여 영유아반의 놀이 중심 보육과정의 계획과 운영에 대한 내용을 구체적으로 살펴보면 다음과 같다(교육부 외, 2020a, 2020b; 보건복지부 · 육아정책연구소, 2019)

놀이 중심 보육과정에서는 교사가 미리 모든 것을 계획하여 그대로 실행하는 것을 지양하고 실행된 교육과정을 담는 것을 강조한다. 즉 만들어진 교육과정이 아니라 만들어가는 교육과정에 의미를 둔다. 교사는 전체 또는 개별 영유아가 진행하고 있는 놀이에 초점을 두되 영유아가 생활 속에서 경험하는 관심사, 계절이나 날씨와 같은 자연적 현상 일상생활과 관련된 경험, 기관의 행사 등을 반영하여 계획할 수 있다. 어린이집은 이때 각 기관의 실정에 적합한 계획을 수립하여 운영하는데, 기관의 교육철학, 가정과 지역사회의 특성, 유아의 요구 등을 반영하여 교육계획의 종류, 형식, 분량 등을 자율적으로 수립하여 운영할 수 있다.

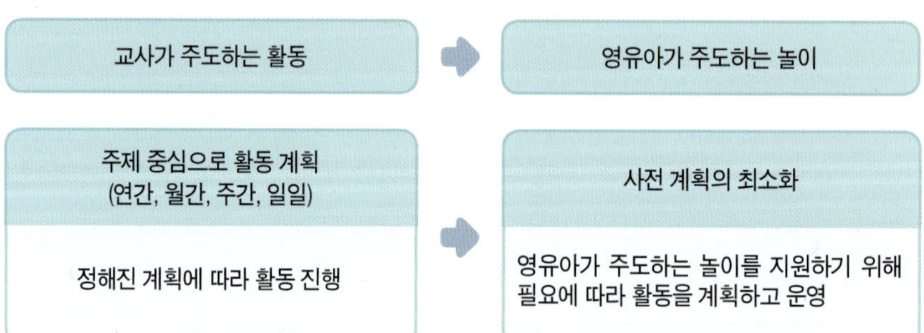

그림 7-7 놀이 중심 보육계획의 특성

2 제4차 표준보육과정(2019 개정 누리과정 포함)에 근거한 보육계획 수립과 운영

어린이집의 연간 계획은 표준보육과정에서 추구하는 인간상, 기관의 철학, 지역사회의 특성, 개인 수준의 다양성을 고려하여 자율적으로 수립한다. 연간 계획은 학급 차원보다는 기관 차원에서 수립하는 것이 일반적이며, 일 년간의 중요한 경험을 미리 염두에 두고 계획한다. 연간 계획은 한 학급에서만 공유되는 것이 아니라 기관 전체의 구성원이 공유하는 자료이므로 기관 차원에서 연간 계획을 검토해야 한다. 또한 영유아에게서 발현되는 놀이 주제가 학기를 진행하는 동안 즉각적으로 반영될 수 있도록 여지를 남기고 연간 계획을 작성한다. 제4차 표준보육과정(2019 개정 누리과정 포함)은 영유아와 교사가 함께 만들어가는 보육과정이므로 연간 계획이 수립되었다 하더라도 영유아들의 놀이 경험에 따라 시기와 기간 등이 바뀔 수 있다.

월간, 주간, 일일 계획은 기관과 교사의 필요에 맞게 형식이나 분량이 자율적으로 구성될 수 있다. 월간, 주간과 일일 계획을 모두 수립하여야 하는 것은 아니며 하나만 선택하여 작성할 수 있다. 교사는 기존에 활용하였던 연간, 월간, 주간, 일일 계획안을 어린이집 및 반의 특성에 적합하게 변경하여 사용할 수 있다. 즉 계획안의 종류, 형식, 분량 등을 자율적으로 조정하여 작성할 수 있다. 예를 들어, 어린이집 수준에서 매년 작성하는 연간 계획 이외에 월간과 주간, 주간과 일일 계획을 통합하거나 어린이집 및 반의 특성에 따라 간단한 일지 등을 활용하여 계획안을 작성할 수 있다. 또한 어린이집에서 배부하는 계획안은 영유아가 활동할 내용을 미리 계획하여 인내하는 방식에서 영유아가 실제 놀이한 내용과 배움에 대한 기록을 공유하는 방식으로 변화할 수도 있다.

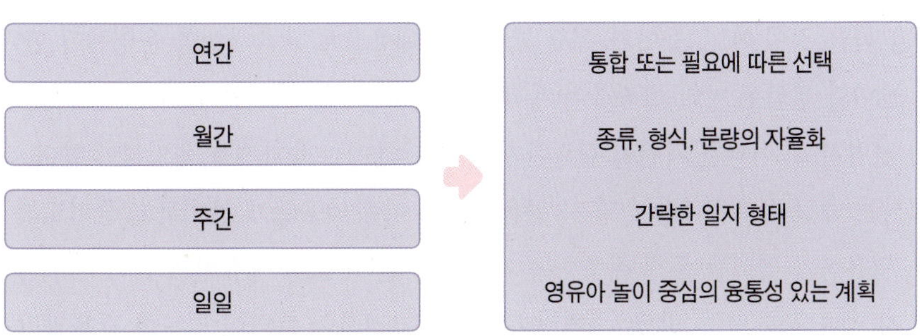

그림 7-8 놀이 중심 보육계획의 수립

놀이 중심 보육과정 운영 시 계획안은 기존의 자유선택활동(자유놀이), 대소집단 활동, 바깥놀이 등을 포함하는 정해진 형식에 맞추어 기술하는 것에서 벗어나 영유아가 실제 놀이한 내용 및 놀이를 지원하는 내용을 포함하여 자율적 형식으로 바꿀 수 있다. 또한 일일 계획 수립 시 도입, 전개, 마무리의 순서를 정하여 순서대로 어떠한 활동을 할 것인지 정하여 작성하기보다는 영유아가 먼저 놀이를 하고 교사가 이를 관찰하여 지원할 일을 계획하는 것으로 구성될 수 있다. 이것은 영유아가 실제 경험한 놀이 내용과 그에 따른 교사의 놀이 지원계획을 기술하는 형식으로, 기존의 방식에 비해 사전 계획을 최소화하여 계획을 수립한다는 특징이 있다. 덧붙여 교사는 필요에 따라 안전과 관련된 사항과 영유아 특성에 따라 개별적으로 지원해야 하는 사항 등을 계획할 수도 있다. 계획안을 자율적으로 작성하고, 사전 계획을 최소화함으로써 교사는 영유아가 주도하는 놀이를 적극적으로 지원할 수 있다. 단, 사전 계획을 최소화한다는 것이 계획이 없다는 것을 의미하는 것은 아니다. 교사는 자율적인 계획 수립의 의미를 계획안을 작성하지 않아도 된다거나 단순히 업무를 줄이는 방식으로 이해하지 않아야 한다.

제3차 표준보육과정에서 0~2세 보육과정의 6개 영역과 3~5세 보육과정(누리과정)의 5개 영역을 교사가 가르쳐야 할 영역으로 이해했다면, 제4차 표준보육과정(2019 개정 누리과정 포함)에서 '영역'은 영유아가 경험하는 내용을 의미한다. 이러한 경험은 영유아가 직접 하는 것이므로 궁극적으로 표준보육과정은 영유아가 주체가 되는 보육과정을 의미한다. 영유아 보육과정의 5/6개 영역은 교사가 가르치지 않아도 유아가 놀이를 하며 자연스럽게 배울 수 있다. 따라서 교사는 가르쳐야 하는 내용을 미리 계획하여 활동을 하는 것이 아닌, 유아가 실제 놀이하는 내용으로 교육과정을 운영해야 한다. 유아의 놀이와 경험은 미리 예측하여 계획하기 어려우므로 교사는 유아의 실제 놀이상황을 잘 관찰하고, 어떠한 지원이 필요한지 잘 판단하여 보육과정을 운영해야 한다.

교사는 매일의 보육과정 운영 시 영유아가 놀이에 자유롭게 참여하고 즐기도록 지원하고, 영유아가 놀이를 통해 배우도록 지원해야 한다. 또한 영유아의 놀이 지원과 활동 실행 시 영유아의 연령, 발달, 장애, 배경 등을 고려하여 차별이 없도록 보육과정을 편

계절 주제와 유아의 발현된 놀이 주제가 동시에 진행됨

주		5월 1주	5월 2주	5월 3주	5월 4주
놀이 (바깥 놀이 포함)	봄	• 봄꽃 만들기	• ~~꽃가게 꾸미기~~	• ~~꽃가게 놀이~~	
		• 모형꽃, 화분으로 놀기	• ~~꽃씨 마라카스~~		• ~~티슈로 나비 만들기~~
		• 산책 사진으로 만든 책	• 씨앗 그림책	• ~~꽃모양 막대인형~~	• 봄의 곤충 그림책
		유아의 흥미에 따라 새로운 주제 '반짝이끈'이 시작되었고, 이를 반영함			
	반짝이끈	• 반짝이끈 가지고 나가 놀기 • 반짝이끈 나뭇가지에 묶기 • 반짝이끈으로 만든 도구로 운동하기			
활동		유아의 흥미에 따라 새로운 주제 '반짝이끈'이 시작되었고, 이를 반영함			
		• 우리 교실에는 어떤 장난감이 있으면 좋을까? • 상자와 반짝이끈 으로 어떻게 놀이할 수 있을까? • 놀이의 진행과정에 따라 문제해결 의견나누기			
		• 동화 '우리 가족' 동화 '봄소풍'			
		• 노래'봄에 피는 꽃'	• ~~봄꽃 찾아오기 게임하기~~ • 반짝이끈으로 신체 표현하기	• ~~노래 '씨앗이 자라서'~~ • 반짝이끈으로 게임하기	• ~~노래 '개미'~~ • 애벌레 신체 표현하기
		필요한 경우 활동을 통해 유아의 놀이를 지원함			
행사일정		5일- 원내 어린이날 행사 / 8일- 원내 어버이날 행사 & 포토존 22일- 원내 손씻기 교육 / 29일- 급식도우미 활동			

그림 7-9 두 개의 놀이 주제를 반영한 월간보육계획안의 예

즐거운 새싹반의 한 주 이야기

기간 : 20○○. ○. ○.(월) ~ ○. ○.(금)

새싹반 이번 주 경험	놀이	여러 가지 돌과 흙 탐색하기 광목 흙 인형놀이 비 오는 날 산책하기 흙이랑 놀아요 모래놀이 텃밭 가꾸기
	활동	함께 놀아요, 흙이랑 (동화) 던지면 안돼요 (이야기나누기)
놀이 사진		 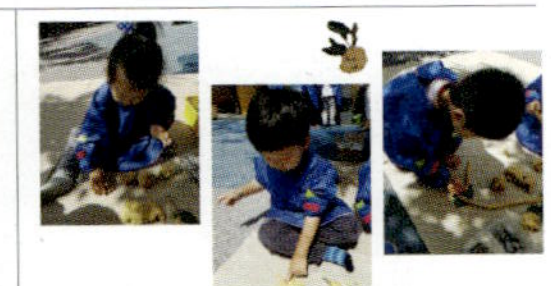 
이번 주 유아들의 관심		• 흙이 서로 달라요. • 흙에도 색깔이 있어요. • 돌은 여러 가지 종류가 있어요. • 돌로 여러 가지 놀이를 할 수 있어요. • 이번 주가 끝나갈 즈음 우연히 채색한 투명 통을 창가에 올려놓은 유아들이 창가로 들어오는 빛을 통해 만들어진 무지개를 보며 '빛'에 대해 관심을 갖게 되었음. 유아들은 채색된 통과 그렇지 않은 통을 올려놓고 보는 사람의 눈높이에 따른 빛을 관찰하며 즐거워했음.
다음 주 예상 관심과 놀이		• 빛은 예쁜 색깔이 있어요. • 무지개 빛이 궁금해요. • 빛은 왜 다 달라요? • 다음 주에는 새싹반 유아들과 반짝이는 '빛'에 대해 탐색하고 놀이할 것으로 예상됨. 한 주간 햇살처럼 반짝이는 유아들의 즐거운 시도가 가득하길 기대해 봄.
학부모님과 함께 할 내용		• 집 주변에서 볼 수 있는 흙과 돌에 관심을 가질 수 있도록 학부모님이 함께 놀이해 주실 수 있도록 안내하기 • 흙과 돌과 관련된 재미있는 놀이나 경험을 한 유아가 있다면 클래스팅에 관련 사진과 이야기를 올려주시도록 안내하기, 다른 유아들과 함께 보며 자신의 경험을 즐겁게 나눌 것임에 대해 안내하기 • 흙과 돌, 빛과 관련된 도서 및 자원을 기관으로 보내주시도록 안내하기 

그림 7-10 실행된 보육과정과 예상 놀이주제를 기록한 주간보육계획안의 예

제4차 표준보육과정(2019 개정 누리과정 포함)에서 강조되는 교사 자율성 강화

제4차 표준보육과정에서는 교육계획안 수립, 일과 구성, 흥미영역, 통합방식, 평가방식에 있어서 교사의 자율성을 존중한다. 이때 교사의 자율성이란 영유아와 놀이를 최우선으로 존중하는 보육과정을 운영하기 위해 교사가 전문적 판단을 할 수 있는 자율적 권한을 의미한다. 개정 보육과정에서 강조하는 '교사의 자율성'은 아래와 같이 정리해 볼 수 있다.

계획안 작성	정해진 형식의 연간, 월간, 주간, 일일 계획 수립	➡	계획의 형식, 분량, 내용 등의 자율화(사전계획 최소화)
흥미영역 구성	고정된 흥미영역 구성	➡	유아의 놀이 지원을 위한 융통성 있는 흥미영역 구성
보육과정 계획 시 주제 선정	생활주제 중심의 계획	➡	영유아의 흥미와 놀이주제에 따라 변화 가능 관심과 흥미에 따른 다양한 통합
평가	정해진 형식에 따른 평가 자료 수집과 문서 작성의 부담	➡	자율적 평가 계획 수립 자료 수집 및 평가방식 간략화

성하고, 개별 특성에 적합한 방식으로 배울 수 있도록 해야 한다. 즉, 교사는 발달적 특성이나 장애 정도, 문화적 배경에 적합한 놀이경험과 놀이자료를 제공하여 배움을 지원해야 한다.

2) 일과 운영

영유아 · 놀이 중심 보육과정에서는 교사가 미리 계획하여 하루 일과를 운영하기보다는 영유아의 흥미와 관심에 따라 놀이를 충분히 즐길 수 있도록 탄력적으로 편성 · 운영하는 것이 중요하다. 어린이집의 하루 일과는 영유아가 주도하는 놀이를 중심으로 편성 · 운영해야 한다. 영유아는 하루 일과에서 놀이, 활동, 일상생활 등을 하면서 다양한 경험을 한다. 놀이는 바깥놀이를 포함하여 하루 일과 중 가장 길게, 우선적으로 편성 · 운영하여 영유아가 충분히 놀이할 수 있도록 해야 한다. 교사는 영유아가 주도하는 놀이를 지원하기 위하여 필요에 따라 활동을 계획하여 운영할 수 있으며, 놀이의 흐름에 따라 융통성 있게 운영해야 한다. 일상생활에 포함되는 등원, 손 씻기, 화장실 다녀오기, 간식, 점심, 낮잠, 휴식 등은 영유아의 신체적 리듬을 반영하여 편성 · 운영함으로써 영유아들이 즐겁게 하루를 보낼 수 있도록 해야 한다(보건복지부, 육아정책연구소, 2019).

(1) 일과 운영의 원칙

하루 일과는 반드시 영유아의 발달수준, 흥미 및 요구를 반영하여 계획해야 하며, 실내놀이와 바깥놀이가 충분히 이루어지도록 계획하고 실시해야 한다. 영유아는 아직 어리기 때문에 어린이집에서 집처럼 편안하게 하루를 보내는 것은 발달에 적합한 놀이와 활동을 하는 것만큼 중요하다. 따라서 영유아의 하루 일과에서 이루어지는 등 · 하원, 낮잠, 급 · 간식 시간 등과 같은 일상생활과 관련된 활동들이 편안하고 안정적으로 이루어지도록 해야 한다(보건복지부 외, 2020).

어린이집에서 하루 일과 운영 시에는 개별 영유아의 요구를 반영해야 한다. 획일적인 하루 일과를 운영하기보다는 배변이나 낮잠, 휴식 등 영유아마다 다른 신체 리듬을 반영하여 하루 일과를 운영해야 한다. 교사는 놀이의 상황과 개별 영유아의 요구 등을 적절히 반영하여 일과가 원활하게 이루어지도록 운영해야 한다. 특히 영아는 어린이집에 오면서 급격한 환경 변화를 경험하므로 개별적 신체 리듬을 고려하는 것이 중요하며, 영아의 월령이 낮을수록 개별 일과 운영은 더욱 중요하다. 교사는 영아가 어린이집의 일상생활과 신체 리듬에 잘 적응할 수 있도록 충분히 기다려주며 지원해야 한다(보건복지부 외, 2019).

영유아반의 일과는 크게 놀이, 일상생활, 활동으로 구성되는데, 이때 일상생활과 활동, 놀이는 구분되는 것이 아니다. 놀이를 유지하고 지속하기 위하여 활동을 개연성 있

놀이 중심 보육과정 일과 운영의 예시

등원, 간식, 자유선택활동/실내 자유놀이, 대 · 소집단 활동, 점심, 바깥놀이 등 정해진 일정에 따른 기존의 일과 운영(제3차 표준보육과정)과 달리 놀이 중심 일과 운영(제4차 표준보육과정)에서는 영유아가 주도하는 놀이를 중심으로 융통성 있게 일과를 운영한다. 즉 영유아의 요구와 흥미와 무관한 활동 중심의 일과에서 영유아가 주도하는 놀이 중심의 일과 운영으로 변화한 것이다. 놀이 중심 보육과정의 일과 운영에서는 교사가 사전에 계획한 일과를 그대로 운영하는 것이 아니라 영유아의 관심과 흥미, 놀이를 반영하여 일과를 변화시킬 수 있다.

<table>
<tr><th colspan="2">유아반의 기존 일과 운영 예</th><th colspan="2">유아반의 놀이 중심 일과 운영 예</th></tr>
<tr><td>07:30~
09:00</td><td>등원 및 통합보육</td><td>07:30~
09:00</td><td>등원 및 통합보육</td></tr>
<tr><td>09:00~
10:30</td><td>오전 자유선택활동/오전간식</td><td rowspan="2">09:00~
11:00</td><td rowspan="2">실내놀이/오전간식</td></tr>
<tr><td>10:30~
10:50</td><td>정리정돈 및 화장실 가기</td></tr>
<tr><td>10:50~
11:20</td><td>대 · 소집단 활동</td><td rowspan="2">11:00~
12:30</td><td rowspan="2">산책 및 실외놀이</td></tr>
<tr><td>11:20~
12:20</td><td>실외활동</td></tr>
<tr><td>12:20~
13:20</td><td>점심식사 및 이 닦기</td><td rowspan="2">12:30~
14:00</td><td rowspan="2">점심식사 및 이 닦기
낮잠 및 휴식 준비</td></tr>
<tr><td>13:20~
14:00</td><td>조용한 활동, 정리정돈 및 낮잠 준비</td></tr>
<tr><td>14:00~
15:30</td><td>낮잠 및 휴식</td><td>14:00~
15:30</td><td>낮잠 및 휴식</td></tr>
<tr><td>15:30~
16:00</td><td>낮잠 깨기 및 정리정돈</td><td>15:30~
16:00</td><td>오후간식</td></tr>
<tr><td>16:00~
16:30</td><td>오후간식</td><td rowspan="2">16:00~
18:00</td><td rowspan="2">실내놀이 또는 실외놀이
산책 시 재미있었던 일 그림 그리기</td></tr>
<tr><td>16:30~
18:00</td><td>오후 자유선택활동</td></tr>
<tr><td>18:00~
19:30</td><td>귀가 및 통합 보육</td><td>18:00~
19:30</td><td>귀가 및 통합 보육</td></tr>
</table>

게 운영하고, 일상생활의 경험도 진행될 수 있다. 영유아의 놀이 중심 일과는 영유아의 놀이 흐름에 따라 다양하게 변화할 수 있다. 실내놀이와 바깥놀이를 많이 한 날은 점심과 간식을 먹고 귀가하는 일정이 될 수도 있고, 오전에 실내놀이를 길게 한 후 오후에 그와 관련된 이야기나누기나 그림 그리기 등의 일과가 진행될 수도 있다. 즉 미리 계획한 순서대로 일과가 진행되기보다는 유아가 주도하는 놀이의 흐름에 따라 융통성 있게 일과가 운영되어야 한다(교육부 외, 2020b).

(2) 일과 운영의 실제

영유아반의 일과 운영은 놀이 및 활동, 낮잠 및 휴식, 식사 및 간식, 배변, 등 · 하원 시간 등으로 구분해 볼 수 있으며, 각각의 일과 운영의 내용과 유의사항을 살펴보면 다음과 같다(교육부 외, 2020a, 2020b; 보건복지부, 육아정책연구소, 2019; 보건복지부, 한국보육진흥원, 2019, 2020)

① 놀이 및 활동

하루 일과 편성 시 바깥놀이를 포함하여 2시간 이상의 놀이시간을 운영해야 한다. 영유아가 자신이 좋아하는 놀이나 활동을 자발적으로 선택하여 충분히 경험할 수 있도록 실내놀이 및 바깥놀이 시간을 운영한다. 상황에 따라 바깥놀이를 2시간 이상할 수도 있고, 실내놀이를 2시간 할 수도 있다. 실내외 놀이를 몇 시간 하는 것이 중요한 것이 아니라, 영유아의 요구와 안전을 고려하여 장소를 제공하고 한 번에 긴 놀이시간을 제공하여 영유아가 몰입하여 놀이를 즐길 수 있도록 하는 것이 중요하다.

일과를 구성할 때 가장 우선적으로 고려해야 하는 점은 놀이시간을 충분히 확보해야 한다는 것이다. 또한 바깥놀이를 포함한 놀이시간이 분절되지 않고 지속적으로 운영될 때 영유아가 놀이에 몰입할 수 있으므로 놀이의 흐름이 끊어지지 않고 충분히 놀 수 있도록 하는 것이 중요하다. 만약 교사가 놀이의 흐름을 중단했을 때 영유아가 충분한 놀이의 욕구를 충족시킬 수 없다고 판단된다면 놀이시간을 연장할 수 있을 것이다.

영유아가 바깥에서 몸을 마음껏 움직이며 충분히 놀이하는 것은 중요하나, 날씨와

그림 7-11 유아들의 바깥놀이 모습

계절, 기관의 상황, 영유아의 관심사와 놀이 특성 등을 고려하여 융통성 있게 운영한다. 영유아의 요구에 따라서 바깥놀이가 불가능한 경우도 있고, 실내놀이를 길게 해야 하는 경우도 있다. 하루 일과에서 바깥놀이는 미세먼지, 날씨 등을 고려하여 실내놀이로 편성 운영할 수도 있고, 다른 날은 바깥놀이를 길게 편성할 수도 있다.

교사가 놀이가 활발하게 이루어질 수 있도록 지원하는 과정에서 필요한 경우 적절한 유형의 활동을 연결하여 운영할 수 있다. 활동의 내용은 놀이와 연관되고 영유아가 즐겁게 참여할 수 있는 교수방법을 사용하는 것이 중요하다. 특별활동의 경우 오후에만 운영하도록 해야 하며, 특별활동에 참여하지 않는 영유아를 대상으로 놀이나 활동 등을 운영한다.

② 낮잠 및 휴식

낮잠시간에는 영유아의 개별적 특성에 맞게 편안하게 잠들 수 있는 환경과 분위기를 마련해준다. 만 3세 이하의 영유아는 반드시 일과 중 낮잠시간을 계획하여 실행해야 하며, 만 4세 이상 유아는 필요 시 낮잠(또는 휴식)시간을 운영한다.

낮잠이나 휴식 시간에는 편안한 환경과 분위기를 조성한다. 편안한 복장과 자세로 잠자리에 들 수 있도록 하고, 창문의 커튼 등으로 자연 채광을 조절하며, 보육실을 어둡게 하고, 적절한 온도와 습도 유지에 신경 쓴다. 편안하고 조용한 음악을 틀거나 그림책

그림 7-12 영아반 낮잠 환경 준비의 예

을 읽어줄 수도 있다. 영아의 경우 낮잠 자기 전 기저귀를 갈아주면서 긴장감을 풀어주고 쾌적하게 잘 수 있도록 지원한다.

영유아들은 개별차가 크기 때문에 개별적인 영유아의 낮잠 습관을 수용하고, 개인차에 따라 개별적으로 지도해야 한다. 예를 들어 오래 자거나 짧게 여러 번 자는 영아, 예민하여 작은 소리에도 깨는 영아, 애착물이 있어야 잠이 드는 영아 등 영아들의 다양한 습관을 파악하여 개별적으로 배려해야 한다. 잠을 못 이루는 영유아나 잠에서 일찍 깨어난 영유아의 경우 휴식을 취하거나 조용한 활동을 할 수 있도록 배려한다.

교사는 전반적인 낮잠과정에서 편안하고 안전한 낮잠이 되도록 지원한다. 낮잠 시간에 보육실을 비우거나 다른 업무만 보는 등 낮잠 지도를 소홀히 하지 않도록 해야 한다.

③ 식사와 간식

식사와 간식 시간에는 서두르지 않고 안정되고 즐거운 식사 분위기를 조성해야 한다. 교사는 개별 영유아의 연령, 식습관, 식사속도, 식사량 등을 고려하여 편안하고 즐거운 분위기에서 먹을 수 있도록 지도한다. 미리 정한 규칙과 식사시간에 맞춰 영유아들이 음식을 먹도록 엄격하게 지도하지 않도록 유의해야 하며, 바람직한 식사습관과 식사예절을 지도하되 지속적인 격려와 칭찬 등 긍정적인 방법을 사용하도록 한다.

그림 7-13 영아반 점심식사 모습

유아의 경우 연령 및 발달수준에 따라 교사가 도와줄 것인지, 스스로 먹도록 할 것인지 판단하여 개별적으로 지도한다. 영아의 경우 새로 접해 보는 음식이 있을 수 있으므로 적응할 시간을 충분히 주고, 영아의 먹는 속도를 고려하여 융통성 있게 반응한다. 교사는 영아의 수유 시 영아를 팔에 안고 우유병을 잡아주며 눈을 맞추고 자연스럽게 대화를 시도한다. 또한 영아의 월령이나 발달단계에 적합한 식사도구와 스스로 먹을 수 있는 기회를 제공한다.

④ 배변

교사는 연령(월령)과 준비 정도, 개인차를 고려하여 배변 경험이 개별적으로 일관되게 이루어지도록 지도한다.

유아의 경우에는 화장실 사용 시 유아의 준비 정도를 고려하여 도움을 제공하며, 유아가 배변 실수를 한 경우 혼내거나 부정적으로 평가하지 않고, 편한한 분위기에서 뒤처리를 할 수 있도록 도움을 제공한다. 또한 청결 습관 형성 및 올바른 화장실 사용방법(기다리기, 옷 벗기, 용변 보기, 뒤처리하기, 옷입기, 손씻기 등)을 유아의 속도에 맞추어 익힐 수 있도록 지도한다. 영아의 경우, 배변 훈련에 개인차가 있으므로 긍정적인 배변 경험이 되도록 가정과 연계하여 일관성 있게 지도하며, 배변 실수의 경우 너그럽게 수용하며 차츰 영아 스스로 할 수 있도록 격려한다. 또한 기저귀 갈이 진행 시, 영아와 눈을 맞추고 대화를 시도하고 다리 주무르기 등 영아의 신체를 자극하면서 배변활동을 자연스러운 놀이처럼 진행하여 편안한 분위기 속에서 이루어지도록 한다.

⑤ 등 · 하원

교사는 등원 시 영유아를 반갑게 맞이하고 하원 시 안정된 분위기에서 귀가하도록 지도해야 한다.

등원 시 교사는 영유아가 등원할 때 형식적인 인사가 아니라 개별 영유아의 이름을 부르거나 눈맞춤, 미소로 반갑게 인사를 나눈다. 영유아가 교사에게 먼저 보여주거나 이야기하는 것에 대해 긍정적으로 반응해 주고, 간단하게 주말 지낸 이야기, 어제 귀가 후나 등원길에 일어난 이야기를 경청해 준다. 부모와 헤어지지 못하고 힘들어하는 영유아의 경우 부모와 급하게 헤어지지 않도록 기다려주고 영유아의 마음을 공감해 준다. 이때 등원하는 영유아에게만 집중하여 다른 영유아를 소홀히 하는 일이 없도록 한다.

하원 시에는 일부 영유아가 귀가를 시작하더라도 남아 있는 영유아들이 편안하고 안정적인 분위기에서 시간을 보낼 수 있도록 자연스럽게 일과를 진행한다. 실내외 놀이시간으로 일과를 진행하고, 귀가하지 않은 영유아들이 하고 싶은 놀이를 할 수 있도록 한다. 영유아가 있는 공간에서 보육실을 청소하거나, 빠른 귀가를 위해 영유아의 옷을 다 갈아입히고 기다리게 하는 등의 행동을 하지 않도록 주의한다.

더 알아보기 ❼-❶

영유아 발달권과 바깥놀이

영유아기는 바깥놀이를 통해 신체활동과 탐색활동을 충분히 해야 하며, 어린이집 일과 운영 시 영유아가 바깥놀이를 충분히 할 수 있도록 배려해야 한다. 바깥놀이를 충분히 할 수 있도록 일과를 운영하는 것은 영유아의 발달권을 보장해 주는 가장 중요한 일이다.

왜 바깥놀이가 영유아의 발달권을 보장해 주는 가장 중요한 일일까?

- 영유아기의 감각과 운동 경험은 뇌 발달 과정에서 매우 중요하며, 바깥놀이는 감각과 운동 경험을 가장 효과적으로 제공할 수 있음. 특히 영아기의 뇌 발달에서 감각과 운동 경험은 더욱 중요함. 이는 신경회로가 왕성하게 형성되는 영아기에 대뇌피질의 대부분은 시각, 청각, 체감각과 같은 감각과 전운동영역, 보조운동영역 등과 같이 운동을 관장하는 영역이 차지하고 있으며, 유아기 이후 발달하는 전두엽, 측두엽, 두정엽과 같은 연합중추 또한 감각과 운동을 관장하는 영역들의 연합으로 이루어지기 때문임
- 바깥놀이를 통해 자연스럽게 이루어지는 다양한 감각 자극은 두뇌의 각성상태를 유지시켜 줌으로써 다양한 감각의 입력과 반응이 효과적으로 이루어질 수 있도록 하며, 운동 경험은 몸의 혈액 순환을 도움으로써 뇌가 필요로 하는 양분과 산소 등을 충분히 공급받을 수 있도록 함. 영유아기 감각 경험과 운동 경험을 통한 뇌의 발달은 뇌 발달 전체의 기초를 다지는 매우 중요한 역할을 함(김영명, 2015)

바깥놀이가 충분히 이루어지지 못하는 이유

- 불충분한 실외환경(전체 어린이집이집의 1/3 정도만 실외놀이터를 갖추고 있음)
- 어린이집 자체 놀이터가 없는 경우 실외놀이를 위해 인근 놀이터로 나가야 하는데 안전문제 등으로 인해 놀이터를 이용하지 않는 경우가 많음
- 「영유아보육법」 제15조2항에 50인 미만의 영유아를 보육하는 어린이집과 50인 이상이더라도 인근 100미터 이내에 사용 가능한 놀이터가 있는 어린이집은 실외놀이터를 설치하지 않아도 된다고 명시되어 있음

바깥놀이를 보장하기 위한 방안

- 매일의 일과에서 바깥놀이를 실행하는 교사의 실천 노력
- 다수의 어린이집이 바깥놀이가 가능한 여건으로 갖출 수 있도록 정책 마련
- 어린이집 설치 시 필수 인가 조건으로 법제화 필요
- 어린이집의 여건과 상황에 맞게 바깥놀이를 확대할 수 있는 자체 방안 마련과 노력
  (예: 물놀이터 확장, 상자를 활용한 텃밭가꾸기, 데크나 테이블 설치 등)

출처: 김영명 외(2019)

참고문헌

교육부, 보건복지부, 육아정책연구소(2020a). 2019 개정 누리과정 해설서.

교육부, 보건복지부, 육아정책연구소(2020b). 2019 개정 누리과정 놀이실행자료.

김영명(2015). **행복한 창의성 역량을 키우는 창의성**. 경기: 공동체.

김영명, 복예은, 김미희, 곽현인, 우성정, 최분숙, 박혜림, 김경실(2019). **영유아 권리 존중 보육과 교육**. 서울: 창지사.

보건복지부, 육아정책연구소(2019). 2020 개정 표준보육과정(0~2세) 해설서 개발 연구.

보건복지부, 육아종합지원센터(2013). 어린이집 표준보육과정 및 0~2세 영아보육프로그램의 이해.

보건복지부, 한국보육진흥원(2019). 제3차 어린이집 평가인증 안내(통합지표).

보건복지부, 한국보육진흥원(2020). 어린이집 평가매뉴얼(어린이집용).

Hoorn, J.V., Nourot, P.M. Scales, B. & Alward, K.R. (2015). *Play at the Center of the Curriculum* (6th ed.). Pearson Education.

Hughes, F.P. (2010). *Children, Pay, and Development* (4th ed.). CA: SAGE Publications

Read, K. Gardner, P., & Mahler, B. (1993). *Early Childhood Programs* (9th ed.). FL: Harcourt Brace & Company.

Rubin, K. H., Fein, G. C., & Vandenberg, B. (1983). Play. In P. H. Mussen(Ed.), *Handbook of child psychology* (4th ed., pp. 693–774). NY: Wiley.

참고 사이트

중앙육아종합지원센터 보육과정 웹사이트 https://www.nccw.educare.or.kr/index.do

CHAPTER 08

보육환경

CHAPTER

08

어린이집은 영유아가 가정을 떠나 집단생활을 경험하는 최초의 공간으로 중요한 의미를 갖는다. 최근 영유아가 가정보다 어린이집에서 하루 중 더 많은 시간을 보내는 경우가 많은 만큼 보육환경의 중요성에 대한 관심이 더욱 높아지고 있는 추세이다. 더 나아가 보육의 질을 좌우하는 것은 인적 환경인 교사뿐만 아니라 물리적 환경도 영향을 미친다는 측면에서 그 중요성을 다시 생각해 볼 수 있다.

이 장에서는 영유아의 발달에 적합한 물리적 보육환경은 어떠한 기준으로 살펴볼 수 있는지 알아본다. 이를 위하여 영유아의 다양한 특성을 고려하여 연령을 영아와 유아로 구분하고 살펴보고 특별한 요구가 있는 장애아 보육환경에 대해서 알아본다.

1. 어린이집 환경구성의 중요성

1) 어린이집 환경구성의 의미

영유아의 발달과 성장은 유전적 요인에 의해 모두 결정되기보다는 유전과 환경의 상호작용의 결과로 나타난다. 이러한 점에서 영유아에게 좋은 환경을 제공하는 것은 꾸준히 강조되어 왔다. 몬테소리는 준비된 환경을 강조하며 아이들은 환경만 준비되면 본능적으로 자신의 잠재능력을 발달시킨다고 보았다. 레지오 에밀리아 교육에서도 환경을 제3의 교사로 칭하며 중요하게 간주한다. 영유아는 여러 경험을 통해 학습하는 존재이므로 영유아가 어떤 환경을 경험하는지에 따라 성장과 발달, 배움에 영향을 미친다. 특히 영유아는 감각을 통해 모든 것을 경험하고 배우므로 물리적 환경의 영향력은 성인에 비해 더욱 클 수 있다.

또한 최근 우리 사회에서 어린이집을 이용하는 영유아의 수가 늘어나고, 어린 시기부터 어린이집을 이용하게 되는 점을 고려해 볼 때 어린이집 환경구성에 대한 관심이 더욱 높아지고 있다. 부모가 어린이집을 선택하는 기준에서도 가장 중요하게 고려하는 요소 중 하나가 바로 어린이집의 물리적 환경이다. 영유아를 둘러싼 환경은 부모, 교사, 또래와 같은 인적 환경과 어린이집 건물, 교실 및 실내 · 외 설비, 교재 · 교구와 같은 물리적 환경으로 구분될 수 있다. 그중 물리적 환경은 영유아가 유의미한 경험을 통해 배우는 장으로 실내 · 외 공간 및 설비, 교재 · 교구 구성과 같은 다양한 측면을 포함하며 교사나 원장의 철학과 신념이 반영되기 마련이다.

물리적 공간에 대한 여러 연구들은 어린이집의 물리적 환경이 보육 프로그램의 질을 결정하는 중요한 요소이며 영유아의 발달과 직 · 간접적 관련이 있음을 보고하고 있다(박정아, 최목화, 2016). 영유아가 주로 생활하는 공간의 특성은 영유아의 정체감과 자아형성에도 영향을 준다(Cooper, 1995). 이러한 측면에서 영유아는 하루 중 상당부분의 일상을 어린이집에서 보내므로 어린이집 환경은 영유아의 학습 및 행동습관 형성에 중요한 영향을 미친다고 볼 수 있다. 보육환경이 영유아에게 주는 의미를 고려해 볼 때 보육환경이 영유아에게 적합하게 구성되어야 하고, 편안하고 쾌적한 환경을 제공하여 영유아의 일상생활과 다양한 놀이가 적극 격려되고 지원할 수 있어야 한다는 점을 알 수 있다. 그리고 영유아는 주변에서 느낄 수 있는 감각에 반응하고 변화에 민감하게 반응하므로 영유아의 공간은 다양한 표현이 가능한 공간이며 동시에 안전한 공간일 필요가 있다. 가정에서 관찰한 놀이가 어린이집, 유치원과 같은 유아교육기관에서의 놀이보다 더 편안하고 자기표현적이며 복합적이라는 점(Prescott, 1987)은 영유아발달에 적합한 환경으로서 가정과 같은 친밀하고 익숙하며 자유롭고 편안함 그리고 안전함을 갖춘 공간을 마련해야 함을 의미한다. 이러한 공간에서 영유아는 더욱 자유롭게 탐색하고 표현하며 능동적인 학습자로서 성장할 수 있을 것이다.

그 밖에도 어린이집 환경은 영유아와 함께 생활하는 보육교사에게도 편안하고 매력적인 공간이 될 때 보육의 질을 높일 수 있다는 점이 함께 고려되어야 한다. 잘 갖추어진 물리적 환경은 아동의 정서를 안정시키고 감각 및 운동기술과 사회성 발달을 촉진시키며 영유아의 전인발달을 도울 뿐만 아니라 영유아와 보육교사 모두에게 편안하고 매력적인 공간이 된다(권용은, 이한영, 2004). 잘 구성된 환경은 영유아의 문제행동을 줄이고 긍정적인 효과를 도모할 수 있을 뿐만 아니라 보육교사들도 쾌적한 근무환경에서 보육에 더욱 전념할 수 있게 되어 결국 보육의 질을 높일 수 있는 것이다. 이러한 점은 어린이집의 물리적 보육환경이 우수한 경우 보육교사의 보육효능감이 더 높은 것으로 나타난다(김정화, 김갑순, 2018).

2) 어린이집 환경구성의 영향

어린이집 실내·외 놀이공간을 비롯한 보육환경은 영유아의 연령 및 발달 수준, 흥미와 요구에 적합하게 구성되어야 한다. 또한 영유아는 환경과의 상호작용을 통해 성장하고 발달하므로 어린이집의 보육프로그램에 적합하게 유기적인 관계를 가져야 한다(한국보육진흥원, 2019). 어린이집 환경이 질적으로 우수한 경우 보육 프로그램의 효과를 높일 수 있으며, 그 반대의 경우 부정적인 결과를 가져올 수 있다. 물리적 환경이 좋은 기관의 영유아는 언어, 인지능력뿐만 아니라 사회적 능력의 측면에서 뛰어나지만(Kontos & Fiene, 1987), 비좁거나 시설이 열악한 기관의 영유아들은 목적 없는 행동과 혼자놀이에 더 많은 시간을 보낸다(Vandell & Powers, 1983). 어린이집 환경구성이 미치는 영향은 교사의 상호작용에서도 나타난다. 상대적으로 물리적 환경의 질이 낮은 기관의 교사는 임의적인 규칙에 따라 엄격하게 영유아를 통제했다(Kritchevsky et al., 1977). 이에 비해 우수한 환경으로 구성된 기관의 교사는 영유아에게 더 자상하게 반응하며 영유아가 선택한 활동을 격려하고 다른 유아의 권리에 대하여 배려하도록 하였다(Greet et al., 2008).

영유아 시기의 이상적인 발달은 스스로 동기유발된 놀이를 통해서 일어난다(Frost et al., 2012). 이는 어린이집 환경은 이러한 놀이가 자연스럽고 활발하게 일어날 수 있도록 구성되어야 함을 시사한다. 어린이집 환경구성은 일차적으로 면적을 통해 생각해 볼 수 있다. 흥미영역의 놀이공간이 작을수록 유아의 공격적, 파괴적 행동이 증가하고 놀이에 대한 집중력이 낮아졌으며, 보육실을 배회하는 빈도가 증가하고 놀이 참여율이 낮아졌다(Rohe & Patterson, 1974). 반면 흥미영역의 면적이 클수록 유아가 새로운 놀잇감을 사용하게 되고 주도적인 행동이 증가하였다.

인간과 환경 간의 관련성은 장소성sense of place을 통해서 생각해 볼 수 있다. 인간은 환경과의 관계를 통해 그 공간에 의미를 부여하며 장소성 개념이 형성되며, 개인의 개별적인 경험과 인지양식을 통해 특정한 형태의 정서, 또는 감정이 형성되어 나간다는 것이다. 이러한 측면은 자아정체감의 한 부분을 이루고 있다고 보기도 한다(Proshansky & Fabian, 1987). 따라서 단순히 물리적 환경 측면에서 어떠한 보육환경이 제공되고 있는지뿐만 아니라 영유아가 의미있는 경험을 하고 있는지를 고려하여 영유아의 놀이, 활동, 일상생활을 지원할 수 있도록 구성되어야 한다. 우리나라 대부분의 보육실은 단조로운 재료와 단조로운 형태로 인해 다양한 공간 경험을 제공해 주지 못하고 있어 영유아가 좋아하고 성인이 되어서도 아동기의 장소를 기억할 수 있는 장소성이 부족한 것으로 보인다(최목화 외, 2017).

이상의 내용을 종합해 보면 보육교사는 영유아들이 자유롭고 안전하게 탐색하며 발달할 수 있도록 공간을 구성하고 자료를 제공할 수 있는 안목과 능력이 필요하다. 보육교사는 실내 · 외 보육환경이 영유아에게 주는 영향력을 알고 영유아가 보이는 반응에 민감하게 반응하며 환경을 구성할 수 있는 역량을 가질 필요가 있다.

2. 어린이집 공간 유형

1) 어린이집 공간 구성원리

영유아를 위한 최적의 환경을 구성하기 위해서는 여러 고려사항들이 균형있게 반영해야 한다. 미국유아교육협회인 NAEYC(2018)에서는 영유아교육기관의 운영기준으로 안전하고 건강한 환경을 조성하여 영유아의 배움과 발달을 촉진할 수 있어야 한다고 제시하며 이러한 환경을 통해 성인과 영유아가 효율적으로 상호작용할 수 있어야 한다고 하였다.

먼저 어린이집 전체 배치를 고려해 볼 때 각 보육실이 배치되는 유형은 그림 8-1과 같이 크게 편복도형, 중복도형, 홀 중심형, 유희실 중심형의 4가지로 나뉜다(최경숙, 1998). 편복도형은 복도의 한쪽으로만 각 보육실을 배치하는 것으로, 공간 구조가 가장 단순하고 명확하다는 장점이 있다. 만약 각 보육실을 남향으로 배치할 수 있다면 일조 조건이 동일하게 좋은 조건으로 구성할 수 있으나, 시설 규모가 커질 경우 동선의 길이가 길어지는 단점이 있다. 중복도형은 복도 양쪽에 각 보육실이 배치되는 것으로, 양쪽 보육실의 일조, 통풍 조건이 다르고 복도가 혼잡해질 수 있다. 홀 중심형은 계단 또는 현관 입구 홀을 중심으로 각 보육실이 배치된 것으로, 운영에 있어 관리의 편이성과 동

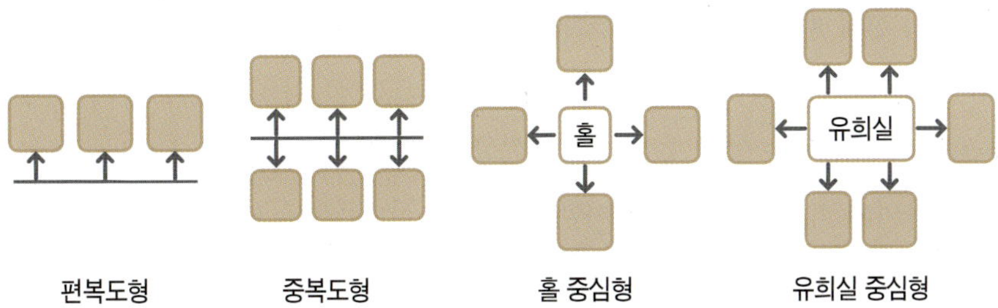

그림 8-1 어린이집 보육실 배치 유형

선이 짧아진다는 장점이 있다. 그렇지만 각 보육실의 일조, 통풍 조건이 다르며 각 보육실들의 독립성이 떨어져 등하원 시 혼잡하다는 단점이 있다. 유희실 중심형은 유희실이 홀 역할을 하므로 동선이 차지하는 부분의 면적을 줄일 수 있다. 각 보육실의 연계성이 좋으며 보육교사의 동선을 최소화할 수 있지만 각 보육실의 일조, 통풍 조건이 각기 다르며 유희실의 일조, 통풍 조건이 좋지 않으며 지나가기 위한 통과 장소가 된다는 점에서 방해를 받을 수 있다.

표 8-1 어린이집 실내시설의 기본원리

구분	원리
안전	영유아가 자유롭게 움직이고 탐색하며 새로운 도전을 시도할 수 있는 안전한 환경을 제공해야 한다.
건강	영유아가 질병이 생기거나 감염될 가능성을 줄일 수 있도록 자연광과 신선한 공기를 공급할 수 있는 건강한 환경을 제공해야 한다.
크기	실내·외 설비와 교구가 영유아의 신체 크기에 맞게 설계되어 영유아 스스로 탐색할 수 있는 환경을 제공해야 한다.
융통성	영유아의 연령을 고려하고 활동에 따라 공간을 재정비하여 융통성있게 환경을 변화시켜 줄 수 있어야 한다. 또한 일과 중에도 영유아의 흥미에 따라 환경을 변화시키고 필요한 교구를 교체하여 제공할 수 있는 융통성 있는 환경을 제공해야 한다.
선택성	영유아의 학습과 발달에 기여할 수 있도록 여러 가지 교육활동과 다양한 놀잇감을 갖춘 환경을 제공해야 한다.

어린이집 실내 환경은 기본적으로 안전하고 건강을 도모하며, 영유아의 신체 크기를 고려하여 스스로 탐색할 수 있도록 해야 한다. 그리고 영유아의 성장과 흥미, 활동에 따라 공간을 재배치할 수 있는 융통성이 있어야 하며, 다양한 교육환경과 놀이자료를 제공하여 영유아의 학습과 발달에 기여할 수 있어야 한다(Marilyn, 2007).

이때 영유아의 발달에 적합한 보육환경으로 구성하기 위하여 보육실 환경을 구성하고 놀이자료를 배치함에 있어서 연령별 차이뿐만 아니라 개인 간 차이를 함께 고려할 필요가 있다. 이를 통해 연령에 따른 일반적 발달 수준만을 고려하는 것이 아니라, 개별 영유아의 경험을 반영한 발달 수준과 흥미에 적절하도록 환경을 구성할 필요가 있다. 이를 위하여 영유아의 성별, 가족구조, 장애와 같은 특별한 요구 등에 기초하여 영유아의 다양성을 포괄할 수 있고, 영유아가 타인의 다양한 상황을 이해하고 수용할 수 있도록 하는 환경을 제공해야 한다.

2) 어린이집 공간 유형

어린이집 공간을 구성하는 보육환경은 크게 보육실 · 놀이공간 · 화장실과 같은 보육공간, 조리실이나 식당과 같은 보육지원 공간, 원장실 · 교사실 · 사무실 · 현관, 창고 등 관리공간으로 구분할 수 있다.

보육공간은 크게 실내공간과 실외공간으로 나누어 볼 수 있다. 어린이집의 보육공간 중 실내공간은 보육실, 화장실, 목욕실, 실내유희실, 특별활동실 등과 같이 다양한 공간으로 구성된다. 실내공간은 활용에 따라 다양한 목적으로 가지고 영유아의 놀이를 지원할 수 있다. 예를 들어, 복도와 계단의 경우 보육공간으로 활용되기보다는 이동공간으로 일시적으로 머무는 공간으로 활용된다. 그림 8-2와 같이 복도의 빈 공간을 활용하여 작은 무대를 설치한다면 영유아가 자유롭게 공연을 하며 즐길 수 있는 놀이공간으로 활용될 수 있다. 그림 8-3과 같이 구슬을 통과시킬 수 있는 관을 계단의 경사를 활용하여 구성한다면 영유아의 다양한 흥미를 바탕으로 놀이를 지원할 수 있는 공간으로 기능할 수 있다.

보육공간 중 실외공간은 신체활동을 위한 공간뿐만 아니라 자연환경을 탐색하고 관

그림 8-2 복도공간을 극놀이를 위한 무대로 활용한 사례

그림 8-3 계단을 구슬이 통과하는 놀이 장소로 활용한 사례

찰하거나 직접 동 · 식물을 키워볼 수 있는 사육장 및 텃밭공간, 활동적인 극놀이, 구성놀이, 목공놀이, 책 읽기 등 다양한 공간으로 구성될 수 있다.

그 밖에도 조리실 · 식당과 같은 보육지원 공간, 원장실 · 교사실 · 사무실 · 현관 · 창고와 같은 관리공간은 영유아 보육의 실제를 지원하는 중요한 의미를 가지므로 각 공간의 목적에 맞게 구성되고 관리되어야 한다.

3. 보육실의 환경구성

1) 실내 보육환경 구성 시 고려사항

어린이집의 실내공간 중 주요한 물리적 환경인 보육실은 영유아가 하루 중 가장 많은 시간을 보내는 공간으로 주로 연령 및 발달 수준에 따라 구성되어야 한다. 보육실은 많은 영유아가 함께 생활하는 공간이면서 동시에 영유아들이 주도적으로 자신의 흥미에 따라 선택하여 능동적으로 놀이와 활동에 참여할 수 있도록 공간을 구분하고, 다양한 자료를 제공해야 한다. 보육실은 유아의 사회적·인지적 활동 등 다양한 놀이가 나타나는 곳으로 유아의 놀이가 활성화되고 발전될 수 있도록 구성되어 있는 것이 중요하다. 이를 위하여 영유아들의 흥미를 끌면서 유사한 유형의 놀이를 지속하고 확장해 갈 수 있도록 흥미영역을 구분하여 구성할 수 있다. 어린이집의 흥미영역은 영유아의 놀이 또는 활동의 특성에 따라 보육실 공간을 나누고 특성에 따라 놀이자료를 배치하는 것을 의미한다. 국가 수준의 표준보육과정은 기본적인 내용을 제시하고, 이를 각 어린이집 현장에 맞게 적용하도록 하므로 흥미영역의 구성과 수는 어린이집의 보육프로그램에 따라 자율적으로 결정될 수 있으며, 영유아의 흥미와 요구에 따라 달라질 수 있다. 어린이집 평가 메뉴얼에서 제시하는 연령별 흥미영역 구성의 예는 표8-2와 같다(한국보육진흥원, 2019).

표8-2 어린이집 흥미영역 구성의 예

연령	흥미영역 구성의 예
0세	신체영역, 언어영역, 감각 · 탐색 영역
1세	신체영역, 언어영역, 감각 · 탐색 영역, 역할 및 쌓기 영역
2세	신체영역, 언어영역, 감각 · 탐색 영역, 미술영역, 음률영역, 역할 및 쌓기영역
3~5세	언어영역, 미술영역, 음률영역, 수 · 조작 영역, 과학영역, 역할영역, 쌓기영역

어린이집 보육실 공간을 흥미영역으로 구분하여 배치하는 것과 공간의 넓이가 영유아에게 미치는 영향은 다음과 같이 나타난다. 먼저 실내공간을 몇 개의 흥미영역을 구분하여 구성하는 것은 지나친 소음이나 시각적인 방해로부터 보호되는 독립적인 공간을 제공하여 영유아가 수시로 놀이를 변화시킬 수 있고, 영유아의 긍정적인 사회적 상호작용, 협동행동, 탐구적 행동을 지원하며, 보육실 내 방해요소를 감소시켜 영유아의

집중시간을 증가시킨다. 보육실을 흥미영역별로 조화롭게 배열하는 방향으로 변화시킨 결과 소음과 영유아의 비참여적 행동이 감소되었으며, 정적 영역과 동적 영역으로 나누어 재배치한 경우 영유아들이 여러 영역에 분산되어 참여하면서 협동놀이가 증가하였다(Maxwell, 2007). 그리고 공간의 넓이가 어떻게 배치되느냐에 따라 영유아들의 놀이는 달라져서 넓게 트인 공간보다는 여러 영역으로 나누어진 곳에서 영유아들의 놀이의 질이 더 높았다. 따라서 보육실 공간 배치가 영유아 놀이활동 선택 방법과 기회, 자료를 선택하는 방법, 다른 유아와의 상호작용 관계 등에 영향을 미치므로 매우 중요하다고 할 수 있다.

그런데 우리나라 대다수의 어린이집 보육실의 흥미영역은 7~8개 영역 모두를 단순 배열하는 형식으로 구성되어 있어 과밀을 초래하여 오히려 영유아들의 놀이활동을 제한하고 방해하기도 한다. 따라서 소규모 어린이집의 경우 반별로 흥미영역을 모두 구성하기보다는 어린이집 전체 공간을 활용하여 흥미영역을 배치하고 일과 중 영유아가 자유롭게 이용할 수 있도록 하여 공간 사용의 효율성을 높이고 놀이를 더욱 촉진할 수도 있다(한국보육진흥원, 2019).

보육실 공간을 효율적으로 사용하기 위해서 활동공간을 물을 사용하는 구역과 건조한 구역으로 구분할 수 있다. Olds(2001)는 보육실을 배치할 때 먼저 물 사용구역과 건조구역으로 두 개의 구역으로 나누고, 입구, 메시영역, 활동적 영역, 조용한 영역의 네

표 8-3 어린이집 보육실 배치 기준

구분	구성 영역
물 사용구역	입구
	메시영역
건조구역	활동적 영역
	조용한 영역

출처: Olds(2001)

개 영역이 구성되도록 제안하였다. 물 사용구역은 입구와 메시영역이 포함되고, 조용한 영역과 활동적 영역은 물을 사용하지 않는 건조구역으로 포함된다. 영역 간의 배치 방법으로는 이동이 많고 다양한 활동이 일어나는 입구 및 메시영역은 서로 가까이 배치하는 것이 바람직하며, 동시에 조용한 영역을 입구 및 메시영역과 분리하여 배치하는 것이 중요하다. 입구영역은 겉옷과 신발을 입고 벗거나, 실내·외 활동이 구분되는 곳으로 부모 또는 방문객이 인사를 나누는 공간이다. 메시영역에는 이젤, 목공놀이용 벤치, 물, 모래, 찰흙놀이 책상, 의자 등이 배치되며, 물을 사용할 수 있는 싱크대로 쉽게 이동할 수 있도록 공간을 충분히 두어야 하고 실외 놀이공간과 연결되는 것도 바람직하다. 활동 영역은 아동의 움직임이 많고, 오르내리는 활동, 극놀이활동에 적합하다. 조용한 영역에는 작은 블록, 레고블록, 조작 놀잇감과 같이 아동 혼자서 놀 수 있는 작은 놀잇감이 있고, 퍼즐, 책, 게임과 같은 구조화된 놀잇감이 있다. 이러한 교구는 주로 바닥에서 사용하므로 통로공간과 떨어진 곳에 두는 것이 좋다.

뿐만 아니라 영유아가 어린이집에 머무는 시간이 길고, 영유아별로 요구가 다르다는 점을 고려해 볼 때 개별 영유아의 요구와 휴식을 보장할 수 있는 독립적인 공간도 마련되어야 한다. 영유아가 혼자 있고 싶어하거나 쉬고 싶을 때 자유롭게 이용할 수 있는 휴식공간은 보육실에 마련되어야 한다. 이를 위해 놀이공간과 구분될 수 있도록 별도의 공간으로 마련할 수 있으며, 만약 별도의 공간을 마련하기 어려운 경우에는 조용히 쉴 수 있는 흥미영역 공간으로 그림 8-4와 같이 언어영역과 통합하여 구성할 수도 있다. 이러한 영역은 표 8-3 구분에 의하면 건조구역에 배치될 수 있다.

실내 보육실이나 가까운 곳에는 영유아의 개인 물건이나 만든 작품을 보관할 수 있는 개별적인 공간이 마련되어야 한다. 개별 사물함은 그림 8-5와 같이 서랍이나 개방형 장으로 구성할 수 있으며, 영유아들이 쉽게 접근할 수 있고 스스로 물건을 넣고 꺼내는 데 불편함이 없도록 해야 한다.

또한 다양한 영유아의 요구를 고려하여 필요한 공간을 새롭게 구성할 수도 있다. 예를 들어, 발달에 문제가 있거나 개인적·환경적 요인으로 인하여 문제를 가지고 있는 영유아 지원을 위하여 그림 8-6과 같이 어린이집 내 활용하여 놀이치료를 할 수 있는 독립된 공간을 마련하여 영유아를 지원하고 부모상담을 할 수 있다. 이를 위해서는 활용할 수 있는 공간뿐만 아니라 전문인력 지원이 필요하지만 영유아 지원을 위한 다양한 접근을 모색할 수 있다는 장점이 있다.

어린이집은 영유아와 보육교사뿐만 아니라 부모와 같은 양육자도 함께 이용하는 공간이라는 의미에서 어린이집의 1층 현관이나 로비를 활용하여 구성할 수 있다. 이를 통해 부모가 자녀의 어린이집 적응을 돕고, 어린이집 내 생활에 대해서 이해하게 되는 시간이 될 수 있다. 예를 들면 1층 현관 옆 공간에 부모가 기다릴 수 있는 편안한 공간을 마련하고 양육 관련 자료나 어린이집 운영에 관한 안내문을 게시할 수 있다. 또는 로비를 활용하여 그림 8-7과 같이 영유아와 부모가 함께 책을 읽거나 상호작용할 수 있는 시간을 마련할 수도 있다. 이를 통하여 부모와 어린이집이 영유아 보육에 대한 가치관을 공유할 수 있으며 영유아가 어린이집에 더 잘 적응할 수 있게 되는 효과를 기대할 수 있다.

실내 보육환경은 한 번 구성되었다고 하여 고정된 것으로 생각하기보다는 언제든지 필요에 의해 변경할 수 있는 것으로 생각해야 한다. 영유아들은 계속 발달하고 있으며,

그림 8-4 언어영역 및 휴식공간 구성 예

그림 8-5 영유아가 개별 장에서 스스로 가방 정리를 하는 모습

그림 8-6 어린이집 내에 마련된 놀이 치료 공간

그림 8-7 부모가 대기하거나 부모와 영유아가 상호 작용할 수 있는 공간으로 활용한 예

영유아의 관심이 변하거나 놀이가 달라질 때 환경도 그에 따라 변해야 하기 때문이다. 이를 위하여 교사는 환경이 영유아에게 적합하게 구성되어 있는지, 영유아의 놀이를 방해하지는 않는지, 환경으로 인하여 불필요한 다툼이나 부적절한 행동이 일어나고 있지는 않은지 지속적으로 살펴보아야 한다. 만약 환경구성을 바꾸고자 한다면 교사 혼자서 결정하기보다는 영유아들과 함께 의논하여 변경해 보는 것도 고려해 볼 수 있다. 영유아들과 함께 환경을 구성하는 것을 논의하는 과정은 영유아들의 관심과 흥미를 직접적으로 알 수 있는 기회가 되기도 하며, 영유아들의 주체적인 참여과정이 될 수 있다.

2) 영아를 위한 실내 보육환경 구성

영아보육실의 환경구성의 원리는 신뢰와 애착관계를 형성시키는 보육환경, 감각운동적 탐색을 증진시키는 환경, 자율감을 증진시키는 환경을 중점으로 구성할 수 있다 (김은영 외, 2009). 이러한 영아보육실 환경구성 원리에 따른 구체적인 환경구성 방향은 **표 8-4**와 같다.

표 8-4 영아를 위한 보육환경 구성 원리 및 방향

환경구성 원리	환경구성 방향
신뢰와 애착관계를 형성시키는 환경	• 영아의 하루 일과가 개별적으로 이루어질 수 있도록 구성 • 주변 가구나 놀이자료가 정해진 곳에 비치되어 예측 가능하도록 구성 • 아늑하고 온화하며 가정과 같은 분위기를 조성하도록 구성
감각운동적 탐색을 증진시키는 환경	• 다양한 탐색자료를 60cm 이하의 높이에 제공하도록 구성 • 활발하게 일어나는 대근육운동을 지원할 수 있도록 보육실 넓게 구성 • 영아가 자신과 다른 사물을 볼 수 있도록 안전거울 제공 • 영아의 다양한 발달을 촉진할 수 있는 놀잇감이 제공되도록 구성 • 활동영역은 영아의 흥미와 연령에 따라 구성
자율감을 증진시키는 환경	• 자신의 의지에 따라 자유롭게 움직일 수 있도록 충분한 공간으로 구성 • 영아의 신체에 적합한 놀이자료, 책상, 의자, 식기, 변기 등을 제공하도록 구성 • 영아는 놀잇감을 입에 넣고 탐색하는 특성이 있으므로 안전하고 세척이 가능한 것으로 구성하며, 삼키지 못하도록 충분히 큰 것으로 주의하여 제공 • 영아가 스스로 조작할 수 있도록 개방된 낮은 선반에 비치하여 스스로 선택할 수 있도록 구성 • 교구장에 각 놀이자료의 사진을 붙여 영아가 쉽게 정리할 수 있고 자립심과 책임감을 키울 수 있도록 구성

그림 8-8 개방된 형태로 구성된 영아 보육실의 환경구성 예

영아는 연령에 따라 필요로 하는 환경에 차이가 있다. 예를 들면 0~1세 영아의 보육실에는 수유, 이유, 낮잠, 기저귀갈이 영역이 필요하며 각 영역은 서로 분리하여 배치해야 한다. 기저귀갈이영역에는 기저귀갈이대와 세면대 등을 마련하여 위생적으로 관리하도록 하며, 기저귀, 옷, 수건 등의 수납이 이루어져야 한다. 배변훈련이 이루어지는 시기인 1세경 영아를 고려하여 보육실에서 화장실로 쉽게 이동할 수 있도록 구성되어야 한다. 조유영역에는 영아 개인별 분유통과 젖병, 보온병 등을 놓을 수 있는 공간이 마련되어야 하며 냉장고와 개수대 등이 구비되어야 한다. 0세 영아들은 개별 리듬에 따라 낮잠을 잘 수 있어야 하므로 낮잠영역은 보육실 내 조용한 공간에 침대 또는 침구를 마련하여 구성해야 한다. 만약 침대로 이루어진 경우 침대에서 떨어지는 사고를 막기 위한 안전 칸막이가 설치되어야 한다. 또한 0세의 운동능력을 고려하여 바닥을 자유롭게 기어다닐 수 있도록 청결하고 안전한 환경이 마련되어야 한다. 1세 영아 역시 낮잠을 편안하게 잘 수 있도록 공간을 구성해야 하며, 다양한 신체활동과 언어, 탐색, 조작 등의 활동이 이루어질 수 있도록 환경을 구성해야 한다. 2세 영아의 보육실에도 기본적인 욕구가 편안하게 충족될 수 있도록 낮잠영역, 화장실을 적합하게 구성해야 한다. 2세 영아의 경우 하루 1회 정도의 낮잠을 자게 되므로 개인 침구를 마련하여 편안하게 쉴 수 있도록 고려해야 하고, 조용하고 독립된 공간을 구성하여 개별 영유아의 요구에 따라 휴식을 취할 수 있도록 한다. 화장실의 경우 아직 대소변 실수가 있을 수 있으므로 보육실과 가까운 곳에 노출된 변기와 세면대가 필요하다. 또한 2세 영아의 다양한 놀이와 발달을 지원하기 위하여 동적 놀이기구뿐만 아니라 상징놀이를 촉진하는 역할놀이, 언어발달을 촉진하는 책과 같은 자료를 갖추어야 한다.

이상에서 살펴본 바와 같이 교사는 놀잇감, 교구장, 영역 구성 등의 환경구성에 있어서 연령에 적합한지를 생각함과 동시에 영아의 개별적인 요구를 함께 고려할 수 있어야 한다.

3) 유아를 위한 실내 보육환경 구성

유아의 일과활동은 영아에 비해 수유, 낮잠, 기저귀갈이 및 화장실과 같은 기본생활 영역의 필요공간이 줄어든다는 특징이 있다. 또한 영아에 비해 다양한 놀이가 일어나며 그에 따라 개별활동과 소집단활동이 이루어지도록 구성하되, 필요에 따라서는 대집단 활동이 가능하도록 융통성이 필요하다. 유아를 위한 실내환경을 구성하는 원칙으로는 자기주도성을 증진시키는 보육환경, 놀이를 통해 학습 경험을 제공하는 보육환경을 고려할 수 있다(김은영 외, 2009). 자기주도성을 증진시키는 환경을 구성하기 위하여 실내환경을 여러 영역으로 나누어 구성하고, 유아의 눈높이에 맞게 영역의 표시를 그림이나 글자로 제시하여 유아가 선택을 좀 더 용이하게 도울 수 있다. 유아에게도 안정적이고 예측 가능한 환경을 제공하여 유아에게 정서적 안정감을 주고 책임감과 자기조절을 배울 수 있도록 할 필요가 있다. 또한 유아의 흥미와 관심을 고려하여 다양한 자료가 제공되어야 하며, 유아 자신이 놀이를 선택하고 진행할 수 있도록 하여 유아가 주도할 수 있는 환경으로 구성되어야 한다. 놀이를 통해 학습 경험을 제공하는 보육환경은 유아에게 의미있는 배움이 일어날 수 있는 맥락으로 놀이의 의미를 인식하고 다양한 영역의 학습이 교사가 의도한 대로 일어나기보다는 유아가 주도하여 놀이를 통해

그림 8-9 유아가 쉽게 다룰 수 있는 교구 배치

그림 8-10 유아가 만든 게임으로 구성된 게임공간

표 8-5 유아를 위한 보육환경 구성 원리 및 방향

환경구성 원리	환경구성 방향
자기주도성을 증진시키는 환경	• 실내환경을 영역별로 구분하여 유아의 눈높이에 맞추어 공간의 표시를 그림이나 글자로 제시 • 유아가 자신이 활동을 선택하고 계획할 수 있도록 하여 유아가 주도할 수 있게 구성 • 안정적이고 예측 가능한 환경을 제공하여 책임감, 자기주도성을 증진시킬 수 있도록 구성
놀이를 통해 학습경험을 제공하는 환경	• 다양한 영역의 경험을 통해 발달을 도모할 수 있도록 구성 • 의도적인 학습이 아니라 놀이를 통해 경험하며 배울 수 있도록 구성

경험할 수 있도록 구성하도록 한다.

4) 장애아 통합보육을 위한 실내 보육환경 구성

장애아를 위한 실내 보육환경은 안전하고 독립적인 접근을 우선 고려해야 한다. 「영유아보육법」의 어린이집 설치기준 제9조와 「영유아보육법」 시행규칙 별표 1에는 장애아 보육을 위한 시설기준을 다음과 같이 제시하고 있다. 출입에 장애가 없도록 강당, 놀이실 등의 집단활동실에는 문턱 없이 접근이 가능한 통로에 연결되어야 하고, 휠체어, 보행기 등의 출입에 장애가 없어야 한다. 회전문이나 양방향으로 열리는 문은 사용을 금지하며 자동문 설치 시 문이 열리고 닫히는 시간이 3초 이상 확보되도록 한다. 출입구는 비상재해 시 대피하기 쉽도록 복도 또는 넓은 공간에 직접 연결되도록 설계하며, 시각장애아를 위한 점자블록이나 유도장치를 갖추어야 한다. 계단과 같은 이동시설과 문의 폭은 0.9m 이상으로 휠체어의 통행에 불편이 없도록 해야 하는 상세 규정이 마련되어 있다.

장애영유아와 함께 보육하는 경우 쉽게 볼 수 있고 경계가 있는 다양한 영역으로 교실을 구성한다. 교사는 전체 교실을 볼 수 있도록 하며 장애 영유아들은 학습영역의 경계를 인식할 수 있어야 한다. 자료들은 조직적으로 배열되어 있어 활동하기 용이하고 장애영유아들에게 매력적이고 기능적인 자료를 제공하도록 한다. 장애 유아들의 현재 수행 수준과 흥미를 고려하여 다양한 방식의 반응을 허용하는 활동을 계획한다. 이를 위하여 장애영유아가 자유놀이시간에 휠체어를 타고 활동영역을 향해 이동하는 사진이나 장애영유아가 또래와 함께 놀잇감을 나누어 갖거나 그림 의사소통카드 등을 이용하여 의사소통하는 상호작용을 촉진하는 사진을 제시하는 것도 좋다. 장애영유아를 전담하는 교사와 일반 교실을 운영하는 담임교사 및 다양한 어린이집 교직원들과 협력관계를 유지하고 협의하여 환경을 구성하는 것이 필요하다.

장애영유아를 지도하는 교사는 모든 영유아가 참여하는 교실을 만들기 위하여 모든 영유아가 장애의 유무에 관계없이 긍정적으로 상호작용하고 서로에 대해 배울 수 있는 환경을 마련해야 한다(한국보육진흥원, 2018). 장애영유아를 위한 실내 보육환경을 구성하기 위하여 다음과 같은 점을 고려할 수 있다(Bailey & Wolery, 1992). 첫째, 물리적으로 반응적인 환경을 구성한다. 영유아의 행동에 반응할 수 있는 교재·교구는 영유아가 자신의 행동이 환경에 영향을 미칠 수 있다는 것을 인식할 수 있도록 한다. 이러한 경험은 영유아가 더 많은 상호작용과 탐구를 시도하는 초석이 되며 성취와 독립심을 키울 수 있다. 따라서 영유아에 맞는 가구의 크기, 교재·교구가 마련될 수 있도록 적절한 환경을 구성해야 한다. 둘째, 공용공간과 독립공간을 고려하여 배치한다. 장애유아의 경우 혼란스러워 보이는 환경에서 당황하거나 견디기 어려워하는 경우가 있으므로 조용한 개인 공간에서 긴장과 불안을 해소한 후 서서히 집단활동에 참여할 수 있도록 해야 한다. 이를 위해 교구장을 활용하여 경계를 구분한 공간을 마련해 줄 수 있다. 책상 아래에 자주 들어가서 놀이하는 경우가 있다면 이러한 아늑하고 독립적인 공간을 마련해 주는 것이 필요하다. 이러한 공간은 영유아의 탐구를 촉진하고 지원할 수 있다. 셋째, 영유아는 새로운 자극을 탐구하기 좋아하므로 장애영유아에게 사물, 사람, 상황에 대한 탐구가 일어날 수 있도록 적절한 교재·교구를 마련하거나 수정하여 제공한다. 이 경우 감각기능이나 운동기능의 손상이 있는 장애영유아가 탐구하는 것을 촉진

(계속)

할 수 있다. 또한 장애영유아가 적절한 자세를 취할 수 있도록 책상과 의자의 높이를 조정할 수 있어야 한다.

표 8-6 장애 유형별 환경구성 시 고려할 사항

유형	고려사항
뇌병변 장애영유아	• 자세가 불안정하고 균형을 잡기 어려우므로 기대어 몸의 균형을 잡을 수 있을 만한 견고하고 안정된 가구를 배치한다. • 자세를 교정할 수 있는 피더시트, 기립보조 책상 등의 설비를 갖춘다.
저시력 또는 시각장애 영유아	• 주요 통행로의 장애물이나 경사로, 계단 등에 명확하게 점자유도 또는 바닥 표시 및 장애물 표시를 한다. • 넘어짐에 대비하여 바닥에 매트를 깐다.
휠체어를 타는 영유아	• 계단 이외에 엘리베이터나 경사로를 마련하도록 한다. • 보육실과 복도의 문턱을 없애고 출입문의 폭을 넓혀서 통행이 편리하도록 한다. • 세면대와 변기에 휠체어의 접근이 용이하도록 한다.

또한 장애아 보육 시 장애아에게 스트레스나 불편함을 주는 원인이 되는 다음과 같은 상황에 유의해야 한다(한국보육진흥원, 2014).

- 소음이 많거나 소리의 울림이 많은 환경
- 너무 많은 수의 유아가 있는 경우
- 산만하고 조직화 되지 않은 교실 환경
- 시각적 자극이 과도한 환경

4. 실외놀이터 환경

1) 실외놀이의 효과

우리의 어린시절과 비교해 보면 최근 영유아의 실외놀이는 현대사회에서 급격하게 줄어들고 있다는 것을 실감할 수 있다. 이는 안전한 놀이공간의 부족, 미세먼지와 같은 환경오염, 전자게임의 등장과 같은 다양한 원인에 기인할 것이다. 이러한 점에서 바깥놀이를 통해 자연을 접하는 경험은 더욱 필요하며, 어린이집에서 영유아들이 자연을 자주 경험할 수 있는 실외환경을 구성해야 한다.

실외놀이는 영유아의 성장에 큰 영향을 미치는 공간이다. 오랜 시간을 어린이집에서 생활하는 영유아들에게 자유에 대한 욕구를 충족시켜 줄 수 있는 공간이기도 하다. 실외놀이 공간에서는 직접 경험과 탐색이 이루어지며 스스로 도전해 볼 수 있는 많은 기회가 우연하게 나타난다. 영유아들은 바깥놀이를 통해 신체적으로 힘과 체력이 길러지고, 대근육과 소근육이 발달하며, 다양한 실외환경을 탐색하는 과정에서 또래와 상호작용하고 자연과 교감할 수 있는 기회를 갖는다. 실외놀이를 통해 신체능력뿐만 아니라 언어능력, 인지능력, 사회성도 높아질 수 있다. 또한 실내에서 허용되지 않는 거친 놀이가 가능하므로 실내의 통제되고 조용한 활동을 보완할 수 있는 다양한 활동이 이루어질 수 있으며 자연환경을 접할 수 있기에 정서적 긴장을 해소시켜주는 기회를 제공하기도 한다(Zuraimi & Tham, 2008).

2) 실외놀이 환경 구성

실외공간은 실내공간의 연장으로서 영유아의 신체적, 사회적, 지적 활동이 원활하고 안전하도록 도와야 한다. 영유아가 실외공간에서 다양한 놀이를 즐길 수 있게 하기 위해서는 실내영역 구성원리와 마찬가지로 실외놀이영역이 놀이의 독립성을 확보하면서

표 8-7 영아를 위한 실외놀이터 구성 원칙

1. 실외놀이시설은 기어가기, 일어서기, 깡충 뛰기, 붙잡기, 잡아당기기 등과 같은 다양한 동작을 할 수 있어야 함
2. 영아는 보고, 듣고, 맛보고, 냄새 맡고, 만지는 등의 감각 경험을 통해 성장하므로 영아가 다양하고 적절한 수준의 감각적인 경험을 할 수 있어야 함
3. 영아는 빠른 속도로 성장하며 새로운 것을 추구하고 도전하는 성향이 있으므로 영아용 실외놀이시설은 영아가 늘 신기하게 느낄 수 있고 다양하며 새로운 도전을 해볼 수 있어야 함
4. 영아는 무엇이든지 입에 넣는 등 위험한 행동을 많이 하므로 실외놀이시설의 바닥, 놀이기구의 높이, 재료, 페인트 등이 영아의 안전을 보장해야 함

출처: Frost(1997)

다른 영역에서의 활동을 방해하지 않아야 하며, 놀이 흐름에 따라 자연스럽게 영역을 이동하거나 융통성 있게 전개할 수 있도록 연계되어야 한다. 실외공간을 계획할 때에는 다음과 같은 점을 고려할 수 있다(Decker & Decker, 2001). 첫째, 실외공간은 실내공간과 마찬가지로 정적 활동영역과 동적 활동영역으로 구별되게 배치되어야 한다. 예를 들면 대근육활동은 주로 동적 활동에 해당하고, 모래놀이, 동·식물 기르고 관찰하기 등은 정적 활동에 속한다. 둘째, 크고 작은 나무와 여러 종류의 돌, 흙, 잔디, 모래, 시멘트 등으로 적절히 바닥을 구성하고 자연물이나 자연현상을 통한 즐거움과 심미감을 느낄 수 있도록 구성되어야 한다. 셋째, 시설·설비의 적절한 배치, 울타리, 적절한 바닥 처리 등 안전을 고려한 공간을 구성해야 한다.

영아를 위한 실외환경은 유아를 위한 환경보다 더욱 단순하고 위생적이고 안전해야 한다는 측면에서 차이가 있고, 유아들의 놀이영역과 인접하되 분리되어야 한다(Decker & Decker, 2001). 영아는 주변 환경에 대한 강렬한 호기심, 높은 활동 수준, 미숙한 걸음걸이와 신체발달 등의 위험요소를 갖고 있으므로, 영아를 위한 실외시설은 유아용 실외놀이시설보다 바닥의 충격 완화성이 더욱 중요시되며, 날카롭게 튀어나오거나 부서진 곳, 또는 느슨한 부속품이 없는지 점검을 강화해야 한다. 그리고 영아가 입이나 코 속으로 넣을 수 있는 작은 크기의 이물질들이 없는지, 울타리가 있어 보호될 수 있는지 등을 더욱 세심하게 살펴야 한다.

질적으로 높은 수준의 실외놀이 환경이 제공된 곳은 집단–구성놀이 중심의 창의적인 놀이행동이 많이 나타나지만, 실외놀이 공간이 협소하고 놀이영역 구성이 단조로운 경우, 종합놀이기구가 설치된 경우에는 기능놀이 위주의 놀이행동이 나타난다(김정수, 2002). 따라서 다양한 유형의 놀이가 일어날 수 있도록 놀이시설 및 설비를 제공하는 것이 필요하다. 실외놀이영역을 기능적 · 시각적으로 서로 분리시키는 것은 영유아들의 공간적 관계에 대한 이해를 도우며, 영유아 자신의 흥미와 요구에 맞는 놀이를 쉽게 선택할 수 있고, 공간의 활용도와 놀이를 더욱 촉진할 수 있다. 그런데 대다수 어린이집에서 종합놀이기구 중심의 구조화된 놀이기구들을 설치하고 있으며, 고정적이고 완성된 형태의 놀이 시설물, 신체적 발달을 돕는 단일 기능의 시설물이 주를 이루고 있는 실정이다(고미경 외, 2006). 종합놀이기구는 구조화된 신체놀이기구로서 유아의 놀이행동을 제한하고 반복적인 기능놀이를 유발하게 한다는 점에서 제한점이 있다. 놀이기구가 있더라도 영유아의 다양한 움직임과 놀이를 지원하지 못한다면 무의미한 공간이 된다. 오히려 흙으로 만들어진 언덕에서 미끄러져 내려오며 자발적인 놀이를 하는 실외환경이 영유아에게 더 의미있는 환경이 될 수 있다.

그림 8-11 영유아가 자유롭게 구성할 수 있는 놀잇감이 제공된 실외놀이터

그림 8-12 역할놀이를 지원하는 바깥놀이 공간의 예

따라서 구조화된 놀이기구에 의존하기보다는 그림 8-11과 같이 비구조화된 놀이기구를 배치하여 영유아의 자발적이고 창의적인 다양한 놀이를 지원할 수 있어야 한다. 또한 영유아가 모험과 도전을 경험할 수 있는 언덕, 바위, 계단, 터널, 미로 등의 모험놀이기구와 아동 스스로 놀이를 융통성 있게 창조할 수 있는 빈 마당과 같은 놀이공간과 놀잇감을 제공하여야 한다. 그리고 영유아를 위한 실외환경은 신체활동과 같은 대근육활동뿐만 아니라 다양한 경험을 지원할 수 있도록 구성되어야 한다. 이를 위하여 그림 8-12와 같이 실내의 정적인 놀이가 실외에서도 가능하도록 환경을 구성하는 것이 필요하다.

실외놀이 환경을 구성함에 있어서 영유아의 특별한 요구를 고려하여 반영할 필요가 있다. 예를 들면 장애영유아를 함께 보육하는 경우 장애영유아도 함께 사용할 수 있는 다양성을 포괄한 놀이공간으로 활용될 수 있도록 설비를 갖추어야 한다.

8-1 보육뉴스

나주 도담유치원 전남교육청 '공간혁신 1호'유치원으로 재탄생 자연과 놀이를 품은 교실

"와~! 좋다!", "너무 예뻐요."전라남도 나주시 빛가람동 도담유치원에 들어선 유아와 학부모가 동시에 지른 환호성이다. 지난 해 3월 1일 한아름초등학교에 임시 개원했다가 지난 8일 신축건물이 완공돼 새 둥지를 틀었기 때문이다.

도담유치원은 전남교육청(장석웅 교육감)의 '전남형미래학교' 구현을 위한 원아 중심 학교 공간 재구조화 추진 계획에 따라 야심차게 설립된 '공간혁신 1호' 유치원이다. 학교 공간을 어떻게 바꿀 것인가에 대해 교육공동체와 전문가들이 함께 고민한 결과 유아의 삶과 놀이를 지원할 수 있는 공간과 디자인을 반영한 공간혁신이 이뤄졌다.

기본적으로 수업이 이뤄지는 교실뿐 아니라 복도가 확장된 공간으로서 다양한 실내 놀이 공간으로 설계됐다. 또, 유치원 내・외의 다양한 공간(다목적 공간, 특별실, 외부 공간 및 인접한 공원 등)들이 유기적으로 연계되면서 키움・나눔・채움으로 꿈을 키워가는 도담도담 행복놀이터가 완성됐다. 유아들은 눈높이에 맞춘 창문 설치로 빛과 자연을 그대로 품은 교실 안에서 사계절의 변화를 느낄 수 있다. 작은 공간 혁신을 통해 자연을 학습의 장으로 자연스럽게 끌어들인 것이다. 교육과정과 연계한 개방-연합형 교육 공간의 구성, 즉 유아들이 교실에서 바로 밖으로 나갈 수 있는 문을 설치함으로써 복도-교실-실외 놀이장으로 자연스런 공간이동이 가능하다. 이런 연결은 자칫 지루할 수 있는 유아들의 활동 공간을 확장하고 다양성을 부여함으로써 유아들의 삶과 놀이를 풍성하게 지원해 줄 수 있다. 그동안 교실과 복도는 구분된 공간으로 인식됐으나 도담유치원은 디자인을 혁신해 이를 하나의 공간으로 확장했다. 복도에 의자 및 안전쿠션을 설치하고, 벽에는 유아들에게 친근한 캐릭터 그림들을 부착해 마음껏 상상의 나래를 펼 수 있도록 했다.

모래 놀이장과 흙 놀이장이 쉼터를 가운데 두고 넓게 펼쳐져 있고 놀이터 주변으로는 자전거 도로가 별도로 마련됐다. 또한 유치원 주변 공원과 바로 연결된 문이 있어 언제든지 유아들이 산책할 수도 있으며 바깥에서 활동한 뒤 손과 발을 씻을 수 있는 세면대는 물론 실외 화장실까지 구비됐다. 유아들이 주변 환경과 어우러진 친환경적인 생태공간에서 자유롭게 쉬고 맘껏 뛰어놀 수 있게 한 것이다.

출처: 에듀뉴스(2020.1.13.)

더 알아보기 8-1

어린이집 영아반 보육실의 환경변화 효과 검증 사례연구
- 집과 같은 보육환경 디자인 개념을 중심으로 -

1. 연구목적

본 연구는 어린이집이 집과 같은 환경으로 변화할 수 있도록 환경개선을 위한 사례 연구로서 집과 같은 환경을 구성하여 영아반 보육실을 대상으로 환경변화를 적용하여 그 효과를 검증하고, 어린이집 영아반 환경구성의 함의점을 찾고자 하였다.

2. 연구방법

대전시에 위치한 M 직장어린이집의 2세 영아반 보육실을 대상으로 기존 보육실 환경의 문제점과 사용자 요구를 반영하고, 집과 같은 환경특성을 적용하여 보육실 환경을 개선하여, 변화된 보육실 환경 효과를 비교 분석하고자 하였다.

3. 연구결과

보육실 환경 개선 전후의 효과 검증을 위하여 개선전후 환경을 평가도구에 의해 비교해 본 결과 뚜렷한 차이가 나타났다. 아동의 환경요구측면에서는 움직임과 조절감이 상승된 것을 알 수 있다. 그리고 통합된 흥미영역구성은 기능성을 높인 효과로 나타났으며 분위기와 장소성 측면에서도 전반적으로 개선되어진 것으로 평가되었다.

첫째, 본 연구에서 시도한 영아반 보육실 환경변화 효과검증결과 움직임을 촉진하기 위한 충분한 공간 확보와 사적 영역으로 제공될 수 있는 휴식영역의 요구가 중요한 것으로 나타났다. 또한, 외부와의 시각적 연계성과 자유로운 접근이 가능한 테라스를 제공하는 것이 바람직함으로 시사된다.

둘째, 영아들은 양육자와 떨어져 최초로 집이 아닌 공간을 경험하는 공간이기 때문에 어린이집의 적응의 문제를 위해서는 집과 같은 분위기를 제공하는 것이 바람직하다.

셋째, 영역을 세분화하기 보다는 통합영역을 구성하여 공간의 크기에 따라 융통성있게 조절할 수 있는 것이 바람직할 것이다. 특히, 입구영역을 확보하여 사회적 공간으로서 부모, 교사, 영아들 간의 만남과 헤어짐이 이루어질 수 있도록 공간이 제공되어야 한다.

4. 시사점

지금까지 영아에 관한 연구와 영아발달에 적합한 보육환경 연구는 많이 이루지고 있지만, 실제 사용하고 있는 환경과 영아를 대상으로 환경변화를 시도하여 사전, 사후 효과를 검증한 사례는 전무한 상태에서 본 연구는 그 의의를 찾을 수 있을 것이다.

출처: 최목화, 박정아(2018)

참고문헌

고미경, 류숙희, 나정(2006). 유치원의 실외놀이시설과 설비 실태에 대한 평가 분석. **한국생활과학회지**, 15(4), 675-689.

권용은, 이한영(2004). **영아발달을 돕는 보육환경의 운영과 실제**. 서울: 창지사.

김은영, 김진경, 최경숙, 조윤주, 조혜주, 안진(2009). 유치원과 보육시설 시설·설비 기준 개발 연구. 서울: 육아정책연구소.

김정수(2002). 유치원 실외놀이의 시설 및 운영실태: 서울시 공립유치원을 중심으로. 연세대학교 석사학위논문.

김정화, 김갑순(2018). 어린이집 보육환경이 보육교사의 보육효능감에 미치는 영향. **한국보육지원학회지**, 14(5), 137-152.

박정아, 최목화(2016). 어린이집 공간구성과 보육실 흥미영역에 관한 전문가 의견조사. **한국생활과학회**, 25(2). 251-265.

한국보육진흥원(2018). 장애아통합보육 컨설팅 매뉴얼.

한국보육진흥원(2014). 취약보육프로그램_장애아보육프로그램.

이완정(2014). 세부 기능에 맞고 전문 건축가 참여 필요한 어린이집 환경개선. 국가정책위원회 국민이 행복한 건축정책 컨퍼런스.

최경숙(1998). 어린이집 유아보육실의 공간구성을 위한 행태조사 연구. **대한건축학회 논문집**, 14(2), 81~92

최목화, 박정아(2018). 어린이집 영아반 보육실의 환경변화 효과 검증 사례연구 - 집과 같은 보육환경 디자인 개념을 중심으로. **한국주거학회논문집**, 29(6), 133-141.

최목화, 박정아, 손승희(2017). 집과 같은 환경 특성을 적용한 어린이집 보육실 환경변화 사례연구. **대한주거학회**, 28(2), 57-65.

한국한국보육진흥원(2019). 2019 어린이집 평가 매뉴얼(어린이집용). 서울: 한국한국보육진흥원.

Bailey, D.B. & Wolery. M. (1992). *Teaching Infants and Preschoolers With Disabilities*. New York: Merrill.

Cardon, G., Van Cauwenberghe, E., Labarque, V., Haerens, L., & De Bourdeaudhuij, I. (2008).

The contribution of preschool playground factors in explaining children's physical activity during recess. *The international journal of behavioral nutrition and physical activity*, 5, 11.

Cooper, M.C.(1995). *House as a mirror self*. Berkely, CA: Conari Press.

Decker C.A. & Decker, J.R. (2001). *Planning and administering early childhood programs*. New Jersey: Merril Prentice Hall.

Frost (1997) Creating play environment. Paper presented at the 5th International Conference of Samsung Welfare Foundation

Frost, J.L., Wortham, S.C., & Reifel, S. (2012). *Play and child development* (4th eds.). NY: Pearson Education Inc.

Kitchevsky, S., Prescott, E., & Walling, L. (1977). *Planning environment for young children*. NY: Macmillan Publishing

Kontos, S. & Fiene, R. (1987). Child care quality, compliance with regulations, and children's development: The Pennsylvania study. In D.A. Phillops(ED.), *Quality in child care: What does research tell us?* Washington, D.C.: NAEYC.

Marilyn, A.R. (2007). Sense of Place in Child Care Environments. *Early Childhood Educ J*, *34*, 387−392

Maxwell, L.E. (2007). Competency in Child Care Settings. *Environment and Behavior*, *39*(2), 229−245.

NAEYC (2018). NAEYC Early Learning Program Accreditation Standards and Assessment Items. National Association for the Education of Young Children.

Olds, A. (2001). *Child Care Design Guide*. New York: McGraw−Hill.

Prescott E. (1987) The Environment as Organizer of Intent in Child−Care Settings. In: Weinstein C.S., David T.G. (eds) *Spaces for Children*. Springer, Boston, MA

Proshansky H.M., Fabian A.K. (1987) The Development of Place Identity in the Child. In: Weinstein C.S., David T.G. (eds) *Spaces for Children*. Springer, Boston, MA

Rohe, W., & Patterson, A.H. (1974). The effects of varied levels of resources and density on behavior in a day care center. *Childhood City*, *1*, 161−171.

Vandell, D. & Power, C. (1983). Day care quality and childrens free play activities. *American Journal of Orthopsychiatry*, *53*, 593–600.

Zuraimi, M.S. & Tham, K.W. (2008). Indoor air quality and its determinants in tropical child care centers. *Atmospheric Environment*, *42*, 2225–2239.

에듀뉴스(2020.1.13) http://www.edunews.co.kr/news/articleView.html?idxno=56583

참고 사이트

국가법령정보센터 http://www.law.go.kr

CHAPTER 09

영유아의 건강, 영양, 안전

CHAPTER 09

영유아기는 성장과 발달이 급속히 이루어지는 시기인데 반해 질병에 대한 면역력이 약하고, 영유아 스스로 건강과 안전을 지키는 능력이 부족한 시기이다(나종혜 외, 2018). 따라서 어린이집에서는 청결하고 위생적인 환경을 제공하고, 영유아와 어린이집 보육교직원에 대해 정기적으로 건강상태를 확인하며, 영양적으로 균형있고 위생적이며 안전한 급식을 제공해야 한다. 또한 어린이집 실내외 환경과 설비를 정기적으로 점검하여 위험요인 없이 영유아가 안전하게 활동할 수 있도록 하며, 영유아 스스로 자신의 건강과 안전을 지켜나갈 수 있도록 교육을 실시한다.

이 장에서는 어린이집에서 중점을 두어야 할 영유아 대상의 건강관리, 영양관리, 안전관리 방법에 대해 알아본다.

1. 건강관리

1) 예방접종 사실 확인

어린이집 원장은 최초로 보육을 실시한 날부터 30일 이내에 영유아의 예방접종을 실시한 서류(예방접종증명서)를 확인해야 한다. 확인 결과 예방접종을 받지 않은 영유아는 예방접종을 받도록 부모에게 안내해야 하고, 생활기록부에 영유아 예방접종 여부 및 내역에 관한 사항을 기록, 관리해야 한다.

표 9-1 표준 예방접종 일정표(소아용)

구분	대상 감염병	백신 종류 및 방법	0 개월	1 개월	2 개월	4 개월	6 개월	12 개월	15 개월	18 개월	24 개월	36 개월	만 4세	만 6세	만 11세	만 12세
국가예방접종	결핵	BCG(피내용)	1차													
	B형간염	HepB	1차	2차			3차									
	디프테리아 파상풍 백일해	DTaP			1차	2차	3차		추4차				추5차			
		Td/Tdap													추6차	
	폴리오	IPV			1차	2차	3차						추4차			
	b형헤모필루스 인플루엔자	PRP-T/HbOC			1차	2차	3차	추4차								
	폐렴구균	PCV(단백결합)			1차	2차	3차	추4차								
		PPSV(다당질)									고위험군에 한하여 접종					
	홍역 유행성이하선염 풍진	MMR						1차					2차			
	수도	Var						1회								
	A형간염	HepA						1~2차								
	일본뇌염	JE(사백신)						1~3차						추4차		추5차
		JE(생백신)						1~2차								
	인유두종 바이러스	HPV2(서바릭스)/ HPV4(가다실)													1~2차	

출처: 전주시 보건소 홈페이지(http://health.jeonju.go.kr)

생 활 기 록 부(유아)

(앞쪽)

1. 인적사항

어린이집명					
아동	이 름	(한글) (한자)	성 별	남·여	사진 (2.5×3㎝)
	생년월일		입·퇴소일	입소 퇴소	
	주 소		혈액형		
보호자	아동과의 관 계	부	모	형제 (자매)	기 타
	이 름				
	전화번호				

※ 비 고 : 보호자란 중 부모가 있을 경우 양자 모두 기재

2. 출결상황

구분 \ 연령	3세	4세	5세
보육일수			
결석일수			
의 견			

3. 신체발달상황

구분 \ 연령	3세	4세	5세
신 장(㎝)			
몸 무 게(㎏)			
측 정 자			

기록관리자	

4. 영유아 표준예방접종

대상전염병	백신종류 및 방법	접종차수	접종일자	접종기관
디프테리아 파상풍 백일해	DTaP	5차(추가)		
폴리오	IPV	4차(추가)		
홍역유행성 이하선 염풍진	MMR	2차		
일본뇌염	JEV(사백신)	3차		
		4차(추가)		
인플루엔자	Flu	매년 접종		
장티푸스	주사용	고위험군에 한함		
기타 임시예방접종 등		*명칭 기재*		
		명칭 기재		

5. 건강진단

연령	실시 여부	실시 일자	실시 기관	비 고
3세				□ 영유아건강검진(차수: ______ 차) □ 영유아건강검진 외 □ 미실시(사유: ________, 고지횟수 · 일자: ________)
4세				□ 영유아건강검진(차수: ______ 차) □ 영유아건강검진 외 □ 미실시(사유: ________, 고지횟수 · 일자: ________)
5세				□ 영유아건강검진(차수: ______ 차) □ 영유아건강검진 외 □ 미실시(사유: ________, 고지횟수 · 일자: ________)

※ 실시여부: 실시의 경우 O, 미실시의 경우 X
※ 비 고: 해당항목 체크 및 내역기재

6. 활동발달상황

(뒷쪽)

성 명			
영 역 별 \ 연 령	3세	4세	5세
기본생활습관			
신체운동·건강			
의사소통			
사회관계			
예술경험			
자연탐구			
종합의견			

그림 9-1 생활기록부(유아)

출처: 보건복지부(2020)

2) 건강검진

(1) 영유아 건강검진

어린이집 원장은 재원 중인 모든 영유아를 대상으로 매년 1회 이상 건강진단을 실시해야 하는데(영유아보육법 시행규칙 제33조), 「국민건강보험법」 제52조, 동법 시행령 제25조 및 「의료급여법」 제14조의 규정에 의한 영유아 건강검진이나 보호자가 별도로 건강검진을 실시한 경우에는 검사결과 통보서로 갈음할 수 있다.

표 9-2 영유아 건강검진 시기 및 검진 항목

검진 항목		1차 4~6개월	2차 9~12개월	3차 18~24개월	4차 30~36개월	5차 42~48개월	6차 54~60개월	7차 66~71개월
문진 및 진찰		●	●	●	●	●	●	●
신체계측		●	●	●	●	●	●	●
발달평가 및 상담			●	●	●	●	●	●
시력검사						●	●	●
건강교육	안전사고예방	●	●	●	●	●	●	●
	영양	●	●	●	●	●	●	●
	영아돌연사 증후군예방	●						
	구강		●					
	대소변가리기			●				
	전자미디어 노출				●			
	정서 및 사회성					●		
	개인위생						●	
	취학 전 준비							●
구강검진				●		●	●	

출처: 국민건강보험 건강in 사이트(https://hi.nhis.or.kr)

보호자가 건강검진 거부 시 원장은 건강검진에 대한 안내를 3회 이상 고지 및 안내를 한다. 3회 이상 고지·안내 후에도 보호자가 건강검진 거부 시에 원장은 건강검진 실시 여부와 거부 사유를 생활기록부 등에 기록한다.

영유아 건강검진 시 검사 항목은 신체계측, 시력검사, 청력검사, 구강검사 등으로 영유아의 발달단계에 따라 필요한 항목을 검사하며, 영유아 건강검진 검사 항목과 검진 주기는 표 9-2와 같다. 건강검진 결과, 치료가 필요한 영유아는 보호자와 협의하여 필요한 조치를 취하고, 전염성 질환에 감염되었거나 감염이 의심되는 영유아는 어린이집으로부터 격리하여 치료하도록 한다.

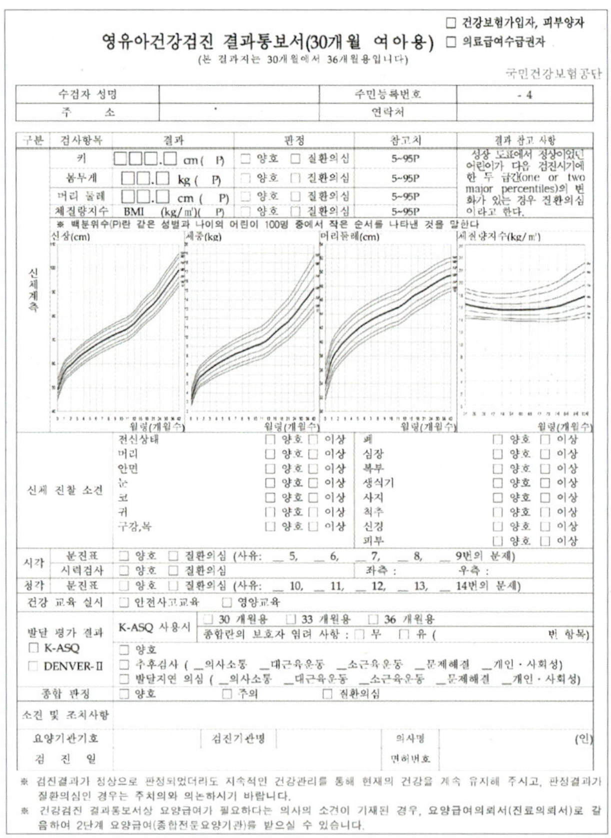

□ 건강보험가입자, 피부양자
□ 의료급여수급권자

영유아건강검진 결과통보서(30개월 여아용)

(본 결과지는 30개월에서 36개월용입니다)

국민건강보험공단

수검자 성명		주민등록번호	- 4
주 소		연락처	

구분	검사항목	결과	판정	참고치	결과 참고 사항
신체계측	키	□□□.□ cm (P)	□ 양호 □ 질환의심	5~95P	성장 도표에서 정상이었던 어린이가 다음 검진시기에 한 두 급간(one or two major percentiles)의 변화가 있는 경우 질환의심이라고 한다.
	몸무게	□□.□ kg (P)	□ 양호 □ 질환의심	5~95P	
	머리 둘레	□□.□ cm (P)	□ 양호 □ 질환의심	5~95P	
	체질량지수	BMI (kg/m²)(P)	□ 양호 □ 질환의심	5~95P	

※ 백분위수(P)란 같은 성별과 나이의 어린이 100명 중에서 작은 순서를 나타낸 것을 말한다

신장(cm) / 체중(kg) / 머리둘레(cm) / 체질량지수(kg/m²)

월령(개월수) / 월령(개월수) / 월령(개월수) / 월령(개월수)

신체 진찰 소견			
전신상태	□ 양호 □ 이상	폐	□ 양호 □ 이상
머리	□ 양호 □ 이상	심장	□ 양호 □ 이상
안면	□ 양호 □ 이상	복부	□ 양호 □ 이상
눈	□ 양호 □ 이상	생식기	□ 양호 □ 이상
코	□ 양호 □ 이상	사지	□ 양호 □ 이상
귀	□ 양호 □ 이상	척추	□ 양호 □ 이상
구강,목	□ 양호 □ 이상	신경	□ 양호 □ 이상
		피부	□ 양호 □ 이상

구분	항목	내용
시각	문진표	□ 양호 □ 질환의심 (사유: __ 5, __ 6, __ 7, __ 8, __ 9번의 문제)
	시력검사	□ 양호 □ 질환의심 좌측 : 우측 :
청각	문진표	□ 양호 □ 질환의심 (사유: __ 10, __ 11, __ 12, __ 13, __ 14번의 문제)
건강 교육 실시		□ 안전사고교육 □ 영양교육
발달 평가 결과 □ K-ASQ □ DENVER-Ⅱ	K-ASQ 사용시	□ 30 개월용 □ 33 개월용 □ 36 개월용
		종합란의 보호자 염려 사항 : □ 무 □ 유 (번 항목)
		□ 양호 □ 추후검사 (__의사소통 __대근육운동 __소근육운동 __문제해결 __개인·사회성) □ 발달지연 의심 (__의사소통 __대근육운동 __소근육운동 __문제해결 __개인·사회성)
종합 판정		□ 양호 □ 주의 □ 질환의심
소견 및 조치사항		

요양기관기호		검진기관명		의사명	(인)
검 진 일				면허번호	

※ 검진결과가 정상으로 판정되었더라도 지속적인 건강관리를 통해 현재의 건강을 계속 유지해 주시고, 판정결과가 질환의심인 경우는 주치의와 의논하시기 바랍니다.

※ 건강검진 결과통보서상 요양급여가 필요하다는 의사의 소견이 기재된 경우, 요양급여의뢰서(진료의뢰서)로 갈음하여 2단계 요양급여(종합전문요양기관)를 받으실 수 있습니다.

그림 9-2 영유아 건강검진 결과통보서 서식(30개월 여아용)

출처: 대한소아신경학회 홈페이지(https://www.cns.or.kr)

(2) 보육교직원 건강검진

어린이집 교직원도 영유아와 마찬가지로 연 1회 이상 건강검진을 실시해야 한다. 신규 채용 시에는 채용신체검사서로 대신하고, 그 외에는 일반건강검진으로 가능하다. 건강진단 결과 감염병에 감염된 것으로 의심되거나 판명된 보육교직원은 완치 시까지 휴직시키거나 면직시키는 등의 조치를 취해야 한다.

3) 아픈 영유아 관리

영유아는 몸이 아파도 자신의 증세를 지각하지 못하거나 이를 성인에게 표현하기 어렵다. 교사는 매일 아침 등원 시 영유아의 기분, 기침, 콧물, 발열 등의 건강상태를 점검하고, 필요한 경우 보호자에게 물어 영유아의 상태를 알고 대처해야 한다(나종혜 외, 2018). 일과를 진행하면서도 영유아의 표정과 행동을 관찰하여 평소와 달리 처지거나 힘들어 하는 모습을 보이거나 열이 나는 등의 증상을 보이면 어린이집 지침에 따라 적절한 조치를 취하도록 해야 한다.

체온계는 이렇게 사용하세요

☑ **귓속형 적외선 체온계 사용법**
- 귀를 잡아당겨 이도(귓구멍)와 체온계의 측정부가 일직선이 되게 한다.
- 체온계를 귓속에 넣고 1~2초 후 측정 버튼을 누른다.
- 알람이 울리면 체온계를 읽는다.

☑ **액와체온계 사용법**
- 영유아의 겨드랑이에 땀이 있다면 닦고 체온계를 넣는다.
- 영유아의 팔을 몸통 쪽으로 붙인다.
- 알람이 울리면 체온계를 읽는다.

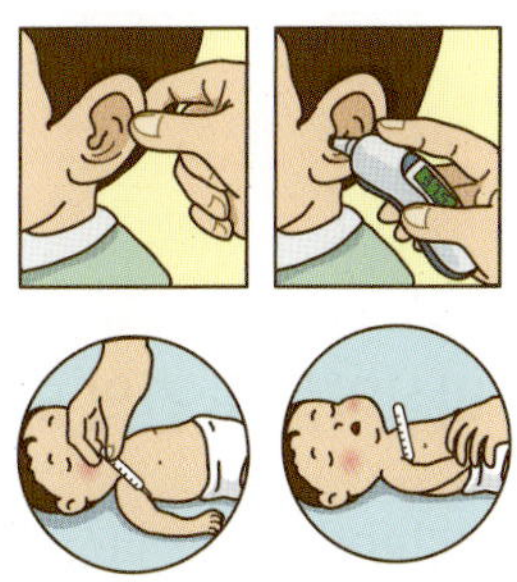

※주의 : 영유아는 입안에 들어오는 것을 씹거나 삼키려는 경향이 있으므로 구강체온계는 영유아에게 사용하지 않는 것이 바람직함

그림 9-3 체온계 사용법
출처: 어린이집안전공제회(2019a)

(1) 투약의뢰서 관리

어린이집에서는 반드시 부모의 투약의뢰 관련 기록에 근거하여 영유아에게 투약한다. 투약의뢰서에는 필수적으로 투약하는 약의 종류, 용량, 횟수 및 시간, 의뢰자 서명, 투약 여부 및 투약자 서명 등을 기재해야 한다.

투약의뢰서

금일 투약을 의뢰합니다.

원 아 명 :
원아증상 :
약의종류 : □물약 □가루약 □연고
보관방법 : □상온 □냉장
투약시간 : 시 분
투약횟수 : 회
투약용량 :

20 년 월 일 요일

투약으로 인한 책임은 보호자(의뢰자)가 집니다.

의뢰자 (사인)

투약확인서

자녀의 투약을 보호자의 의뢰에 따라
아래와 같이 투약하였음을 알려드립니다.

원 아 명 : 원아증상 :
약의종류 : □물약 □가루약 □연고
보관방법 : □상온 □냉장
투약시간 : 시 분
투약횟수 : 회
투약용량 :

20 년 월 일 요일

담당자 (사인)

○○○어린이집

그림 9-4 투약의뢰서(예시)

출처: 보건복지부(2020)

(2) 비상약품 및 간의 의료기구 구비

어린이집에서는 비상약품을 용도별로 구비하여 활용하는데, 약품은 영유아 손이 닿지 않는 곳에 잠금장치를 하여 보관한다. 약품은 종류별로 사용(유효)기간을 표기하는데 약품용기는 분실될 우려가 있으므로 약품에 직접 사용(유효)기간을 표시하고, 사용(유효)기간이 지나거나 표시가 없는 약품은 사용하지 않도록 한다.

표 9-3 갖추어야 할 비상약품 및 간이 의료기구

비상약품(외용제)	간이 의료기구
항생제 외용연고, 근육용 마사지 연고, 생리식염수, 벌레 물린데 바르는 연고	붕대, 거즈, 소독솜, 삼각붕대, 탄력붕대, 칼, 가위, 핀셋, 반창고, 일회용 장갑, 일회용 반창고, 부목류, 체온계

출처: 어린이집안전공제회(2019a)

(3) 감염병 관리

어린이집에서 보육교사 등이 영유아의 감염병 의심 등 이상 징후(지속적인 심한 고열, 붉은 반점, 수포성 발진, 기침, 구토, 곱이 섞인 설사, 결막염 등) 발견 시 격리하고 즉시 보호자에게 알려 의료기관의 진료를 받도록 안내한다. 의사의 진단 결과 전염성

표 9-4 격리가 필요한 증상과 조치사항

구분	증상	조치사항
격리(등원 제한)가 필요한 경우	• 발열과 함께 구역질, 구토 등이 있을 때 • 열과 함께 몸에 발진이 돋았을 때 • 설사(두 번 이상 변을 보았다거나 평소 배변습관에서 변화를 보인 경우)를 하는 경우 • 최근 24시간 내 두 번 이상 구토가 있었을 경우 • 피부나 눈에 황달이 관찰된 경우 • 영유아가 계속 보채고 달래지지 않고 지속적으로 울 경우	영유아의 상태가 좋지 않으면 다음과 같은 조치를 하면서 부모를 기다림 • 가능한 아픈 영유아와 건강한 영유아를 격리하여 보호함 • 전담 보육교직원을 두어 아픈 영유아를 돌봄 • 아픈 영유아가 가지고 놀 놀잇감은 구별하여야 하며 사용 후에는 소독함 • 물놀이를 하지 않도록 함
격리가 필요하지 않은 경우	• 단순 감기 • 중이염 • 열만 나는 경우 • B형 간염 • 분비물이 없는 충혈 등	어린이집에 있어도 될 정도의 상태라면 다음의 사항을 지키도록 함 • 영유아, 교직원 모두 자주 손을 씻도록 함 • 아픈 영유아와 함께 물놀이를 하지 않도록 함 • 놀이시설 및 놀잇감을 자주 소독함

출처: 어린이집안전공제회(2019a)

질환에 감염된 것으로 밝혀지거나 의심되는 영유아는 어린이집으로부터 격리하여 치료하도록 조치한다. 이후 등원할 때는 완치 확진소견서를 제출하도록 한다.

표 9-5 감염병별 격리(등원 제한)가 필요한 기간

병명	증상	잠복기간	격리기간
홍역	발열, 재채기, 결막염, 발진	9~13일	발진이 없어질 때까지 → 발진 후 약 5일간
수두	발열, 발진, 물집이 생김	10~21일	딱지가 떨어질 때까지 → 발진 후 약 7일간
유행성이하선염(볼거리)	발열, 귀 밑이 부어오름	7~21일	귀 밑 부기가 다 빠질 때까지 → 발진 후 약 5일간
풍진	가벼운 감기 같은 증세, 발열, 발진	10~21일	증상이 없어질 때까지 → 대개 발진 후 5일간
백일해	열은 없고 밤에 기침이 심함	7~14일	특유의 기침이 없어질 때까지 → 발병 약 3~4주
유행성감기	발열, 기침, 목이 아픔, 뼈마디 아픔	1~3일	주요 증상이 사라질 때까지
유행성결막염	눈이 붓고 흰자위 충혈, 눈곱 多	7일	주요 증상이 사라질 때까지
농가진	얼굴이나 수족에 쌀알 크기부터 대두 크기의 발진, 수포가 생김	2~5일	염증기가 지나 환부치료, 포대를 하고부터
수족구병	38℃ 정도의 고열, 1~2일간 입속, 손바닥, 발바닥에 수포가 생김	3~6일	주요 증상이 사라질 때까지
전염성설사증	설사의 횟수가 많고 변이 물 같고, 열이 나며 감기 증상을 동반함	2~4일	주요 증상이 사라질 때까지
감염(A형)	식욕 부진, 두통, 열, 황달, 관절통	10~15일	주요 증상이 사라질 때까지
디프테리아	미열, 인후염, 기침, 쉰 목소리, 두통, 편도선 비대, 회색반점	2~4일	배양검사가 2회 이상 음성이 나올 때까지

출처: 어린이집안전공제회(2019a)

가정통신문

수족구 예방 안내

최근 수족구병 환자의 발생이 증가하고 있어 주의가 요구되고 있습니다. 특히 집단 생활을 하는 특성상 집단 발병할 가능성이 큽니다. 이에 예방법을 안내해 드리오니 가정에서 많은 협조 부탁드립니다.

1) 수족구병은 어떤 병인가요?

콕사키바이러스나 엔테로바이러스에 감염되어 발열 및 입안의 물집과 궤양, 손과 발의 수포성 발진이 나타나는 것을 특징으로 하는 질환입니다. 특히 영유아에서 많이 발생합니다. 대부분의 경우 증상 발생 후 7~10일 이후 자연적으로 회복하는 질병이나, 드물게는 뇌수막염, 뇌염, 마비 등 합병증이 동반될 수 있습니다.

2) 어떻게 전파되나요?

감염된 사람의 호흡기 분비물(침, 가래, 코) 또는 대변 등을 통해서 다른 사람에게 전파됩니다.

3) 증상은 무엇인가요?

발열, 식욕 부진, 인후통으로 시작하여 열이 나기 시작한 1~2일 후 입안에 통증성 피부병변이 혀, 잇몸, 뺨 안쪽에 발생합니다. 작고 붉은 반점으로 시작하여 물집이 되고 궤양으로 발전하기도 합니다. 가려움 없는 피부발진이 손바닥과 발바닥에 나타나며 엉덩이와 외음부에 보일 수도 있습니다. 설사나 구토를 동반하기도 합니다.

4) 어떻게 예방하나요?

올바른 손 씻기를 생활화합니다. 즉 외출 후, 배변 후, 식사 전후, 기저귀 교체 전후에 흐르는 물에 비누로 30초 이상 손을 씻도록 합니다.
옷소매 위쪽이나 휴지로 입과 코를 가리고 기침하는 기침 예절을 준수해야 합니다.
환자의 배설물이 묻은 옷은 철저히 세탁하고, 아이들의 장난감, 놀이기구, 집기 등을 청결하게 소독합니다.
수족구병이 의심되면 바로 병의원에서 진료를 받으시고, 수족구병으로 진단되면 발병 후 1주일 동안은 등원하면 안 됩니다.

그림 9-5 수족구병 예방 안내 가정통신문

출처: 육아정책연구소, 한양대학교 산학협력단(2017)

2. 영양관리

1) 급식관리

어린이집 원장은 영유아에게 균형 있고 위생적이며 안전한 급식을 제공해야 한다. 급식은 정상적인 발달에 필요한 영양을 섭취할 수 있도록 영양사가 작성한 식단에 의하여 공급하되, 영유아 100인 미만을 보육하는 어린이집의 경우에는 「어린이 식생활안전관리 특별법」 제21조에 따라 어린이급식관리지원센터에 등록하고, 인근 육아종합지원센터, 보건소 및 어린이급식관리지원센터 등의 영양사 지도를 받아 식단을 작성한다. 영유아 100인 이상을 보육하는 어린이집은 영양사 1인을 두어야 하며, 영양사는 영유아의 건강 · 영양 및 위생을 고려하여 어린이집의 급 · 간식을 관리해야 한다. 영유아들은 소화기관의 발달이 완성되는 단계여서 한 번에 많은 음식을 섭취할 수 없으므로 점심식사와 간식을 통해서 필요한 영양분을 공급할 수 있도록 식단을 계획한다.

급식은 어린이집에서 직접 조리하여 공급하는 것을 원칙으로 한다. 인스턴트 식품보다는 자연식품 위주로 급 · 간식을 제공하고, 건강한 식생활을 위해 저염식, 저당식, 유기농, 친환경 방침을 준수하는 것이 바람직하다. 모든 어린이집은 영유아의 건강 · 안전 및 소비자의 알권리 확보를 위해 농수산물이나 그 가공품을 조리하여 제공하는 경우, 식단표에 원산지를 기재하여 공개해야 한다.

<table>
<tr><td rowspan="5">첫째주</td><td>일자/요일</td><td rowspan="5">1. 쌀(백미, 현미, 흑미, 찹쌀, 밥, 죽, 누룽지) : 국내산
2. 김치류, 배추김치(반찬, 찌개용, 탕용, 겉절이 포함) 배추: 국내산, 고춧가루: 국내산
* 특정식품에 알레르기가 있는 아동은 영양사가 별도 관리합니다.
* 식자재의 수급 상황에 따라 메뉴 및 원산지가 변경될 수 있으며 변경되는 경우에는 현관에 게시합니다.
* 임시공휴일에 보육 신청자가 있을 경우 메뉴는 현관에 게시합니다.
※특정식품[예: 메밀, 밀, 대두, 호두, 땅콩, 복숭아, 토마토, 난류(가금류 포함), 우유, 닭고기, 돼지고기, 쇠고기, 새우, 고등어, 조개류, 홍합,전복, 굴, 게, 오징어, 아황산, 잣 등]에 알레르기가 있는 아동은 사전에 담임교사나 영양사에게 꼭 알려주세요.</td><td>1(목)</td><td>2(금)</td><td>3(토)</td></tr>
<tr><td>오전간식</td><td>단감/우유</td><td>채소죽</td><td>두유/치즈</td></tr>
<tr><td>점심</td><td>쌀밥
근대된장국
삼치살조림
탕평채
(소고기/육우: 국내산)
오이나물
배추김치</td><td>찹쌀밥
황태국
돈육불고기
(돼지고기: 국내산)
새송이버섯볶음
상추쌈/쌈장
배추김치</td><td>떡국
(소고기/육우: 국내산)
배추김치</td></tr>
<tr><td>오후간식</td><td>카레필라프/옥수수차
(돼지고기: 국내산)</td><td>찐감자/우유</td><td>–</td></tr>
<tr><td>열량/단백질/칼슘</td><td>620.5/26.1/252.0</td><td>622.9/27.4/236.6</td><td>350.9/15.6/194.5</td></tr>
</table>

그림 9-6 어린이집 식단표 예시

표 9-6 급 · 간식 식단별 고려사항

구분	고려사항
오전 간식	• 점심식사에 영향을 주지 않는 양으로 일일 총열량의 약 5~10% 수준 제공 • 아침을 먹지 않은 영유아들을 고려하여 오전 간식 제공량을 늘려주거나 오전 간식시간이 늦어지면 점심식사의 섭취량이 줄어들 수 있으므로 유의함
점심	• 점심식사는 하루 필요 열량에서 간식을 제외한 1/3 수준으로 제공
오후 간식	• 오후 간식은 저녁식사와 시간 차이가 비교적 긴 편이므로 오전 간식보다 비중을 더 두도록 함 • 일일 총열량의 10% 수준으로 제공

출처: 교육부, 육아정책연구소(2017)

그림 9-7 배식도구와 적정 배식량

출처: 급식관리지원센터(2013)

2) 급식지도

영아반은 어린이집에 식당이 있더라도 보육실에서 식사를 하는 것이 바람직하다. 특히 0, 1세반의 경우 영아에게 익숙한 보육실에서 학급 단위의 소규모로 식사하는 것이 영아들에게 안정감을 주고 식사에 집중할 수 있도록 한다.

영유아의 급식지도에서는 무엇보다 영유아의 발달 수준과 건강 및 기분 상태, 개인차 등을 고려하여 융통성 있게 지도해야 한다. 영유아의 식욕이 쉽게 변할 수 있다는 것을 이해하고, 모든 음식을 다 먹어야 한다는 점, 교사의 도움 없이 처음부터 끝까지 스스로 먹어야 한다는 점을 지나치게 강조하지 않도록 한다. 무엇보다도 식사시간이 즐거운 시간이 되도록 하고, 모든 음식이 새로운 경험이 될 수 있다는 관점에서 영유아가 적응할 시간을 충분히 주고 먹는 속도를 고려하여 지도하도록 한다. 식사시간에 항상 늦게 먹거나 못 먹는 것이 많았던 경험은 영유아로 하여금 식사에 대한 부정적 개념을 심어주고, 영유아의 자아존중감 및 자기효능감에 부정적 영향을 미칠 수 있음에 유의해야 한다. 교사나 부모가 여러 가지 음식을 골고루 먹고 즐겁게 식사하는 모습을 보여주어 올바른 식습관의 모델이 되도록 한다.

- 네오포비아란 새로운 것에 공포를 느끼고 거부하는 것을 말함
- 이는 음식에도 적용되며, 음식에 대한 네오포비아는 만 2~5세경에 최고조에 달했다가, 5세 이후 차츰 줄어들게 됨

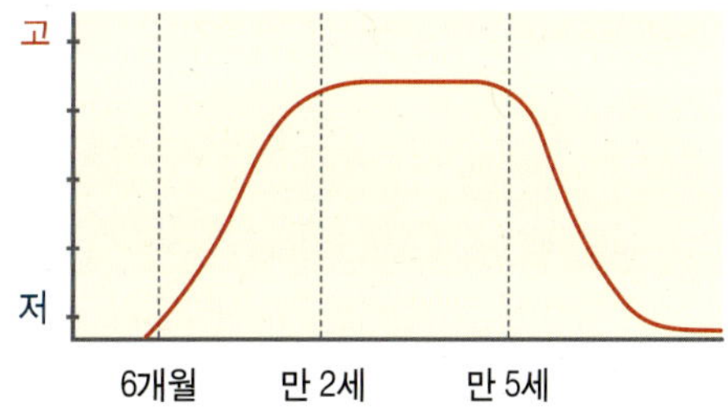

나이에 따른 음식 네오포비아

그림 9-8 영유아의 푸드 네오포비아

출처: EBS 다큐프라임 '아이의 밥상'

3) 급식 위생

「식품위생법」에 따라 상시 1회 50인 이상(영유아 및 보육교직원 포함)에게 식사를 제공하는 어린이집의 경우 시 · 군 · 구청 위생 관련 부서에 집단급식소로 신고 · 운영하고 조리사 자격을 갖춘 조리원을 배치하여야 한다. 어린이집의 조리실은 항상 청결을 유지하고 정기적으로 식기, 도마, 칼, 행주, 기타 주방용구를 세척 · 살균 · 소독하고, 어린이집 통합안전점검표를 참고하여 매일 위생상태를 점검하도록 한다.

표 9-7 어린이집 통합 안전점검표: 일별 점검표 – 급식 분야

(점검상태 : 양호○, 보통△, 불량×)

구분	점검항목	점검 결과						조치 사항
		/ 월	/ 화	/ 수	/ 목	/ 금	/ 토	
위생 및 식재료 관리	• 작업 전 건강상태를 확인한다(감기, 설사, 손 상처자 등 조리 금지).							
	• 위생복, 위생화, 앞치마, 위생모를 착용하고, 배식 시에는 배식 전용기구, 마스크, 위생장갑을 사용하고 있다.							
	• 유통기간 확인 및 선입선출을 준수하고 있다.							
	• 식재료 보관실은 항상 청결을 유지하고 있다.							
	• 보존식 보존 및 관리기준을 준수하고 있다(배식 직전 소독된 전용용기에 100g 이상 채취하여 144시간 냉동 보관)**							
	• 어류 · 육류 · 채소류를 취급하는 칼, 도마는 각각 구분하여 사용하고 있다.							
	• 식기류 및 조리기구의 세척, 소독을 철저히 하고 있다.							
	• 세제, 소독제, 살충제에 라벨을 부착하여 분리 보관하고, 방충, 방서 등을 위한 정기적인 방역 소독필증을 보관하고 있다.							
	• 식재료의 입고날짜를 기록한 라벨을 부착하여 관리하고 있다.							
	• 식재료 검수일지를 작성하고 보관하고 있다.**							
작업 관리	• 조리 후 2시간 이내 배식하고 있다.							
	• 영양사가 작성한 식단을 사용하고 있다.							
	• 농수산물 및 그 가공품(쇠고기 등 16종)을 조리하여 제공하는 경우 식단표에 그 원산지를 기재하여 공개하고 있다.**							
	• 영양사나 교사는 검식 후 검식일지 작성 및 배식 점검을 하고 있다.							
시설 · 설비 관리	• 조리장 바닥과 배수로에 물 고임 및 냄새 역류가 없도록 관리하고 있다.							
	• 후드, 환풍기를 청결하게 관리하고 있다.							

* '**'가 표시된 점검사항은 집단급식소 미신고 대상시설에서 반드시 준수할 사항은 아님

출처: 보건복지부(2020)

보육교사가 담당하게 되는 배식과 관련된 위생관리 내용을 살펴보면, 우선 조리가 완료된 음식은 2시간 이내에 배식해야 한다. 영유아를 위한 식사와 간식에 사용하는 식탁 또는 책상은 배식 전후로 전용소독제를 사용하여 항상 청결하게 위생관리를 한다. 보육교사는 배식을 시작하기 직전에 반드시 손을 깨끗이 세척, 소독한다. 위생모, 위생장갑과 마스크를 착용하며, 위생장갑을 착용하더라도 적절한 배식전용 도구(집게, 국자 등)를 사용하여 손이 음식에 직접 닿지 않도록 한다. 배식 중에 남아 있는 음식과 바로 조리한 음식은 섞지 않도록 한다. 또한 영유아에게 배식된 음식은 손을 대지 않았다 하더라도 식사가 끝나면 폐기하여야 하며, 배식 후 남은 음식은 당일 소모를 원칙으로 하여 다시 배식하지 않고 전량 폐기한다. 영유아용 컵은 소독기를 사용하는 등 청결하게 관리되어야 하고, 영아들이 식사 시에 사용하는 앞가리개는 매번 사용 후 세탁하고 건조하여 위생적으로 관리하도록 한다.

3. 안전관리

1) 영유아 안전사고 현황

어린이집안전공제회(2019) 자료에 따르면, 어린이집에서 안전사고가 많이 발생하는 장소로는 보육실을 비롯한 관내공간이 84.6%, 인근 놀이터를 비롯한 관외공간이 15.4%로 나타났다.

보건복지부, 어린이집안전공제회, 중앙육아종합지원센터(2019)에 따르면, 0~1세, 2세의 경우 감정 조절능력이 미약한 상황에서 또래간 의사소통이 수월하지 않아 꼬집음/물림/할퀸 사고(3군)가 자주 발생하고, 신체 조절능력이 능숙하지 못하여 스스로 넘어짐/떨어짐/미끄러짐 사고(1군)가 물체나 사람에 부딪힘 사고(2군)보다 상대적으로 많이 일어나며, 유아 시기에 비해 화상사고 발생률이 높게 나타나는 특성이 있다.

그림 9-9 어린이집 사고 발생 장소별 현황(%)

출처: 어린이집안전공제회(2019b)

3세 이상 유아의 경우 대근육의 발달 등 신체 움직임이 활발해지고 활동 영역 및 공간이 늘어남에 따라 물체나 사람에 부딪히는 충돌사고(2군) 및 끼임/물림/당김/찔림/베임, 기타 야외사고 사고(6군)가 많이 일어난다.

표 9-8 안전사고별 유형군과 사고건수 비율

구분	1군	2군	3군	4군	5군	6군(기타)
세부 사고 유형	• 넘어짐 • 떨어짐 • 미끄러짐	• 물체에 부딪힘 • 사람에 부딪힘	• 꼬집음 • 물림 • 할큄	• 화상	• 이물질 삼킴(삽입) 및 흡입 • 음식물 섭취	• 끼임 • 눌림 • 당김 • 찔림 • 베임, 기타
비율	6,786건 (34.1%)	6,098건 (30.7%)	1,559건 (7.8%)	379건 (1.9%)	365건 (1.8%)	4,698건 (23.6%)
0~1세	739	587	293	100	33	438
2세	1,974	1,696	684	119	71	1,263
3세 이상	4,073	3,815	582	160	261	2,997

출처: 보건복지부 외(2020)

2) 물리적 환경에 대한 안전관리

(1) 보육실 안전관리

보육실은 영유아들이 가장 많은 시간을 보내는 공간이므로 각별한 안전관리가 요구되는데, 기본적으로 준수해야 할 안전수칙은 다음과 같다.

표 9-9 보육실 안전관리 수칙

구분	안전수칙
보육실 및 가구	• 영유아만 두고 보육실을 비우지 않아요. • 영유아를 돌보며 행정업무를 하지 않아요. • 가구 위에 무거운 것이나 위험한 것을 올려두지 않아요. • 화상을 입을 수 있는 글루건, 뜨거운 물이 들어 있는 텀블러나 컵 등은 보육실에 두지 않아요. • 보육실 가구에는 모서리보호대, 안전잠금장치를 설치해요.

(계속)

구분	안전수칙
문 및 창문	• 문을 열고 닫을 때 문 앞에 영유아가 있는지 살펴보아요. • 문닫힘 방지대를 반드시 사용해요. • 창문 아래쪽에는 영유아가 기어오를 수 있는 가구나 비품 등을 두지 않아요.
놀잇감	• 바닥에 걸려 넘어지거나 밟아 다칠 만한 놀잇감이 있는지 수시로 확인해요. • 만 0~1세 영아에게 직경 3.5cm 이하 놀잇감(구슬, 작은 레고블럭, 단추 등)을 제공하지 않아요. • 고장이나 파손되어 위험한 놀잇감이 있는지 매일 확인해요.
바닥 및 벽	• 영아가 삼킬 만한 이물질, 영유아 발에 걸려 넘어질 수 있는 물건(전선, 줄 등), 발을 다치게 하는 물건(유리조각, 바늘, 철사, 파편 등)이 있는지 수시로 점검해요. • 게시된 액자 등이 벽에 떨어질 염려가 없는지 수시로 점검하고 단단하게 고정시켜 놓아요. • 벽에 압핀이나 압정 대신 파일바인더, 나무집게 등을 사용해요.
전선 및 콘센트	• 모든 전선은 짧게 정리해 놓아요. • 하나의 콘센트에 많은 플러그를 꽂지 않아요. • 콘센트를 사용하지 않을 때는 안전덮개로 덮어 놓아요. • 콘센트에 먼지가 들어가지 않게 옆으로 돌려 놓아요.

출처: 어린이집안전공제회(2019b)

(2) 놀잇감 안전

어린이집에서는 놀잇감의 위험요소를 항상 점검하여 영유아의 안전을 확보해야 하는데, 안전한 놀잇감 선택 시 고려사항은 다음과 같다.

표 9-10 안전한 놀잇감 선택을 위한 고려사항

구분	고려사항
재질	• 안전검사에 합격한 제품이어야 함(건전지를 이용하는 놀잇감은 반드시 확인할 것) • 무독성 페인트를 사용한 것이어야 함 • 빨거나 만질 때 표면이 쉽게 벗겨지지 않아야 함(유해 중금속, 착색료 위험) • 헝겊으로 만든 놀잇감은 불연성이어야 함 • 나무로 만든 놀잇감은 쉽게 가시가 일어나거나 마모되지 않아야 함 • 화학섬유로 만든 것이나 합성 머리카락이 달린 인형은 좋지 않음 • 유리나 깨지기 쉬운 금속의 놀잇감은 사용하지 않음

(계속)

구분	고려사항
구조	• 내구성이 강하고, 조립상태가 견고한 놀잇감이어야 함 • 0세, 만 1세 영아에게 제공되는 놀잇감은 지름이 3.5cm 이상이어야 함 • 너무 무겁거나 복잡하지 않는 놀잇감이어야 함 • 질식, 목졸림 등의 위험이 있거나 뾰족한 모서리, 깨짐, 균열, 헐거운 나사나 볼트, 끝이 깨진 사기그릇, 안전 처리되지 않은 깡통, 화상 및 화재의 위험이 있는 총, 화약을 이용한 불꽃놀이 놀잇감, 장시간 현란한 빛을 발생하는 놀잇감 등은 제공하지 않음

(3) 안전점검

어린이집에서는 어린이집 통합안전점검표(안전분야)에 따라 매일, 매월 시설안전점검을 실시하여 화재・상해 등 위험 발생요인을 사전에 제거하여야 한다.

표 9-11 어린이집 통합 안전점검표: 일별 점검표 – 안전 분야 (점검상태 : 양호○, 보통△, 불량×)

구분	점검항목	점검 결과						조치사항
		/ 월	/ 화	/ 수	/ 목	/ 금	/ 토	
실외 환경	• 어린이집 보호벽 및 주변의 관리상태는 양호한가?							
	• 실외놀이 공간 주변의 돌, 유리조각, 요철, 녹이 슨 부분, 벗겨진 페인트, 돌출된 모서리가 방치되어 있지는 않은가?							
	• 놀이터 바닥에 오물, 방치된 물 웅덩이가 없는가?							
실내 환경	• 문과 창문 등의 추락 위험은 없는가?							
	• 바닥에는 다칠 수 있거나 미끄러운 곳이 없는가?							
	• 복도, 계단, 비상계단, 미끄럼대 등에 방치된 물건이 없어 피난계단, 미끄럼대 등을 사용하기에 양호한가?							
	• 보육용품이나 비품, 유리창 등에 날카로운 모서리 등이 없는가?							
놀잇감 및 놀이 기구	• 망가져 날카롭고 위험한 것 또는 부품이 빠지거나 작은 볼트 등이 빠진 것은 없는가?							
	• 유해 색소가 칠해진 놀잇감은 없는가?							
	• 영유아가 삼킬 만한 작은 놀잇감이나 부품은 없는가?							
	• 놀잇감 및 놀이기구의 수납상태가 양호한가?							

(계속)

구분	점검항목	점검 결과						조치사항
		/ 월	/ 화	/ 수	/ 목	/ 금	/ 토	
화장실 · 세면대	• 화장실 내 세제나 락스 등 위험한 물건이 영유아들의 손이 닿는 곳에 방치되어 있지 않는가?							
위험물 · 전기 · 화기 ·	• 콘센트는 안전덮개로 보호되어 있는가?							
	• 화기에 의한 안전사고 위험은 없는가?							
	• 위험물에 의한 안전사고 위험은 없는가?							
	• 가스밸브와 가스 중간밸브 잠금은 양호한가?							

출처: 보건복지부(2020)

2) 영유아에 대한 안전교육

영유아 스스로가 자신의 안전을 보호할 수 있는 능력과 기술을 가지도록 교육해야 한다. 아동복지법령의 안전교육 기준에 따라 매년 안전교육계획을 수립하여 교육을 실시하고, 계획 및 교육 실시결과를 관할 시장 · 군수 · 구청장에게 매년 보고해야 한다.

표 9-12 안전교육 기준(아동복지법 제31조 및 같은 법 시행령 제28조)

구분	성폭력 · 아동학대 예방교육	실종 · 유괴의 예방 · 방지교육	감염병 및 약물의 오용 · 남용 예방 등 보건위생관리 교육	재난대비 안전교육	교통안전교육
실시 주기 (총시간)	6개월에 1회 이상 (연간 8시간 이상)	3개월에 1회 이상 (연간 10시간 이상)	3개월에 1회 이상 (연간 10시간 이상)	6개월에 1회 이상 (연간 6시간 이상)	2개월에 1회 이상 (연간 10시간 이상)
교육 내용	• 내 몸의 소중함 • 내 몸의 정확한 명칭 • 좋은 느낌과 싫은 느낌 • 성폭력 예방법과 대처법	• 길을 잃을 수 있는 상황 이해하기 • 미아 및 유괴 발생시 대처방법 • 유괴범에 대한 개념	• 감염병 예방을 위한 개인위생 실천 습관 • 예방접종의 이해 • 몸에 해로운 약물 위험성 알기	• 화재의 원인과 예방법 • 뜨거운 물건 이해하기	• 차도, 보도 및 신호등의 의미 알기 • 안전한 도로 횡단법

(계속)

구분	성폭력 · 아동학대 예방교육	실종 · 유괴의 예방 · 방지교육	감염병 및 약물의 오용 · 남용 예방 등 보건위생관리 교육	재난대비 안전교육	교통안전교육
교육 내용		• 유인 · 유괴 행동에 대한 이해 및 유괴 예방법	• 생활 주변의 해로운 약물 · 화학제품 그림으로 구별하기 • 모르면 먼저 어른에게 물어보기 • 가정용 화학제품 만지거나 먹지 않기 • 어린이 약도 함부로 많이 먹지 않기	• 옷에 불이 붙었을 때 대처법 • 화재 시 대처법 • 자연재난의 개념과 안전한 행동 알기	• 안전한 통학버스 이용법 • 날씨와 보행안전 • 어른과 손잡고 걷기

영유아 대상으로 안전교육을 실시할 경우, 영유아의 발달 특성을 고려하여 놀이, 그림책, 동영상 등 구체적 교수자료를 활용하여 영유아가 일상생활 속에서 자연스럽게 안전지식과 기술을 습관화할 수 있도록 지도한다.

내용 : 내 몸의 소중함, 좋은 느낌과 싫은 느낌, 성폭력 예방법과 대처법

영상 보기 : https://youtu.be/h6cD-2Xg6Wc

내용 : 몸의 명칭, 성폭력 예방법과 대처법

영상 보기 : https://youtu.be/L5faeY9VXO0

그림 9-10 성폭력 및 아동학대 예방 교육 영상 자료

출처: 어린이집안전공제회 홈페이지 자료실(http://www.csia.or.kr)

9-1 보육뉴스

어린이집 안심 보육, 어린이집안전공제회와 함께 지킵니다.

보건복지부(장관 박능후)는 올해로 창립 10주년을 맞이하는 어린이집안전공제회(이사장 김영옥)가 11월 1일(금) 창립 기념식 및 국제학술토론회(세미나)를 개최했다고 밝혔다. 어린이집안전공제회(이하 공제회)는 어린이집에서 발생하는 돌연사증후군* 등에 대한 민영보험사의 담보 한계, 보상과정의 갈등 해결 필요성 등이 대두됨에 따라 2009년 11월 영유아보육법에 근거한 특수법인으로 출범하였다.

□성별 및 연령별

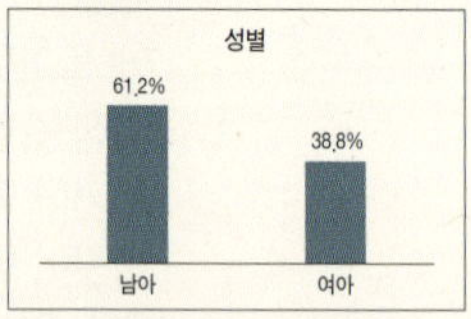

– 사고는 남아(61.2%)가 여아(38.8%)에 비해 약 1.6배 높게 나타남

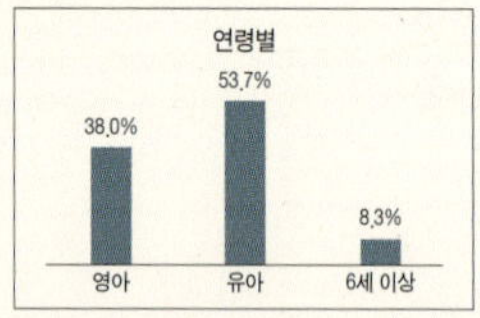

– 연령별로는 유아(53.7%)가 영아(38.0%)에 비해 약 1.4배 높게 나타남

□사고 유형 및 부상 부위

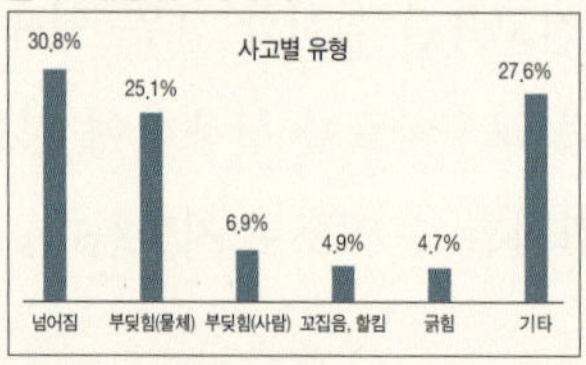

– 넘어짐(30.8%), 물체에 부딪힘(25.1%)으로 인한 사고가 다른 유형에 비해 높게 나타남

*기타 : 당김, 떨어짐, 찔림, 끼임, 화상, 미끄러짐, 눌림, 이물질 삼킴, 베임, 물림, 호흡곤란 등

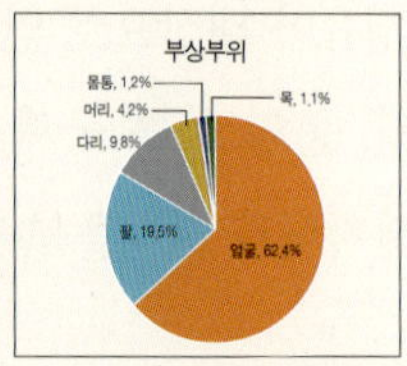

– 부상부위는 얼굴(62.4%), 팔(19.5%), 다리(9.8%), 머리(4.2%) 순으로 나타남

*한 사고당 여러 부위를 다칠 수 있기 때문에 중복기재 반영

공제회는 출범 이후 2019년 현재까지 영유아의 생명 · 신체 피해, 보육교직원 상해, 화재 상품 등 총 12개의 공제상품을 개발 · 운영하고 있으며, 2018년 말까지 9년간 접수된 급여청구는 총 15만 건, 이 가운데 실제 지급된 급여는 총 14만 건, 334억 원에 달한다. 이와 더불어 어린이집 안전사고를 줄이기 위해 보육교직원 대상 안전교육(2012~), 어린이집 대상 소방 · 보육 · 통학차량에 대한 안전관리 상담 · 조언(2014~), 영유아를 대상으로 하는 이동안전체험관 운영(2015~) 등 다양한 안전사고 예방 사업을 실시하고 있다.

이번 국제학술 세미나는 미래지향적인 안심 보육환경 구축과 향후 공제회의 역할 강화방안에 대한 시사점을 찾아보고자 마련되었다. 특히 내년부터 시행되는 「개정 누리과정(3~5세 표준보육과정)」의 핵심 내용이 아동 중심의 충분한 놀이경험을 통한 창의성과 자율성 신장이므로 보육현장에서 아동의 안전사고 위험에 대비하고 예방할 필요성 또한 커지는 점 등 시의성도 고려한 것이다.

* 영아돌연사증후군(Sudden Infant Death Syndrome, SIDS) : 12개월 이내의 건강하던 영아가 아무런 원인 없이 사망하였으나 다각적인 조사로도 사인을 규명하지 못하는 사망

출처: 헬스인뉴스(2019.11.4.)

더 알아보기 9-1

미세먼지 단계별 어린이집 대응요령

단계	대응요령
평시 사전준비사항 포함	• 평상시 환기는 하루 두 번(오전, 오후) 이상 30분씩 실시 • 공기청정기 관리 • 미세먼지 '나쁨' 이상일 경우 자연환기 자제 • 월 1회 이상 천장, 벽면, 창틀 및 방충망 물걸레 청소 • 고농도 미세먼지 발생 시 대처방안에 대한 숙지 • 고농도 미세먼지 상황 대비 실외활동 대체를 위한 사전계획 마련 – 대체활동(실내체육, 실외활동 단축, 일정 연기 등) 마련 • 호흡기질환 등 관심이 필요한 영유아 관리대책 마련 • 보건용 마스크, 상비약 등 비치 및 비치 여부 확인
고농도 예보 익일예보 '나쁨' 이상	• 게시판, 안내문, 비상연락망 등을 통한 예보상황 · 행동요령 공지 • 익일 예정된 실외활동에 대한 점검(실내활동으로 대체 여부 검토) • 미세먼지 예보 상황 및 농도변화 수시 확인 ※ 에어코리아(airkorea.or.kr), '우리동네대기질' 모바일 앱 활용
고농도 발생 PM10 81 이상 또는 PM2.5 36 이상 1시간 지속	• 미세먼지 담당자는 미세먼지 농도를 수시로 확인, 기관 내 상황 전파 • 영유아 대상 행동요령 교육 및 실천 외출 자제 : 외출 시 마스크 쓰기, 깨끗이 씻기 등 • 실외활동 자제(실내수업 대체), 바깥공기 유입 차단(창문 닫기) • 실내공기질 관리(예 : 공기청정기 가동, 물걸레질 청소 등)
주의보 PM10 150 이상 또는 PM2.5 75 이상 2시간 지속	• 실외활동 단축 또는 금지, 필요 시 등 · 하원 시간 조정 등 검토 ※ 체육활동, 현장학습 등을 실내활동으로 대체 • 시설 내 기계, 기구류 세척, 식재료 등 식당 위생관리 강화
비상저감조치 PM2.5 주의보 수준 유사	• 필요 시 임시 휴원 및 수업시간 단축 등 권고 ※ 다만, 휴원 권고 시에도 어린이집은 정상 운영하고, 어린이집에서 가정내 보육 여부를 학부모가 선택할 수 있도록 '비상저감조치 발령사항' 및 '등원 자제' 사전안내 • 차량 운행 제한 협조 : 통학차량 중 5등급 차량 확인 및 운영 자제
경보 PM10 300 이상 또는 PM2.5 150 이상 2시간 지속	• 실외활동 금지 • 등 · 하원 시간 조정, 임시 휴원 조치 검토 ※ 비상저감조치 발령 시 대응 요령과 동일 • 시설 내 기계, 기구류 세척, 식재료 등 식당 위생관리 강화

출처: 한국보육진흥원 홈페이지(www.kcpi.or.kr)

더 알아보기 9-2

안전교육 영상자료

• 세피와 함께하는 화재 대피요령

• 세피와 함께하는 지진 대피요령

1. 집에서 지진이 나면 안전한 곳은 어디?
   • 책상이나 식탁 같은 안전한 공간에 들어가 머리를 보호하고 지진이 멈출 때까지 기다린다.
   • 유리창이나 넘어지기 쉬운 가구 주변은 피해야 한다.
2. 흔들림이 멈췄을 경우 안전하게 나갈 수 있게 현관문을 열어 출구를 확보한다.
   • 지진으로 인하여 현관문이 휘어져 열리지 않아 갇힐 수 있다.
3. 지진이 멈추면 재빨리 밖으로 대피한다.
   • 가스밸브를 잠그고 전원차단기를 내린다(성인).
   • 맨발로 나가면 다칠 수 있으니 꼭 신발을 신고 나간다.
4. 엘리베이터가 아닌 계단으로 내려간다.
   • 지진 발생 시 엘리베이터가 고장나서 추락할 수 있다.
5. 대피 시 복도에서는 뛰지 않고 떨어지는 물건에 유의하며 머리를 보호하여 걷는다.
6. 밖으로 대피했을 경우 넓은 운동장이나 공터로 대피하여 안내방송을 듣고 올바른 정보에 따라 행동한다.

출처: 어린이집안전공제회 홈페이지 자료실(http://www.csia.or.kr)

참고문헌

교육부, 육아정책연구소(2017). 유치원 급・간식 운영관리 지침서.

급식관리지원센터(2013). 어린이 단체급식 가이드라인 교육용 카드.

나종혜, 김송이, 신나리, 권연희, 배선영, 손승희(2018). **영유아 중심 보육교사를 위한 보육학개론**. 경기: 파워북.

보건복지부(2020). 보육사업안내.

보건복지부, 어린이집안전공제회, 중앙육아종합지원센터(2019). 2019 어린이집 보육교직원 안전교육.

보건복지부, 질병관리본부, 국민건강보험(2015). 2015년 영유아 건강검진 검진의사 매뉴얼 별책.

어린이집안전공제회(2019a). 2019 어린이집안전관리백과(4권) – 건강・환경・위생・급식.

어린이집안전공제회(2019b). 어린이집 안전가이드북.

육아정책연구소, 한양대학교 산학협력단(2017). 영유아 건강관리 가이드북: 유치원 어린이집용.

EBS 다큐프라임 '아이의 밥상'

참고 사이트

국민건강보험 건강in 웹사이트(https://hi.nhis.or.kr)

대한소아신경학회 홈페이지(https://www.cns.or.kr)

어린이집안전공제회 홈페이지 자료실(http://www.csia.or.kr)

질병관리본부 예장접종도우미 웹사이트(https://nip.cdc.go.kr)

CHAPTER 10

어린이집 운영관리

C H A P T E R

10

어린이집의 보육목적을 효과적으로 달성하기 위해서는 체계적인 운영관리가 이루어져야 한다. 보육목적에 따라 적절한 보육과정을 계획하고 보육활동을 실행하는 것이 어린이집의 핵심적인 활동이지만, 보육활동이 원활하게 이루어지기 위해서는 전문성을 갖춘 원장과 보육교사에 의한 합리적인 운영관리가 필수적으로 뒷받침되어야 한다. 이 장에서는 어린이집 운영관리가 무엇인지 살펴보고, 어린이집 운영관리 영역 중 주요 영역에 해당하는 인적관리, 시설 · 설비 관리, 재무 · 사무 관리에 대해 구체적으로 살펴보고자 한다.

1. 어린이집 운영관리의 이해

1) 어린이집 운영관리의 개념 및 필요성

어린이집 운영관리는 어린이집이 추구하는 목적을 달성하기 위해 인적, 물적, 기술 등의 유용한 자원을 최대한 효율적으로 활용하여 계획, 조직, 인사, 지휘, 통제, 동기부여 등의 기능을 체계적으로 수행하며 기관 운영의 효율화를 도모하는 일련의 과정으로 정의할 수 있다(이순형 외, 2012). 즉 어린이집 운영관리는 어린이집의 보육 목적 달성을 위해 보육과정을 마련하고, 보육과정이 효과적으로 운영될 수 있도록 인적 자원, 물적 자원, 재정적 자원 등을 잘 정비하고 운영하는 것이라고 할 수 있다(이기숙 외, 2014). 어린이집의 운영관리는 단순히 인적, 물적 자원 등을 사용하는 것을 의미하지 않으며, 어린이집이 가지고 있는 자원을 최대로 극대화시켜 효율적으로 활용하는 것을 의미한다. 효율적인 운영관리는 구성원의 만족도를 높일 수 있으며, 이는 어린이집의 전체적인 경쟁력 강화로 이어질 수 있다.

영유아보육에 대한 요구가 다양해지고 이에 따른 관련 제도와 정책이 급격하게 변화하는 현 상황에서 어린이집은 급변하는 보육환경에 대응할 수 있어야 한다. 수요자 중심의 맞춤형 보육서비스에 대한 요구와 기관 운영에 대한 점검과 평가가 강화되고 있어 다양한 보육 요구를 효과적으로 충족시키기 위한 체계적인 운영관리의 필요성이 더욱 커지고 있다. 따라서 어린이집은 관련 법령과 제도 정책을 근거로 어린이집의 시설과 설비를 갖추고, 우수한 보육교직원을 채용하여 이들이 적절한 역할을 수행할 수 있도록 지원해야 한다. 또한 효율적으로 재정을 운영하고, 어린이집 운영에 필요한 사무업무를 정확하게 관리하여 양질의 보육서비스를 제공할 수 있도록 노력해야 한다. 이와 같은 운영 관리의 전반에 대해 주기적으로 평가하고 평가 결과를 반영하여 꾸준한 개선 · 보완이 이루어질 때 어린이집은 지속적으로 유지 · 발전할 수 있을 것이다.

2) 어린이집 운영관리의 영역

어린이집 운영관리에는 인적관리, 환경관리, 재정관리, 사무관리 등 영유아보육서비스 제공을 위한 다양한 영역의 내용이 포함될 수 있다. 어린이집 평가(2020)에서는 기관 운영 관리, 가정 및 지역사회 연계, 실내외 공간의 관리, 보육교직원 관리에 관한 지표와 내용이 어린이집 운영관리와 관련된다. 어린이집 운영관리 영역을 Decker와 Decker(2001), 문혁준 외(2013), 이순형 외(2012)의 내용을 참고하여 정리해 보면 다음과 같다.

표 10-1 어린이집 운영관리 영역 및 주요 내용

영역	주요 내용
원아관리	원아 모집과 선발, 신입원아 오리엔테이션, 입소 및 퇴소, 학급편성, 출결석 등
인사관리	보육교직원 채용과 훈련, 보수 및 근무조건, 복지, 업무분장, 근무평정, 회의, 보수교육 등
보육과정 관리	보육계획 수립 및 운영, 일과운영, 현장견학, 행사 등
시설 · 설비 관리	실내 · 외 기관 및 설비 기준, 보수 및 유지 관리, 공간 구성 등
교구 · 교재 관리	비품 및 교재 · 교구의 구입 및 배치, 관리
건강 · 영양 · 안전 관리	건강검진, 질병관리, 영양관리, 급간식관리, 안전점검, 건강 및 안전 교육 등
재정관리	예산편성과 집행, 결산, 보육료 수납, 운영비 지출, 감사 등
사무관리	사무분장, 법정문서 관리, 공문 작성, 보육활동 및 평가 기록, 사무기록, 서류 보관 및 관리 등
부모협력	부모참여, 부모교육, 부모상담, 부모 자원 활용, 부모회의 조직과 운영 등
지역사회협력	지역사회 기관과의 협력, 지역사회 요구 파악, 지역사회 자원 분석
이용서비스	등하원 차량 운영, 가족지원이나 사회복지 차원의 서비스 제공 등

2. 어린이집 인적관리

1) 원아관리

(1) 원아관리의 개념 및 필요성

원아관리는 영유아가 어린이집에 입소하여 퇴소 또는 졸업할 때까지 영유아와 관련된 업무를 관리하는 것을 의미한다. 원아 관리에는 원아 모집, 반 편성, 입소와 퇴소, 신입원아 오리엔테이션과 적응프로그램 운영 등이 포함된다.

어린이집 전체 수입에서 보육료 수입의 비중이 크다는 점과 국가나 지방자치단체의 보조금 지원이 재원 원아 수에 비례하여 이루어진다는 점을 고려할 때, 원아모집은 어린이집의 재정 확보와 운영에 중요한 역할을 한다. 또한 반 편성과 입소와 퇴소 과정을 공정하고 합리적으로 관리하고 입소한 원아가 어린이집에 잘 적응하도록 지원할 때, 어린이집에 대한 신뢰와 만족도가 확보될 수 있으며, 이는 원활한 원 운영과 질 높은 보육서비스 제공으로 이어질 수 있을 것이다.

(2) 원아 모집

어린이집은 매년 3월에 신입 원아가 입소하게 되며, 결원이 생길 경우에는 수시 모집을 하게 된다. 신입 원아 모집 전 재입소 원아에 대한 파악이 먼저 이루어져야 하며, 이후 원아 모집 홍보, 신입 원아 입소 신청과 확정 절차가 진행된다. 원아 모집의 구체적 절차를 살펴보면, 다음과 같다(이순형 외, 2012)

① 재입소 원아 조사

신입 원아 수를 결정하기 위해서는 현재 재원 중인 원아의 재입소 여부를 파악해야 한다. 재원 아동을 대상으로 재입소 신청서를 배부하여 의사를 확인하고, 재입소 원아 수를 파악해야 한다.

② 홍보

원아 모집을 통한 홍보는 홈페이지, 현수막, 전단, 안내 책자, 신문 등을 통해 이루어질 수 있다. 어린이집 원장은 시설의 규모와 재정 상태, 지역적 특성, 수요자 요구 등을 고려하여 홍보할 매체를 선택하여야 한다. 어린이집 홍보 내용에는 어린이집명과 주소, 연락처, 홈페이지 주소, 어린이집의 유형과 운영 주체, 시설 규모와 구성, 보육료와 모집 원아 수, 어린이집의 보육 철학 및 목표, 일과운영과 연간계획, 보육프로그램과 특별활동, 교직원 소개, 입학 절차 및 제출 서류 안내 등이 포함되어야 한다.

③ 입소 신청과 확정

보호자는 아이사랑 온라인 사이트를 통해 입소 대기 신청을 하거나 어린이집을 방문하여 신청할 수 있다. 어린이집에서는 입소대기 신청자를 확인하고 입소 우선순위를 적용하여 입소를 확정한다.

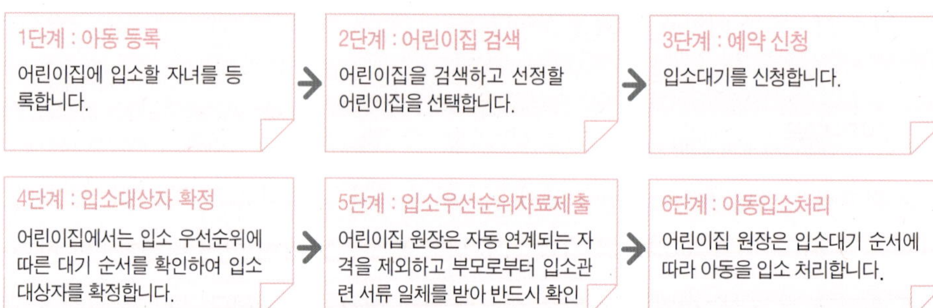

그림 10-1 온라인 사이트를 통한 입소대기 신청절차

출처: 임신육아종합포털 아이사랑 http://www.childcare.go.kr/

(3) 반 편성

반 편성은 원아들을 일정한 기준에 따라 집단으로 반을 조직하는 일이다. 반은 보육활동을 위한 기본 단위로 발달적으로 적합한 활동이 효율적으로 이루어질 수 있고, 개

개인의 발달을 도울 수 있도록 편성·운영되어야 한다(이순형 외, 2012). 어린이집 반 편성기준을 살펴보면 다음과 같다.

① 어린이집 반 편성기준

'2020년 보육사업안내'에서는 어린이집 반 편성기준을 다음과 같이 제시하고 있다.

가. 연령별 반 편성

- 반 편성은 동년도 출생아(1월 1일~12월 31일 출생)를 함께 편성하는 것을 원칙으로 한다.
- 어린이집은 가능한 만 2세 미만 영아반, 만 2세 영아반과 만 3세 이상의 유아반을 동시에 운영하여야 한다.

나. 상위 및 하위 연령 반 편성

- 1, 2월생 아동으로 보호자 신청이 있을 경우 상위연령반에 편성이 허용된다.
- 보호자의 신청이 있을 경우 취학유예 아동은 만 5세아반으로 편성 가능하다.
- 이와 같은 편성은 해당 영유아가 특정 사유가 있을 시, 다른 영유아의 권리를 침해하지 않는 범위 내에서만 가능하다.

다. 혼합반 편성

- 혼합반 운영 시 교사 대 아동 비율은 낮은 연령의 교사 대 아동 비율을 준수한다.

표 10-2 혼합반 운영 원칙

혼합반 운영	만 0세와 1세 영아	만 1세와 2세 영아	만 0세와 2세 영아	만 2세 이하 영아와 3세 이상 유아	만 3세와 4세 이상 유아
원칙	가능	가능	불가능	불가능	가능
교사 대 아동 비율	1:3	1:5	–	–	1:15

라. 통합반 운영

- 당초 편성된 반 유지를 원칙으로 하되, 조기 등원 및 하원 등으로 보육아동이 현저히 적을 경우 가장 낮은 연령대의 교사 대 아동 비율을 준수하는 범위 내에서 통합반 운영이 가능하다.
- 통합반은 기본보육시간(09:00~16:00) 전후에 편성 가능하며, 담당교사를 지정하여 보육하여야 한다.

(4) 입소와 퇴소

「영유아보육법」에는 저소득층, 한부모가족, 장애인, 맞벌이, 다문화가족 등에 입소순위를 우선적으로 부여하는 제한적 선별주의 기준을 제시하고 있다(이순형 외, 2012). '2020년 보육사업안내'에 근거하여 입소와 퇴소 관리를 살펴보면 다음과 같다.

① 입소 우선순위

- 어린이집에서는 입소 우선순위를 반영하여 입소 순위를 결정해야 한다.
- 1순위에 해당하는 조건은 다음과 같다.
  - 「국민기초생활보장법」에 따른 수급자
  - 「한부모가족지원법」 제5조 규정에 의한 보호대상자의 자녀
  - 「국민기초생활보장법」 제24조의 규정에 의한 차상위계층의 자녀
  - 「장애인복지법」 제2조의 규정에 의한 장애인 중 정도가 심한 장애인의 자녀 또는 형제자매
  - 아동복지지설에서 생활중인 영유아
  - 부모가 모두 취업 중이거나 취업을 준비 중인 영유아
  - 「다문화가족지원법」 제2조1호에 따른 다문화가족의 영유아
  - 「국가유공자 등 예우 및 지원에 관한 법률」 제4조1항에 따른 국가유공자 중 전몰자, 순직자, 상이자로서 보건복지부령에서 정하는 자의 자녀
  - 자녀가 3명 이상인 가구 또는 영유아가 2자녀 가구의 영유아

- 제1형 당뇨를 가진 경우로서 의학적 조치가 용이하고 일상생활이 가능하여 보육에 지장이 없는 영유아
- 산업단지 입주 기업체 및 지원기관 근로자의 자녀로서 산업단지에 설치된 어린이집을 이용하는 영유아

※ 세부조건 및 2순위 자격, 확인서류 등은 '2020년 보육사업안내' 참고

② 입소자 결정

- 어린이집 원장은 신청 순위에 따라 어린이집 이용 신청자 명부를 작성 · 비치하여 이를 열람할 수 있도록 하여야 한다.
- 입소대기관리시스템상 '신학기 입소대기 관리기능'은 매년 11월 1일 개통한다.
- 원장은 당해시설의 결원이 생겼을 때마다 '입소 우선순위'를 기준으로 선순위자를 우선 입소 조치해야 한다(동일 순위인 경우 입소 대기 신청 순서로 결정).
- 원장이 입소 확정 후 등원 여부 확인 시 보호자는 7일 이내 등원 결정을 하고, 2주 이내에 입소해야 한다(단, 신학기 입소의 경우 3월 2주 이내에 입소해야 함).
- 입소 대기 관리 시스템을 통해 입소 시 원장은 증빙서류를 제출받아 반드시 확인하여야 한다.
- 입소 확정 후 신청자는 증빙서류를 입소일 전 7일(휴일 포함) 이내에 제출하여 입소 순위에 대한 증빙을 하여야 한다.
- 원장은 어린이집 입소를 신청한 영유아에 대해 입소를 거부하지 못한다. 단, 영유아의 질병 또는 어린이집 폐지 등 정당한 사유가 있고 특별자치시도지사 · 시장 · 군수 · 구청장의 승인을 받은 경우 가능하다.

③ 퇴소

- 어린이집 원장은 어린이집에 재원 중인 영유아를 보호자의 의사에 반하여 퇴소시킬 수 없다. 다만, 영유아의 질병 또는 어린이집의 폐지, 보호자가 거짓이나 부정한 방법으로 허위 증빙서류를 제출하여 입소하였을 경우, 학부모가 교직원을 폭행하였을 경우 등 정당한 사유가 있고 특별자치시장 · 특별자치시도지사 · 시장 ·

군수 · 구청장의 승인을 받은 경우에는 가능하다.

(5) 신입 원아 적응

① 신입 원아 오리엔테이션

어린이집은 운영계획을 수립하여 부모에게 안내하여 안정적인 보육서비스 제공이 이루질 수 있도록 해야 한다. 어린이집은 어린이집의 운영철학과 보육안내가 담긴 안내서를 만들어 학기 초 신입 원아의 부모나 중간입소 원아의 부모를 대상으로 집단 또는 개별 오리엔테이션을 실시해야 한다(보건복지부, 한국보육진흥원, 2020).

② 신입 원아 적응프로그램

어린이집은 놀이를 통해 새로운 것을 배우는 즐거운 장소이지만, 입소 초기 영유아는 부모와의 격리로 인해 분리불안을 겪고, 낯선 환경, 낯선 사람과의 만남으로 스트레스를 경험하게 된다(이순형 외, 2012). 따라서 어린이집은 신입 원아 적응프로그램을 운영하여 신입 원아의 적응을 지원해 줌으로써 영유아의 어린이집 생활이 순조롭게 진행될 수 있도록 하여야 한다.

어린이집은 신입 영유아 적응 절차와 적응 기간 운영에 대해 안내하고, 신입 영유아의 적응 과정에 대해 주의를 기울이고 관찰해야 한다. 이때 신입 영유아는 학기 초와 중간입소 원아 모두 해당되며, 적응기간은 최소 5일 이상 운영하되 단계적으로 단축보육을 실시하는 등 개별 영유아의 상황에 따라 체계적으로 진행한다(보건복지부, 한국보육진흥원, 2020). 적응프로그램 운영은 부모의 협조가 필요하므로 오리엔테이션 내용에 이를 포함하여 부모가 적응프로그램 운영의 필요성을 충분히 이해하도록 한다.

2) 인사관리

(1) 인사관리의 개념 및 필요성

인사관리란 종사자로 하여금 그들의 직장에 대하여 최대한 공헌을 하게 하고, 동시에 최대한 만족을 할 수 있도록 도와주고 지도하는 기능 내지 활동을 의미한다(한국보육진흥원, 2013). 인사관리의 목적은 유능한 인재를 선발하여 어린이집 구성원들이 자신의 잠재능력을 최대화하도록 어린이집의 분위기를 조성하고 어린이집의 효율적 운영과 수준 높은 보육서비스 제공에 동참하도록 동기를 부여하는 데 있다. 어린이집에서는 체계적인 인사관리를 통하여 교직원이 자신의 전문적 능력을 발휘할 수 있도록 합리적인 근무환경을 제공하고 교직원들이 자신의 업무에 책임을 가지고 임할 수 있도록 지원해야 한다.

어린이집의 운영능력은 인사관리능력에 달려 있다. 유능한 인적 자원을 확보하여 적재적소에 배치하고 교직원의 복무를 관리하며 이들이 교육을 통해 자신의 전문성을 개발할 수 있도록 지원하는 것은 매우 중요하다. 어린이집의 인적 환경은 결국 물리적 환경 제공과 전반적인 보육활동 수행에 영향을 미치며, 인적 관리에 많은 재정이 투입되므로 체계적인 인사관리는 필수적이다. 인사관리는 원장의 역할과 리더십 발휘가 큰 비중을 차지하는 영역이다. 원장은 체계적이고 공정한 인사관리를 위해 인사관리와 관련된 다양한 법적 기준을 준수하고 원활한 의사소통을 위해 노력하며, 의사결정과정을 민주적으로 정립하여 보육교직원과 협력적 관계를 구축 · 유지해야 한다.

(2) 인사관리의 절차와 내용

어린이집에서는 보육교직원의 업무 효율을 관리하고 지도하며 업무를 평가하고 그들이 성장하고 성공적인 직장생활을 할 수 있도록 보상과 교육을 하면서 지원 · 지도해야 한다. 또한 여러 가지 이유로 퇴직하게 될 때까지 적법한 절차와 분위기를 갖도록 관리하여야 한다. 인사관리의 체계적 운영을 위해서는 구체적인 운영계획을 수립하고 실행하여야 한다. 교직원 인사관리는 인력을 확보하고 채용한 후 함께 일하고 퇴직하기까지의 절차가 있는데 단계별 인사관리 내용을 정리해 보면 표 10-3과 같다(보건복지부, 2020; 한국보육진흥원, 2013).

표 10-3 인사관리 단계 및 내용의 예시

단계	내용		서류 및 참조사항
모집	• 직무 및 채용기준이나 조건 분석	• 채용 인력의 수(반 구성) • 경력이나 연령 • 업무 분장	• 1급 교사 비율(보육실습 지도교사 자격기준, 누리과정 지도 자격기준 등) • 경력 교사 대 신입 교사 비율
	• 모집 계획 및 채용 공고	• 채용 조건 및 기준 제시	• 광고, 보육정보센터, 관련 대학, 홈페이지, 인터넷 사이트 등
	• 선발 및 채용	• 서류 전형 • 면접 전형 • 인성검사(선택, 자격검증) • 임용의 결격사유 확인 • 교직원 신원조회	• 보육인력의 자격기준 검토(보육교사는 국가자격증 소지자) • 서류 전형 및 면접 조서 • 채용신체검사 결격 여부 확인 • 성범죄 경력조회 결과 확인
채용 · 임면보고	• 근로계약 체결 • 임면보고 • 경력시스템 입력관리	• 근로기준과 복무규정 제시 • 보수 책정 및 근로계약 체결 • 보험 가입 • 임면보고	• 근로계약서 작성 • 운영규정 동의서 작성 • 어린이집에서 시 · 군 · 구청장에게 채용 14일 이내 보고 완료 • 임면보고서류 1. 인사기록카드 2. 채용신체검사서 3. 자격증 사본 4. 성범죄 경력조회결과서 5. 아동학대 관련 범죄 전력 조회 회신서 6. 개인정보 제공 및 고유식별정보 처리 동의서

(계속)

단계	내용		서류 및 참조사항
임용 배치와 운영	• 반 배치	• 담당반 배치	• 적재적소 배치의 원칙(경력과 적성)
	• 복무관리	• 복무규정 준수 • 업무 분장, 역할 수행 • 교직원의 법적 책임 및 징계	• 복무규칙(복무규율이나 근무조건, 상벌제도 대한 세부사항을 정해 놓은 규칙) • 복무규칙을 근거로 한 근로계약 체결 • 근로계약 체결 이후는 직무에 임할 의무와 권리 부여 • 어린이집의 질서 유지와 운영의 조직화를 위해 반드시 시행
	• 근태 및 업무 성과 관리	• 휴가 실시 • 교직원 평가	• 출근부 및 연가대장 • 업무 평정표
	• 능력 개발 및 장학 지도	• 교사회의 • 교사 원내 장학 • 교사 교육 및 연수	• 교사회의 및 협의록 • 교육연수관리대장
	• 재교육 및 승급관리	• 승급교육관리	• 승급 및 연수 관리
퇴직	• 사직예고	• 사직서 제출	• 통상 퇴직일로부터 30일 전
	• 업무 인계	• 업무 인계	• 업무 인계서
	• 퇴직처리	• 퇴직금 정산	• 퇴직보고

① 보육교직원 채용 및 임면보고

가. 채용

- 교직원 채용 시 국가 또는 지방자치단체로부터 보육교직원의 인건비를 보조받는 어린이집의 경우 보육교직원 채용은 공개경쟁을 원칙으로 한다.
- 교직원 채용 시 임금, 근로시간 및 그 밖에 근로조건 등을 명시한 근로계약을 체결한다.
- 임면권자가 보육교직원을 채용할 경우 구비서류(인사기록카드, 주민등록등본, 채

용신체검사서, 자격증 사본)를 제출받아 자격의 적격 여부를 판단하고 관련 서류를 보관해야 한다.

나. 임면보고

- 어린이집 원장은 보육교직원의 채용, 휴직, 출산 전 · 후 휴가, 육아휴직, 육아기 단축근무, 1개월 이상의 장기병가 · 연수 · 휴가, 퇴직 등의 임면사항을 보육통합정보시스템에 즉시 등록하고, 이를 14일 이내에 관할 시 · 군 · 구청장에게 보고해야 한다.
- 보육교직원 임면보고는 시스템으로 하는 것이 원칙이므로 어린이집에서는 보육통합정보시스템을 통해 첨부서류와 함께 등록한다. 단, 불가피한 경우 서류 직접 제출이 가능하되 관련 서류를 보관 · 비치해야 한다.
  ※ 첨부서류: 인사기록카드 사본, 자격증 사본, 채용신체검사서 사본, 성범죄 경력 조회 결과서, 아동학대 관련 범죄 전력 조회 회신서, 개인정보 제공 및 고유식별정보 처리 동의서, 보수교육 수료증
- 임면권자는 보육교직원의 임면 사항과 관련된 서류를 비치하고 기록 · 관리해야 한다.

② 보육교직원의 경력 및 호봉 관리

가. 경력관리

- 교직원 임면보고를 받은 시장 · 군수 · 구청장은 교직원 자격 및 결격사유에 이상이 없는 자(주당 30시간 이상 근무하는 교직원)에 대해서는 경력관리시스템(보육통합정보시스템)에 임면사항을 입력 · 관리해야 한다.
- 교직원의 출산 전 · 후 휴가, 육아휴직, 육아기 단축근무, 자격정지, 자격취소, 퇴직 등의 임면사항을 경력관리시스템에 입력 · 관리하며, 대체교사 및 시간제 보육교사에 대한 임면사항도 시스템을 통해 관리해야 한다.
- 보육교직원은 경력관리프로그램과 '정부24' 온라인 홈페이지에서 경력(재직) 증

명서를 발급받을 수 있다.

나. 호봉관리

- 국고 보조 어린이집에서는 인건비 책정 시 호봉 산정기준을 적용한다. 미지원 어린이집의 경우 호봉 기준을 달리 정하거나 인건비 책정 시 호봉을 적용하지 않을 수 있다.
- 초임호봉은 1호봉으로 하되, 호봉 인정 근무경력 1년을 1호봉씩으로 하여 초임호봉을 획정한다. 초임호봉의 획정에 반영하지 않은 1년 미만의 잔여기간이 있는 때에는 그 기간을 다음 호봉 승급기간에 산입하여 호봉을 산정한다.
- 호봉 승급에 필요한 기간은 1년으로 한다.

③ 보육교직원 복무관리

가. 교직원의 근무시간

- 어린이집 원장의 근무시간은 평일 8시간을 원칙으로 한다. 단, 어린이집의 운영시간을 고려하여 연장근무할 수 있다.
- 보육교사 등 기타 교직원은 근무시간은 평일 8시간을 원칙으로 하되, 연장보육 전담교사의 근무시간은 평일 4시간을 원칙으로 한다.
- 보육교직원(원장, 보육교사 등)은 전임이어야 하므로, 다른 업무를 겸임할 수 없다(단, 보조교사, 야간연장 보육교사는 근무시간이 다른 경우 연장보육 전담교사 겸임 가능).
- 어린이집 원장이 간호사나 영양사 자격이 있는 경우, 간호사나 영양사 겸임이 가능하다. 또한 정원 20인 이하 어린이집의 원장은 보육교사 겸임이 가능하다.

다. 휴가 등 기타 복무관리

- 보육교직원의 휴가는 보육 공백을 최소화할 수 있도록 순번제로 실시하고, 보수교육, 출산휴가 등으로 어린이집 보육교직원의 공백이 생기는 경우 대체할 수 있는 대체원장, 대체교사 또는 그 밖의 인력을 각각 배치하여야 한다.

- 어린이집 원장은 근로시간이 4시간인 경우 30분 이상, 8시간인 경우 1시간 이상의 휴게시간을 근로시간 도중에 주어야 한다.
- 보육교직원의 근로시간과 관련이 있는 사항에 대해서는 「근로기준법」 등 노동 관련 법령에 따르며, 고용, 출산 전 · 후 휴가, 육아휴직 등과 관련된 사항에 대해서는 「남녀 고용평등과 일 · 가정 양립 지원에 관한 법률」의 규정을 준용한다. 또한 최저임금 보장 등과 관련이 있는 사항에 대해서는 「최저임금법」의 규정을 준용하며, 기타 교직원의 복무, 근로 등과 관련하여서는 각 개별법을 준용한다.

④ 보육교직원 퇴직관리

- 원장은 보육교직원이 퇴직할 경우 사직서를 제출받아 퇴직처리를 하고 퇴직 사실을 관할 시 · 군 · 구청에 보고해야 한다.
- 사직 의사가 있는 교직원은 어린이집 운영의 어려움을 주지 않도록 통상 1개월 전에 사직의사를 사직서를 통해 제출하고 업무를 인수 · 인계하도록 관리하여야 한다.

3. 어린이집 시설 · 설비 관리

1) 어린이집 시설 · 설비의 개념

어린이집의 시설 · 설비는 어린이집의 보육의 목적과 목표를 달성하기 위해 활용되는 일체의 물리적 조건 및 환경을 의미한다. 어린이집의 시설은 건물 및 건물 속의 현관, 복도, 활동실과 부속실 등의 크기 등과 관련된 건축적 요소와 건물의 구조에 해당하는 공간적 개념이며, 설비는 시설의 기능을 원활히 하기 위하여 구비되어야 하는 내용물로 건물 구조와 연결된 시설마다 반드시 갖춰야 하는 장치물을 총칭한다(이순형 외, 2012). 어린이집의 시설 · 설비를 보다 구체적으로 구분해 보면 표 10-4와 같다.

표 10-4 어린이집 시설 · 설비 구분

구분			내용
시설	실내시설	보육 공간	보육실, 유희실, 낮잠실
		사무관리 공간	원장실, 교사실, 양호실, 자료실 등
		서비스 공간	화장실, 목욕실, 조리실, 식당 등
	실외시설		실외놀이터, 외부 출입문, 담장 및 바닥
설비	실내설비	환경설비	채광과 조명, 환기, 급 · 배수, 위생, 소방 및 가스 안전, 방음 등
		기본설비	책상, 의자, 사물함, 교구장 등
	실외설비		복합놀이기구, 물놀이 시설, 모래놀이터 등

출처: 박혜경, 최윤영(2002)

영유아기는 다른 어느 시기보다 주위 환경에 민감하고 절대적인 영향을 받는 시기이므로 신체적 · 정서적으로 안정감을 갖고 편안하게 생활할 수 있도록 물리적 환경을 구성해야 한다. 또한 영유아들이 다양한 활동과 경험을 할 수 있도록 창의적이고 모험적인 놀이환경 구성과 안전하게 생활할 수 있는 시설 · 설비를 갖추어야 한다(한국보육진흥원, 2013).

어린이집의 물리적 환경은 영유아들이 즐겁고 안전하게 생활하면서 다양한 경험과 활동을 통해 건강하게 성장하는데 기본적 요소가 되며, 영유아 보육에 적합하고 안전한 보육환경은 영유아 보육의 질을 결정하는 핵심 요인이 된다. 따라서 어린이집 운영 시 물리적 환경 구성과 시설 · 설비 관리의 중요성을 인식하고, 영유아의 연령 및 발달 수준, 흥미와 요구에 적합한 시설 · 설비를 구성할 필요가 있다. 또한 어린이집 설치 및 시설 · 설비 기준에 대한 법령에 근거하여 효율적으로 관리하고, 개선과 보완의 노력을 기울여야 한다.

2) 어린이집의 시설 · 설비 기준

「영유아보육법」 제15조, 시행규칙 제9조 [별표1]에서는 어린이집의 설치와 어린이집이 갖추어야 하는 시설 · 설비에 대한 기준을 제시하고 있다. 「영유아보육법」과 '보육사업안내'(2020)에 근거하여 어린이집 시설 · 설비 기준의 주요 내용 살펴보면 다음과 같다.

(1) 어린이집 입지조건

① 지방자치단체의 장은 "어린이집은 보육수요 · 보건 · 위생 · 급수 · 안전 · 교통 · 환경 및 교통편의 등을 충분히 고려하여 쾌적한 환경의 부지를 선정"하여야 하므로, 영유아의 신체적 · 사회적 안전에 위험하다고 판단되는 시설(폐기물처리시설, 유흥업소, 전염병원 등) 인근에 어린이집이 입지하지 않도록 인가를 제한할 수 있으며, 위험시설 또한 어린이집 인근에 입지하지 않도록 노력하여야 한다.

② 어린이집은 「주택건설기준 등에 관한 규정」 제9조의2 제1항에서 규정하고 있는 위험시설로부터 외곽경계선이 되는 담 또는 벽을 기준으로 수평거리 50m 이상 떨어진 곳에 배치해야 한다.

③ 지방자치단체의 장은 보육부서와 건축 및 기타 부서 간 긴밀한 협조체계를 구축하여, 어린이집의 인가 또는 위험시설의 신축을 위한 건축 허가 시 어린이집의 입지조건을 충분히 고려하도록 조치하여야 한다.

(2) 어린이집 구조 및 일반기준

어린이집의 구조 및 설비는 그 시설을 이용하는 영유아의 특성에 맞도록 하여야 하며, 영유아의 보육목적에 부합하지 않는 시설은 설치할 수 없다. 건물 구조 및 보육실 · 화장실 · 놀이기구 등이 영유아의 안전과 이용에 편리하도록 설계 · 시공되어야 한다. 또한 보육실을 포함한 시설면적(놀이터 면적 제외)은 영유아 1명당 4.29제곱미터 이상으로 해야 한다. 어린이집 기본 시설 · 설비 기준의 주요 내용을 살펴보면 다음과 같다.

① 보육실

- 보육실은 건축물의 1층에 설치해야 하며, 어린이집이 1층에 해당하는지 여부는 건축법령상의 층수와 관계없이 실제상의 층수를 기준으로 한다.
- 건물 전체를 하나의 어린이집으로 사용하는 경우 및 사업주가 직장어린이집을 설치하는 경우, 1층부터 5층까지 보육실을 설치할 수 있다(단, 건물 전체를 어린이집으로 사용하는 경우도 영아를 위한 보육실은 1층 우선 배치).
- 영유아 1명당 2.64제곱미터 이상의 공간을 확보하여야 하며, 전체 정원 및 면적 산정 시에는 보육실, 거실, 공동놀이실을 포함하여 산정한다.
- 보육실에는 침구, 놀이기구 및 쌓기놀이활동, 소꿉놀이활동, 미술활동, 언어활동, 수학 · 과학 활동, 음률활동 등에 필요한 교재 · 교구를 갖추어야 한다.

② 조리실

- 조리실은 채광이 잘 되도록 하고, 기계 환기시설을 하여 청정한 실내 환경을 유지하도록 하며, 창문에는 방충망을 설치하여야 한다.
- 식기를 소독하고 위생적으로 취사 및 조리할 수 있는 설비를 갖추어야 한다.
- 공공기관이나 사회복지관 안에 설치된 어린이집의 경우에는 같은 건물에 있는 조리실을 함께 사용할 수 있다.
- 업주가 직장어린이집을 설치한 경우로서 직장어린이집이 설치된 건물에 집단급식소를 운영하는 경우에는 조리실을 별도로 설치하지 않을 수 있다. 이 경우 영유아를 위한 음식의 조리공간은 분리 또는 구획되어 있어야 한다.

③ 목욕실

- 목욕실은 난방을 하여야 한다.
- 바닥은 미끄럼 방지장치를 하여야 한다.
- 샤워설비, 세면설비 및 냉 · 온수 공급을 위한 설비를 갖추어야 하며, 수도꼭지는 온수 사용 시 화상을 입지 않도록 온도를 조정 및 고정할 수 있어야 한다.
- 목욕실은 보육실과 인접한 공간에 위치하여야 한다.

④ 화장실

- 바닥은 미끄럼 방지장치를 하여야 한다.
- 세정장치와 수도꼭지 등은 냉·온수의 온도를 조정 및 고정할 수 있어야 한다.
- 화장실은 수세식 유아용 변기를 설치하고, 보육실과 같은 층의 인접한 공간에 설치하여야 한다.

⑤ 교사실

- 보육정원이 21명 이상인 어린이집은 교사가 교육활동을 계획·준비하고 자료 제작 등을 할 수 있도록 구획된 교사실을 설치하여야 한다.
- 교사실에는 교육활동 준비와 행정사무, 휴식 등에 필요한 설비를 갖추어야 한다.

⑥ 그 외

시설 규모에 따라 사무실, 양호실, 식당, 자료실, 상담실, 강당, 놀이터 등 설치 가능하다.

(3) 놀이터 설치기준

① 보육 정원 50명 이상인 어린이집(12개월 미만의 영아만을 보육하는 어린이집은 제외)은 영유아 1명당 3.5제곱미터 이상의 규모로 옥외놀이터를 설치하는 것을 원칙으로 한다.

② 실내놀이터를 제외하고, 놀이터의 바닥은 모래밭, 천연 및 인공 잔디, 고무매트, 폐타이어 블록으로 설치하여야 한다.

③ 영유아가 이용할 수 있는 대근육활동을 위한 놀이기구 1종 이상을 포함하여 놀이기구 3종 이상이 설치된 놀이터를 설치하여야 한다.

④ 직장어린이집은 옥외·대체놀이터(옥내·인근 놀이터) 중 자유롭게 설치 가능하다.

⑤ 놀이터는 「영유아보육법」, 「어린이놀이시설 안전관리법」, 「환경보건법」 등에서 정한 기준을 준수하여 설치한다.

(4) 급 · 배수 시설

① 상수도 또는 간이상수도에 의하여 먹는 물을 공급하는 경우에는 저수조를 경유하지 아니하고 직접 수도꼭지에 연결하여 공급하여야 한다.

② 어린이집에서 지하수를 음용수로 사용할 경우에는 저수조 등의 시설을 경유하여야 한다.

③ 더러운 물, 빗물 등이 잘 처리되도록 배수설비를 하여야 한다.

(5) 비상재해대비시설 설치기준

① 소화용 기구를 갖춰 두고 비상구를 설치하는 등 비상재해에 대비한 시설을 갖추어야 한다. 이 경우 비상구는 상단에 비상구 유도등을 달고 잠금장치를 문 안쪽에 설치하여야 한다.

② 어린이집이 1층인 경우, 비상시 양방향 대피가 가능하여야 하며, 양방향 대피를 위하여 주출입구 외에 안전한 지상과 바로 연결되는 비상구 또는 출구를 설치하여야 한다.

③ 어린이집이 2층과 3층인 경우, 비상시 층별로 양방향 대피가 가능하여야 하며, 양방향 대피를 위하여 주 계단 외에 층별로 건물 내부를 경유하지 않고 직접 지상으로 바로 연결되는 비상계단 또는 미끄럼대를 건물의 외부에 설치하여야 한다.

(6) 폐쇄회로 텔레비전

① 폐쇄회로 텔레비전은 「개인정보보호법」 시행령 제3조제1호에 따른 장치로서 보육실 등을 촬영하고 모니터를 통하여 그 영상을 구현할 수 있으며, 그 영상정보를 녹화 · 저장할 수 있는 기능을 갖추어야 한다.

② 폐쇄회로 텔레비전은 각 보육실, 공동놀이실, 놀이터(인근 놀이터 제외) 및 식당, 강당에 1대 이상씩 설치하되 사각지대의 발생을 최소화할 수 있도록 설치되어야 한다.

③ 폐쇄회로 텔레비전은 보육실 등 일정한 장소에 일정한 방향을 지속적으로 촬영할 수 있도록 설치되어야 한다.

④ 폐쇄회로 텔레비전은 임의로 조작이 가능하거나 녹음기능이 있도록 설치되어서는 아니 된다.

⑤ 어린이집을 설치 · 운영하는 자는 출입구 등 잘 보이는 곳에 다음의 사항이 포함된 안내판을 설치하여야 한다.

– 폐쇄회로 텔레비전 설치 목적

– 폐쇄회로 텔레비전 설치 장소, 촬영 범위 및 촬영 시간

– 관리책임자의 성명 및 연락처

(7) 기타 실내설비

① 영유아가 접근할 수 없는 안전한 장소에 응급조치를 위한 비상약품 및 간이 의료기구 등을 갖춰 두어야 한다.

② 비상구를 제외한 모든 출입문 및 창문은 안쪽에서 잠길 우려가 없어야 하고, 밖에서 쉽게 열 수 있어야 하며, 출입문 및 창문의 가장자리에는 영유아의 손이 끼지 않도록 손끼임 방지 고무패킹이나 완충장치를 설치하여야 한다.

③ 돌출형 방열기(라디에이터)는 영유아의 신체가 직접 닿지 아니하도록 울타리를 설치하여야 하며, 이와 유사한 온열기를 사용하는 경우에는 영유아가 직접 온열기에 닿지 않도록 적절한 보호장치를 설치하여야 한다.

④ 책상, 의자 등 가구의 모서리는 둥글고 표면이 매끄럽게 처리된 것이나, 고무 등으로 모서리에 보호장치를 설치하여야 한다.

⑤ 보일러 설비, 퓨즈박스(두꺼비집), 화기, 소독수, 살충제, 조리실의 칼 · 가위 · 포크 · 랩 등은 영유아의 손이 닿지 않는 위치에 배치되어야 한다.

⑥ 어린이집 내부(벽, 천장 등)의 마감재료, 실내장식물과 창문에 설치하는 커튼류 등 기타 설비는 각 관련법령에 따라 설치한다.

그림 10-2 실내 시설 · 설비의 안전 관리

4. 어린이집 재무 · 사무 관리

1) 어린이집 재무관리

(1) 재무관리의 개념 및 필요성

영유아의 전인적 발달과 건강하고 행복한 삶을 위해서 어린이집의 안정적 운영은 필수적이며, 이를 위해서는 체계적이고 효율적인 재무관리가 이루어져야 한다. 어린이집 재무관리는 기관 운영에 필요한 수입과 지출을 예산으로 편성하여 「영유아보육법」 등에 의거하여 관리하는 것으로, 재정의 효율적인 운용을 통하여 영유아들에게 최적의 보육환경을 제공하는 데 그 목적을 둔다(이순형 외, 2012). 즉, 재무관리의 목적은 어린이집의 안정적이고 효율적인 운영을 지원하는 것이며, 예산편성, 예산집행, 결산에 이르는 모든 과정을 포함한다.

질 높은 보육환경을 제공하기 위해서는 건전한 재정 확보가 최우선 과제이다. 영유아의 발달에 적합한 우수한 보육프로그램을 제공하고, 안전하고 쾌적한 시설 · 설비를 갖추고, 건강한 먹거리를 제공하기 위해서는 많은 재원이 필요한데, 어린이집의 재원은 보육료와 보조금 수입 등으로 한정될 수밖에 없다. 따라서 어린이집에서는 재무분석을 통해 체계적으로 예산을 편성하고, 효율적으로 재정을 운영하여 합리적이고 공정한 재무관리가 이루어질 수 있도록 노력해야 한다.

(2) 재무관리의 요소

어린이집의 재무관리는 1회계연도(매년 3월 1일~다음 연도 2월 말일)의 수입과 지출을 예측하여 예산을 편성하고 이를 집행하여 결산하는 과정으로 이루어진다. 재무관리의 주요 구성요소인 예산과 결산, 세입과 세출의 의미와 내용을 살펴보면 다음과 같다(보건복지부, 2020; 한국보육진흥원, 2013; 이순형 외, 2012).

① 예산

예산은 1회계연도 동안 어린이집을 운영하기 위해 필요한 세입과 세출을 필요 항목별로 계획하는 것을 의미한다. 예산의 종류는 몇 가지로 구분할 수 있다. 먼저 본예산은 어린이집 1회계연도의 수입과 지출을 계획하여 예산편성지침에 따라 편성한 기본예산으로, 운영위원회나 이사회 심의와 의결을 거쳐 확정된 예산을 의미한다. 준예산은 회계연도 개시 전까지 어린이집의 예산이 성립되지 않았을 때, 예산 성립 시까지 일부 경비에 대해 전년도 예산에 준하여 집행 가능한 예산을 의미한다. 추가경정예산은 추가예산과 경정예산을 합친 것이다. 추가예산은 항목을 신설하거나 기존 항목의 금액을 추가 · 증액하는 경우에 추가로 편성하는 예산을 의미한다. 경정예산은 기존 예산의 범위 내에서 각 항목 간의 예산 조정 등을 통해 예산금액을 변경하는 예산을 의미한다.

② 결산

결산은 한 회계연도가 끝나고 모든 예산집행이 완료되면 1년 동안의 세입과 세출을 집행한 대로 표시하는 것으로, 1년 동안 어린이집 수입이 얼마나 확보되었으며 이 비용을 어느 곳에 얼마만큼 사용하였는지 정리하는 것을 의미한다.

③ 세입

세입은 1회계연도의 모든 수입을 의미한다. 어린이집의 세입에는 보육료, 수익자 부담금 수입, 보조금 및 지원금, 전입금, 기부금, 적립금, 과년도 수입, 잡수입, 전년도 이월액이 포함된다.

④ 세출

세출은 1회계연도의 모든 지출을 의미한다. 어린이집의 세출에는 인건비, 운영비, 보육활동비, 수익자부담경비, 적립금, 상환·반환금, 재산조성비, 과년도지출, 잡지출, 예비비의 과목이 포함되며 각각의 과목은 세부항목으로 구성된다.

(3) 재무관리의 운영

어린이집의 재무회계에 관한 사항은 '사회복지법인 및 사회복지시설 재무·회계 규칙'에 따라 실시하여야 하며, 주요 항목별 기준 등을 준수해야 한다. 재무회계의 절차는 표 10-6과 같이 일정한 순서에 따라 이루어지며, 각 절차에 필요한 관련 서류를 작성하여 보관·제출해야 한다. 재무회계의 절차별 관리내용을 살펴보면 다음과 같다(보건복지부, 2020; 한국보육진흥원, 2013; 이순형 외, 2012).

표 10-5 어린이집 재무회계 절차 총괄표

	예산편성	예산집행	결산
원칙	• 모든 세입과 세출은 예산에 포함	• 예산의 목적 외 사용금지/예산의 전용 • 수입과 지출의 관리는 예금통장에 의해 행함	• 세출예산의 이월

(계속)

	예산편성	예산집행		결산
		〈장부〉	〈증빙서류〉	
관련 서류	• 사업계획서 • 세입세출 예산서 • 준예산 • 추가경정예산 • 사업계획서 • 세입세출 예산서 • 준예산 • 추가경정예산	• 현금출납부 • 총계정원장 • 봉급대장 • 보육료대장 • 비품관리대장	• 계좌입금증빙 서류 • 수입 · 지출결의서 • 반납결의서 • 과목전용조서 • 예비비사용조서 • 정부보조금 명세서	• 세입세출 · 결산총괄 설명 • 세입 · 세출결산서 • 연도말 잔액증명 • 퇴직적립금 통장 사본, 잔액증명서
과정	• 예산편성지침(2개월 전) • 예산안 제출(개시 5일 전)	• 수입 · 지출 사무의 관리 책임자 선정		• 제출 (다음연도 5월 31일까지)

출처: 보건복지부(2020)

① 예산 편성관리

어린이집 예산 편성은 「영유아보육법」 시행규칙 제23조의 "어린이집 운영기준과 어린이집 시설회계 규칙 예산안 편성"에 근거하여 세입 · 세출 예산과목 구분에 따라 편성해야 한다. 규칙적인 예산 편성절차는 그림 10-3와 같다.

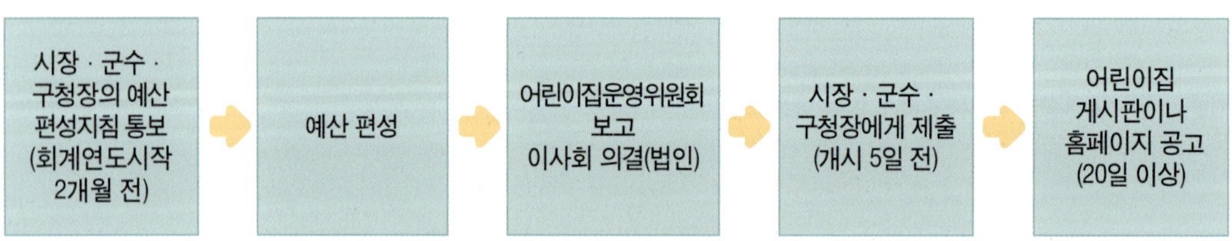

그림 10-3 예산 편성절차

② 예산 집행관리

가. 수입관리

수입이 발생하였을 경우 세입의 직접사용금지 원칙에 따라 모든 수입을 세입처리한 후 사용한다. 수입 발생 시 수입 결의를 한 후 현금출납부, 총계정원장에 기록하여야 한다. 어린이집을 운영하면서 생기는 보육료 수입 잉여금은 보육교직원 보수 상향 지급, 보육교직원 성과급 지급, 교재 · 교구 구입, 어린이집 환경개선에 균형있게 사용해야 한다.

나. 지출관리

어린이집의 지출은 전용 체크(신용)카드와 계좌 입금으로 하는 것이 원칙이며, 국가나 지방자치단체의 보조금 지원은 보조금 전용카드나 전용계좌를 이용하여야 한다. 시 · 도지사가 정하는 소액의 범위 내에서만 현금결제가 가능하다. 지출 발생 시 지출결의를 한 후 세금계산서와 카드결제영수증, 현금영수증 등 관련 서류를 첨부해야 한다.

③ 결산관리

결산은 한 회계연도가 끝나고 모든 예산집행이 완료되면 1년 동안의 세입과 세출을 집행한 대로 표시하는 행위이다. 이를 통해 원래의 계획대로 어린이집의 지출이 잘 이루어졌는지 분석할 수 있으며, 그 결과를 다음연도 예산편성과 재정운영에 반영하는데 의의가 있다. 구체적인 결산절차는 그림 10-4와 같다.

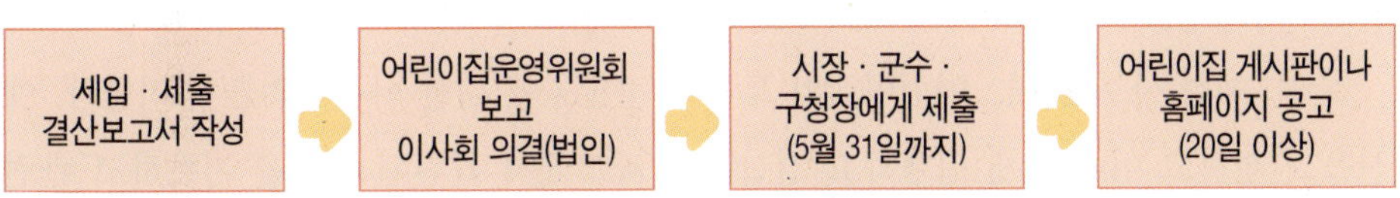

그림 10-4 결산 절차

2) 어린이집 사무관리

(1) 사무관리의 개념 및 필요성

어린이집 사무관리는 해당 시설의 전반적인 운영 영역에 대한 이해를 바탕으로 보육 행정 과정에서 수반되는 서류 및 장부 작성과 보관, 공문서 처리 등의 사무업무를 관리하는 것을 의미한다(이순형 외, 2012). 어린이집의 운영 영역은 그 범위가 넓고 업무 내용이 다양하기 때문에 정확한 업무지침과 적절한 역할 분담을 통해 효율적으로 사무관리를 하는 것이 매우 중요하다.

(2) 사무관리의 영역

보육활동, 재정, 행정, 서비스 제공 등 어린이집 운영 영역은 매우 다양하며, 이와 관련된 사무업무 역시 매우 다양하다. 어린이집의 사무관리는 어린이집의 모든 운영관리 영역의 사무업무와 관련되므로 그 범위가 광범위하다. 사무관리의 유형은 연구자에 따라 다양하게 제시하고 있는데, 이순형 외(2012)는 어린이집에서 이루어지는 운영관리 영역을 기준으로 사무관리 영역을 교육, 재정, 일반운영, 건강 · 영양 · 안전, 대외 업무의 5가지 유형으로 나누어 제시하였다. 사무관리 영역별 구체적인 업무내용은 다음과 같다.

첫째, 교육 사무관리는 어린이집에서 이루어지는 다양한 보육 · 교육 활동에 대한 사무관리를 의미한다. 각 반에서 이루어지는 보육활동과 일과 운영 등의 보육과정과 보육실의 환경에 대한 과정과 결과를 기록하여 관리하는 업무가 이에 포함된다.

둘째, 재정 사무관리는 어린이집의 모든 재정활동에 대한 사무관리를 의미한다. 예산을 편성하고 이에 맞게 집행하고 결산하는 과정에서 관련된 내용을 기록하고 관련 서류와 장부들을 관리하는 업무가 이에 포함된다.

셋째, 일반운영 사무관리는 어린이집의 제반 운영에 관련된 사무관리를 의미한다. 어린이집에 다니는 원아와 교직원, 비품과 시설 설비를 관리하고 어린이집 전체 운영에 대한 내용을 기록하여 관리하는 업무가 이에 포함된다.

넷째, 건강 · 영양 · 안전 사무관리는 어린이집 원아와 교직원의 건강하고 안전한 생활을 위한 관련 사무관리를 의미한다. 원아와 교직원의 건강 점검 및 관리, 안전하고 위생적인 급식 제공, 시설 · 설비의 안전점검에 대한 내용을 기록하여 관리하는 업무가 이에 포함된다.

마지막으로, 대외협력 사무관리는 어린이집의 학부모와 지역사회의 협력을 위한 다양한 업무와 관련된 사무관리를 의미한다. 어린이집에 대한 가족의 이해와 참여, 지역사회와의 연계에 대한 내용을 기록하여 관리하는 업무가 포함된다.

(3) 사무관리의 운영

① 사무문서의 종류

어린이집을 효율적으로 운영하기 위해서는 운영 영역별로 업무를 분류하고, 업무와 관련된 다양하고 적절한 문서를 작성하고 이를 관리 · 보관해야 한다. 「영유아보육법」 시행규칙 제23조 [별표8]에 어린이집이 작성 · 비치해야 하는 필수서류가 제시되어 있으며, 어린이집 평가 시 영역별로 평가를 위한 관련 서류가 구비되어 있어야 하므로, 보육교직원은 어린이집에서 갖추어야 하는 사무문서 종류에 대해 충분히 숙지할 필요가 있다. 어린이집에서 갖추어야 하는 문서를 사무관리 영역별로 제시해 보면 다음과 같다.

표 10-6 어린이집 문서 종류

영역	세부영역	관련 문서
교육	보육활동 관리	• 보육계획안, 보육일지 • 개별성취 수준평가표, 교육진단과 발달평가 관련 자료 및 기록
	보육활동 자료관리	• 보육실 일일 점검표, 보육실 환경 점검표
재정	예산과 결산 관리	• 예산서 및 결산서 • 총계정원장 및 수입 · 지출 보조부 • 금전 및 물품출납부와 그 증명서류

(계속)

영역	세부영역	관련 문서
일반 운영	원 운영관리	• 어린이집 연혁에 관한 기록부, 재산목록과 그 소유를 증명하는 서류 • 어린이집 안내(운영계획서), 어린이집 운영 일지
일반 운영	원아관리	• 이용신청자 명부, 이용아동 연명부, 출석부, 생활기록부 • 입소신청서, 퇴소처리대장, 졸업대장 • 신입 원아 적응프로그램 관련 기록
	인사관리	• 근로계약서, 복무규정, 인사기록카드, 보육교직원관리대장 • 출근부, 개인별 휴가대장, 대체교사 출근부 • 업무분장표, 교사회의록 • 신입교사오리엔테이션, 교사연수계획서, 교사연수보고서 및 대장, 보수교육일지 • 실습교사 및 자원봉사 관리 관련 서류
	시설 관리	• 비품대장, 교구재관리대장, 도서대장 및 목록표 등
건강 영양 안전	건강 및 위생 관리	• 위생점검표, 소독 · 대청소 실시기록 • 아프거나 다친 영유아를 위한 절차, 응급처지 동의서, 투약의뢰서 • 건강검진 결과서 • 양호업무 일지, 투약 일지 • 전염성 질환의 예방 및 관리 대책(전염성 질환의 종류과 기간, 대처에 대한 대책과 공지)
	영양관리	• 식단표, 급식시행 기록, 보존식 기록
	안전관리	• 보육실 안전점검표, 실내외 시설 안전점검표, 보육실 시설 · 설비, 놀잇감 안전점검표 • 안전교육 계획안, 소방훈련일지, 안전교육 실시 기록
	안전관리	• 안전사고보고서 및 일지 • 비상시 대처방안(비상대피도, 대피요령, 종사자 역할 분담) • 인계과정에 대한 규정, 귀가동의서 • 차량안전수칙, 차량의 안전점검 기록
대외 협력	가족 협력 관리	• 가정통신문, 알림장(일일보고서, 수첩), 게시판, 홈페이지 • 신입 원아 오리엔테이션 자료, 부모 프로그램 실시 관련 기록
	지역사회 협조 관리	• 운영위원회 구성 및 회의기록 • 지역사회 연계활동 기록 • 영유아와 가족 문제에 대한 전문 정보 및 전문가 관련 정보 기록

출처: 이순형 외(2012)

1. 재산목록과 그 소유를 증명하는 서류부동산을 임차하는 경우에는 임대차 계약서를 포함함
2. 어린이집 운영일지 및 보육통합정보시스템의 전자출석부
3. 보육교직원의 인사기록카드채용구비서류, 이력서 및 사진을 포함함
4. 예산서 및 결산서
5. 총계정원장 및 수입 · 지출 보조부
6. 금전 및 물품출납부와 그 증명서류
7. 소속 법인의 정관 및 관계 서류
8. 어린이집 이용신청자 명부
9. 생활기록부, 영유아보육일지
10. 보육교직원의 인사 · 복무 및 어린이집 운영에 관한 규정 등
11. 통합안전점검표
12. 영상정보 열람대장
13. 그 밖에 어린이집 운영에 필요한 서류

그림 10-5 어린이집 비치 서류(시행규칙 별표 8)

출처: 보건복지부(2020)

② 사무문서의 작성 및 보관

사무문서 작성 시에는 업무별로 알맞은 문서 서식을 선택하여 정확한 방법으로 작성해야 하며, 간결하고 명확하게 내용을 기술해야 한다. 어린이집의 대내외의 연락은 공식 문서인 공문으로 처리해야 하는데, 공문서는 기관 내부 안에서 또는 대외기관과 공무상 작성하거나 시행되는 문서 및 기관이 접수한 모든 종류의 문서를 의미한다(문혁준 외, 2013). 공문서는 목적과 필요성을 명확하게 기재하고, 문서규격과 표준화된 양식과 작성원칙에 근거하여 작성해야 한다. 어린이집 운영관리와 관련된 내부문서 및 공문서는 문서별로 보존기한을 확인하여 사무실이나 별도의 문서보관실에 보관해야 한다.

공문서 작성 원칙

① 문서는 「국어기본법」 제3조제3호에 따른 어문규범에 맞게 한글로 작성하되, 뜻을 정확하게 전달하기 위하여 필요한 경우에는 괄호 안에 한자나 그 밖의 외국어를 함께 적을 수 있으며, 특별한 사유가 없으면 가로로 쓴다.
② 문서의 내용은 간결하고 명확하게 표현하고 일반화되지 않은 약어와 전문용어 등의 사용을 피하여 이해하기 쉽게 작성하여야 한다.
③ 문서에는 음성정보나 영상정보 등이 수록되거나 연계된 바코드 등을 표기할 수 있다.
④ 문서에 쓰는 숫자는 특별한 사유가 없으면 아라비아 숫자를 쓴다.
⑤ 문서에 쓰는 날짜는 숫자로 표기하되, 연 · 월 · 일의 글자는 생략하고 그 자리에 온점을 찍어 표시하며, 시 · 분은 24시각제에 따라 숫자로 표기하되, 시 · 분의 글자는 생략하고 그 사이에 쌍점을 찍어 구분한다. 다만, 특별한 사유가 있으면 다른 방법으로 표시할 수 있다.
⑥ 문서 작성에 사용하는 용지는 특별한 사유가 없으면 가로 210밀리미터, 세로 297밀리미터의 직사각형 용지로 한다.

출처: 행정효율과 협업촉진에 관한 규정 제7조(문서 작성의 일반원칙)

표 10-7 어린이집 문서 보존 현황

구분	보존기간
• 기관 및 단체의 신분, 재산, 권리, 의무를 증빙하는 서류 – 인사기록카드, 보육교직원관리대장 등	준영구
• 공사 관련 장부 및 증빙서류	10년
• 회계 관련 장부 및 증빙서류 – 현금출납부, 총계정원장, 재산대장, 비품관리대장 – 과목전용조서, 수입 · 지출 원인행위 위임에 관한 위임장 – 보육료대장, 봉급대장 – 수입과 지출에 따른 증빙서류 등 • 영유아 생활기록부	5년
• 기타 어린이집 운영에 관한 서류 – 어린이집 운영일지 – 어린이집 이용신청자 명부 및 이용아동 연명부 – 연간 · 월간 · 주간 보육계획안, 보육일지 등	3년
• 기타 업무연락, 통보, 조회 등과 관련된 기록물	1년

출처: 보건복지부(2020)

더 알아보기 ⑩-❶

보육통합정보시스템

보육통합정보시스템Childcare Intergrated Systems, CIS은 아이행복카드를 효율적으로 관리하고 부모의 보육서비스 정보 접근성 및 어린이집과 행정기관의 편리성을 제고하기 위한 통합시스템으로 부모, 어린이집, 행정, 바우처지원 시스템으로 구성되어 있다. 어린이집 재정관리, 원아 및 교직원 관리, 보육료 및 지원금 관리 등은 보육통합정보시스템을 통해 관리되어야 한다.

1 아이사랑 보육포털 부모의 편리성을 고려한 맞춤형 보육서비스 정보제공	**2 어린이집 지원시스템** 어린이집을 효율적으로 운영할 수 있도록 영유아의 입/퇴소, 시설정보 변경, 종사자관리, 어린이집 홍보기능 제공
3 행정 지원시스템 지방정부의 어린이집 관리와 보육료, 보조금 관리, 아이사랑 카드 결제 지원	**4 바우처 지원시스템** 금융결제망을 통해 예탁관리, 바우처관리, 정산 통계 등을 실시간 관리

어린이집에서 사용할 수 있는 보육통합정보시스템의 운영체계 및 메뉴는 다음과 같다.

- 어린이집 운영 : 설치 운영 관리, 수납액 관리, 기타경비수납액 관리, 반 관리, 아동 관리, 이용현황 관리, 사고보고, 종사자 관리, 어린이집 홍보 관리, 구인구직
- 아이사랑카드 : 보육료 및 기타경비 결제, 결제현황 확인, 예외급여 신청 및 현황, 사업현황, 자동결제 관리, 기본보육료 관리, 연말정산 및 납입내역
- 보조금 : 국가 및 지자체에서 시행하는 각종 보조금을 확인하고 신청
- 커뮤니티 : 가정통신문을 탑재하면 부모들이 공유

출처: 보육통합정보시스템 홈페이지(https://cpms.childcare.go.kr)

참고문헌

문혁준, 김정희, 김혜연, 서기남, 이성복, 정다운(2013). **어린이집 운영관리**. 서울: 창지사.

박혜경, 최윤영(2002). 보육시설의 시설 및 설비에 관한 연구. **생활과학연구**, 7: 254-275.

보건복지부(2020). 보육사업안내.

보건복지부, 한국보육진흥원(2018). 제3차 어린이집 평가인증 안내.

보건복지부, 한국보육진흥원(2019). 어린이집 평가인증 안내(통합지표).

보건복지부, 한국보육진흥원(2020). 2020 어린이집 평가 매뉴얼.

이기숙, 김순환, 조혜진(2014). **유아교육기관 운영관리**. 경기: 양서원.

이순형, 이성옥, 권기남, 김지현, 김진욱, 김정민, 민미희, 정현심, 김유미, 임여정, 김민경(2012). **어린이집 운영관리**. 경기: 양서원.

임재택(1999). **유아교육기관운영관리**. 서울: 양서원.

한국보육진흥원(2013). 어린이집 원장 사전직무교육.

Decker, C.A. & Decker, J.R. (2001). *Planning and administering early childhood programs* (7th ed.). NJ: Prentice Hall.

참고 사이트

보육통합정보시스템 홈페이지(https://cpms.childcare.go.kr)

CHAPTER

11

보육평가

CHAPTER 11

어린이집에서 실시한 보육의 질은 우리가 기대하는 수준일까? 보육의 목표나 내용, 그리고 실행방법을 개선할 필요는 없을까? 이 질문들에 대한 답은 보육평가를 통해 이루어질 수 있다. 영유아의 발달 특성에 맞추어 보육현장에서는 적절한 평가방법이 필요하고, 그 평가의 과정과 결과는 보육의 일상에서 마주치게 되는 수많은 의사결정의 순간에서 중요한 역할을 한다. 이 장에서는 먼저 보육평가의 목적이 무엇인지 알아본 후, 보육평가의 대상을 살펴보면서 어린이집에서 주로 활용하는 평가의 방법과 그 활용에 대해 살펴보고자 한다. 마지막으로 2019년 6월부터 전국 모든 어린이집을 대상으로 의무적으로 실시되는 '어린이집 평가제'의 배경과 구체적인 내용에 대해서도 소개하고자 한다.

1. 보육평가의 목적

보육평가를 계획하고 실시하는 목적은 보육의 질을 진단하고 개선하기 위해서이다. 어린이집은 보육과정을 비롯하여 건강과 안전 관리, 교직원 등에 대해 체계적으로 평가를 계획하고 실시하여 그 결과를 적절하게 활용함으로써 영유아를 위한 최선의 보육환경을 마련할 수 있다(김은영 외, 2019). 「영유아보육법」 제30조에 따르면, 보건복지부장관은 영유아의 안전과 보육서비스의 질 향상을 위하여 어린이집의 보육환경, 보육과정 운영, 보육인력의 전문성 및 이용자 만족도 등에 대하여 정기적으로 평가를 실시하여야 한다.

보육평가의 구체적인 목적은 설명하면 다음과 같다(조성연 외, 2018).

첫째, 보육평가를 통해 영유아의 현재 발달상태에 대한 정보를 제공받을 수 있다.

둘째, 보육과정의 계획과정에서 결정된 보육목표에 따라 보육내용, 보육 실시방법 등이 적절하게 편성되고 운영되었는지, 실행 결과 보육목표가 적절히 실행되고 있는지를 평가함으로써 보육과정을 개선할 수 있다.

셋째, 부모에게 영유아의 발달에 대한 정보와 어린이집 보육과정 운영에 대한 정보를 제공하여 가정과 어린이집 간 연계를 강화시켜 결과적으로 보육의 효과를 높일 수 있다.

넷째, 어린이집의 자발적인 평가과정을 통해 전반적으로 보육의 질이 향상될 수 있다.

2. 보육평가의 대상

보육평가의 대상은 크게 영유아에 대한 평가와 보육과정에 대한 평가로 나눌 수 있다(김은영 외, 2019). 먼저 영유아에 대한 평가는 영유아의 발달 특성 및 변화 정도에 대해 평가한다. 교사는 발달 전반에 있어서의 개별 유아의 특성 및 변화에 대한 다양한 자료를 수집하여 종합적으로 판단함으로써 개별 유아에 대한 이해를 도모할 수 있다.

영유아에 대한 평가는 성취 중심의 결과 평가를 지양하고, 변화 중심의 과정 평가를 지향하는 것이 바람직하다.

보육과정에 대한 평가는 보육과정의 개선을 통해 보육의 질을 향상시키기 위해 실시된다. 국가 수준의 보육과정이 어린이집 보육과정의 목표와 철학에 반영되었는지, 보육과정의 목표에 부합하여 보육과정의 내용 및 실시방법이 계획되고 실행되었는지를 평가한다. 또한 가정 및 지역사회의 특수한 요구와 맥락이 보육과정에 반영되었는지도 평가의 대상이다.

이외에도 어린이집 평가제의 평가지표 영역에 따르면, 보육평가의 대상으로 보육환경 및 운영관리, 건강 및 안전, 교직원을 들 수 있다(보건복지부, 2020).

3. 보육평가의 방법

보육평가의 방법은 평가의 목적 및 대상에 따라 다양하다. 중요한 것은 평가의 목적과 대상에 따라 적절한 평가방법을 사용하여야 한다는 점이다. 보육평가의 목적이 영유아의 발달상태를 사전에 진단하고자 하는 것인지, 보육과정의 운영과정을 주기적으로 확인하기 위해서인지, 영유아의 보육경험의 결과 발달이 어떻게 변화되었는지를 종합적으로 확인하기 위해서인지에 따라 보육평가의 방법은 달라질 수 있다. 따라서 평가하고자 하는 목표와 내용에 따라 관찰(일화기록, 평정척도 및 체크리스트), 면담, 검사, 포트폴리오, 설문조사 등 다양한 방법 중 적절한 방법을 선택하여 평가를 실시한 후 종합적으로 평가 결과를 해석하고 분석해야 한다. 뿐만 아니라 보육현장에서 보육교사들이 영유아와의 상호작용, 안전관리 등 본연의 보육업무에 집중하는 것을 방해하는 과도한 평가업무에 대한 어려움을 호소하는 등의 어려움이 있으므로(김은영 외, 2019), 보육교사가 보육업무에 방해되지 않는 선에서 개별 보육교사가 선호하고 자율적으로 결정한 방식으로 평가를 진행하는 것이 필요하다.

대표적으로 어린이집 현장에서 영유아 평가에 사용하는 영유아 관찰(일화기록, 관찰척도) 및 포트폴리오, 그리고 보육과정 평가에 사용하는 보육일지에 대해 소개하고자 한다.

1) 영유아 관찰

영유아의 발달 상황을 확인하기 위해 가장 보편적으로 사용되는 방법은 관찰이다. 아동기가 되기 이전인 영유아의 발달을 표준화된 검사나 면접을 통해 완전하게 파악하는 것은 영유아의 의사소통능력 발달 상황으로 인해 어려움이 따른다. 무엇보다 가장 자연스럽게, 그리고 온전하게 영유아의 발달을 파악할 수 있는 방법은 영유아가 놀이하고 있는 일상의 맥락 속 그대로의 영유아의 모습을 관찰하는 것이다. 보육교사가 영유아의 발달을 파악하는 것은 추후 교사가 영유아의 놀이 및 발달을 지원하거 위해 어떠한 역할을 해야 하는지와 어떠한 프로그램을 마련해야 하는지에 대한 중요한 정보가 된다.

관찰은 보육교사의 입장에서 특별한 상황과 도구를 마련하지 않더라도 일상 속에서 용이하게 정보를 수집하고 기록할 수 있다는 점에서도 보육현장에서 가장 보편적으로 활용되고 있다. 실제로 보육교사의 일상적 보육업무 가운데 대다수의 의사결정은 영유아의 놀이, 또래관계, 행동 등에 대한 관찰에 기반하여 이루어진다. 어린이집을 평가하는 국가나 권위 있는 기관의 입장에서는 개별 어린이집이 영유아의 놀이, 요구, 발달 등에 부응하는 보육과정을 운영하기 위해 자체적으로 노력을 기울이고 있는지를 파악하기 위해 보육교사의 관찰 기록을 중요하게 고려할 수밖에 없다. 여기에서는 보육현장에서 가장 일상적으로 활용되고 있는 일화기록과 누리과정에 기반하여 개발된 평가척도를 소개하고자 한다.

(1) 일화기록

일화기록은 영유아의 행동이나 대화, 그리고 행동이 일어난 맥락 등 영유아의 발달을 확인하는 데 있어 의미 있다고 판단되는 행동이나 사건이 발생할 때 순서대로 기록하는 방법이다. 보육교사는 관찰할 상황이나 환경을 미리 설정할 필요가 없으며, 영유아의 일상을 관찰하는 과정에서 중요하다고 생각하는 것을 언제든지 기록하면 된다. 객관적이며 사실적 기록이 되도록 작성한다.

일과 속에서 일어나는 유아의 경험을 기록할 때에는 유아의 놀이를 중심으로 관찰하고 기록하는 것이 필요하다. 의미 있다고 판단되는 놀이가 관찰되었을 때에는 우선 간략히 기록하고 추후 내용을 보완하여 작성할 수 있다. 평가의 형식과 분량도 자유롭게 할 수 있다.

일화기록

은지와 수연이는 아침 등원 시간에 만나 반가움을 나눈다. 그리고 나서 음률 공간에서 코끼리 코 악기로 수영장, 수영장 미끄럼틀로 상상하여 표현하고, 실로폰 채로는 사람으로 가상하여 수영장 놀이를 한다. 두 유아는 수영장 놀이와 자신의 경험(수영장 침대, 물 속에서 나와 추웠던 경험 등)을 연결하여 침대를 만들고, 실로폰 채가 춥지 않도록 침대 이불을 만들어 덮어 주며 놀이를 이어간다. 그러다 침대와 이불이었던 코끼리 코를 배로 만들어 떠내려가는 배 이야기로 변화시킨다. 그리고 두 유아의 이야기에는 실로폰이라는 새로운 놀이 자료가 추가된다. 그러자 실로폰은 위험한 다리가 되고, 위험한 다리를 건너갈 수 있는 슈퍼맨이 등장하는 이야기로 변화한다. 이처럼 이야기들이 끊임없이 연결된다.
이러한 이야기 짓기 놀이에서 상상을 기꺼이 받아 주는 또래가 있어 유아는 몰입한다. 그래서 이야기가 계속될 수 있다. 3세 유아의 소통능력은 뛰어나다. 이러한 소통능력으로 인해 유아는 놀이에 즐겁게 참여한다.

평가
교사는 악기도 유아에게 이야기 짓기의 소재가 되는 놀이 자료가 될 수 있다는 것을 알게 되었다. 또한 3세 유아도 또래와 상상 이야기를 주고받으며 놀이할 수 있다는 것을 알게 되었다.

그림 11-1 일화기록의 예시

출처: 교육부, 보건복지부(2019b)

그림 11-2 영유아의 일화를 관찰하며 기록하고 있는 교사의 모습

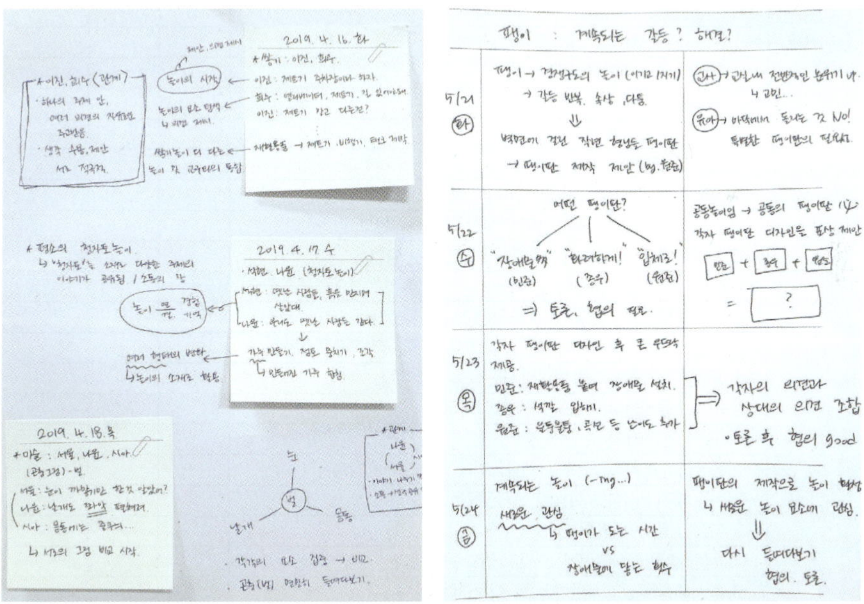

그림 11-3 간략히 기록한 메모 내용을 바탕으로 추후에 내용을 자세히 기록한 예시

출처: 교육부, 보건복지부(2019a)

(2) 관찰척도

여기서는 개정 전 3~5세 누리과정을 활용하여 개발된 KICCE 누리과정 유아관찰척도를 예시로 소개하고자 한다. KICCE 누리과정 유아관찰척도는 3~5세 누리과정을 평가하고 모니터링하기 위한 유아 평가도구로 육아정책연구소에 의해 개발되었던 관찰척도이다. 이 관찰척도는 개정 전 누리과정의 내용을 반영하여 개발되었다. 모든 문항

연령	관찰문항	우수(3)	보통(2)	미흡(1)
3세	1-1. 감각적 차이에 관심을 보인다.			
	1-2. 신체의 명칭을 알고 움직임에 관심을 갖는다.			
	1-3. 자신의 신체적 특성을 긍정적으로 인식한다.			
	1-4. 몸의 균형을 유지하고 신체 각 부분의 움직임을 조절해본다.			
	1-5. 소근육을 조절해 본다.			
	1-6. 기본운동 동작을 한다.			
	1-7. 신체활동이나 바깥놀이에 참여한다.			
	1-8. 운동기구나 시설을 스스로 이용한다.			
	1-9. 자신의 몸과 주변을 깨끗이 한다.			
	1-10. 음식을 골고루 먹는다.			
	1-11. 바른 태도로 식사한다.			
	1-12. 건강한 생활을 한다.			
	1-13. 놀이기구, 놀잇감, 놀이장소, 미디어를 안전하게 사용한다.			
	1-14. 기본교통수칙과 교통수단의 안전한 이용법을 알고, 경험한다.			
	1-15. 위험한 상황에 대처하거나 도움을 요청하는 방법을 안다.			
4세	1-1. 감각적 차이를 구분한다.			
	1-2. 신체의 명칭과 기능을 알고 움직인다.			
	1-3. 자신의 신체적 특성이나 다른 사람과의 차이를 긍정적으로 이해한다.			
	1-4. 균형감과 조절능력을 보이며 대근육을 조절한다.			
	1-5. 눈과 손을 협응하여 소근육을 조절해 본다.			
	1-6. 이동운동과 제자리운동을 한다.			
	1-7. 적극적이고 지속적으로 신체활동이나 바깥놀이에 참여한다.			
	1-8. 운동기구나 시설을 이용한 신체활동을 한다.			
	1-9. 자신의 몸과 주변을 깨끗이 한다.			
	1-10. 몸에 좋은 음식에 관심을 갖고 골고루 먹는다.			
	1-11. 식사예절을 알고 바른 자세로 식사한다.			
	1-12. 건강하고 청결한 일상생활을 한다.			
	1-13. 놀이기구, 놀잇감, 놀이장소, 미디어를 안전하게 사용한다.			
	1-14. 기본교통수칙과 교통수단의 안전한 이용법을 알고 지킨다.			
	1-15. 위험한 상황에 대처하거나 도움을 요청하는 방법을 알고 실천한다.			

그림 11-4 KICCE 누리과정 관찰척도: 3, 4세의 '신체운동 · 건강' 영역

출처: 이미화 외(2013)

<table>
<tr><th rowspan="2">내용</th><th rowspan="2">세부내용</th><th rowspan="2">관찰문항(관찰요소)</th><th colspan="3">관찰준거</th></tr>
<tr><th>1</th><th>2</th><th>3</th></tr>
<tr><td rowspan="3">자발적으로 신체활동에 참여하기</td><td rowspan="2">신체활동에 자발적이고 지속적으로 참여한다.</td><td rowspan="4">1-7. 적극적이고 지속적으로 신체활동이나 바깥놀이에 참여한다.
(적극적 참여, 지속적 참여)</td><td>신체활동이나 바깥놀이에 참여하지 않는다.</td><td>도움이 있으면 신체활동이나 바깥놀이에 적극적으로 참여한다.</td><td>도움이 있으면 신체활동이나 바깥놀이에 적극적이고 지속적으로 참여한다.</td></tr>
<tr><td colspan="3">관찰 및 활동 사례</td></tr>
<tr><td>다른 사람과 함께하는 신체활동에 참여한다.</td><td rowspan="2">• 친구들과 하는 달리기 놀이를 참여하지 못한다.
• 친구와 마주보고 친구 모습을 거울처럼 흉내내기 활동에 참여하는 것을 어려워한다.
• 바깥놀이를 선호하지 않고, 나가면 무엇을 할지 몰라 배회한다.</td><td rowspan="2">• 친구들과 하는 달리기 놀이를 교사가 제안하여 적극적으로 참여한다.
• 친구와 마주보고 친구 모습을 흉내내기 활동에서 교사가 시범을 보여 주는 동작을 적극적으로 따라한다.
• 바깥놀이를 나가서 교사가 활동이나 놀이를 같이 하자고 제안하면, 적극적으로 참여한다.</td><td rowspan="2">• 친구들과 하는 달리기 놀이를 교사가 도움을 주면 적극적으로 참여하고 친구와 함께 달리기 시합도 할 수 있다.
• 친구와 마주보고 친구 모습을 흉내내기 활동에서 교사가 격려하면 친구의 모습을 보다 정교하게 따라하려고 반복적으로 시도하거나 창의적인 동작을 하며 즐거움을 느낀다.
• 1시간 내외의 바깥놀이 시간을 짧게 느끼며 실내에 들어가는 것을 아쉬워하는 경우가 많다.</td></tr>
<tr><td>바깥에서 신체활동 하기</td><td>규칙적으로 바깥에서 신체활동을 한다.</td></tr>
</table>

그림 11-5 KICCE 누리과정 관찰척도: 4세의 '신체운동 · 건강' 영역 중 관찰준거 사례

출처: 이미화 외(2013)

에는 1(미흡), 2(보통), 3(우수)의 수준마다 약 3~4개의 관찰사례가 제시되어 있어, 교사가 관찰사례를 통해 유아를 더욱 잘 관찰하고 유아의 발달수준을 명확하게 파악할 수 있도록 도움을 준다(이미화 외, 2013). 어린이집에서는 이 관찰척도를 통해 영유아의 발달을 분명하게 평가할 수 있을 뿐만 아니라 누리과정 운영을 평가하고 앞으로의 개선 방향을 자체적으로 수립하는 데 정보를 제공 받을 수 있다.

2) 포트폴리오

포트폴리오portfolio는 영유아가 무엇을 하고 놀았는지, 무엇에 관심을 가지고 있는지, 무엇을 배우고 어떻게 그 학습을 이루었는지, 어떻게 생각하고 질문하고 분석하고 창조해 냈는지, 타인과의 지적 · 정서적 · 사회적 상호작용은 어떠했는지 등 영유아의 발달 및 변화 전반에 대한 기록을 말한다(이순형 외, 2007). 영유아의 발달에 대한 정보는

다양한 원천으로부터 나올 수 있고, 하나의 정보에 의존하는 것이 아니라 다양한 정보를 바탕으로 총체적으로 해석하는 것이 요구된다는 점에서 포트폴리오를 활용한 평가는 보육현장에서 가치를 인정받고 있다. 교사는 각 영유아의 놀이나 변화, 발달을 보여주는 그림이나 쓰기, 놀이와 관련된 작품과 사진, 영유아가 또래 또는 교사와 나누었던 언어적 상호작용 기록, 교사의 평가, 영유아의 일화기록 등을 포트폴리오에 포함시킬 수 있다. 영유아도 포트폴리오에 들어간 자신의 작품에 대해 평가할 수 있으며, 포트폴리오에 들어갈 작품을 선정하는 과정에도 참여할 수 있다(Smith, 2013).

그림 11-6 유아에 대한 전반적인 평가 기록물이 포함된 포트폴리오

출처: 국공립마곡14아이마당어린이집

유아들의 작품	메모
	**는 본인이 만들고 싶은 신발을 그려보라고 했을 때 바닥을 뾰족하게 묘사하였다. 이는 바닥에 미끄러지지 않도록 하는 신발의 구조에 대한 개념을 형성하고 있음을 의미한다.

그림 11-7 포트폴리오에 포함된 작품 분석의 예시

출처: 이순형 외(2015)

3) 보육일지

지금까지 교사의 입장에서 영유아의 발달 및 변화를 평가하는 방법에 초점을 두었다면, 여기서는 보육과정 및 하루의 일과 운영에 대한 교사의 평가 기록에 대해 살펴보고자 한다. 어린이집에서는 표준보육과정과 기관의 철학에 기초하여 1년, 1달 또는 1주, 그리고 1일에 대한 보육계획을 수립한 후 이에 근거하여 보육내용을 편성하고 운영하고 평가한다. 평가의 과정은 사실상 매일의 보육일과 속에서 실시간으로 시행되고 반영되는 과정을 거친다. 이때 교사가 영유아에 대한 보육과정 수립을 정기적으로 평가하고 새로운 보육계획에 반영하고 있는지에 대해 살펴볼 수 있는 기록이 바로 보육일

OO반 보육일지 (만 4세)	결재	담임	주임2	주임1	원장

담임교사	OOO 선생님	활동기간	2019년 10월 21일(월) ~ 26일(토)
프로젝트주제	집	소 주 제	교실 집에 필요해요. !
활동목표	• 교실 집에서 필요한 것에 관심을 가지며 만들어 꾸며 본다.		

일 과	활동계획 월	화	수	목	금	실행여부 월	화	수	목	금
등원 및 통합보육 (7:30~9:00)	• 등원하여 신발을 자신의 자리에 정리한다. • 외투와 가방을 통합 교실 한쪽에 정리한다. • 흥미 있는 놀잇감을 선택하여 놀이한다. • 잠바를 옷장에 정리하고 수첩을 정리하고 수첩에 도장을 찍는다.									
손 씻기 및 오전 간식	9:00~9:20	9:00~9:30	9:00~9:30	9:00~9:30	9:00~9:20					
	• 화장실을 다녀온 후 손을 깨끗하게 씻는다. • 바르게 앉아서 맛있게 오전 간식을 먹고 정리를 한다.									
오전 실내 자유선택활동	9:20~10:50	9:30~10:30	9:30~10:50	9:30~10:30	9:20~10:50					
쌓기	블록으로 책상을 만들어요.					O	O	O	O	O
역할	화장실 놀이를 해요.					O	O	O	O	O
언어	[쓰기] 사용 안내 글을 써요. [말하기/듣기] 번호키 판에 있는 것들이에요. [읽기] '나의 집'을 읽어요.					O	O	O	O	O
수·조작	열쇠 구멍에 맞춰요.					X	X	X	O	O
	[소근육] 막대에 고리 링을 끼워요.					O	O	O	O	O
과학	1층 침대에 전등을 켜요.					O	O	O	O	O
미술	번호키 판을 그려요.					O	O	O	O	O
음률	고리 링으로 만든 악기를 연주해요.					O	O	O	O	O
전이 활동	10:50~11:00	10:30~10:40	10:50~11:00	10:30~10:40	10:50~11:00					
	• 실외활동을 위해 화장실을 다녀온다. • 실외활동이나 대체활동을 위해 준비한다(외투입기, 신발신기).									
바깥 놀이	11:00~12:00	10:40~11:40	11:00~12:00	10:40~11:40	11:00~12:00	O	O	O	O	O
	[대근육] 팀을 나눠서 잡기 놀이를 해요. (대근육) [대체활동] 평균대를 건너요.									
점심 식사 및 양치하기	12:00~13:00	11:40~12:40	12:00~13:00	11:40~12:40	12:00~13:00					
	• 실외활동 후 손 씻기 및 화장실을 다녀온다. • 바르게 앉아서 맛있게 점심을 먹는다. • 점심 후, 스스로 이를 닦는다.									
특별활동 (12:40~13:10)	*• 특별활동 경험하기 - 영어(화, 목)*									
인사 및 대소집단 활동	13:00~13:30	13:10~13:30	13:00~13:30	13:10~13:30	13:00~13:30					
	[이야기나누기] 주말지낸 이야기 (사회관계증진활동)	[미술] 번호키 판을 꾸며요. (사회관계증진활동)	[이야기나누기] 마음에 드는 번호키 판을 골라요.	[이야기나누기] 번호키 판을 어디에 붙일까요?	[이야기나누기] 튼튼한 열쇠는 어떻게 만들까요?	O	O	O	O	O
낮잠 준비 및 낮잠 (13:30~15:00)	• 화장실을 다녀온 후 손을 깨끗하게 씻는다. • 스스로 낮잠 이불을 준비한다. • 조용한 음악을 들으며 편안한 낮잠시간을 갖는다.									
오후간식	15:00~15:30	15:00~15:30	15:00~15:30	15:00~15:30	15:00~15:30					
	• 스스로 자신의 이불을 정리한다. • 화장실을 다녀온 후 손을 깨끗하게 씻는다. • 오후간식을 먹은 후 자신의 가방을 정리한다.									
오후 실내 자유선택활동	15:30~17:00	15:30~17:00	15:30~17:00	15:30~17:00	15:30~17:00					
	• 오전에 진행한 활동을 연계하여 자유롭게 선택하여 놀이한다. • 친구들과 사이좋게 놀이해요. (기본생활습관) • OOO 교사 월~금요일 14:30~15:30 휴게시간 진행함.									
귀가 및 통합보육 (17:00~19:30)	• 유아의 귀가 준비를 한다. • 종일 보육프로그램 실시한다. (종일보육운영일지 참고)									

	총 평
월	유아들이 놀이를 시작할 때 자신의 카드 키를 들고 원하는 방으로 들어가서 놀이를 시작함. 친구와 다른 방에 들어가서 카드 키를 사용해 전화하는 모습을 흉내 내기도 함. 박스 블록으로 만든 화장실에 들어가 친구와 함께 벽돌 블록을 쌓아서 탁자를 만들기도 하고 앉을 수 있는 의자 모양을 만들기도 하며 놀이를 함. 화장실에서 무엇을 하는지 묻자 작은 공간이지만 막힌 공간을 집처럼 사용하며 안에 들어가 놀이하는 모습들을 보임. 주말 지낸 이야기를 하고 카드 키 찍는 곳에 대해 한 번 더 이야기하며 유아들이 번호키 판의 모습에 대해 생각해 보고 관심을 가질 수 있도록 함. 바깥 놀이를 나가서 유아들과 어린이집 앞 놀이터에서 놀이를 시작함. 유아들이 팀을 나누어 가위바위보를 하고 잡기 놀이를 시작함. 팀을 나누어 잡기 놀이를 한다고 가위바위보는 했지만 한 명이 남고 다른 유아들은 도망을 다니며 팀끼리 하는 잡기 놀이의 모습은 보이지 않음.
화	2층 침대에 올라가서 친구와 함께 앉아 필요한 놀잇감을 사용해 엄마, 아빠 놀이도 하고 위로 올라가고 내려가는 것에 흥미를 느껴서 반복하기도 하며 놀이함. 위층에 올라가는 유아를 3명으로 하자고 이야기하여 2층 침대에 올라가서 놀이하는 유아들이 3명이 있으면 아래층에 들어가 놀이하는 유아들도 생기며 화장실에서 블록을 사용해 쌓고 의자를 만들기도 하고 음식 모형을 가져가 음식점이라고 이야기하기도 하며 화장실로 구성했지만 막힌 공간에서 유아들이 표현하고 싶은 놀이를 표현하는 모습들을 볼 수 있음. 집으로 구성된 영역들에 대해 유아들이 인식하고 있는지 알아보기 위해 정해진 공간들의 이름을 부르면 그곳에서 놀이한 유아들이 놀잇감을 정리하거나 이야기 나누기할 때도 거실에 모여보자고 하거나 안방에 모여보자고 하며 우리가 만든 공간들의 위치에 대해 인식해 볼 수 있도록 함. 번호키 판을 그리기 위한 종이의 크기가 다른 것을 요구한 유아들에게 여러 크기의 종이 중 선택하여 번호키 판을 그려 볼 수 있도록 함. 발산 근린공원으로 바깥 놀이를 나가서 10명 정도의 유아가 모여서 가위바위보 하는 모습을 보이며 술래가 정해지면 잡기 놀이를 시작함. 잡기 놀이를 할 때 가위바위보를 하지 않고도 친구들이 놀이하는 모습을 보며 함께 하기도 함.
수	유아들이 그린 번호키 판을 보며 어떤 모양들을 그렸는지 이야기 나누고 문에 붙일 번호키 판을 선택하기 위해 전지에 붙이고 마음에 드는 번호키 판에 한 명씩 스티커를 붙여서 선택할 수 있도록 하였음. 유아들이 스티커를 붙인 전지를 보며 번호키 판마다 스티커가 붙은 개수를 하나씩 세보며 가장 많은 붙은 번호키 판을 순서대로 정함. 번호키 판에 카드를 찍는 곳에 열쇠가 들어갈 수 있도록 구멍이 필요하다고 하여 구멍을 뚫고 키를 넣을 방법을 묻자 문에 번호키 판에 구멍을 뚫어서 붙이면 된다고 이야기함. 화장실에 블록을 가져가 책상을 만들며 놀이를 하던 유아들이 화장실을 집이라고 이야기하며 안에 들어가 누워서 놀이하는 것을 좋아함. 바깥 놀이를 준비하고 유아들과 발산 근린 공원을 산책하고 놀이터에 모여서 놀이를 시작함. 놀이를 시작하자마자 잡기 놀이할 친구들을 모아서 놀이를 시작함.
목	유아들이 선택한 번호키 판을 코팅하고 열쇠가 들어갈 수 있는 부분을 그린 부분을 구멍을 뚫음. 유아들이 열쇠를 넣을 수 있도록 문이 있는 곳에 붙여서 구멍을 뚫어야 한다고 해서 박스 블록에 유아들이 원하는 크기의 작은 구멍을 뚫는 것이 어려워 번호키 판에 우드락 보드를 여러 겹 붙여서 유아들이 열쇠를 넣을 수 있을 깊이 만큼 구멍을 만들어 유아들과 번호키 판을 보며 붙이고 싶은 곳을 골라서 하나씩 붙여서 번호키 판을 붙여줌. 번호키 판이 붙여지니 유아들이 놀이를 하며 카드 키를 가져와 번호키 판에 찍기도 하고 번호키 판에 그려져 있는 숫자를 누르고 문을 열며 들어가는 모습을 보임. 바깥 놀이를 나가서 유아들이 철봉이 있는 곳으로 가자고 해서 철봉이 있는 2번 놀이터로 가서 놀이를 함. 잡기 놀이를 하고 싶은 유아들은 팀을 모아서 잡기 놀이를 하고 철봉을 건너려고 하는 유아들은 줄을 서서 교사에게 도와달라고 하며 철봉을 잡고 하나씩 건너며 놀이를 함.
금	번호키 판이 생기자 유아들이 번호키 판의 구멍의 모양에 대해 이야기 함. 구멍이 크고 작은 것을 비교하고 네모 모양으로 뚫어져 있는 구멍을 보며 여기는 네모 모양이라고 이야기하기도 함. 놀잇감을 가져와 구멍에 끼우며 구멍에 맞는 놀잇감을 찾음. 유아가 고른 놀잇감이 구멍에 맞으면 구멍에 끼웠다며 친구들에게 이야기하고 작은 구멍에는 색연필이 끼워지는 것을 보며 색연필을 끼워 열쇠라고 하기도 함. 여자 유아들 중 종이로 열쇠 모양을 그려서 오려 열쇠 구멍에 끼우기도 하지만,종이가 구겨짐. 유아들과 튼튼한 열쇠를 만드는 방법에 대해 이야기하니 열쇠를 그려서 코팅을 하고 번호키 판에 붙인 판을 붙여주면 튼튼한 열쇠가 될 것 같다고 이야기함. 바깥놀이를 나가 유아들이 철봉이 있는 놀이터로 가자고 하여 2번 놀이터로 가서 철봉을 건너기도 하고 팀을 나누어 잡기 놀이를 하기도하며 놀이를 함.
주간 평가	한 주 동안 번호판 키의 모양에 대해 이야기하고 유아들이 직접 꾸며 선택한 번호키 판을 유아들이 원하는 위치에 붙여주며 놀이에 활용할 수 있도록 함. 화장실의 공간을 좋아하는 유아들이 화장실 안에 블록으로 꾸며 만들기도 함. 번호키 판의 구멍에 열쇠를 만드는 유아들과 다음 주에는 열쇠를 만들어 볼 예정임.
비 고	• 비상대응훈련 - 교통사고 미디어 교육 (10월 25일) • 부모 참여 수업 (10월 25일)

그림 11-8 1주일의 활동에 대해 평가한 만 4세 유아반 교사의 주간 보육일지의 예시

출처: 국공립마곡14아이마당어린이집

지이다.

제4차 어린이집 표준보육과정(2019 개정 누리과정 포함)에서는 교사의 놀이 지원을 중요하게 생각하고 있으며, 이에 따라 교사가 친숙해하며 개별 어린이집에서 고안한 형식으로 자율적으로 기록할 것을 권장하고 있다. 보육일지에 대해서는 정해진 틀이 없다. 중요한 것은 교사가 영유아의 놀이와 활동에 대한 관찰을 기반으로 어떠한 목표와 내용 및 방법으로 이 놀이 및 활동을 지원하고자 계획하였고, 그 지원이 실제로 어떻게 이루어졌으며, 그 과정 속에 영유아는 어떠한 경험과 반응을 하였는지, 그에 기초하여 앞으로의 놀이 및 활동은 어떻게 진행할 것인지에 대한 반성적 고찰 내용을 기록한 양식이다. 이에 대한 예시는 그림 11-9와 같다.

주제	우리 동네	목표	내가 살고 있는 곳에 대해 궁금한 것을 알아본다.

요일	실행	지원
…	…	…
목	· 교실 한 켠에 있는 지도에 대해 관심을 가지고 가장 빨리 가는 길에 대한 대화를 나눔.	✓ 인터넷을 활용하여 유아가 지도를 잘 볼 수 있도록 지원함.
금	· 인터넷으로 본 지도를 보며 그림으로 길을 표상함. 교실에 있는 종이가 작다고 하면서 점점 더 큰 크기의 종이를 요청함.	✓ 더 큰 종이 제공함: 도화지 → 4절지 → 전지 → 전지 이어 붙여서 그림 그리기.
월	· 지난주 금요일에 이어 길을 그림으로 표상함. 그림에서 일반도로 뿐 아니라 다양한 길(예: 지하철, 고속도로 등)에 대한 표상이 나타남. · 종이를 이어 붙이는 것의 불편함과 더불어 이어 붙인 종이 위에 올라가서 그림을 그리자 다시 그릴 공간이 좁아지는 상황이 벌어짐.	✓ 문제 해결 방법에 대해 유아들과 토의하였고 복도에 나가서 그림을 그리기로 결정함. ✓ 종이는 계속 이어 붙이기 어려워 바닥에 그림을 그리면 좋겠으나 바닥을 훼손하면 안 되므로 다음날 교사와 함께 자료실에 가서 바닥에 그리기 적절한 그리기 도구가 있는지 찾아보기로 함.
화	· 자료실에 가서 바닥에 그리고 지우기 적절한 그리기 도구를 찾다가 우연히 테이프를 발견하고 테이프로 길을 만들자고 함. · 유아가 선택한 자료인 테이프로 유아는 복도에서 길을 만들기 시작함.	 ✓ 교사와 유아가 함께 자료실에 가서 유아가 선택한 자료(절연 테이프)를 제공함. ✓ 교실 외 놀이공간(복도) 활용함.
수	· 복도에서 이어서 놀이함. 길이 더 길어지고 커짐. · 색테이프를 요청함. · 테이프로 벽에도 표상을 시작함. 노랑-고속도로 파랑-1호선 초록-2호선 빨강-3호선 "아파트는 바닥X. 서있잖아."	✓ 벽까지 올라가서 어떻게 다 떼어 정리하나 걱정도 되었지만 유아들의 놀이를 지켜보기로 함. ✓ 요청에 따라 다양한 색깔의 테이프 추가 제공함. ✓ 테이프로 만든 길 위에 입체적으로 동네를 구성할까 싶어 종이벽돌블록과 소품 일부를 제시해 보았음.
목	· 제시한 블록, 소품에 관심을 보이지 않음. 오로지 테이프로만 길 만들기에 집중함. · 복도도 테이프길로 거의 꽉 차고, 멈춰야 되는지 다른 공간으로 길을 확장해도 괜찮은지 묻기 시작함. · 유아들과 토의 후 계단, 강당까지 가기로 함. · 길/미로/경사로 관련 대화가 오감.	✓ 유아가 안전하게 놀이하도록 교사도 전체를 관찰하지만, 평소 놀이하던 공간이 아니고 다른 학급의 유아들도 오가는 공간이므로 안전하게 놀이할 수 있도록 안전에 대해 짧게 이야기를 나눔. ✓ 유아들의 의견을 받아들여 복도에서 계단, 강당까지 기관 전체로 이어서 놀이하는 것으로 함.
금	· 테이프로 길 만드는 유아들이 줄어들고, 복도나 계단에서 길 만들기 놀이를 하기보다는 뛰어다니는 유아들이 많아짐. · 테이프를 떼어 정리하는 과정에서 돌돌 말린 테이프가 공처럼 되었고 테이프 공은 다시 유아들에게 새로운 놀잇감으로 보이기 시작함.	✓ 길 만들기 놀이에 대한 관심이 줄어들었음. ✓ 정리도 유아와 함께 진행함. 정리하는 과정에서 새로운 놀이자료(테이프 공)를 발견함. ✓ 테이프 공 활용하여 놀이할 수 있는 방법을 유아들 스스로 창안하기 시작함.

놀이가 마무리 되던 넷째 날: 흙 인형으로 시작된 상상놀이

바짝 마른 광목을 털어내니 책 속에서 본 흙 인형을 만들자며 신이 났다. 몇몇 유아들은 처음과 색깔이 달라졌다며 신기해 했다. 바깥놀이에서 수집한 나뭇잎, 가지, 열매, 돌멩이를 재료로 인형을 만들었다. 유아들은 각자의 생각대로 인형의 머리카락을 붙이고 옷에 단추를 달아주며 즐거워 하였다. 유아들이 만든 재미있는 흙 인형을 카펫으로 갖고 모이니 상상놀이가 시작되었다.

다섯째 날: 아이들에게 새로운 관심사가 생겼다.

어제 인형 만들기 재료를 찾으러 나간 정원에서 유아들이 가장 관심 있게 찾았던 재료는 '돌'이었다. 정원에 있는 벤자민 화분 속 색깔 돌들과 정원의 크고 작은 돌들이 그것이었다. 여기저기 주머니 가득 주워온 돌은 다른 유아들에겐 부러움의 대상이 되었다. 귀가 전 가방 속에도, 주머니 속에도, 유아들의 작은 손 안에도 한 두 개씩 돌이 들려 있었다. 유아들이 함께 할 수 있는 새로운 놀이가 시작된 듯 하다. 다음주, 유아들과 바깥놀이에 나가서 돌을 좀 더 수집하고 자료실에 있는 화분 돌도 제시해 보면 어떨까 싶다.

놀이가 마무리 되던 여섯째 날: 투명한 통으로 관심이 옮겨가다

오늘은 비가 왔다. 원래는 아침에 바깥놀이 하면서 돌을 조금 더 주워오려고 했는데…. 어제 유아들이 모아온 돌과 기관에 있는 화분용 돌을 유아들에게 주기로 했다. 돌을 보면 담아 가고 싶어 할 것 같아서 준비해 둔 투명통도 함께 주기로 했다. 일찍 온 유아들이 투명통을 갖고 놀이를 시작했다. 계획한 일과 대신 유아들의 놀이를 좀 더 허용해 주기로 했더니 길게 줄 세우기, 높이 쌓기 등 신나게 놀이했다.

그림 11-9 다양한 형태의 보육일지: 놀이 실행 및 지원을 기록한 주간교육계획안(왼쪽)과 교사저널 형식으로 놀이지도 운영을 평가한 예(오른쪽)

출처: 교육부, 보건복지부(2019a)

4. 보육평가의 결과

보육평가의 결과는 개별 영유아의 발달 상황에 대한 종합적인 이해와 보육과정 운영의 질적 개선을 위해 활용될 수 있다. 영유아 평가의 다양한 결과자료와 반복적 평가를 통해 누적된 자료는 영유아의 발달을 온전히 이해하는 데 기여할 수 있다. 또한 영유아 평가의 결과물은 부모면담 자료로 활용되어 가정과 기관 간의 연계를 강화하는 데 기여할 수 있다.

보육과정 평가는 자발적이고 반복적인 평가체계를 통해 일상적으로 이루어질 수 있다. 이는 보육과정 평가 결과가 실시간으로 보육과정 운영에 적용될 수 있고, 축적된 결과들은 장기적인 관점하에 보육과정 계획 및 운영에 반영될 수 있음을 의미한다. 보육과정 평가는 교직원 간 상호 논의될 수 있으며, 이 과정은 교직원 전체가 어린이집 운영의 일관성을 도모할 수 있는 장치가 될 수 있다.

그림 11-10 보육과정 평가를 통해 주간보육계획을 논의하고 있는 교사들의 모습

5. 어린이집 평가제

보육평가는 어린이집에서 자체적으로 수행될 수 있고, 정부의 관리 · 감독 하에 의무적으로 시행될 수도 있다. 우리나라에서는 2019년 6월부터 의무평가제가 시행되기 시작하여, 모든 어린이집이 의무적으로 개별 어린이집의 평가주기에 따라 평가를 받아야 한다. 여기서는 어린이집 평가제 시행 배경, 운영과정 및 평가지표에 대해 '2020 어린이집 평가 매뉴얼'(보건복지부, 2020)에 기초하여 살펴보겠다.

1) 어린이집 평가제 시행

어린이집 평가인증제Assessment Accreditation System는 공인된 인증기관에서 보육의 표준을 수립하고, 어린이집의 자발적인 지원을 바탕으로 인증기관에서 보육의 질을 평가한 후, 인증기관이 수립한 기준 이상의 수준을 충족하였을 때 그에 대한 인증을 부여하는 제도를 말한다(이순형 외, 2013). 대표적인 어린이집 평가인증제는 미국 유아교육협회National Association for Education of Young Children, NAEYC의 평가인증제와 오스트레일리아 국립보육인증위원회NAtional Childcare Accreditation Council, NCAC의 평가인증제가 있다. 특히 오스트레일리아는 정부 주도로 어린이집 평가인증제도를 실시하면서 부모가 인증된 어린이집을 이용할 때에만 보육료를 지원해 주는 제도를 통하여 강력하게 보육의 질을 관리하고 있다(이순형 외, 2013).

우리나라에서도 2004년에 전면 개정된 「영유아보육법」에서 어린이집 평가인증제를 실시할 수 있다는 조항이 신설되었다. 2004년은 그 이전까지 어린이집의 양적 확충에 초점을 맞추었던 보육제도가 보육의 질적 개선으로 목표를 상향한 중요한 전환점이다. 우리나라 어린이집 평가인증제도는 정부 주도로 보육의 질 향상을 위한 제도이다. 2003년 평가인증제도 모형을 개발한 후, 2005년 시범 운영을 거쳐 2006년부터 평가인증제도가 실시되었다. 2010년에는 2차 어린이집 평가인증제도가 시행되었고, 2013년

9월부터 평가 결과를 국민들에게 공표하기 시작하였다. 2014년에 3차 시범지표가 적용된 이후, 2016년에는 유치원과의 통합된 평가지표가 개발되었으며, 3차 어린이집 평가인증제도는 이 통합지표를 바탕으로 2017년부터 실시되었다. 이 과정에서 2006년에 3.6%에 불과하였던 인증 어린이집이 3년이라는 평가 1주기 후인 2009년에는 46.9%, 3차 시범지표가 적용된 2014년에는 75.6%, 그리고 2019년 4월 말 기준으로 전체 어린이집 중 83.0%가 인증을 유지하고 있다(보건복지부, 2019).

표 11-1 어린이집 평가제 이전의 평가인증제도 시행 경과

구분		내용
도입	2003. 4.~12. 2004. 1.	보육시설 평가인증제도 실시 모형 개발 관련 연구용역 실시 보육시설 평가인증제도 도입 근거 마련(영유아보육법 제30조)
시범 운영	2005	보육시설 평가인증 시범 운영 실시
1차 시행	2006~2009	제1차 어린이집 평가인증 시행
2차 시행	2010~2017. 10. 2013. 9. 2014. 11. 2016. 5.	제2차 어린이집 평가인증 시행 어린이집 평가인증 결과 공표 시행 3차 시험지표 적용 유치원 · 어린이집 평가체계 통합 방안 발표 (국무조정실 영유아교육보육통합추진단)
3차 시행	2017. 11.~2019. 6.	제3차 어린이집 평가인증 시행(통합지표 적용)

출처: 보건복지부(2019)

그러나 개별 어린이집의 자발적 신청에 의해 평가인증제가 실시되다 보니 2019년 1월 말 기준 전체 어린이집 중 19.2%가 미인증 어린이집으로 나타나 질 관리의 사각지대가 존재하고 있었다(보건복지부, 2019). 또한 최근 잇따라 사회적으로 이슈화되고 있는 아동의 권리 보호나 신체적 · 심리적 안전과 관련된 관리 강화의 국민적 요구가 있어 어린이집의 자발적 참여를 넘어 의무적인 평가인증 참여를 요구하게 되었다. 이에 보육에 대한 사회적 책임을 실천하고 모든 영유아의 건강한 발달을 도모하기 위해 전

체 어린이집을 대상으로 하는 '어린이집 평가제'가 도입되었다(2018년 12월 11일 영유아보육법 개정, 2019년 6월 12일부터 실시). 현재 2020년 10월 기준으로 전체 어린이집 중 84.3%가 인증을 유지하고 있다(보건복지부, 2020).

그림 11-11 2020 어린이집 평가 매뉴얼(어린이집용)

어린이집 평가제로의 개정 방향은 첫째, 국가가 모든 어린이집의 보육의 질이 상시적으로 유지될 수 있도록 국가 수준의 기준을 제공하여 주기적인 평가를 통해 지속적으로 관리하고자이며, 둘째, 영유아가 자유롭게 놀이를 즐기고 모든 일과 속에서 권리를 존중받으며 급·간식 및 안전관리를 통해 안심 보육 환경을 조성하고, 셋째, 보육교사의 평가업무 부담을 완화시키면서 동시에 근무환경을 개선하고 직무역량을 강화하여 온전히 보육에 집중할 수 있는 여건을 조성하는 데 두었다(보건복지부, 2020) 이를 통해, 영유아가 안전하고 존중받는 환경에서 놀이 중심의 일과를 경험하는 가운데 건강하게 발달할 수 있는 질 높은 보육을 실현하고, 정기적인 평가를 통해 보육교직원의 전문성을 향상시키며, 부모 입장에서는 안심하고 맡길 수 있어 어린이집과 기관 간의 연계가 강화되고, 국가 차원에서는 영유아의 건강한 발달을 도모하고 부모의 일·가정 양립을 지원할 수 있을 것이다(보건복지부, 2020).

2) 어린이집 평가 운영

한국보육진흥원에서 평가주기에 따라 평가대상을 선정하여 통보하면 6개월 경과 후 현장평가가 진행된다. 그 사이 어린이집은 자체점검보고서를 작성하여 제출한다. 한국보육진흥원에서 현장평가 관찰자를 파견하여 현장평가를 실시한 후 현장평가 보고서가 작성된다. 현장평가 결과를 바탕을 종합평가가 이루어지고, 그 결과는 어린이집에 개별통보된 이후 통합정보공시 홈페이지에 공개된다. 평가 후에도 어린이집에서는 연차별 자체점검보고서(A, B 등급) 또는 자체개선보고서(C, D 등급)를 제출하고, 한국보육진흥원과 육아종합지원센터에서는 확인점검 및 사후방문지원을 실시한다. 이상의 어린이집 평가 운영체계는 그림 11-12와 같다.

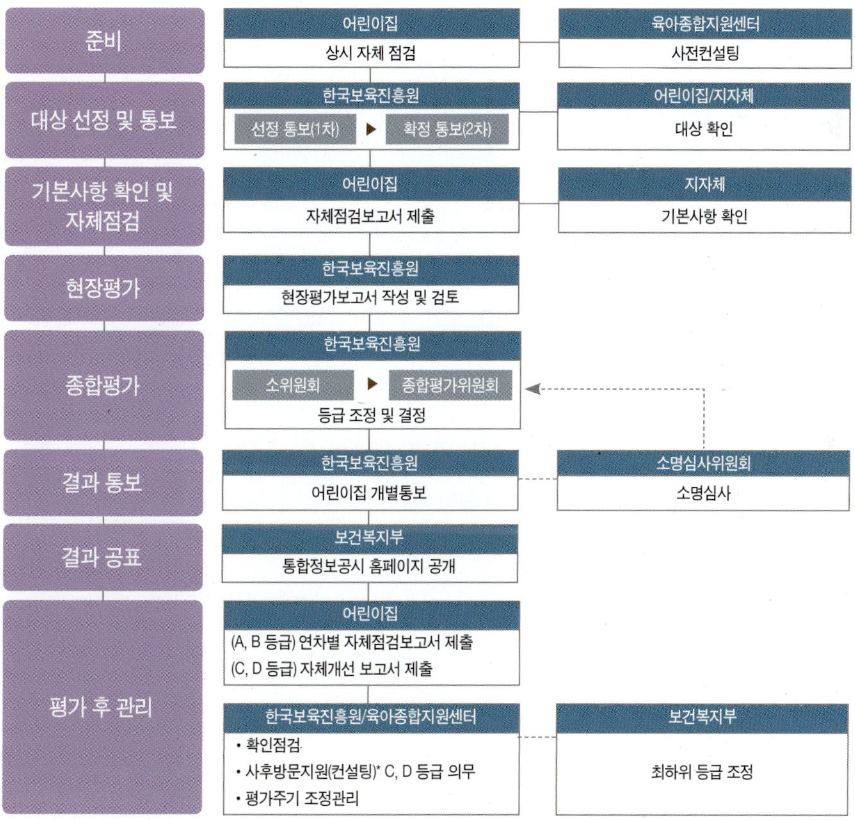

그림 11-12 어린이집 평가 운영체계

출처: 보건복지부(2020)

3) 평가지표와 평가기준

어린이집 평가제의 평가지표는 기존에 비해 영유아의 안전 · 권리 존중 및 놀이 중심 보육과정 운영을 강조하고, 주요 핵심지표 중심으로 지표 · 항목 수가 감축되었으며, 보육교직원의 근무여건 개선 지원 및 전문적 역량 제고와 관련된 지표를 강화하였다(보건복지부, 2020).

평가영역은 보육과정 및 상호작용, 보육환경 및 운영 관리, 건강 · 안전, 교직원의 총 4가지로 구성되어 있다. 평가지표는 총 18개, 평가항목 수는 총 59개이다. 기존의 평가지표 79항목에서 59항목으로 축소되었고, 지표별 평가항목 수도 평균 3~4개로 균형 배치한 결과이다. 평가영역별 평가지표 및 평가항목 수의 구성은 다음 **표 11-2**와 같다.

표 11-2 평가영역 및 평가항목 수

평가영역(항목 수)	평가지표	평가항목 수
1. 보육과정 및 상호작용(18)	1-1. 영유아 권리 존중 필수	2
	1-2. 보육계획 수립 및 실행	6
	1-3. 놀이 및 활동 지원	3
	1-4. 영유아 간 상호작용 지원	4
	1-5. 보육과정 평가	3
2. 보육환경 및 운영관리(14)	2-1. 실내 공간 구성 및 운영	4
	2-2. 실외 공간 구성 및 운영	3
	2-3. 기관 운영	4
	2-4. 가정 및 지역사회와의 연계	3

(계속)

평가영역(항목 수)	평가지표	평가항목 수
3. 건강 · 안전(15)	3-1. 실내 · 외 공간의 청결 및 안전	3
	3-2. 급 · 간식	3
	3-3. 건강증진을 위한 교육 및 관리	3
	3-4. 등 · 하원의 안전	3
	3-5. 안전교육과 사고예방	3
4. 교직원(12)	4-1. 원장의 리더십	3
	4-2. 보육교직원의 근무환경	3
	4-3. 보육교직원의 처우와 복지	3
	4-4. 보육교직원의 전문성 재고	3

*3-2, 3-4, 3-5 지표 필수요소 8개 포함

출처: 보건복지부(2020)

최종 평가등급은 4개 영역 모두 '우수'인 경우 A등급, '우수' 영역이 3개 이하이며 '개선필요' 영역이 없는 경우 B등급, '개선필요' 영역이 1개 있는 경우 C등급, '개선필요' 영역이 2개 이상인 경우 D등급으로 부여된다. 이 중 A, B 등급은 3년 후에 평가를 받으면 되고, C, D 등급은 2년 후에 평가를 받게 된다. 등급 결정 및 평가주기에 대해 정리하면 **표 11-3**과 같다.

표 11-3 평가등급 기준 및 평가주기

등급 구분	등급 부여기준	평가주기
A	4개 영역 모두 '우수'인 경우(※필수지표 및 요소 모두 충족)	3년
B	'우수' 영역이 3개 이하이며, '개선필요' 영역이 없는 경우	
C	'개선필요' 영역이 1개 있는 경우	2년
D	'개선필요' 영역이 2개 이상인 경우	

출처: 보건복지부(2020)

다음은 평가영역별 평가지표와 평가항목이다.

(1) 보육과정 및 상호작용

평가지표	평가항목
1-1. 영유아 권리 존중(2) 필수	1. 교사는 영유아를 존중한다.
	2. 교사는 영유아를 차별 없이 대한다.
1-2. 보육 계획 수립 및 실행(6)	1. 표준보육과정을 바탕으로 어린이집의 철학을 반영한 보육계획을 수립한다.
	2. 영유아가 편안한 분위기에서 일상 경험을 할 수 있도록 운영한다.
	3. 하루 일과에서 영유아의 놀이가 충분히 이루어지도록 한다.
	4. 바깥놀이 시간을 매일 충분히 배정하여 운영한다.
	5. 특별활동은 운영지침에 따라 운영한다.
	6. 장애영유아 장애영유아를 위한 관련 서비스(치료 지원 포함)를 일과 중에 통합적으로 제공한다.
1-3. 놀이 및 활동 지원(3)	1. 교사는 놀이와 활동이 영유아의 자발적 선택에 의해 주도적으로 이루어지도록 격려한다.
	2. 교사는 영유아의 놀이 상황을 관찰하면서 놀이와 관련된 상호작용을 한다.
	3. 영유아의 다양한 놀이와 활동에 필요한 자료를 제공한다.
1-4. 영유아 간 상호작용 지원(4)	1. 교사는 영유아의 감정에 공감하고 스스로의 감정을 다룰 수 있도록 돕는다.
	2. 교사는 영유아가 일상에서 자신의 의견, 생각 등을 또래와 나눌 수 있도록 격려한다.
	3. 교사는 영유아가 적절한 약속과 규칙을 지키도록 격려한다.
	4. 교사는 영유아 간 다툼이나 문제가 발생할 경우 다양한 해결방식을 사용한다.
1-5. 보육과정 평가(3)	1. 반별 보육일지에 하루 일과 및 놀이 실행에 대한 기록이 있고, 필요한 경우 그 내용을 다음 놀이 지원 및 활동계획에 반영한다.
	2. 개별 영유아의 일상생활, 실내외 놀이 및 활동에 대한 관찰 내용을 기록하고, 영유아의 발달특성과 변화를 평가한다.
	3. 원장은 반별 보육과정 운영에 대한 평가를 통해 어린이집 전체 보육과정 운영을 파악하고 있다.

출처: 보건복지부(2020)

그림 11-13 매일 충분한 시간 동안 이루어지는 바깥놀이 장면

출처: 국공립마곡14아이마당어린이집

그림 11-14 영유아의 놀이 상황을 관찰하며 놀이 상호작용을 하고 있는 교사

출처: 국공립마곡14아이마당어린이집

(2) 보육환경 및 운영관리

평가 지표	평가항목
2-1. 실내 공간구성 및 운영(4)	1. 보육실 내 놀이영역은 영유아의 연령, 발달 특성 및 놀이를 반영하여 구성한다.
	2. 실내 시설 및 설비가 영유아의 발달수준에 적합하다.
	3. 영유아의 요구를 충족하는 보육실 이외의 별도의 공간을 마련하고 있다.
	4. 비품과 활동자료를 보관하는 별도의 공간이 있고 체계적으로 정리하고 있다.
2-2. 실외 공간구성 및 운영(3)	1. 옥외놀이터 등을 구비하고 있다.
	2. 영유아의 발달을 지원하는 다양한 놀이 및 활동 자료가 준비되어 있다.
	3. 영유아의 발달에 적합한 다양한 바깥놀이 및 활동이 이루어진다.
2-3. 기관 운영(4)	1. 모든 반을 편성 규정에 맞게 운영하고 있다.
	2. 어린이집 운영계획을 수립하여 부모에게 안내한다.
	3. 신규 보육직원에게 오리엔테이션을 실시하고 있다.
	4. 신입 영유아 적응을 위한 지원을 하고 있다.
2-4. 가정 및 지역사회와의 연계(3)	1. 어린이집을 개방하여 다양한 부모참여와 교육이 이루어진다.
	2. 평소 가정과 다양한 방법으로 소통하고 정기적인 개별면담을 통해 가족을 지원한다.
	3. 지역사회와 연계한 다양한 활동을 실시하고 있다.

출처: 보건복지부(2020)

그림 11-15 보육실 이외의 도서실(왼쪽) 및 실내동작실(오른쪽)

출처: 국공립마곡14아이마당어린이집

그림 11-16 지역사회와 연계한 활동을 하고 있는 유아들

출처: 국공립마곡14아이마당어린이집

(3) 건강 · 안전

평가 지표	평가항목
3-1. 실내외 공간의 청결 및 안전(3)	1. 실내 · 외 공간을 청결하고 쾌적하게 관리한다.
	2. 실내 · 외 공간과 설비를 위험요인 없이 안전하게 관리한다.
	3. 실내 · 외 공간의 놀잇감 및 활동자료와 위험한 물건을 안전하게 관리한다.
3-2. 급 · 간식(3)	1. 영양의 균형을 고려한 급 · 간식을 제공하고 있다.
	2. 식자재의 구입 보관 및 조리공간을 위생적으로 관리하고 있다.
	3. 조리 및 배식 과정을 청결하고 위생적으로 관리하고 있다.
3-3. 건강 증진을 위한 교육 및 관리(3)	1. 손 씻기, 양치질 등 청결한 위생습관을 실천한다.
	2. 교사는 영유아의 건강상태를 살펴보고 적절하게 지원한다.
	3. 영유아와 보육교직원의 건강 증진을 위한 예방 관리와 교육을 실시한다.

(계속)

평가 지표	평가항목
3-4. 등하원의 안전(3)	1. 교사는 영유아의 출석을 확인하며 인계규정에 따라 귀가지도를 한다.
	2. 영유아는 등원부터 하원까지 성인의 보호하에 있다.
	3. 등하원용 차량을 운행할 경우 안전요건을 갖추어 관리한다.
3-5. 안전교육과 사고예방(3)	1. 영유아를 대상으로 안전교육을 지속적으로 실시하고 있다.
	2. 보육교직원은 안전교육을 받고 영유아 학대 예방 지침을 준수한다.
	3. 안전설비를 비상시 효율적으로 사용할 수 있도록 관리하고 있다.

출처: 보건복지부(2020)

그림 11-17 영양의 균형을 고려한 급간식을 제공하는 식단

출처: 국공립마곡14아이마당어린이집

그림 11-18 청결한 손 씻기 위생습관을 실천하고 있는 유아

출처: 국공립마곡14아이마당어린이집

(4) 보육교직원

평가 지표	평가항목
4-1. 원장의 리더십(3)	1. 원장은 자신의 전문성 향상을 통해 어린이집 발전에 기여한다.
	2. 원장은 보육교직원을 존중한다.
	3. 원장은 건전한 조직문화 조성을 위해 노력한다.
4-2. 보육교직원의 근무 환경(3)	1. 교사를 위한 별도 공간을 마련하고 있다.
	2. 교사를 위한 개인사물함과 업무 지원 설비를 마련하고 있다.
	3. 성인용 화장실을 영유아용과 별도로 설치하여 사용하고 있다.
4-3. 보육교직원의 처우와 복지(3)	1. 보육교직원의 복무와 보수에 관한 규정이 있으며, 이를 준수하고 있다.
	2. 교사의 직무스트레스를 예방하고 관리할수 있는 서비스를 안내 및 제공한다.
	3. 보육교직원을 위한 복지제도를 운영하고 있다.
4-4. 보육교직원의 전문성 제고(3)	1. 보육교직원의 전문성 제고를 위한 다양한 교육 기회를 부여하고 있다.
	2. 교사의 상호작용에 대한 관찰과 지원을 실시하고 있다.
	3. 교사에 대한 근무평가를 실시하고 있다.

출처: 보건복지부(2020)

그림 11-19 교사들을 위한 별도의 공간

출처: 국공립마곡14아이마당어린이집

그림 11-20 영유아용과 별도로 설치된 성인용 화장실

출처: 국공립마곡14아이마당어린이집

한편, A등급을 받기 위해 반드시 모두 충족해야 할 필수지표 및 요소는 다음과 같다.

필수지표	1-1	영유아 권리 존중
필수요소	3-2-2-1	식자재는 신선한 것을 구입하고 이를 위생적으로 보관함
	3-2-2-2	유통기한 경과 식품(식자재 등)이 없음
	3-2-3-3	1회 조리된 음식은 당일 소모하고 재배식하지 않음
	3-4-1-4	영유아의 인계과정이 규정에 따라 안전하게 이루어짐
	3-4-2-4	영유아를 두고 자리를 비울 때에는 책임 있는 성인에게 인계함
	3-4-3-4	운전자와 함께 차량에 동승한 성인은 영유아를 안전하게 보호함
	3-5-2-1	보육교직원을 대상으로 기본적인 안전교육을 정기적으로 실시함(영유아 학대 예방교육 포함)
	3-5-2-4	영유아 학대 예방 지침(체벌 금지 포함)을 준수함

그림 11-21 필수지표 및 요소

출처: 보건복지부(2020)

더 알아보기 ⑪-①

어린이집 평가제 FAQ

Q 평가(또는 확인점검)를 거부할 경우 행정조치가 가능하다고 하는데, 구체적으로 어떤 것인가요?

A. 「영유아보육법」 제30조에 근거하여 모든 어린이집은 의무적으로 평가를 받아야 합니다. 어린이집에서 정당한 이유 없이 평가(또는 확인점검)를 거부, 방해 또는 기피하는 경우 「영유아보육법」 제44조제4의6호에 근거하여 시정 또는 변경 명령을 받을 수 있습니다. 또한 시정 또는 변경 명령을 받았으나, 이를 위반한 경우에는 (1차) 운영정지 3개월, (2차) 운영정지 6개월, (3차) 운영정지 1년의 행정처분을 받게 됩니다. 확인점검도 평가와 동일하게 의무로 받아야 하므로 어린이집에서 정당한 이유 없이 확인점검을 거부(방해 또는 기피)하는 경우 평가 거부 시와 동일한 절차가 진행됩니다.

Q 자체점검보고서를 반드시 제출해야 하나요?

A. 자체점검은 어린이집이 자체적으로 어린이집의 운영, 보육활동 전반을 점검하여 현재 수준을 진단하고, 이에 근거하여 개선방안을 모색하는 과정입니다. 따라서 평가대상으로 확정 통보된 어린이집에서는 통보된 기한 내에 자체점검을 진행하고 그 결과를 보고서로 제출하여야 합니다. 자체점검보고서 작성 시 법 위반(아동학대 포함) 및 행정처분 사항은 대표자 변경 및 보육교직원 면직여부와 관계없이 사유 발생 사실을 확인하여 제출(수사, 재판 계류 중에 있는 경우 포함)하여야 합니다. 어린이집에서 정당한 이유 없이 자체점검보고서 미제출 및 지연제출 시, 영유아보육법 제44조제4의6호에 근거하여 평가 거부, 방해 또는 기피 등으로 간주하여 시정 또는 변경명령을 받을 수 있으며, 자체점검보고서가 심각하게 허위로 작성된 경우 등급이 조정될 수 있습니다. 또한, 자체점검보고서에 기재된 법 위반 및 행정처분 이력사항이 거짓으로 확인될 경우 최하위등급(D등급)으로 조정될 수 있습니다.

Q 현장평가일은 미리 알려주지 않나요?

A. 현장평가일은 사전에 고지하지 않고 현장평가를 진행합니다.

Q 현장평가 시 확인하는 문서는 1년 전 기록부터 모두 확인하나요?

A. 현장평가 시 보육일지는 현장평가월 이전 1개월부터, 그 외 기록은 현장평가월 이전 3개월부터 확인하고 있습니다. 단, 1년 단위로 이루어지는 평가지표 항목의 경우에는 전년도 기록을 확인할 수 있습니다.

(계속)

Q 평가제 시행 이후 평가받은 어린이집에 중대한 법 위반 및 행정처분이 발생할 경우, 등급이나 평가주기에는 어떤 영향이 있나요?

A. 평가받은 어린이집에서 중대한 법 위반 및 행정처분 사항이 발생할 경우 「영유아보육법」 제30조 제4항 및 동법 시행규칙 제32조에 의거하여 어린이집의 등급은 최하위 등급(D등급)으로 조정되며, 이후 특별한 변동사항이 없는 경우 2년 후 차기 평가를 받게 됩니다.

Q 확인점검 대상은 어떤 방법으로 선정하나요?

A. 2019년 9월 이후 이루어지는 확인점검에서는 평가제 전환에 따른 운영체계 및 지표가 적용되며, 특정 사유가 발생한 어린이집을 선정하여 진행됩니다. 확인점검 대상은 아래와 같습니다.

① 평가지표와 관련된 민원 발생 어린이집
② 평가 후 법 위반 및 행정처분이 발생한 어린이집 중 평가인증 취소사유, 등급조정 사유에 해당되지 않는 어린이집
③ 연차별 자체점검보고서를 제출 기한 내 미제출한 어린이집
④ 평가 후 대부분(80% 이상)의 교사가 이직한 어린이집(차기 현장평가월로부터 직전 1년은 제외)
⑤ 정보공시 항목(7개 항목, 18개 범위)을 미공시하거나 공시시기를 미준수한 어린이집(2020 보육사업안내, p.149-150)
⑥ 평가지표 3영역 건강 · 안전 필수요소 8개 중 4개 이상 미충족한 어린이집(2019년 9월부터 적용되는 평가제 지표로 평가 받은 어린이집에 한함)
⑦ 종전 운영자 변동 없이 국공립어린이집 전환 전 평가(인증) 결과를 승계한 어린이집(2020.3.1. 이후 국공립으로 전환한 신규 개원 어린이집)

출처: 한국보육진흥원(2020)

참고문헌

교육부, 보건복지부(2019a). 2019 개정 누리과정 놀이실행자료.

교육부, 보건복지부(2019b). 2019 개정 누리과정 놀이이해자료.

김은영, 임부연, 강은진, 고영미, 김진숙, 문무경, 이경화, 이미화, 이완정, 이정욱, 정선아(2019). 누리과정 개정 정책 연구. 교육부, 충청남도교육청, 육아정책연구소.

보건복지부(2019). **2019 어린이집 평가 매뉴얼(어린이집용)**. 서울: 한국보육진흥원.

보건복지부(2020). **2020 어린이집 평가 매뉴얼(어린이집용)**. 서울: 한국보육진흥원.

보건복지부, 한국보육진흥원(2020). 2020 어린이집 평가 교육자료: 운영체계.

이미화, 정주영, 엄지원, 김희정, 김명순, 이경옥, 이완정, 이정욱, 최일선, 최혜영(2013). **3, 4세 누리과정 유아관찰척도 개발**. 서울: 육아정책연구소.

이순형, 권혜진, 권기남, 김혜라, 최나야, 김지현, 김은영, 안혜령, 조우미(2015). **영유아과학지도**. 파주: 교문사.

이순형, 이성옥, 권혜진, 이소은, 황혜신, 이혜승, 한유진, 정윤주, 이영미, 이옥경, 성미영, 권기남, 김지현(2007). **보육과정 제3판**. 서울: 학지사.

이순형, 이혜승, 이성옥, 황혜신, 이완정, 이소은, 권혜진, 이영미, 정윤주, 한유진, 성미영(2013). **보육학개론 4판**. 서울: 학지사.

조성연, 이정희, 김온기, 제경숙, 김영심, 황혜정, 김혜금, 나유미, 박진재, 송혜린, 신혜영(2018). **최신보육학개론**. 서울: 학지사.

한국보육진흥원(2020). 어린이집 평가 자주 묻는 질문[FAQ]. 서울: 한국보육진흥원.

Smith, S.S.(2013). *Early childhood mathematics* (5th Ed.). Upper Saddle River, NJ: Pearson.

CHAPTER 12

부모와 지역사회

CHAPTER

12

'한 아이를 키우려면 온 마을이 필요하다'라는 말은 아이가 건강하게 성장하도록 하기 위해서는 어린이집과 부모, 그리고 지역사회가 협력관계를 형성하는 것이 중요하다는 의미이다. 영유아를 위한 질 높은 보육은 어린이집과 부모, 그리고 지역사회가 진정으로 협력할 때 실현될 수 있다. 이미 많은 연구가 영유아의 발달을 위한 어린이집과 부모 및 지역사회 연계의 긍정적 효과에 대해 입증해 왔다.

이 장에서는 어린이집과 부모 및 지역사회 연계의 중요성에 대해 알아보고 어린이집과 부모, 어린이집과 지역사회 연계를 위한 구체적인 방법을 살펴보고자 한다.

1. 어린이집과 부모 · 지역사회 협력의 중요성

어린이집과 부모는 모두 영유아가 좋은 환경에서 건강하게 자라기를 바란다는 점에서는 같은 목표를 공유한다. 그러나 부모는 영유아의 개별적 요구에 맞추어 보육하기를 원하지만, 어린이집에서는 영유아를 집단 수준에서 보육할 수밖에 없다는 점에서 입장에 차이가 있다. 그러나 어린이집과 부모는 영유아가 건강하게 발달하는 데 가장 중요한 환경으로, 상호 간의 신뢰를 바탕으로 영유아에 관한 정보를 교환하고 영유아의 발달을 위해 협력을 할 때 보육의 효과를 제대로 달성할 수 있다(이순형 외, 2016).

부모와 어린이집의 협력에 대한 개념은 어린이집에서 부모를 보는 관점이 달라지면서 그 의미가 변하였다. 과거에는 부모를 양육에 대한 도움이 필요한 존재로 보았기 때문에 부모가 양육을 잘할 수 있도록 하기 위해 어린이집에서 '부모교육'을 통해 양육 기술을 가르치거나 태도를 길러주는 것이 중요하였다. 그러나 현대에는 부모를 협력을 위한 동반자적 관계로 보는 관점으로 시각이 전환되면서 부모는 어린이집과 지역사회 간의 상호 이해를 바탕으로 영유아와 가정의 건강한 발달을 지원할 수 있는 존재로 보았다(Epstein, 2018). 여기서 동반자적 관계란, 영유아를 중심으로 부모와 어린이집이 서로의 이해와 책임을 공유하고 영유아를 위해 더 나은 보육의 기회를 제공하기 위해 함께 노력하는 관계를 의미한다. 따라서 기존의 관점에서는 어린이집이 부모를 '도움을 주어야 할 대상'으로 보고 바람직한 방향으로 변화시키고자 하여 부모와 어린이집과의 연계를 위해 주로 '부모교육'과 관련된 활동이 이루어졌다. 그러나 현대적 관점에 따르면 어린이집이 부모와 지속적으로 상호 협력을 하기 위해 부모를 '도움을 주고받는 대상'으로 보기 때문에 어린이집은 기존의 부모교육과 관련된 활동을 포함하여 가정과 연계하여 이루어지는 '부모참여'와 관련된 활동을 실시하고 있다.

어린이집과 부모가 협력하는 것은 영유아뿐만 아니라 부모와 어린이집 모두에게 긍정적 영향을 미친다(Elkind, 2009). 첫 번째로, 어린이집과 부모는 보육환경에 관한 정보 교환을 통해 영유아에게 일관성 있는 보육환경을 제공할 수 있다. 영유아는 가정과 어린이집에서 연속성 있는 보육을 받을 수 있기 때문에 영유아가 어린이집에 적응하는 데 도움을 줄 수 있을 뿐만 아니라, 학습의 효과를 극대화하거나 영유아의 행동을 긍정적으로 변화시키는데 용이하다.

두 번째로, 부모와 교사의 의사소통으로 부모는 교사의 보육 철학이나 방식을 이해할 수 있는 기회를 갖게 되며, 이는 교사에 대한 신뢰로 이어질 수 있다. 자녀는 부모가 신뢰하는 교사와 원만하게 애착을 형성할 수 있으며, 애착이 형성된 교사와의 관계에서 정서적 안정감을 느낄 수 있다.

세 번째로, 어린이집과 부모와의 협력으로 인해 부모는 자녀의 발달에 대해 이해할 수 있으며, 보육에 필요한 정보를 획득하고 다양한 양육기술을 익힐 수 있는 기회를 제공받을 수 있다. 이러한 경험은 부모에게 자녀 양육에 대한 긍정적 태도를 갖게 하여 양육효능감을 높일 수 있게 한다. 특히 핵가족화로 인해 양육에 대한 사회적 지지가 중요해진 현대사회에서는 이러한 기회가 부모에게는 중요한 자원이 될 수 있다.

네 번째로, 어린이집과 부모와의 협력으로 인해 교사는 자녀에 대한 부모의 양육 철학이나 가치관 등을 더욱 잘 이해할 수 있다. 자녀의 발달에 직접적인 영향을 미치는 부모의 양육 철학과 가치관을 이해하는 것은 영유아에 대한 이해를 넓히는 데 중요한 역할을 하기 때문에 교사가 영유아의 발달에 적합한 보육과정을 성공적으로 수행하는 데 도움이 된다(Hughes & Naughton, 2000).

최근 어린이집과 부모의 협력에서 지역사회와의 연계가 중요해지고 있다. 현대적 관점에서 부모참여는 부모가 직접 보육활동에 참여하지 않아도 가족을 둘러싸고 있는 지역사회와의 관계망을 구축함으로써 참여할 수 있다고 본다(Hilado et al., 2013). 즉, 부모가 어린이집에서 실시하는 부모협력 프로그램에 직접 참여하지 않더라도 지역사회의 구성원으로서 부모가 어린이집과 연계될 수 있다는 것이다. 또한 어린이집은 영유아들이 직접적으로 상호작용하는 사람들뿐만 아니라 지역사회의 다양한 기관에서 일을 하는 사람들, 그리고 영유아가 살고 있는 지역의 물적자원을 통해 질 높은 보육환경을 제공받을 수 있도록 지역사회와 긴밀한 협력관계를 형성하는 것이 중요하다. 브론펜브레너(1994)의 생태체계 이론은 보육현장에서 어린이집과 부모, 지역사회의 연계가 중요하다는 사실을 뒷받침하는 이론이다. 브론펜브레너의 이론에 따르면, 영유아의 발달은 영유아를 둘러싸고 있는 인접 환경과 환경들 간의 관계에 의해서, 그리고 이러한 환경을 포함하고 있는 광역 환경에 의해 이루어진다. 여기서 브론펜브레너는 영유아의 발달에 영향을 미치는 생태환경을 미시체계, 중간체계, 외체계, 거시체계, 시간체계로 제시하였다.

미시체계microsystem는 영유아가 개별적으로 경험하고 참여하는 직접적 환경을 의미하며 영유아에게 가장 큰 영향을 미치는 환경이다. 가족, 어린이집, 또래, 지역사회 등이 이에 해당된다. 미시체계 내의 모든 관계는 양방향적이며, 어린이집과 가족, 지역사회 간에 직접적 상호작용이 이루어진다. 중간체계mesosystem는 가족, 어린이집, 또래와 같은 미시체계들 간의 관계를 포함한다. 미시체계들 간의 관계가 지지적일 때에는 영유아의 발달이 순조롭게 진행되지만, 지지적이지 않을 때에는 영유아의 발달에 부정적 영향을 미칠 가능성이 높다. 가족과 어린이집, 지역사회의 협력이 영유아의 발달에 중요하다는 점을 시사한다. 외체계exosystem는 영유아가 직접적으로 경험하지는 않지만 미시체계에 영향을 미침으로써 영유아에게 간접적으로 영향을 줄 수 있는 환경이다. 부모의 직장 내 육아 지원환경, 보육정책 등이 가족과 어린이집, 지역사회를 통해 영유아에게 영향을 미칠 수 있다. 거시체계macrosystem는 다른 체계들이 포함되어 있는 사회적 · 문화적 환경을 의미한다. 가족이 속해 있는 사회의 문화적 가치, 법률, 관습 등이 이에 해당된다. 영유아가 어떠한 문화에 속해 있는지에 따라 부모와 어린이집, 지역사회가 가지고 있는 보육에 대한 신념과 가치관이 달라질 수 있으며, 이는 영유아의 발달에 영향을 미친다. 또한 어린이집과 부모, 그리고 지역사회의 연계와 관련된 법률은 바람직한 보육에 대한 가치관에 영향을 미친다. 마지막으로 시간체계chronosystem는 다른 체계들에 영향을 미치는 사회역사적 환경을 의미한다. 인간의 삶에서 발생하는 사건은 단일 사건으로 마무리되기보다는 시간이 경과함에 따라 연속적으로 누적되어 영유아의 행동과 발달에 영향을 미친다.

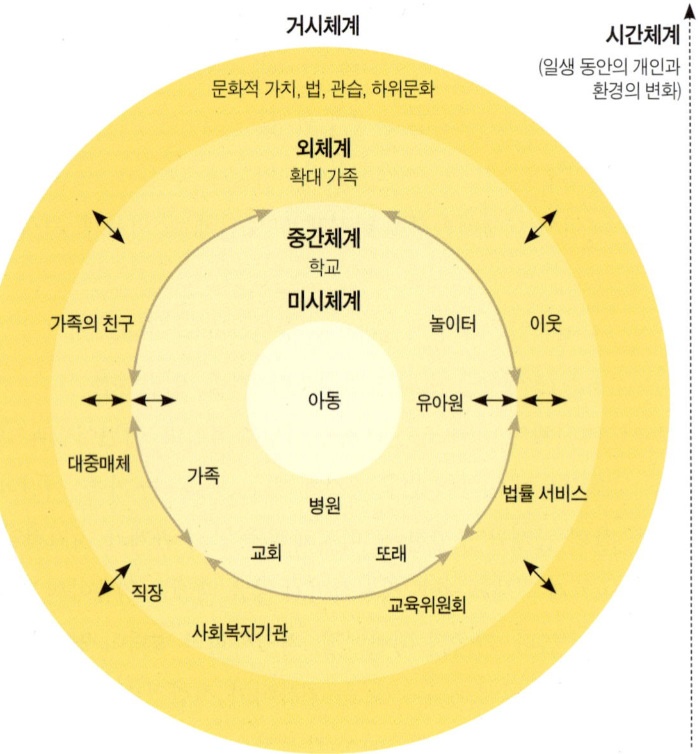

그림 12-1 Bronfenbrenner(1994)의 생태체계 이론

이처럼 생태체계 이론에 따르면 영유아의 발달은 하나의 체계로만 설명할 수 없으며, 다섯 가지 환경체계를 모두 고려해야 한다. 이는 어린이집, 부모, 지역사회 환경이 미시체계로서 각각 영유아의 발달에 미치는 영향도 중요하지만 미시체계 간의 관계가 영유아의 발달에 미치는 영향을 함께 고려해야 한다는 것을 의미한다. 어린이집은 부모 및 지역사회와의 연계를 통해 영유아에게 바람직한 보육환경을 제공해야 한다.

지금까지 영유아의 발달을 위해 어린이집과 부모, 지역사회의 연계가 중요하다는 점을 살펴보았다. 다음 절에서는 어린이집과 부모 연계, 어린이집과 지역사회 연계를 위한 구체적인 방법을 모색하고자 한다.

2. 어린이집과 부모협력

어린이집과 부모의 협력을 위해 어린이집과 부모는 다양한 방식으로 의사소통하고 교류를 해야 한다. 이러한 과정에서 어린이집과 부모는 바람직한 보육에 대한 목표와 가치관, 보육태도, 상호작용 방식 등을 공유할 수 있으며, 영유아에게 일관성이 있는 보육환경을 제공할 수 있다. 어린이집과 부모의 협력이 원활히 이루어지기 위해서는 어린이집과 부모가 상호 협력에 대한 가치를 공유하고 소통하고자 하는 마음의 자세를 갖추는 것이 중요하다. 이를 위해서는 원장은 부모를 협력자로 인식하는 마음의 자세를 갖추고, 보육교직원과 부모가 어린이집과 부모와의 협력이 영유아의 발달을 지원하기 위해 반드시 필요하다는 마음가짐을 가질 수 있도록 노력해야 한다.

교사는 부모와의 소통을 위한 자료 준비, 부모의 참여로 인한 의사결정과정에서의 어려움, 부모 참여 프로그램 준비 등으로 인한 업무 증가로 인해 부모와의 협력에 소극적인 입장을 가질 수 있다. 그러나 교사가 이러한 인식을 가지고 있다면 부모와의 협력이 원활하게 이루어질 수 없다. 따라서 교사는 부모와의 협력의 목적과 이를 통해 얻을 수 있는 장점에 대해 충분히 이해하여 보다 적극적이고 개방적으로 부모와 협력할 수 있도록 해야 한다. 또한 교직원 간의 협의를 통해 어린이집의 특성과 가족의 특성을 고려한 다양한 부모협력 활동을 개발하기 위해 노력해야 한다. 이 절에서는 어린이집에서 정보 전달과 소통을 위해 사용하는 방법에 대해 알아보고, 부모가 참여할 수 있는 부모협력 프로그램에 대해 알아보고자 한다.

1) 어린이집과 부모의 의사소통

어린이집과 부모가 보육에 필요한 정보를 공유하기 위해 원활하게 의사소통하는 것은 어린이집과 부모 연계에서 매우 중요한 요소이다. 어린이집과 부모의 의사소통방법은 어린이집이 부모를 보는 관점이 변함에 따라 일방적 의사소통방식에서 양방향적 의사소통방식으로 변화하고 있다. 즉, 어린이집에서 부모를 도움을 주어야 할 대상으로 보았던 과거에는 부모에게 일방적으로 정보를 제공하는 방식으로 소통하였다면, 지금은 어린이집과 부모가 서로에게 필요한 정보를 교류하고 보육을 위해 도움을 주고받는 방식으로 소통한다. 어린이집은 가정통신문, 보육수첩, 홈페이지, 소식지를 통해 보육활동, 보육방침, 일과안내 등 어린이집 일과 운영 전반에 관한 정보를 부모에게 제공하고 이를 바탕으로 부모와 일상적인 의사소통을 한다.

(1) 가정통신문 및 소식지

매주 1회 가정으로 전달되는 가정통신문은 주별 보육계획안과 준비물, 행사 등의 전달사항으로 구성한다. 가정통신문을 통해 제공되는 보육과정의 주제와 목표, 영역별 활동, 현장학습, 기본생활습관, 안전교육과 관련된 정보는 부모가 어린이집에서 이루어지는 보육과정을 이해할 수 있도록 한다. 또한 준비물 안내와 보육활동과 관련된 자료 협조 요청, 어린이집에서 진행되는 주제와 관련된 가정연계활동 안내 등은 부모와 영유아가 현재 진행되고 있는 보육활동에 적극적으로 관심을 가지고 참여할 수 있도록 한다. 교사는 부모가 이해하기 쉽게 정보를 전달해야 하며, 부모와 영유아가 쉽고 재미있게 가정연계활동을 진행해볼 수 있도록 계획해야 한다.

월 1회 정기적으로 발간하여 가정으로 보내는 소식지는 어린이집의 행사와 계획, 진행되었던 행사 결과, 공지사항, 현장학습에 대한 안내 등을 포함하며, 자녀 양육과 관련된 정보와 전염성 질환에 대한 정보, 건강 및 안전을 위한 정보, 식단 등을 제공한다. 소식지에는 비교적 많은 내용이 포함되어 있으므로 되도록 짧고 간결하게 전달하는 것이 좋다. 가정통신문과 소식지에는 어린이집의 중요 행사나 계획 등이 포함되어 있으므로 문자메시지나 알림 등을 통해 부모가 가정통신문이나 소식지를 확인할 수 있도록 한다.

(2) 보육수첩 및 보육일지

부모는 영유아의 가정에서의 생활과 전달사항을 교사에게 알리고, 교사는 영유아의 어린이집에서의 생활과 전달사항을 부모에게 알리기 위해 보육수첩을 사용한다. 주로 수기로 작성하였던 이전과는 다르게 지금은 스마트폰 어플리케이션을 활용하여 소통하기도 한다. 부모는 영유아의 수면시간, 아침식사 여부, 등·하원 시간, 배변 여부, 부모님과의 놀이, 건강상태나 기타 특이사항 등에 관한 정보를 기록한다. 교사는 매일 아침 부모가 전달한 내용을 확인하고 영유아의 오전·오후 간식 및 점심식사 여부, 낮잠 여부, 배변 여부, 영유아의 건강 및 활동 사항, 교육활동 및 기타 공지사항에 관한 정보 등을 기록하여 하원 후 부모가 확인할 수 있도록 한다.

보육수첩

부모가 교사에게

20 년 월 일 요일

수면		아침식사			등원시간	대변		
잠든 시간	:	적정	적음	X		따따	보통	설사
일어난 시간	:				하원시간			

부모님과 놀이

주요 전달사항		
부모 부재	질병	기타
예)출장, 입원, 교육	예)고열, 발진, 전염병	
교사 확인		

교사가 부모에게

20 년 월 일 요일

산책	오전 간식	점심	오후 간식	낮잠	대변		
					따따	보통	설사

아동의 건강 및 활동사항

교육활동 및 공지사항

부모님 확인	

그림 12-2 보육수첩 예시

(3) 홈페이지 및 게시판

홈페이지는 부모가 어린이집의 보육철학과 보육목표, 보육프로그램, 일과 운영 전반에 관한 정보를 온라인상에서 확인할 수 있도록 지원하는 도구이다. 특히 홈페이지는 어린이집을 수시로 방문할 수 없는 부모가 언제든 어디서든 쉽게 정보를 접할 수 있도록 한다. 또한 홈페이지에 부모가 글을 게시할 수 있는 영역을 구성하면 어린이집 운영 전반에 관해 부모의 의견을 참고할 수 있어 양방향적 소통을 할 수 있는 통로가 될 수 있다.

게시판은 소식지나 가정통신문 등을 통해 전달한 내용을 다시 한 번 알릴 수 있는 공간이며 어린이집의 주요 공지사항이나 행사, 식단, 부모교육과 관련된 정보 등을 전달한다. 게시판은 부모가 등·하원 시 대기하는 공간에 설치하며, 바쁘게 움직이는 부모의 눈에 쉽게 띌 수 있도록 시각적 구성을 고려한다.

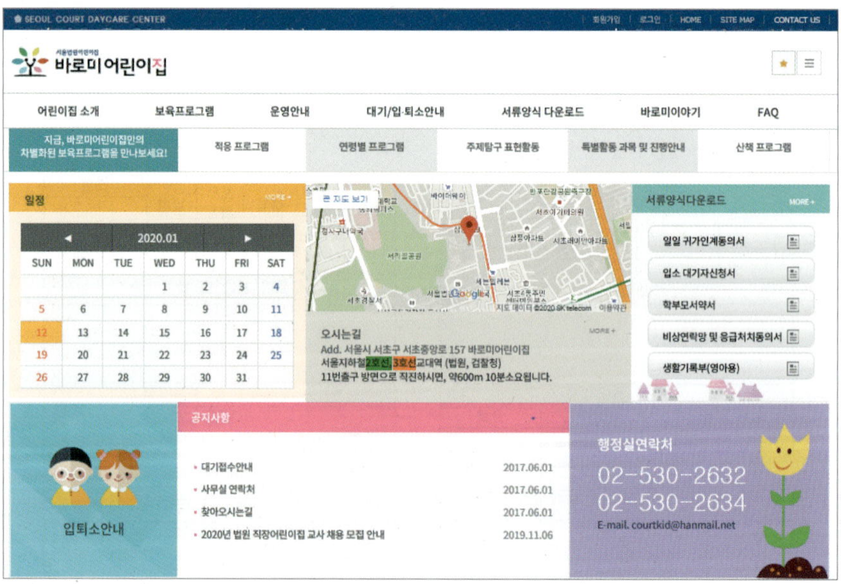

그림 12-3 홈페이지의 예

출처: 서울고등법원 직장어린이집(바로미어린이집, http://www.baromi.co.kr)

2) 부모참여 프로그램

(1) 오리엔테이션

어린이집에서는 어린이집에 처음 오는 영유아의 부모를 대상으로 어린이집의 보육 철학, 운영 현황, 보육프로그램 등 전반적인 운영에 대해 소개하기 위해 신입 원아 오리엔테이션을 실시한다. 이를 통해 어린이집과 부모는 서로 이해할 수 있는 기회를 가질 수 있으며, 상호 친밀감과 신뢰감을 형성할 수 있다. 신입 원아 부모 대상 오리엔테이션과 별도로 재원아 부모를 대상으로도 오리엔테이션이 진행된다. 신학기가 시작되기 전인 매년 2월경에 실시하며, 중간에 입소하는 원아의 부모를 대상으로는 수시로 개별 진행한다. 가정통신문, 홈페이지 또는 SNS 등을 통해 오리엔테이션을 사전에 안내하여 많은 부모가 참여할 수 있도록 한다. 어린이집에서는 전달하는 정보가 많기 때문에 오리엔테이션 자료를 소책자 형태로 준비하고 오리엔테이션 당일에 사용할 PPT 자료를 제작한다. 이때 소책자와 PPT 자료에 포함되어야 할 내용은 다음과 같다.

- 보육 철학과 목표
- 보육프로그램
- 연령별 일과 운영
- 어린이집 시설 및 학급 현황
- 건강 · 영양 · 안전
- 보육운영 방침 안내
- 교직원 안내
- 부모 협력 프로그램 내용 및 행사 안내
- 기타 부모 협조 사항

오리엔테이션을 진행할 때 어린이집과 부모가 동반자적 관계로서 협력하는 것이 중요하다는 것을 설명하고, 부모가 적극적으로 참여하여 진정한 의미에서의 부모 연계가 이루어지기 위한 기반을 마련하는 것이 중요하다. 또한 부모에게 어린이집 운영을 위해 협조를 요청해야 할 사항을 전달하되 일방적으로 협조를 요구하기보다는 충분히 의견을 교류하여 운영과정에서 상호 간에 불신이 생기지 않도록 한다. 부모 전체를 대상으로 오리엔테이션을 실시한 후, 반별로 진행되는 담임교사와의 오리엔테이션을 통해 개별 영유아의 특이사항이나 반별 운영을 위한 유의사항에 대해 소통하는 시간을 갖도록 한다.

(2) 부모상담

부모상담은 교사와 부모가 영유아의 가정에서의 생활과 어린이집에서의 생활에 대해 정보를 교환함으로써 영유아의 발달을 이해하고 건강한 발달을 위한 지원방안을 모색하는 것이다. 상반기와 하반기 각 1회씩 정기적으로 실시되는 정기상담이 있으며, 상담기간 외에 부모와 어린이집이 영유아를 보육하는 과정에서 협력해야 하는 사안이 있을 때 수시로 실시되는 수시상담이 있다. 정기상담은 개별상담으로 진행되지만 집단별로 유사한 사안을 다루어야 하는 경우에는 집단상담으로 진행된다. 부모가 상담에 참여할 수 있도록 사전에 가정통신문이나 소식지, SNS 등을 통해 안내한다. 또한 가능한 충분한 의견 교환과 소통을 위해 대면방식으로 진행하는 것이 좋지만, 부모가 어린이집을 방문하는 것이 어려운 경우에는 전화나 서면 등을 활용해 상담에 참여할 수 있도록 해야 한다. 상담을 위한 안내문에 방문 가능한 시간과 함께 참여가 가능한 상담방법을 표시하도록 한다.

영유아에 대한 이해와 원활한 상담 진행을 위해 상담 전 부모에게 부모상담 사전질문지를 배부하여 부모가 상담을 통해 해결하고자 하는 내용을 미리 조사하고 이를 토대로 상담을 위한 준비를 해야 한다. 이때 교사는 영유아 생활기록부, 개별 관찰기록, 포트폴리오, 검사결과보고서 등 영유아의 발달 변화와 특성을 보여줄 수 있는 자료를 충분히 준비하여 이를 토대로 상담을 진행하도록 한다. 부모상담을 마친 후에는 상담

부모상담 실시 안내문

안녕하세요.

저희 OOO어린이집에서는 자녀의 발달을 돕고자 부모상담의 기회를 마련하려고 합니다. 직접 어린이집을 방문할 수 없는 부모님께서는 전화 또는 서면을 통한 상담도 가능합니다. 아동의 전반적 발달을 위해 어린이집에서의 생활, 교육방향, 발달 변화와 특성 등에 대하여 상담을 할 예정이오니 원하시는 상담방법에 표시해 주시기 바랍니다.

1. 상담일자 : 년 월 일부터 월 일까지입니다.
2. 상담시간 : (방문 상담의 경우 오후 낮잠시간 대에 이루어지며 보통 15~30분 정도 소요됩니다.)
3. 상담방법(세 가지 중 한 가지는 반드시 선택해 주세요.)
   - 방문 상담을 원합니다( )
   - 전화 상담을 원합니다( )
   - 서면 상담을 원합니다( )
4. 부모 사전상담지가 배부되오니 작성하셔서 상담 전까지 담임교사에게 제출해 주시기 바랍니다.

__________반 영유아명 __________

그림 12-4 부모상담 실시 안내문 예시

부모상담 사전 질문지

영유아에 대한 이해와 원활한 상담을 위해 구체적으로 작성하여 주시길 바랍니다.

자녀 성명		작성자	
부모님께서 느끼시기에 자녀의 어린이집 생활은 어떠한가요?	언어, 인지, 사회성, 장 · 단점		
가정에서의 양육방식은 어떠한가요?			
기본생활습관(건강, 안전, 청결, 질서, 예절 등) 중 특별히 지도를 바라는 습관과 방법이 있으신가요?			
최근 가장 상담하고 싶은 내용은 무엇인가요?			
원에 건의하고 싶거나 궁금한 사항이 있으시면 적어주세요.			

그림 12-5 부모상담 사전 질문지 예시

결과를 기록하고 이를 보육과정에 반영하여 영유아의 변화과정을 부모와 지속적으로 소통하는 것이 중요하다.

(3) 부모교육

부모교육은 어린이집에서 부모를 대상으로 어린이집 내의 인력을 활용하거나 외부의 전문가를 통해 부모가 자녀 양육과 관련된 지식과 기술, 태도 등을 습득하여 부모 양육역량을 강화할 수 있도록 실시하는 교육을 의미한다. 주로 영유아발달에 대한 이해, 자녀 양육방법, 생활지도, 건강과 안전 교육과 관련된 주제로 내용을 구성하며, 상황에 따라 부모들이 관심을 가지고 있는 내용으로 실시된다. 부모교육에 대한 부모의 관심과 참여도를 높이기 위해 사전에 부모가 희망하는 교육 주제와 시기를 조사하거나 운영위원회나 부모 집단상담을 통해 의견을 수렴하고 부모교육에 반영하는 것이 좋다. 일방적으로 전달하는 형식의 교육보다는 워크숍이나 토론식으로 진행하여 부모의 의견이 교육에 반영될 수 있도록 하는 것이 중요하다. 부모교육을 마친 후에는 부모교육 만족도 조사를 실시하여 추후 부모교육 주제나 방법 등에 대한 의견을 교류한다.

(4) 부모참여 프로그램

부모참여 프로그램은 어린이집에서 실시하는 부모 연계활동 중 부모가 적극적인 방법으로 참여하는 형태이다. 부모는 어린이집에서 진행하는 행사나 보육과정을 직접 경험해 볼 수 있어서 자녀의 어린이집에서의 생활을 이해할 수 있는 기회를 가질 수 있다. 부모는 자녀와 함께 수업에 참여하는 부모참여수업, 봉사자로서 다양한 역할을 맡아 보육활동의 일부분에 참여하는 자원봉사 등 다양한 방식으로 참여할 수 있다. 어린이집은 부모참여 프로그램을 통해 부모가 자녀와 함께 어린이집에서의 생활을 경험해 볼 수 있도록 프로그램을 계획한다.

부모교육 만족도 조사

안녕하십니까? 바쁘신 일정에도 불구하고 부모교육에 참여해 주셔서 깊이 감사드립니다.
설문에 대한 의견은 앞으로 부모교육을 진행함에 있어 좀 더 의미있는 교육이 되고자 부모님들의 의견을 반영하고자 하는 것이오니 모든 문항에 성심껏 답변하여 주시기 바랍니다.

○○ 어린이집 원장

참여자	□ 아버지 □ 어머니 □ 조부모 □ 예비부모 □ 기타	성별	□ 남 □ 여
자녀 연령	□ 만 0세 □ 만 1세 □ 만 2세 □ 만 3세 □ 만 4세 □ 만 5세	성별	□ 남 □ 여
참여 동기			

1. 교육내용 만족도

구분		매우 만족	만족	보통	불만족	매우 불만족
교육내용	예) 배려					

2. 교육진행 만족도

구분	매우 만족	만족	보통	불만족	매우 불만족
교육시간					
교육장소					
교육자료					

3. 기타 의견 및 제안 사항

그림 12-6 부모교육 만족도 조사 예시

출처: 중앙육아종합지원센터

그림 12-7 어린이집의 부모참여

출처: 보건복지부(2019)

① 부모참여수업

부모참여수업은 부모가 자녀와 함께 어린이집에서 준비한 교육활동에 참여하는 것이다. 부모는 이러한 경험을 통해 어린이집에서 진행되고 있는 보육프로그램을 이해할 수 있으며, 자녀의 어린이집에서의 생활을 살펴볼 수 있어서 새로운 시각에서 자녀를 바라볼 수 있다. 또한 부모가 자녀와 어린이집에서의 경험을 공유할 수 있어서 자녀와 긍정적인 관계를 맺는 데 도움이 된다. 실제 진행되는 보육과정에 대한 부모의 이해를 돕기 위해 특별한 활동을 준비하기보다는 되도록 평소 진행과정과 연계성 있게 진행하는 것이 좋다. 교사는 이 과정에서 부모와 영유아의 상호작용을 관찰할 수 있어서 영유아를 지도하기 위해 필요한 정보를 얻을 수 있다.

그림 12-8 종결행사 부모참여수업

출처: 서울고등법원 직장어린이집(바로미어린이집)

② 자원봉사

부모는 어린이집에서 실시하는 다양한 행사나 수업, 현장학습의 자원봉사자로 참여하여 교사의 역할을 보조할 수 있다. 부모는 어린이집에서의 보육활동을 지원하기 때문에 보육과정에 대해 더욱 잘 이해할 수 있으며, 어린이집의 입장을 이해할 수 있어서 어린이집과 부모가 협력관계를 형성하는 데 도움이 된다. 어린이집의 경우에는 부모를 보육활동에 매우 유용한 인적자원으로 활용하여 비용을 절감할 수 있으며, 영유아에게 질 높은 보육을 제공할 수 있다.

부모는 자원봉사자로서 다음과 같은 활동에 참여할 수 있다(보건복지부, 2019).

- 간식 및 식사 준비, 지도와 같은 소집단 지도활동
- 영유아의 놀이지도를 보조하고 위험으로부터 보호나 안전지도
- 보육실에서 이루어지는 교구를 활용한 소집단 보육활동
- 보육실 환경 정리 및 교구 제작
- 현장학습, 소풍, 운동회 등의 어린이집 행사에 보조자 역할
- 전문지식을 가진 부모의 경우는 어린이집 수업에 참여하여 직접 영유아를 지도

부모가 자원봉사자로서 어린이집에 참여할 때에는 부모의 역할과 역할 수행 시 유의

해야 할 사항에 대해 사전 교육을 실시한다. 이때 부모로 하여금 영유아를 대할 때 지켜야 할 자세와 태도에 대해 설명하여 부모와 영유아들이 긍정적으로 상호작용할 수 있도록 한다.

(5) 부모만족도 조사

부모는 부모만족도 조사를 통해 평가자로서 어린이집에 참여할 수 있다. 어린이집은 부모가 어린이집 운영 및 보육활동 전반에 대해 평가할 수 있는 부모만족도 조사를 실시하여 어린이집의 운영을 개선하기 위한 자료로 활용할 수 있다. 서면, 온라인, 스마트폰 어플리케이션 등 다양한 방식으로 조사를 실시할 수 있으며, 가능한 한 많은 부모가 참여할 수 있는 방법에 관해 의견을 수렴하여 실시한다. 부모만족도 조사가 형식적으로 이루어지지 않도록 부모만족도 조사 결과를 분석한 자료와 분석 결과를 반영한 추후 개선계획을 가정통신문 또는 홈페이지, 게시판, 운영위원회 등을 통해 공개한다.

부모만족도 설문지

구분	내용	매우 그렇지 않다	그렇지 않다	보통이다	그렇다	매우 그렇다
보육 환경과 조건	1) 보육시설은 운영에 대한 기본방침을 세우고 일관성 있게 운영한다.					
	2) 보육시설의 실내 · 외 환경이 조용하고 쾌적하게 정돈되어 있다.					
	3) 보육실의 환기, 채광, 조명, 방습, 방음 설비 등이 적절하게 이루어져 있다.					
	4) 화장실과 세면장은 영유아의 신체 크기에 적절하다.					
	5) 전반적인 분위기가 영유아와 가족에게 따뜻하고 친절하다.					
	6) 영유아의 교구가 풍부하게 준비되어 있다.					
보육의 자세	1) 시설장은 보육에 대한 철학과 신념을 가지고 있다.					
	2) 교사는 영유아의 보육에 적극적으로 노력하고 있다.					
	3) 교사는 전문적인 지식과 기술을 갖추고 있다.					
	4) 교사는 친절하고 영유아를 존중하며 이해하는 마음을 지녔다.					
	5) 교사는 영유아의 질문과 요구에 귀 기울이고, 언어적 · 신체적으로 민감하게 반응한다.					
	6) 교사는 영유아의 등원 시 반갑게 맞이하고 귀가 시 개별적으로 많은 관심을 기울인다.					

(계속)

구분	내용	매우 그렇지 않다	그렇지 않다	보통이다	그렇다	매우 그렇다
보육의 자세	1) 시설장은 보육에 대한 철학과 신념을 가지고 있다.					
	2) 교사는 영유아의 보육에 적극적으로 노력하고 있다.					
	3) 교사는 전문적인 지식과 기술을 갖추고 있다.					
	4) 교사는 친절하고 영유아를 존중하며 이해하는 마음을 지녔다.					
	5) 교사는 영유아의 질문과 요구에 귀 기울이고, 언어적 · 신체적으로 민감하게 반응한다.					
	6) 교사는 영유아의 등원 시 반갑게 맞이하고 귀가 시 개별적으로 많은 관심을 기울인다.					
보육 프로그램 및 내용	1) 어린이집 보육내용이 영유아의 긍정적인 발달에 도움이 된다.					
	2) 보육 프로그램은 교육과 놀이 및 휴식 등이 적절하게 조화되어 있다.					
	3) 영유아의 지적, 정서적, 사회적, 신체적 발달을 위해 보육목표에 따라 계획성 있는 보육프로그램이 운영되고 있다.					
	4) 놀잇감과 교재는 영유아의 연령과 발달수준에 적합하다.					
	5) 영유아들에게 다양한 현장학습 경험을 제공한다.					
영양 및 건강	1) 다양하고 영양가 있는 간식과 점심이 제공되며, 식단을 확인할 수 있다.					
	2) 영유아의 청결 유지, 손 씻기, 양치질 지도를 잘하고 있다.					
	3) 영유아의 사고에 대해 보육시설이 갖는 책임의 한계를 정하고 이를 부모에게 알린다.					
	4) 주방은 위생적으로 관리되고 있다.					
	5) 정기적으로 소방훈련 계획을 세워 실시하고 있다.					
	6) 영유아의 건강과 안전을 위하여 주의를 기울이고 있다.					
부모와의 관계	1) 운영시간에 만족한다. (만족하지 않는다면 시간은 :)					
	2) 부모로서 원으로부터 존중받고 편안하게 도움을 요청할 수 있다.					
	3) 알림장 등을 통해 부모와 대화 기회를 많이 가지려 노력하고, 자녀의 상황을 파악할 수 있도록 해준다.					
	4) 영유아의 발달 및 지도와 관련하여 의견 교환을 위한 부모면담 등이 연 2회 이상 실시된다.					
	5) 부모교육의 기회를 제공하며 주제와 내용이 도움이 된다.					
영유아의 모습	1) 어린이집에 등원하는 것을 좋아하며 건강하게 등원하고 있다.					
	2) 영유아가 담임교사를 좋아하며 잘 따른다.					
	3) 어린이집을 다니고 나서 생활태도가 긍정적으로 변화하고 있다.					
	4) 어린이집에서 영유아가 존중받고 있다는 느낌을 받는다.					
기타	1) 지역사회와의 연계활동을 통해 지역사회를 이해할 수 있는 기회를 제공한다.					

(계속)

※ 본 ○○어린이집의 좋은점과 개선할 점을 기록해 주십시오.

〈 좋은 점 〉	〈개선할 점〉

그림 12-9 부모만족도 설문지 예시

출처: 중앙육아종합지원센터

(6) 운영위원회

부모는 어린이집 운영위원회 위원으로 활동함으로써 정책결정자로서 어린이집에 참여할 수 있다. 어린이집 운영위원회는 「영유아보육법」 제25조(어린이집운영위원회)에 근거하여 어린이집 운영의 자율성과 투명성을 높이고 지역 실정과 어린이집 특성에 맞는 바람직한 보육을 실시하기 위하여 구성된다. 어린이집 운영위원회는 원장, 보육교사 대표, 부모 대표, 지역사회 인사로 구성되는데, 어린이집 원장은 어린이집 규모를 고려하여 운영위원회 위원을 5~10명으로 구성한다. 운영위원회를 실시한 후, 원장은 전체 부모에게 회의 결과를 공개해야 하며 회의록을 작성하여 보관하여야 한다. 어린이집 운영위원회는 분기별로 1회씩 연 4회 이상 실시되며, 다음 사항을 논의한다.

- 어린이집 운영규정의 제정이나 개정에 관한 사항
- 어린이집 예산 및 결산의 보고에 관한 사항
- 영유아의 건강 · 영양 및 안전에 관한 사항
- 보육시간, 보육과정의 운영방법 등 어린이집의 운영에 관한 사항
- 보육교직원의 근무환경 개선에 관한 사항
- 영유아의 보육환경 개선에 관한 사항
- 어린이집과 지역사회의 협력에 관한 사항
- 보육료 외 필요경비를 받는 경우 수납액 결정에 관한 사항
- 어린이집 운영에 대한 제안 및 건의 사항

(7) 어린이집 참관

어린이집은 보호자가 보육환경·보육내용 등의 확인을 위해 원하는 경우 직접 어린이집을 참관하도록 할 수 있다. 「영유아보육법」 제25조의3(보호자의 어린이집 참관)은 부모의 어린이집 참관에 관한 내용을 규정하고 있다. 어린이집 참관은 어린이집 운영에 대한 투명성과 안전성을 확보할 수 있으며, 어린이집에 대한 부모의 이해를 높일 수 있다. 어린이집 원장은 오리엔테이션, 가정통신문, 소식지 등을 통해 참관에 대한 안내를 하고, 부모가 어린이집 참관을 원하는 경우 사전에 협의를 통해 보육에 지장이 없는 시간대를 선택하도록 한다. 또한 참관 시기, 방법, 장소 등 어린이집 참관에 필요한 사항을 운영위원회의 심의를 거쳐 정할 수 있다. 어린이집을 소개하는 리플릿 자료를 제작하여 부모의 어린이집 참관 시 활용할 수 있도록 한다. 어린이집은 사전교육을 통해 어린이집을 참관하는 부모가 유의해야 할 사항을 안내한다. 특히 부모가 어린이집을 참관할 때 알게 된 다른 영유아에 대한 정보를 외부에 공개하지 않도록 해야 한다.

표 12-1 어린이집–부모 연계 연간운영계획 예시

구분	내용	비고
3월	제1차 어린이집 운영위원회	분기별 1회 이상 준수
4월	상반기 부모 개별상담	방문상담 원칙(전화상담 가능)
5월	부모참여 프로그램	분기별 1회 이상 계획
6월	제2차 어린이집 운영위원회	분기별 1회 이상 준수
7, 8월	부모교육	연 2회(단독 또는 공동 실시 가능)
	부모참여 프로그램	분기별 1회 이상 계획
9월	제3차 어린이집 운영위원회	분기별 1회 이상 준수
10월	하반기 부모 개별상담	방문상담 원칙(전화상담 가능)
11월	부모참여 프로그램	분기별 1회 이상 계획

(계속)

구분	내용	비고
12월	제4차 어린이집 운영위원회	분기별 1회 이상 준수
1월	부모만족도 조사	연 1회
	부모참여 프로그램	분기별 1회 이상 계획
2월	신입 원아 부모 오리엔테이션	중간 입소 원아의 경우 연중 수시
	부모교육	연 2회(단독 또는 공동 실시 가능)
	부모참여활동 수요조사	연 1회 이상 계획

출처: 보건복지부(2019)

3. 어린이집과 지역사회 연계

지역사회는 어린이집과 함께 영유아의 발달에 직접적인 영향을 미치는 환경일 뿐만 아니라 가정과 어린이집과의 상호작용을 통해 간접적으로 영향을 미치는 환경이다. 따라서 어린이집은 영유아에게 유익한 보육환경을 제공할 수 있는 지역사회와 협력관계를 맺고, 지역사회 환경을 활용할 수 있는 다양한 정보를 가정에 제공하여 어린이집과 가정, 지역사회가 상호 호혜적 관계를 유지할 수 있도록 한다.

진정한 의미에서의 지역사회와의 연계를 위해 어린이집은 지역사회의 다양한 물적·인적 자원을 활용하여 영유아에게 질 높은 보육환경을 제공하고, 지역사회의 복지를 위해 기여하는 것이 중요하다. 이를 위해 어린이집에서는 지역사회에 활용이 가능한 자원을 살펴보고, 지역사회와 친밀한 관계를 유지하며, 지역사회의 특성을 어린이집 운영에 반영하여 다양한 지역사회 연계 프로그램을 개발하고 운영해야 한다. 이 절에서는 어린이집과 지역사회와의 연계의 실제를 지역사회가 가지고 있는 물적자원과 인적자원을 활용하는 방식 그리고 어린이집이 지역사회에 참여하는 방식으로 나누어 살펴보고자 한다.

표 12-2 연간 지역사회 연계활동 계획 예시

월	주제	지역사회연계 활동
3	즐거운 어린이집	어린이집 주변 둘러보기
4	봄과 동식물	우리동네 공원 방문 공원 이용 교육
5	소중한 가족	부모님의 직장 방문(직장어린이집) 경로당 재롱잔치
6	우리 동네	우리 동네 마트 방문 시장 방문 도서관 방문 행정복지센터 방문
7	신나는 여름	보건소 구강 · 건강 교육
8	교통과 안전	도로교통안전관리공단 교통안전교육 경찰서 방문 아동보호전문기관 아동학대 예방교육 시민안전체험관 방문
9	세계 속의 우리나라	우체국 방문(편지 보내기)
10	가을과 자연	소방서 소방안전교육 육아종합지원센터 방문
11	지구와 환경	자연보호 캠페인
12	겨울과 놀이	겨울철 건강교육 실시(협력병원 방문)
1	기계와 생활	은행 방문 장난감도서관 방문
2	초등학교에 가요	초등학교 견학

1) 지역사회 물적자원의 활용

지역사회의 물적자원을 활용하는 방법은 영유아가 지역사회에 위치한 기관이나 시설로 현장학습을 가는 것이다. 영유아는 보육활동과 관련하여 지역사회의 기관이나 시설을 직접 방문하여 경험해 보면서 자신이 살고 있는 지역사회를 이해할 수 있다. 영유아에게 견학활동을 통해 실제적 경험을 제공하는 것은 영유아의 학습효과를 높이는 데 매우 중요하다. 영유아는 보육활동 주제와 관련된 현장학습에 참여할 때 활동에 대해 더욱 흥미를 가지고 참여할 수 있으며, 주제를 확장시켜 사고할 수 있다. 특히 지역사회로의 현장학습은 접근성이 높고 가정과의 연계 가능성이 높다는 장점이 있다. 따라서 교사는 평소에 영유아가 견학할 수 있는 지역사회의 기관이나 시설을 조사하고 활용계획을 세울 필요가 있다. 견학은 어린이집 외부로 나가는 활동이므로 부모의 사전 동의가 필요하며, 견학 전에 부모에게 일정에 대해 안내하여 가정 연계가 이루어질 수 있도록 한다. 어린이집에서 활용할 수 있는 대표적 지역사회 물적자원은 다음과 같다.

- 경찰서, 소방서, 우체국, 보건소 등의 공공기관
- 학교, 도서관, 박물관, 역사 유적지, 장난감도서관, 육아종합지원센터 등의 교육·문화시설
- 은행, 시장, 병원 등 다양한 목적을 가진 시설

영유아는 기관과 시설을 방문하여 각 기관과 시설이 지역사회에서 하는 역할에 대해 알아볼 수 있으며, 교육주제와 연계하여 영유아가 참여할 수 있는 프로그램을 체험해 볼 수 있다.

그림 12-10 지역사회 물적자원의 활용 예

출처: 서울고등법원 직장어린이집(바로미어린이집)

2) 지역사회 인적자원의 활용

어린이집은 지역사회의 물적자원을 이용하면서 기관이나 시설에서 근무하는 전문 인력으로부터 서비스를 제공받을 수 있다. 어린이집 인근에 위치한 소아과, 안과, 치과 등의 의료기관으로부터 도움을 받아 영유아 건강검진과 예방접종을 실시하거나 건강 교육을 실시할 수 있다. 또한 소방관이나 경찰관 등의 전문 인력을 어린이집으로 초청하여 보육과정에 활용함으로써 영유아에게 다양한 경험을 제공할 수 있다.

어린이집은 지역 자원봉사센터나 육아종합지원센터 등을 통해 자원봉사자를 모집하거나 지원받을 수 있다. 구체적으로 지역 주민들은 보조교사로서 보육서비스를 제공할 수 있으며, 구연동화나 종이접기 교사와 같은 일일교사로서 보육프로그램 진행에 활용될 수 있다. 영유아들은 지역사회 자원봉사자의 활동을 통해 다양한 인간관계를 경험할 수 있으며, 질 높은 보육을 받을 수 있다. 지역 주민들은 자원봉사 활동을 통해 어린이집에 대해 이해할 수 있으며, 지역사회 구성원으로서 지역사회의 발전에 기여할 수 있는 기회를 얻을 수 있다.

그림 12-11 지역사회 인적자원의 활용 예

출처: 서울고등법원 직장어린이집(바로미어린이집)

3) 어린이집의 지역사회 참여

진정한 의미의 지역사회 연계를 실현하기 위해서는 어린이집에서 지역사회의 자원을 활용하는 것과 함께 어린이집과 영유아가 지역사회의 일원으로서 지역사회의 발전에 기여한다는 의미를 포함해야 한다. 즉, 어린이집은 지역사회의 다양한 자원을 활용하여 영유아에게 더욱 질 높은 보육서비스를 제공할 뿐만 아니라 지역사회의 구성원으로서 지역사회의 복지를 위해 노력해야 한다. 구체적으로 영유아는 지역의 노인이나 소외계층을 대상으로 공연을 하거나 모금활동을 하는 등 지역사회의 자원봉사자로서 활동할 수 있다. 이러한 활동을 통해 영유아는 봉사의 가치에 대해 배울 수 있으며 지역사회 일원으로서 공동체 의식을 기를 수 있다. 또한 어린이집은 지역 주민을 대상으로 캠프나 행사 등을 계획하여 실행할 수 있다. 이때 지역의 특성이 행사에 반영될 수 있도록 하고 다양한 지역 주민이 참여할 수 있는 행사를 계획한다.

그림 12-12 지역 내 이웃들을 위한 아나바다 장터 모습

출처: 서울대학교 어린이보육지원센터 느티나무어린이집

더 알아보기 12-1

▣ 열린어린이집이란?

어린이집의 물리적 공간 개방성과 함께 보육프로그램, 어린이집 운영에 이르기까지 부모의 일상적 참여가 이루어지는 어린이집 운영형태이다. 열린어린이집은 부모, 어린이집, 지역사회가 더불어 건강한 양육환경을 조성하고 영유아와 그 가족의 행복을 증진하기 위함이다.

▣ 열린어린이집의 목적

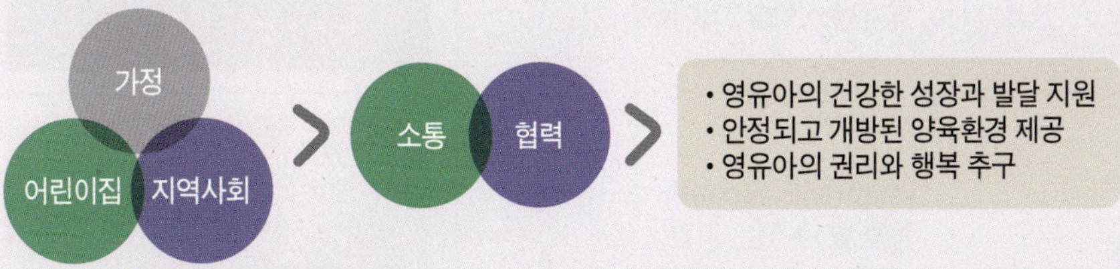

▣ 열린어린이집의 물리적 · 공간적 특성

구분	세부내용 (출처: 보건복지부)	사진자료 (출처: 서울고등법원 직장어린이집)
출입구	• 등 · 하원 시 부모와 교사가 자연스럽게 상호작용할 수 있는 중요한 곳이므로 여건에 따라 의자, 작은 책상 등을 비치하여 잠시 머무르거나 대화할 수 있는 공간으로 구성	
현관	• 주로 신발장이 비치되어 있으나, 벽면 등의 자투리 공간을 활용하여 부모가 알아야 할 어린이집의 정보 등을 읽기 쉽게 구성하여 제공	

(계속)

구분	세부내용 (출처: 보건복지부)	사진자료 (출처: 서울고등법원 직장어린이집)
연결통로와 복도	• 매우 일상적인 장소이면서도 작은 소통이 활발해질 수 있는 공간 • 어린이집에 방문한 부모에게 이야깃거리를 제공할 수 있도록 영유아의 결과물, 교수 · 학습 자료 등을 전시	
부모 공용공간	• 어린이집에 방문하여 소모임 등의 활동을 할 수 있는 공간 • 부모들이 모여 담소를 나누고 육아 관련 도서를 읽을 수 있도록 공간 마련	
창문	• 창문을 통해 보육실 안의 자녀가 어떻게 생활하는지 자연스럽게 관찰 가능하도록 구성 • 보육실 벽에 창문이 없는 경우에는 보육실 문에 유리창문을 내어 보육실 창문을 대신할 수 있음	

참고문헌

보건복지부(2019). 2019 열린어린이집 가이드라인.

이순형, 이성옥, 권혜진, 이소은, 황혜신, 이혜승, 한유진, 정윤주, 이영미, 이옥경, 성미영, 권기남, 김지현(2016). **보육과정**. 서울: 학지사.

Bronfenbrenner, U. (1994). Ecological models of human development. *Readings on the Development of Children*, *2*(1), 37–43.

Elkind, D. (2009). *Ties that stress: The new family imbalance*. Cambridge, MA: Harvard University Press.

Epstein, J. L. (2018). *School, family, and community partnerships: Preparing educators and improving schools*. New York: Routledge.

Hilado, A. V., Kallemeyn, L., & Phillips, L. (2013). Examining Understandings of Parent Involvement in Early Childhood Programs. *Early Childhood Research & Practice*, *15*(2), n2.

Hughes, P., & Mac Naughton, G. (2000). Consensus, dissensus or community: The politics of parent involvement in early childhood education. *Contemporary Issues in Early Childhood*, *1*(3), 241–258.

CHAPTER

13

세계 여러 나라의 보육

CHAPTER

13

최근 영유아 보육 · 교육에 대한 정책적 관심이 국가 수준뿐만 아니라 세계적 수준에서 증가하고 있다. 특히 영유아 보육 · 교육의 질을 향상시키고 접근의 평등성을 높이는 것이 각국의 보육정책에서 중요한 목표로 여겨지고 있다.

이 장에서는 보육 선진국이라 불리는 프랑스, 오스트레일리아, 스웨덴, 덴마크 등 4개국의 영유아보육에 대해 살펴본다. 이를 통해 보육에 대한 다양한 접근방식을 알아보고, 저출생, 보육과 교육의 관계, 보육의 질 향상, 국가 수준 보육과정 수립 등 보육 관련 쟁점에 관한 유용한 시사점을 얻고자 한다.

1. 프랑스

1) 보육제도의 특징

(1) 연령별 이원화 체제

프랑스의 영유아 보육 · 교육은 아동의 연령에 따라 둘로 나뉘어 있다. 3세 미만 아동에 대해서는 가족지원정책의 일환으로 자녀양육을 지원하는 보육정책이 확립되어 있고, 사회보험청The Ministry of Social Affairs and Health과 전국가족수당기금Family Allowance Funds에서 이를 관장한다. 반면에 3세 이상의 아동에 대해서는 공교육체계의 일부로서 프로그램이 제공되며, 이를 교육부The Ministry of Education, Higher Education and Research에서 관장한다. 이러한 이원화 체제에 따라 영유아 보육 · 교육기관도 3세 미만 아동을 위한 집단보육시설인 크레쉬crèches와, 3~6세 아동을 위한 유아학교인 에꼴 마테르넬école maternelles로 나뉘어 있다.

(2) 3~6세 무상 의무교육

프랑스에서 무상으로 제공되는 유아교육은 오랜 역사를 지니고 있다. 1881년에 법령을 통해 유아학교가 의무교육은 아니나 무상으로 유아교육을 제공하는 기관으로 규정되었다. 1960년대부터는 아동의 관찰과 호기심을 중시하는 아동발달 연구결과의 영향으로 유아교육 및 유아학교의 역할이 중시되었다. 이로 인해 도시의 중산층 이상 유아의 유아학교 취학률이 증가하고, 유아학교는 미래시민을 양성하는 보편적 교육기관으로서 위상을 갖추기 시작했다. 그 후 유아학교는 프랑스 교육체제의 첫 단추에 해당하는 역할을 하는 기관으로 '민주주의의 요람'으로 불리며, 거의 모든 3~6세 아동이 이용하는 취학전 공교육기관 역할을 했다.

그러다 2019년 가을부터 프랑스는 3~6세 유아학교를 의무교육화했다. 불평등 극복, 즉 모든 이의 성공과 학업능력 증진을 위해 의무교육 시작 연령을 6세에서 3세로 낮춘 것이다. 이로써 그동안 유아학교 등록률이 상대적으로 낮았던 빈곤 지역 및 해외 프랑스령의 유아까지 모두가 3세부터 공식적 교육을 받게 되었다.

(3) 3세 미만 아동을 위한 다양한 보육 지원

3세 미만 아동 보육 지원은 크게 보육시설 서비스 이용 지원, 부모 직접 양육에 대한 지원, 개인 보육서비스 이용 지원의 세 가지로 나뉜다.

첫째, 1960년대 말 여성해방사상과 취업모 증가 현상으로 인해 프랑스 정부는 1970년대 초부터 공공보육 중심의 다양한 집단보육시설을 설치했다. 그 후 3세 미만 아동이 이용 가능한 보육시설 수가 계속해서 증가했고, 오늘날 프랑스의 모든 도시와 마을에 지역 크레쉬가 있지만, 파리와 같은 대도시 지역은 여전히 수요에 비해 공급이 부족해 자녀 출생 전에 미리 신청하는 경우가 많다. 보육시설 서비스를 이용하는 경우 부모는 소득 수준에 따라 차등적으로 정해지는 보육료의 본인 부담금을 낸다.

둘째, 부모가 가정에서 자녀를 직접 양육할 수 있도록 하는 지원정책으로는 육아휴직수당, 양육수당, 탄력적 근무시간 등이 있다. 이러한 정책의 결과로 부모가 집에서 자녀를 직접 양육하는 비율이 높은 편이다.

셋째, 프랑스만의 독특한 점은 유럽에서 기관 중심의 보육 제공보다 개인보육사에 의해 보육을 받는 아동이 더 많은 유일한 국가라는 것이다(EACEA, 2019). 프랑스 정부는 크레쉬의 지속적 확충과 함께 다양한 보육 지원정책을 도입했다. 개별보육사를 가정에서 고용하도록 하고 현금 지원을 하는 가정 내 보육수당제도, 그리고 등록보육모를 고용하는 경우 현금 지원을 하는 등록보육모 고용지원제도 등을 실시하고 있다. 등록보육모제도는 자격을 갖춘 보모가 시스템에 등록하도록 하고 부모는 이들을 고용해 등록된 유자격 보육모가 아동의 집이나 보육모의 집에서 아동들을 돌보는 것이다.

이처럼 다양한 보육 지원정책은 부족한 보육서비스 시설을 보완하는 동시에, 개별 가정이 적합한 보육서비스를 선택하여 이용하게 하고 그에 대한 경제적 지원에 초점을 두는 정책이라 할 수 있다(홍승아, 2005).

2) 보육의 유형과 현황

(1) 보육 유형

프랑스의 영유아보육은 크레쉬, 에꼴 마테르넬, 유치원, 다기능센터 등의 기관 보육과 부모가 직접 보육하거나 개별 보모를 고용하는 경우, 조부모나 친척 등이 돌보는 경우 등의 개인 보육으로 나눌 수 있다.

① 크레쉬(crèche)

크레쉬는 생후 2~3개월부터 만 3세 미만의 영아가 이용하는 보육기관이다. 설립 및 운영 주체에 따라 공립과 민간이 있는데, 대부분이 공립이며, 민간의 경우에는 비영리단체에 의해 설립, 운영되는 경우가 많다. 크레쉬를 이용하는 가족은 보육료를 내는데 보육료는 부모의 소득과 크레쉬 이용시간, 아동 연령 등에 기초해 산출된다. 운영시간은 보통 오전 8시부터 저녁 7시까지 하루 11시간이다. 공휴일과 여름 한 달간은 대개 문을 닫는다.

크레쉬는 교육을 중시하는 유아학교에 비해 안전한 환경 제공에 우선순위를 둔다. 그러나 교육기관으로서의 성격도 점점 강조되는 추세이다. 교사 대 아동 비율에 대해 정해진 상한선은 없지만(EACEA, 2019), 가족수당기금에서는 크레쉬에서 한 명의 교사가 동시에 주의를 기울일 수 있는 아동의 수가 걷지 못하는 아동의 경우 5명, 걷는 아동의 경우 8명 정도임을 언급하고 있다. 2018~2019학년도 프랑스의 만 2세아 돌봄에서 교사 1명당 평균 아동 수는 약 8명이었다.

크레쉬에는 다음과 같은 종류가 있다.

- **마을어린이집**(traditional neighbourhood crèches)

전통적인 동네 어린이집으로 근처에 사는 아동을 60명까지 수용할 수 있다.

- **직장어린이집**(la crèche d'enterprise)

고용주가 직원들을 위해 제공하는 직장보육시설로 일반적으로 직장 내 또는 근처에 있으며 최대 60명까지 수용할 수 있다. 전통적인 마을어린이집의 부족을 보완하며 최근 10년간 그 수가 매우 증가했다. 민간 위탁업체에 의해 운영되는 경우가 많다.

• **부모협동어린이집**(la crèche parentale)

전통적인 마을어린이집의 부족으로 부모들에 의해 생겨난 집단 보육 형태로, 부모들의 협회가 비용을 분담해 설립하고 운영하는 어린이집이다. 일반적으로, 전문적인 보육교사와 직원을 고용하고 부모들이 번갈아가며 아동 돌보는 일을 부분적으로 돕는다. 20명의 아동까지 수용 가능하며 예외적인 경우 25명까지 가능하다. 비록 부모들이 세운 어린이집이지만, 건강과 안전에 대한 기준을 충족시켜야 문을 열 수 있으며, 문을 연 후에도 주기적으로 점검을 받는다.

• **마이크로어린이집**(micro-crèche)

집단 보육과 개인 보육 사이의 혼합된 형태로 보육시설 수를 늘리기 위한 방안 중 하나이다. 3~9명 정도 적은 수의 아동들을 돌본다. 두 명의 자격 있는 보육사(5년 이상 가정보육사 경력)가 일하며, 감독의 의무가 있는 보육교사educator of young children가 주 6시간 있어야 한다.

• **가정보육**(la crèche familial)

전문적인 가정보육사가 고용되어 다수의 가족의 아동을 한 집(보통 보육사의 집)에서 돌본다. 집단 보육과 등록보육모제도의 장점을 혼합한 형태이다.

② 에꼴 마테르넬(école maternelles)

에꼴 마테르넬은 3~6세 아동 대상 취학 전 공교육기관의 역할을 하는데 이용료가 무료이며 부모는 식사비용만 낸다. 대부분 공립이며 지역 초등학교에 병설되어 있는 경우가 많다. 연령에 따라 학급이 구분되어 있고(3~4세 아동은 la petite section, 4~5세 아동은 la moyenne section, 5~6세 아동은 la grande section), 교사 대 아동 비율은 평균 1:12.5이다. 오전 8시 30분부터 오후 4시 30분까지(또는 오전 8시부터 오후 4시까지) 운영되며 운영시간이 끝난 뒤에는 방과후 여가센터를 이용할 수 있다. 일주일에 총 24시간 이용하거나(월, 화, 목, 금 6시간씩) 반일half-day제를 9번 이용하는 것 중 선택할 수 있다.

③ 유치원(jardins enfants)

에꼴 마테르넬을 보완하는 기관으로 2~6세 아동을 최대 80명까지 수용한다. 대부분이 사립 영리기관이며 어린이집처럼 장시간 운영한다. 자격을 갖춘 교사들이 교육활동을 진행한다.

④ 다기능센터(établissements multi-accueil)

6세 미만의 아동을 대상으로 고정된 틀을 넘어 보다 유연하게 돌봄을 제공하기 위해 비교적 최근에 생겨난 것으로, 시간제 돌봄이나 정기적 돌봄이 필요할 때 이용할 수 있다. 특히 한부모나 취업을 준비하는 부모, 전형적이지 않은 시간대에 근무하는 부모들을 위한 기관이라 할 수 있다.

⑤ 등록보육모(assistantes maternelles)

개인이 자신의 집에서 3세 미만 영아를 보육하는 등록보육모제도가 있다. 등록보육모는 지자체에 등록된 가정보육모이며, 보통 한 명의 보육모가 1~4명의 아동을 돌본다. 2013년 기준으로 3세 미만 아동을 대상으로 한 서비스의 32.9%가 326,000명의 등록보육모에 의해 이루어졌다.

(2) 보육 현황

앞에서 언급했듯이, 프랑스의 3세 이상 아동은 거의 모든 아동이 기관보육을 받고 있으며 2019년부터는 의무화되었다. 이와 달리, 3세 미만 아동의 보육 유형은 다양하고 보육시설도 부족하다. 그러나 집단보육시설의 형태가 매우 다양해지면서 어떤 형태이든지 집단보육을 받을 수 있는 3세 미만 아동의 비율이 늘어나게 되었다. 최근 자료에 의하면 2017년에 프랑스에서 만 3세 미만의 아동 중 보육시설에 일주일에 단 몇 시간이라도 참여하는 아동의 비율은 50.5%였다(EACEA, 2019, p.66). 그림 13-1은 유럽 국가들에서 형식적인 보육기관에 다니는 만 3세 미만 아동과 만 3~5세 아동 비율을 비교한 것이다.

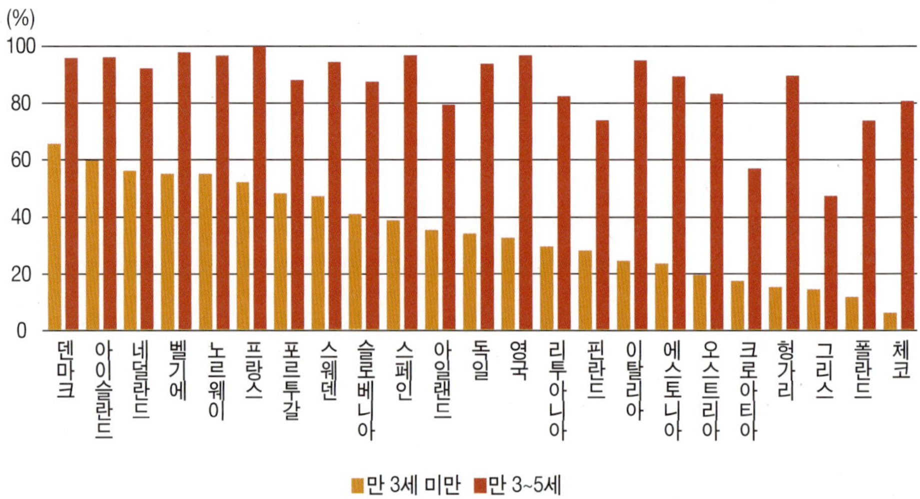

그림 13-1 유럽 국가별 만 6세 미만 아동의 형식적 보육기관 참여율

출처: OECD, 2014년 기준

3) 국가 수준 보육과정

국가 수준 보육과정은 영유아보육의 질을 향상, 보장하기 위해 국가가 영유아 보육・교육의 목표, 접근법, 발달・학습의 목표, 학습 영역・내용, 평가방법 등을 제시한 것이다. 프랑스는 현재 3세 미만의 아동에 대해서는 국가 수준의 보육과정이 제공되지 않고 있고, 3세 이상의 아동을 대상으로는 국가 수준의 보육・교육 과정이 제공되고 있다. 이는 전통적으로 0~2세 아동 대상으로는 보호와 돌봄 중심의 접근이, 3~6세 아동 대상으로는 학습 중심의 접근이 우세했던 특징과 관련이 있다. 그러나 3세 미만 아동 대상 기관에 대해서도 보호와 돌봄의 기능을 넘어 교육의 기능educational mission까지 갖춰야 한다는 인식이 점차 늘고 있는 추세이다.

(1) 3세 미만 아동을 위한 보육과정

프랑스에서 0~2세 아동을 위한 기관, 즉 크레쉬를 운영하기 위해서는 교육계획 educational plan과 사회적 과제 또는 사회적 계획social project을 작성해 지방 당국의 승인을 받아야 한다. 사회적 과제 또는 계획이란, 해당 보육기관이 어떻게 지역사회의 지리적 · 사회경제적 환경과 인구학적 특성을 고려하며 보육기관 운영일과 운영시간에 대한 지역주민의 요구를 고려하는지에 관한 설명을 말한다. 그리고 교육계획이란, 해당 보육기관이 설정한 보육 · 교육 목표와 목표 달성을 위한 구체적 방법을 말한다. 즉, 프랑스는 3세 미만 아동을 위한 국가 수준 보육 · 교육 과정이 없는 대신, 개별 기관의 수준에서 보육 · 교육 과정을 세우고 이를 지방 당국의 승인을 받아 운영하도록 하고 있다. 지방 당국은 개별 기관이 제출한 접근방식이 영아의 학습과 신체적 · 심리적 독립성 발달을 지원하는 환경을 제공하는지를 기준으로 판단을 내린다(EACEA, 2018).

(2) 3세 이상 아동을 위한 교육과정

프랑스는 유아학교를 위한 국가 수준의 프로그램Programme de l'école maternelle을 제공하고 있다. 유아학교 시기는 이후에 받을 교육의 기초를 확립하는 시기이자 모든 학생의 성공을 보장하기 위한 첫 단계로서 그 중요성이 강조되고 있다. 유아학교의 주요 사명은 아동이 학교에 가고 싶게 만들고 그 결과 자신의 개성personality을 알아가고 표현하며 더 개발하도록 하는 것이다. 학교는 '모든 아동은 배우고 발전할 수 있다'는 것을 기본원칙으로 삼고, 아동 개개인이 생각하고 행동하는 힘과 학교 안팎에서 배우고 성공하는 힘에 대한 자신감을 갖도록 격려한다.

유아학교가 추구하는 구체적인 모습은 다음과 같다. 첫째, 유아에게 맞추는 학교이다. 교사는 개별 유아가 발전한 부분에 초점을 맞추는 긍정적 평가를 하려고 노력해야 한다. 둘째, 놀이, 문제 해결, 연습 등의 방법을 통해 배움을 구성하는 학교이다. 셋째, 함께 배우고 함께 생활하는 학교이다. 유아가 사회생활의 원칙(다양한 문화에 대한 개방성, 집단 토론의 기초, 장애아동 수용, 차이에 대한 긍정적 시각 등)을 배우고, 학교의 학습방식과 집단 내에서의 규칙(차례 지키기, 물건 공유, 집단활동 등)을 익히며, 타인과의 상호작용을 통해 시각과 경험을 넓히는 집단 내 개인으로서 자신을 구축해 간다는 것이다.

마지막으로, 프랑스의 국가 수준 교육과정은 모든 아동의 발달에 필수적이며 일상생활에서 고려해야 할 다섯 가지 학습영역을 제시하고, 영역마다 추구하는 목표를 나열하여 교사가 교육내용을 조직하는 데 참고할 수 있게 한다. 다섯 가지 학습영역과 영역별 세부목표는 표 13-1과 같다.

표 13-1 프랑스 에꼴 마테르넬의 국가 수준 교육과정

영역	영역별 세부목표
모든 차원의 언어 사용	• 성인 및 또래와 언어를 통해 의사소통하기 • 문법에 맞게 말하고 자신의 의사를 잘 전달하기 위해 바꾸어 말하기 • 구어의 다양한 용도를 연습하기 : 알리기, 묘사, 설명, 질문, 제안, 논의 등 • 표현적 방법으로 시 암송하기 • 글에 호기심을 갖고 이해하기 : 성인이 읽어준 구절을 바꾸어 말하기 • 구어와 문어의 차이 이해하기 • 프랑스어 구어의 패턴 인식하기 • 음절(syllables)을 사용하고 말소리 구별하기 • 철자 인식하기 • 모델 없이 자기 이름 쓰기 • 혼자서 단어 쓰기
신체활동을 통한 행동, 표현, 이해	• 다양한 공간과 재질 속에서 달리기, 점프 등 다양한 방법으로 이동하기 • 장애물이 있을 때 행동을 조절하기 • 다양한 자연적, 인공적 환경에서 쉽게 이동하기 • 다른 아동 또는 성인과 함께 일련의 동작을 음악이 있거나 없는 상태로 짓기 • 그룹댄스와 뮤지컬에서 다른 사람과 제스처와 동작을 맞추기 • 공동의 목표를 가지고 다른 역할을 맡아 협력하기
예술활동을 통한 행동, 표현, 이해	• 과제나 지시에 따라 다른 도구를 사용하기 • 실제와 비슷하게 또는 창안하여 그림으로 나타내기 • 기존의 패턴 또는 새로 창조한 패턴을 사용해 그림 완성하기 • 각종 재료를 사용해 조형 예술작품 만들기 • 다양한 레퍼토리의 노래와 시를 기억하고 표현적 방법으로 해석하기 • 자신의 목소리를 이용해 다양한 톤, 강도, 음높이를 탐색하기 • 신체와 악기로 기본적인 리듬 패턴을 인식하고 표현하기 • 이미지, 음악, 자신의 감각이나 이해를 적절한 어휘로 묘사하기 • 신체, 목소리, 소리 나는 사물로 과제 상황에서 문제 해결방안을 제안하기

(계속)

<table>
<tr><th>영역</th><th>영역별 세부목표</th></tr>
<tr><td>사고 조직을 위한 도구 구축</td><td>• 수를 사용하기
• 물체의 집합을 비교하기 : 주어진 숫자만큼 물체 모으기
• 게임이나 순위 등에서 사물 또는 사람의 위치를 숫자로 표현하기
• 유추적 상징을 사용하여 수량 정보를 나타내고 소통하기
• 수에 대해 알아보기
• 물체의 속성이 변해도 기수의 순서는 변하지 않음을 이해하기
• 모든 숫자는 이전 숫자에 1을 더한 것이고 그것은 이전 수량에 한 개를 더한 것과 같다는 것을 이해하기
• 최소 10까지 셀 수 있고 물리적으로 또는 머릿속으로 합하고 가르기
• 30까지 소리 내어 말하기 : 10까지 숫자 읽기
• 모양에 따라 물체 분류하기
• 주요 평면도형(정사각형, 삼각형, 원, 직사각형)과 입체도형(정육면체, 피라미드, 구, 원기둥)을 구분하기
• 길이, 질량, 부피를 기준으로 사물을 분류하거나 서열화하기
• 모델을 따라서 조각을 재조립하기(퍼즐 등)
• 모양을 따라 만들고 그리기
• 알고리즘의 원리나 조직을 알아내고 사용하기</td></tr>
<tr><td>세상 탐색</td><td>• 시간과 공간에 대한 이해와 표현하기
– 경험한 사건이 언제 일어났는지 일, 주, 월, 계절로 이해하기
– 일이 일어난 순서대로 그림을 배열하기
– 시간을 가리키는 표현을 사용해 사건을 서술하기
– 자신, 타인, 다른 사물의 위치를 기준으로 자신과 사물을 위치시키기
– 친숙한 환경에서 길 찾아가기
– 2차원(평면) 표상 시도하기
– 종이, 책 등을 지시와 목적에 따라 적절한 방향으로 잡고 바르게 사용하기
– 서술과 묘사에서 위치어(앞, 뒤, 왼, 오른, 위, 아래 등)를 적절히 사용하기

• 생물, 사물, 물질의 세계 탐색하기
– 동식물의 주요 발달단계를 사진이나 실제 상황에서 인식하기
– 동식물에게 꼭 필요한 것이 무엇인지 알기
– 인체 부위 이름과 위치 알기
– 위생 규칙을 알고 실천하기
– 상황에 적절한 도구와 재료를 알고 사용하기
– 계획이나 지시에 따라 간단한 3차원 모형 만들기
– 사진기, 태블릿, 컴퓨터 등 디지털 도구를 사용하기
– 주변 환경에 있는 위험요소를 고려하기</td></tr>
</table>

2. 오스트레일리아

1) 보육제도의 특징

(1) 주별 다양성

오스트레일리아는 가족 정책이나 일 · 가정 양립에 많은 투자를 해온 국가는 아니며, 유럽 국가 및 다른 OECD 국가에 비해 여성 취업률도 낮은 편이다. 그러나 1990년대 중반 이후 보육을 중요 사회정책 대상으로 인식하고 보육의 질 관리(예: 국가 품질 기준, 평가인증 제도)와 비용 지원체계(예: 소득수준별로 차등화된 부모보조금, 취업한 부모 대상의 세액 환금 형태의 보육비용 지원), 그리고 각종 수당체계를 통해 가족을 지원해 왔다(서문희, 이혜민, 2013).

오스트레일리아의 보육은 오스트레일리아 연방정부와 주 정부의 보육정책에 의해 영향을 받는다. 따라서 주마다 영유아보육기관을 부르는 명칭도 다양하고(preschool; early learning center; kindergarten), 이용 가능한 아동의 연령 및 부모가 내는 보육료도 다르다. 그러나 대개 취학 전 1년간 만 4세 아동을 대상으로 한 유치원 교육preschool programs은 무상으로 실시된다.

(2) 유치원과 보육시설의 소관부처 일원화

오스트레일리아는 유치원과 보육시설로 이원화된 체계를 통해 영유아 프로그램이 제공되는 나라이다. 유치원은 일찍이 1890년대부터 설치되었고, 아동교육과 사회성 발달을 중심 목표로 삼았다. 한편, 보육시설long day care은 주로 일하는 부모의 자녀를 보호하고 복지 요구를 충족시키는 것을 목적으로 해왔다. 그러나 최근에는 유치원과 보육시설의 소관부처가 교육부로 일원화되는 등 분리체계가 통합되는 방향으로 변하고 있다.

(3) 높은 민간 비율과 보육비용, 낮은 기관등록률

오스트레일리아의 종일제 보육시설 중에는 민간 보육시설이 공립 보육시설보다 많다. 이들 보육시설은 부모에게 매우 높은 요금을 부과하고 있고 그림 13-2와 같이 요금이 점점 더 높아지고 있다. 이는 오스트레일리아의 유아가 상대적으로 낮은 기관 등록률과 영유아 보육·교육 참여율을 보이는 원인이기도 하다. 이를 개선하기 위해 오스트레일리아 교육훈련부Department of Education and Training는 영유아 보육·교육 분야에 대한 재정적 지원을 늘리고, 최근에는 모든 3세 아동이 초등학교에 입학할 때까지 주당 15시간의 양질의 유아교육을 받을 수 있도록 하였다. 이처럼 만 3세 이상 아동에 대해 보편적 접근을 제공하는 방향으로 가고 있다.

2018년 중반부터 시행한 'New Child Care Package'는 유아 보육·교육 기관에 다니는 아동들의 등록비를 지원하지만, 저소득과 중간소득 가족을 대상으로 일정한 자격(합산 소득, 부모의 취업상태, 보육서비스 유형 등)을 갖춘 경우에만 제한적으로 제공된다.

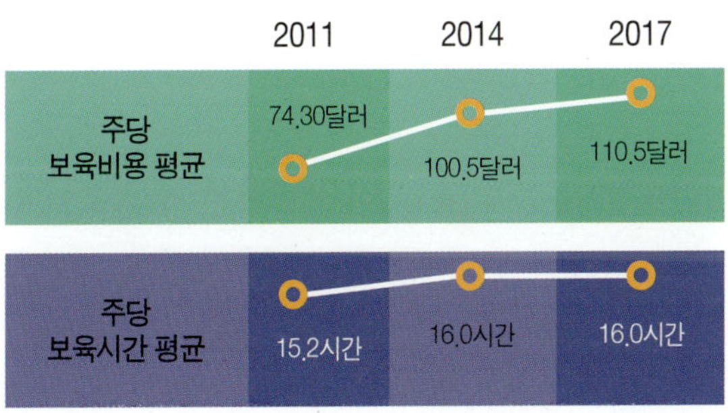

그림 13-2 오스트레일리아의 보육비용과 보육 이용시간

출처: 오스트레일리아 통계청(https://www.abs.gov.au/ausstats/abs@.nsf/cat/4402.0)

(4) 국가품질기준과 보육시설 평가인증제를 통한 보육의 질 관리

국가품질기준National Quality Framework, NQF는 오스트레일리아의 모든 영유아 보육서비스 제공자가 충족해야 할 기준의 목록으로, 아동이 질 높은 교육과 보육을 받도록 보

장하기 위해 만들어졌다. NQF는 7개의 품질영역에서 유아교육 서비스와 서비스 제공자를 평가한다. 영역 1은 교육 프로그램과 실천, 영역 2는 아동의 건강과 안전, 영역 3은 물리적 환경, 영역 4는 직원 현황, 영역 5는 아동과의 관계, 영역 6은 가족 및 지역사회와의 협력적 파트너십, 영역 7은 행정관리와 리더십이다. 보육시설은 오스트레일리아 아동교육보육품질국Australian Children's Education and Care Quality Authority, ACECQA에서 환경평가를 받고, 평가위원이 기관에 방문해 관찰을 통해 교사–아동 간 상호작용의 질을 평정한다. 각각의 영역 내에 하위 기준과 요소들이 있어서 이를 영유아보육센터가 충족하거나 충족하기 위한 노력을 진행 중이어야 한다.

2) 보육의 유형과 현황

(1) 보육 유형

오스트레일리아의 보육서비스는 크게 기관보육center-based day care, 가정보육family day care, 가정 내 보육home-based care, 방과 후 보육 네 가지로 나뉜다.

① 기관보육

기관보육에는 어린이집child care centers이 제공하는 종일제 보육long daycare, LDC과 유치원 또는 프리스쿨이 있다.

• 어린이집이 제공하는 종일제 보육(LDC)

어린이집의 종일제 보육은 정해진 요일에 규칙적으로 일하는 부모를 위한 보육서비스이며, 이외에 비정기적으로 짧은 시간에 이용할 수 있는 보육서비스인 일시보육occasional care도 운영되고 있다.

• 유치원

주마다 명칭이 달라 프리스쿨이라고도 한다. 교육과 보육을 제공하며 형태가 다양하다. 독립적으로 운영되는 사립 유치원private preschool center, 초등학교와 함께 위치한 유치원, 종일제 보육을 제공하는 어린이집과 공동 구역을 사용하는 유치원 등이 있다. 종일제 보육을 제공하는 어린이집은 대부분 유치원 프로그램을 포함하며, 어떤 주와 자치령에서는 유치원에 다니기보다 어린이집 내에 있는 유치원 프로그램에 다니는 유아들이 많다. 만 3~5세 아동을 대상으로 오전 9시부터 오후 3시까지 운영된다.

② 가정보육

가정보육은 승인된 보육사가 가정환경에서 소수의 영유아에게 보육을 제공하는 것이다.

③ 가정 내 보육

가정 내 보육은 조부모, 친척, 친구, 보모 등이 가정을 방문해서 보육하는 것을 말한다. 가정 내 보육에 대해 오스트레일리아 정부가 제공하는 재정 보조를 받으려면 일정한 조건을 만족시켜야 한다. 예를 들면, 부모가 정규적이지 않은 시간에 일하거나 지리적으로 고립된 지역에 살거나 가족 내에 특별한 어려움이 있는 경우에 가능하다.

④ 방과후 보육

방과 후 보육은 만 5~12세 아동 대상의 기관보육으로 방과 전·후, 학교 휴일에 보육을 제공한다.

(2) 보육 현황

2018년 오스트레일리아 통계청 자료에 따르면, 만 0~12세의 아동의 경우에는 조부모 등에 의한 비형식적informal 돌봄이 22.2%로 가장 큰 비중을 차지하고, 종일제 보육, 방과 전후·방학 중 보육 등 형식적formal 돌봄만을 이용하는 아동이 17.4%, 두 가지를 다 이용하는 아동이 9.7%로 나타났다그림 13-3. 그러나 연령을 나누어서 살펴보면, 만 2세 이하, 만 5~12세의 경우에는 비형식적 보육서비스의 이용률이 더 높고, 만 2~4세에는 형식적 보육서비스의 이용률이 더 높다.

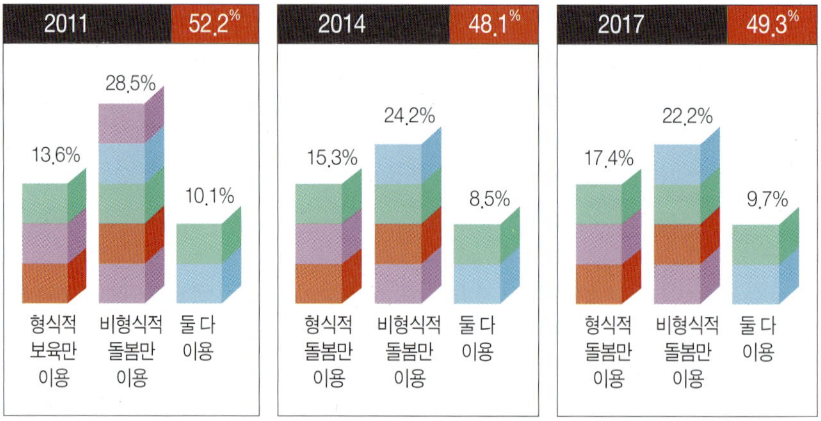

그림 13-3 오스트레일리아의 0~12세 아동 보육이용률

출처: 오스트레일리아 통계청(https://www.abs.gov.au/ausstats/abs@.nsf/cat/4402.0)

3) 국가 수준 보육과정

오스트레일리아의 국가 수준 보육과정의 명칭은 'Belonging, Being and Becoming: The Early Years Learning Framework for AustraliaEYLF'이다. EYLF는 2009년 7월에 도입된 오스트레일리아 최초의 국가 수준 보육과정으로, 0세부터 5세까지 그리고 학교로의 전이 동안 아동의 학습을 확장하고 풍부하게 하는 것을 목표로 한다. 영유아기가 아동의 학습과 발달에 결정적인 시기라는 인식에 기초하여 연방정부와 주정부, 유아교육 전문가들의 협력으로 개발되었다.

EYLF의 구성을 살펴보면, 먼저 아동의 학습에 대한 비전을 제시하고 보육과정을 이루는 요소를 제시한다. 그리고 각각의 요소에 대해 상세한 설명을 하여 교사가 영유아 보육·교육을 계획하고 실천하는 근거로 사용하도록 하고 있다.

(1) 아동의 학습에 대한 비전: 모든 아동은 흥미롭고 인생에서의 성공을 돕는 학습을 경험한다

EYLF는 아동의 삶에서 다음 세 가지 특징을 강조한다.

① 소속감

소속감Belonging이란 가족, 이웃, 문화집단 등 자신이 속한 사회와 자신이 참여하는 사회적 관계가 무엇인지를 아는 것을 말한다. 오스트레일리아의 보육과정은 이러한 소속감을 경험하는 것이 아동이 정체성과 미래의 자신의 모습을 형성하는 중요한 바탕이 된다고 본다.

② 존재감

존재감Being은 아동의 삶에서 '지금, 여기'의 중요성을 말한다. 아동이 자기 자신에 대해 알고 있는 것, 타인과 관계를 맺고 유지하는 것, 즐겁거나 어려운 일을 경험하는 것, 어려움에 맞서는 것 등 아동의 현재는 미래를 위한 준비만이 아니라 그 자체로서 중요하다고 본다.

③ 자아 형성

자아 형성Becoming은 영유아기는 아동의 정체성, 지식, 이해, 능력과 기술, 관계가 중요하게 변하는 시기임을 의미한다. 특히 아동이 사회 속에 능동적으로 참여하는 법을 배우는 것이 중요하다고 본다.

(2) 보육과정의 요소

EYLF는 원리Principles, 실천Practices, 학습결과Learning Outcomes의 세 가지 요소로 구성되어 있다. 원리는 교사가 보육·교육 활동을을 할 때 입각해야 할 원칙을 다섯 가지로 제시한 것이고, 실천은 아동의 학습을 촉진하는 실천방법을 여덟 가지로 제시한 것이다표 13-2.

또한 아동이 성취해야 할 다섯 가지 학습결과와 학습결과별 핵심요소를 표 13-3와 같이 제시하고, 아동이 이를 성취했을 때 보이는 구체적 행동과 이를 촉진하는 교사의 활동 예를 제공한다. 원리, 실천, 학습결과는 아동이 보육시설에서 경험하는 모든 상호작용과 사건, 일상적 일을 포괄한다.

표 13-2 오스트레일리아의 0~5세 국가 수준 보육과정 EYLF의 원리와 실천

5개의 원리(Principles)	8개의 실천(Practices)
• 안정적이고 상호 존중하는 관계 정립 • 파트너십 • 높은 기대와 평등 • 다양성 존중 • 지속적인 학습과 반성적 실천	• 총체적 접근 • 아동에 대한 반응성(민감성) • 놀이를 통한 배움 • 의도적 교수 • 학습 환경 • 문화적 유능성 • 배움의 연속성과 전이 • 학습 평가

표 13-3 오스트레일리아의 0~5세 국가 수준 보육과정 EYLF — 5개 학습결과와 학습결과별 핵심요소

5개 학습결과 (Learning Outcomes)	학습결과별 핵심요소
아동은 강한 정체감을 가진다.	• 안전하고 안정적이며 지지받는다고 느낀다. • 자율성, 상호 의존, 회복 탄력성, 주체성이 발달한다. • 충분한 지식과 자신감을 가진 자아정체성을 발달시킨다. • 타인과의 관계 속에서 배려, 공감, 존중하며 상호작용하는 것을 배운다.
아동은 세상과 연결되어 있고 세상에 기여한다.	• 집단과 공동체에 대한 강한 소속감을 느끼고, 능동적인 공동체 참여를 위해 필요한 상호 권리와 책임에 대한 이해를 발달시킨다. • 다양성을 존중하며 반응한다. • 공정함에 대해 인식하게 된다. • 사회적 책임을 알고 실천하게 되며, 환경에 대한 존중을 보인다.
아동은 강한 행복감을 가진다.	• 사회적, 정서적 행복을 느끼는 데 있어서 강해진다. • 자신의 건강과 신체적 행복에 대해 점점 더 많은 책임을 진다.

(계속)

5개 학습결과 (Learning Outcomes)	학습결과별 핵심요소
아동은 자신감 있고 능동적인 학습자이다.	• 호기심, 협동, 자신감, 창의성, 몰입, 열정, 지속성, 상상력, 성찰과 같은 학습 성향을 발달시킨다. • 문제 해결, 질문하기, 실험, 가설 수립, 조사하고 알아보기와 같은 기술과 과정을 발달시킨다. • 하나의 맥락에서 배운 것을 다른 맥락에 적용하고 일반화한다. • 사람, 장소, 기술, 자연물 및 인공물과의 연결을 통해 스스로 배운다.
아동은 효과적으로 의사소통한다.	• 다양한 목적을 위해 언어적, 비언어적으로 상호작용한다. • 다양한 문자를 경험하고 문자에서 의미를 획득한다. • 다양한 매체를 사용해 생각을 표현하고 의미를 만든다. • 상징과 패턴 체계가 어떻게 작동하는지 이해하기 시작한다. • 정보에 접근하고 생각을 조사, 표상하기 위해 정보통신기술을 사용한다.

4) 영유아 보육 · 교육 교직원

오스트레일리아의 영유아보육 · 교육 교사 자격증은 오스트레일리아 내의 모든 자격증을 관리하는 국가 차원의 단일화된 자격증 체계Australian Qualifications Framework, AQF에 기초한다(김명순 외, 2016). 또한 유치원 교사와 보육시설 교사의 자격 취득조건 체계 및 교사 양성의 관리를 통합하고 일원화하여 운영하고 있다.

오스트레일리아의 영유아 보육 · 교육 교사는 영유아교사Early Childhood teacher, ECT, 직업학교 학위 수준 교육자Diploma level educator, 자격증 3수준의 교육자Certificate III level educator의 세 가지 수준으로 나뉜다(김명순 외, 2016). 즉, 오스트레일리아에서는 영유아교사EC teacher라는 용어와 영유아 교육자EC educator라는 용어가 구분되어 사용되고 있다.

① 영유아교사(EC teacher)

영유아교사는 일반적으로 대학(전문대학, 3년 또는 4년제 대학)에서 영유아기에 관한 고등교육을 이수한 후 학사 또는 석사 학위와 같은 학위를 취득한 사람이다. 정해진 관련 과목 학점을 이수하고 영유아교사 자격증을 취득한 사람으로, 현재 영유아를 보육 · 교육하는 모든 보육시설은 기관에 등록된 영유아의 연령과 정원, 운영시간에 기초해 최소한으로 요구되는 영유아교사 수를 고용해야만 한다(ACECQA, 2018). 예를 들면, 뉴사우스웨일즈주에서는 1일 80명 이상이 등록된 센터는 1명의 전일제 영유아교사를 고용하거나, 주당 50시간 이상 운영하는 기관인 경우 1일 6시간 동안, 주당 50시간 미만 운영하는 기관인 경우 운영시간의 60% 동안 영유아교사가 있어야 한다(ACECQA, 2018). 2020년부터 이 요구사항은 2명의 영유아교사로 늘어날 예정이다. 그러나 만약 기관에 25명 미만의 영유아가 있을 경우에는 기관은 운영시간의 최소 20%의 시간 동안 1명의 영유아교사가 근무하면 된다. 이 경우 영유아교사는 영유아와 함께 있을 필요도 없어, 이러한 요구사항은 상호 정보 교류를 통해 해결될 수도 있다(ACECQA, 2018).

오스트레일리아는 영유아교사의 공급 부족을 겪고 있다. 이는 교사가 되기 위한 자격조건의 변화와 관련이 있다. 영유아교사의 전문성을 키우는 일이 중요한 과제라는 인식으로 인해 한때 오스트레일리아에서 유아교사가 되기 위해서는 학사학위뿐 아니라 석사학위까지 취득해야만 했다. 그러나 이러한 자격요건을 갖추면 초등학교 교사도 될 수 있었기 때문에 영유아교사 지원자가 감소하는 현상이 나타났다. 그 이후 자격요건이 다시 완화되었고, 학사학위를 취득했거나 2년간의 유아교육 석사학위를 취득한 사람은 모두 영유아교사가 될 수 있도록 허용되었다.

② 영유아교육자(EC educator)

직업학교 학위수준 교육자 자격증Diploma qualifications은 가정보육 코디네이터에게 필수적이고, 기관 중심 보육시설의 경우 교직원의 최소 50%에게 요구된다(김명순 외, 2016).

③ 자격증 3수준의 교육자(Certificate III level educator)

직업교육 훈련기관에서 교육을 받고 자격증 3을 취득한 사람이며, 이 자격증은 기관 중심 보육시설과 가정보육 교육자에게 필수적으로 요구된다.

표 13-4 오스트레일리아의 보육교직원(educator) 자격 요건

	위치	교직원 자격 요건
가정보육 서비스	가정보육 교직원	• 승인된 자격증 3(certificate Ⅲ) 수준의 교육, 보육 자격을 소지해야 함
	가정보육 코디네이터	• 승인된 디플로마(diploma) 수준의 교육, 보육 자격을 소지해야 함
기관 중심 서비스	**아동수**	**교직원 자격 요건**
	모든 서비스	• 교사 대 아동 비율에 들어가는 교직원은 모두 자격증 3(certificate Ⅲ) 수준의 교육, 보육 자격이 있어야 하며, 교직원의 최소 50%는 디플로마(diploma) 수준의 교육, 보육 자격이 있어야 함
	25명 미만	• 교육, 보육을 제공하는 시간의 최소 20%는 영유아교사(ECT)가 서비스에 참여해야 함
	25~59명	• 일주일에 50시간 이상 서비스를 제공하는 경우, 영유아교사(ECT)가 당일 6시간 동안 서비스에 참여해야 함 • 일주일에 50시간 미만 서비스를 제공하는 경우, 영유아교사(ECT)가 당일 서비스 시간의 60% 이상 참여해야 함

출처: Austrailian Children's Education & Care Quality Authority(2013)

3. 스웨덴

1) 보육의 특징

(1) 교육법(Education Act)의 규제를 받는 교육체계의 일부

스웨덴에서는 1996년부터 스웨덴 교육부The Swedish National Agency for Education; Skolverket가 공립 유아학교preschools와 학령기 아동의 보육을 관장하는 주 행정당국으로 기능해 왔다. 스웨덴의 취학 전 보육·교육 기관은 프리스쿨과 프리스쿨 클래스로 나뉜다. 1~5세 아동은 프리스쿨에, 6~7세 아동은 프리스쿨 클래스에 다닌다. 그러나 둘 다 교육부와 교육법에 의해 규제를 받아 전체가 커다란 하나의 체계에 속한다.

1세 미만 아동의 경우에는 모성휴가maternity leave(출산 전 또는 후 2주)가 의무적이고, 대다수 가족이 부모휴가parental leave를 사용하기 때문에 어린이집에 등록하기보다는 가정에서 보육하는 경우가 많다. 부모는 아동이 18개월이 될 때까지 240일의 부모휴가를 쓸 수 있다. 부모휴가 중 상당 기간(195일)이 월급에 기초한 유급 휴가이고, 나머지 45일은 일일 18유로로 정해진 금액을 받는다. 2008년에는 부와 모가 부모휴가를 평등하게 사용하면 경제적 보상을 받는 법이 도입되기까지 하였다.

일하는 부모에게는, 아동이 1세가 되면서부터 전일제로 유아교육 · 보육센터나 가정기반home-based 보육서비스에 등록할 자격이 주어진다. 2010년 교육법에 의하면, 지방자치단체는 부모가 일하거나 공부하는 1~12세 아동, 그리고 특별한 요구와 장애가 있는 아동에게 반드시 프리스쿨 서비스와 방과후 센터를 제공해야만 한다. 부모가 고용되지 않았거나 부모휴가 중인 아동에게도 하루에 최소 3시간 공공으로 운영되는 센터 또는 가정기반 보육서비스 이용 자격을 부여해야 한다. 2010년에는 만 3세가 되면 가을 학기부터 프리스쿨에서 연간 최소 525시간의 무료 보육을 받을 수 있게 되었다. 6세부터는 모든 아동이 1년 동안의 프리스쿨 클래스에 다닌다.

(2) 놀이, 참여, 민주주의 강조

스웨덴의 모든 프리스쿨 및 프리스쿨 클래스는 국가 수준 교육과정에서 제시하는 목표에 따라 보육과 교육을 해야 한다. 주된 접근방식은 놀이 중심이고, 특히 아동이 모든 수준에서 '참여'하는 것을 강조한다. 유아학교에서의 일상에서 모든 실천이 민주적 가치와 원칙에 따라 이루어져야 한다는 것이다.

(3) 현재의 과제: 보육인력 부족과 이민자 통합

스웨덴도 보육인력 부족 문제를 겪고 있다. 자격을 갖춘 보육인력의 부족현상은 양질의 평등한 교육을 제공할 가능성을 위협한다. 보육교사의 근무환경이 열악하고 업무 부담은 더 커지고 있어 보육교사 지원자가 지속적으로 감소해 왔으며, 현직 보육교사의 병가sick leave가 늘고 있는 추세이다.

또 하나의 과제는 이민자와 외국에서 출생한 가족 수 증가로 인해 이들의 자녀에게 양질의 유아교육을 어떻게 제공할 것인가이다. 사회통합을 위해 이 문제는 시급한 국가적 과제가 되었으며, 새로 개정된 교육과정에서 다양성에 대한 개방을 강조하여 이를 반영하고 있다.

2) 보육의 유형과 현황

(1) 보육 유형

① 프리스쿨(유아학교, förskola)

1~5세 아동을 위한 주된 보육 제공형태로서, 일반적으로 혼합연령 학급으로 운영된다. 1~3세반, 3~6세반으로 집단이 나뉘는 경우가 많다. 대부분 오전 6:30에 문을 열고 오후 6:30에 문을 닫는다.

② 프리스쿨 클래스(förskoleklass)

프리스쿨과 학교교육을 잇는 1년의 연계학급으로 6~7세 아동이 다닌다. 학교 안에 위치해 있고, 1년에 최소 525시간에 대한 등록금이 제공된다. 1998년에 만들어졌으며 학교 입학 전년도에 거의 모든 아동이 다니는 기관으로서 2015/2016 학년을 기준으로 6세 아동의 96.5%가 다녔다. 최근 프리스쿨 클래스는 의무교육화되었다.

③ 개방 프리스쿨(öppen förskola)

보육시설에 다니지 않는 아동을 위해 부모가 유사시에 지역사회에서 아이를 언제든지 맡길 수 있는 곳인 동시에 가족보육 제공자들을 위한 곳이기도 하다. 지자체에서 자금을 지원하고 일반적으로 완전한 자격을 갖춘 유아교사에 의해 감독된다. 교육적 돌봄의 형태를 띠지만, 직원의 전문적 자격에 관해서는 구체적인 요건이 없다.

④ 가족 보육(familijedaghem)

가정에 기반한home-based 교육적 돌봄의 형태이다. 보육 · 교육과정에 대한 특별한 규제가 없으며, 가족보육사로서 일하는 사람에게도 요구되는 전문적인 자격요건이 없다. 비록 가족보육이 교육체계의 일부로 여겨지지는 않지만, '교육법 2010'에서는 교육적pedagogical 돌봄도 아동의 발달과 학습을 자극해야 한다고 명시하고 있다. 이러한 시설은 1~12세의 아동을 위한 시설이지만, 대부분 3세까지의 자녀가 있는 가족들이 이용하고 있으며, 등록된 가족 보육제공자에 의해 제공되고 있다.

⑤ 여가시간센터(fritidshem)

여가시간센터는 학교가 문을 열지 않는 시간이나 휴교 시에 프리스쿨 클래스나 학교에 다니는 아동들에게 돌봄과 활동 및 교육을 제공하는 방과후 센터이다. 부모가 일을 하거나 공부를 하거나 추가적인 지원이 필요한 6~12세 아동이 이용 가능하다.

(2) 보육 현황

스웨덴의 대다수 보육시설은 지방자치단체에 의해 제공되고 운영된다. 즉, 공립으로 운영되는 프리스쿨에 다니는 아동이 독립적으로 운영되는 민간 프리스쿨에 다니는 아동보다 더 많다. 영유아의 기관 등록률은 높은 편이다. 2015/2016학년도를 기준으로, 1~5세 아동의 83%가 프리스쿨에 다니고 있었다. 연령별로는 1세 아동의 48%, 2세 아동의 88%, 3세 아동의 92%가 프리스쿨에 다녔으며 4, 5세 아동의 94%가 프리스쿨에 다니고 있었다.

스웨덴의 보육은 완전한 무상보육은 아니며, 소득에 따라 보육료가 계산되고 보육료의 상한이 있다. 아동이 만 3세가 되면, 연 525시간(주당 15시간 정도)에 대해서는 무상보육이 제공된다. 6~7세가 다니는 프리스쿨 클래스에 대해서는 부모가 보육료를 내지 않는다.

스웨덴의 교사 대 아동 비율은 지자체에서 기준을 조절하고 감독하는 책임을 갖는다. 전반적으로 교사 대 아동 비율은 낮지만 실제 실행되고 있는 비율은 환경과 집단 구성에 따라 다르다. 예를 들면 특수한 요구를 지닌 아동의 수나 특별한 언어적 도움을 필요로 하는 이민자 아동의 수 등을 고려해 교사 대 아동 비율이 달라진다. 권고안에서는 1~3세의 경우 6~12명, 4~5세 아동은 9~15명이 적합한 것으로 제시되고 있다. 현재 교사 대 아동 비율의 평균은 프리스쿨의 경우 1:5.2이고 프리스쿨 클래스의 경우 1:16.4이다.

3) 국가 수준 보육과정

스웨덴의 국가 수준 보육·교육 과정은 1998년에 만들어지고 2010년에 1차 개정, 2018년에 2차 개정되어 2019년 7월부터 현 국가 수준 보육·교육 과정인 Lpfö18이 시행되고 있다. Lpfö18은 추구할 목표를 영역별로 제시한 이전 버전(수학, 기술, 자연; 운동, 건강, 신체 인식; 미적 표현; 언어 등)에 비해, 아동의 권리, 장애, 소수자의 권리, 원주민의 권리 등을 더 강조한다. 크게 두 부분으로 구성되어 있으며, 첫 번째 부분은 스웨덴 교육이 추구하는 근본적 가치와 프리스쿨의 사명을, 두 번째 부분은 프리스쿨이 달성해야 하는 구체적 목표goals와 이를 위한 구체적 지침guidelines을 제시하고 있다.

(1) 교육의 근본적 가치와 프리스쿨의 사명

① 교육의 근본적 가치

Lpfö18은 프리스쿨 교육의 목적이 아동의 지식과 가치 습득에 있음을 명시하고 있다. 모든 아동의 발달과 학습을 촉진하고 평생 배우고자 하는 욕구를 개발하도록 돕고자 한다. 또한 민주적 절차와 평등, 권리 존중을 강조하며, 지속 가능한 발달의 기초를 세울 것, 아동에게 최선의 이익이 되는지에 기초해 교육이 이루어질 것, 아동이 참여와 영향을 미칠 권리를 가지며 그러한 권리를 인식하고 있을 것이 강조된다. Lpfö18은 교육의 근본적 가치를 표 13-5와 같이 세 가지로 정리하여 제시하고 있다.

표 13-5 스웨덴의 국가 수준 보육과정

스웨덴 교육의 근본적 가치	
타인에 대한 이해와 공감	• 모든 개인은 고유한 가치를 가지고 있음을 인정하고 존중 • 타인이 처한 상황을 이해하고 공감하며 배려 • 차이 존중과 차이에 대한 개방적 자세
객관성과 포괄성	• 아동의 환경이 어느 한쪽 입장에 의해 영향을 받아서는 아니 됨을 의미 • 아동이 생각을 표현할 수 있는 환경을 조성하고 아동 의견을 교육에 반영 • 프리스쿨에서의 모든 조치와 교사의 행동이 민주주의 사회에서 작동하는 권리와 의무의 모델이 되어야 함
평등한 교육	• 아동이 처한 조건과 욕구의 차이를 고려해 자원의 분배와 교육환경의 구조를 달리 함을 의미 • 평등한 권리와 기회 강조(더 많은 안내와 자극, 지원이 필요한 아동에 더 많은 관심) • 성별과 관계없이 놀고 배우고 발달하도록 함

② 프리스쿨의 사명

보육, 발달, 학습이 전체를 형성한다는 총체적 관점을 토대로, 프리스쿨이 수행해야 하는 임무를 다음과 같이 제시하고 있다.

첫째, 프리스쿨은 가정과 협력하여 아동이 능동적이고 창의적이며, 유능하고 책임감 있는 사회구성원이 되도록 촉진해야 한다. 발달과 학습은 동시에 일어나기 때문에 프리스쿨은 아동에게 발달에 안전한 환경과 배움의 욕구 충족을 둘 다 제공하여야 한다. 안전, 신뢰, 자신감, 호기심, 흥미 등 발달과 건강 및 행복을 촉진하는 일이 동시에 일어나야 하며, 좋은 환경을 제공하고 잘 균형잡힌 일상의 리듬을 제공해야 한다.

둘째, 발달, 학습, 행복의 기초로서 놀이가 중심이 되어야 한다. 놀이는 아동이 제안하고 시작하는 놀이와 교사 등 누군가에 의해 소개되는 놀이 둘 다를 포함하며 두 종류의 놀이가 모두 일어날 수 있는 환경이 제공되어야 한다.

셋째, 의사소통과 창조의 중요성을 강조한다. 다양한 방식으로 소통하는 것을 격려하면서도 이후 학습과 협력에 중요한 스웨덴어의 습득을 자극하도록 하고 있다. 동시에 소수 국적의 언어와 문화를 보호하는 것을 돕기 위해 이들이 모국어와 스웨덴어를 같이 배우도록 한다. 듣지 못하는 청각 손상 아동들에게는 수화로 언어발달을 촉진한다.

아동에게는 창조적 활동을 할 수 있는 시간과 공간, 평화가 주어져야 한다. 여러 미학적 형태를 사용할 수 있도록 하고, 수학을 사용해서 환경을 조사하고 문제를 해결할 수 있는 기회를 주어야 한다. 또한 디지털 기술에 대해 비판적이고, 책임 있는 태도를 발전시킬 경험을 제공한다.

넷째, 지속 가능한 발전, 건강, 행복이다. 이는 교육이 아동으로 하여금 미래에 대해 긍정적 믿음을, 환경과 자연에 대해서는 생태적 접근을 갖도록 하는 것이다. 이를 위해 자연, 사회, 기술에 대한 지식과 흥미를 자극한다. 자연 속에서 신체활동에 참여하고 시간을 보냄으로써 운동성을 개발하도록 기회를 제공한다. 움직임의 기쁨과 능동적으로 신체를 이용하는 것에 대한 흥미를 개발하도록 한다. 교육은 신체 행동, 영양가 있는 식사, 건강한 생활양식이 아동의 자연스러운 하루일과가 되도록 함으로써 이것이 건강과 행복에 어떻게 영향을 미칠 수 있는지를 아동이 배울 수 있도록 하는 것이다.

(2) 목표와 지침

스웨덴의 프리스쿨 교육과정은 다음과 같은 8개 부분에 대해 구체적인 목표를 제시하고 있다. 또한 그러한 목표가 이루어지기 위한 교육 인력의 책임을 지침으로 나열하고 있다.

- 규범과 가치
- 보육, 발달, 학습
- 아동의 참여와 영향
- 프리스쿨과 가정의 협력
- 다음 과정(프리스쿨 클래스와 학교교육)으로의 전이와 협력
- 후속 평가와 개발
- 가르침teaching에 있어서 교사의 책임
- 원장the head의 책임

예를 들어, '규범과 가치' 부분에서는 개방성, 존중, 타인에 대한 공감, 기꺼이 돕고자 하는 성향, 일상의 상황에서 윤리적 딜레마를 발견하고 이에 대해 숙고하고 해결해 나가는 능력 등이 발달할 수 있는 환경을 마련해 주는 것을 구체적 목표로 제시하고 있다. 또한 지침에서는 이를 위한 교사의 책임으로 아동의 욕구를 존중하고 충족될 수 있도록 도울 것, 아동과 관련된 일에 민주적 접근을 적용하고, 성 평등 관점을 실천할 것, 아동이 집단 내에서 협동하고 공존할 수 있도록 하는 규범과 접근을 발달시킬 것 등을 제시한다. 더불어, 모든 교육인력은 아동이 책임감 있는 사회구성원이 되어가도록 보호자와 협력하고 논의해야 함 등을 제시하고 있다.

한편, 프리스쿨 클래스의 경우는 목표와 지침이 '의무교육, 프리스쿨 클래스, 방과후 센터를 위한 커리큘럼'(2016년 개정)에 제시되어 있다. 놀이를 통해 학생의 발달과 학습을 촉진하고자 하며, 집단 내에서의 협력을 중시하는 점 등이 프리스쿨 교육과정과 공통적이면서도 과목화되고 영역화된 교육목표를 제시하고 있는 것은 학교 교육과정과 유사하다. 구체적으로, 언어와 의사소통, 창조적이고 미적인 표현 형태, 수학적 사고와 표현 형식, 자연과 공학 및 사회, 게임과 신체활동 및 실외 소풍의 핵심내용 영역core contents을 제시하고, 핵심내용 영역별로 발달하여야 할 능력을 제시하고 있다. 소수의 프리스쿨 클래스는 몬테소리, 발도르프 같은 특정 접근에 따라 운영되기도 하나, 어떤 경우이든 교사는 국가 수준의 커리큘럼에 제시된 목표와 관련된 활동계획을 짜고, 학교가 그에 대한 전반적 감독과 책임을 맡는다.

4. 덴마크

1) 보육제도의 특징

(1) 보육의 공공화, 부분적 무상보육

덴마크는 보육을 국가와 가족의 책임이라고 보고 보육정책을 공공적 차원에서 시행하고 있다(박은혜, 장민영, 2014). 0~6세 아동에게 보육시설을 이용할 수 있는 법적 권리를 부여하고 있어, 모든 아동은 생후 26주부터 보육시설을 이용할 수 있다.

덴마크는 공보육에 대한 투자가 많은 국가이다. 덴마크의 보육기관은 공립 비율이 높아서, 유아원의 55.1%, 유치원의 62.8%, 연령 통합 기관의 74.5%가 공립이다. 또한 보육기관의 운영비 중 부모 부담금은 30%를 넘지 않도록 하고 나머지는 지방정부가 부담하도록 규정하고 있다. 공립 보육기관에 대해서는 원비 상한제를 실시하여 보육시설 이용으로 인한 부모의 경제적 부담을 완화하고 있다(박언하, 2017). 덴마크는 정부가 지출하는 총 보육·교육비용 규모가 GDP 대비 2.0%를 차지한다. 이는 OECD 30개국 평균(0.8%)의 2배가 넘고, 스웨덴(1.6%)과 핀란드(1.1%)보다도 높은 수준이다(OECD family database).

(2) 여성의 노동권 중시

덴마크 보육정책의 대표적 특징은 모의 노동권을 중시하는 흐름 속에서 보육, 특히 영아보육에 대한 투자가 집중적으로 이루어지고 있다는 점이다(박언하, 2017). 덴마크는 북유럽 국가 중에서도 안정적인 출산율과 낮은 초산연령을 보이는데, 노동권을 보장하기 위한 보육의 사회화가 여성 고용 증대뿐만 아니라 저출산 문제 해결에도 상당한 기여를 한 것으로 평가된다.

(3) 유아교육과 보육의 통합된 일원화 체계

덴마크는 2011년부터 유아교육과 보육을 통합하여 교육부Ministry of Children and Education가 총괄하였다가, 2016년 말부터 아동사회부The Ministry of Children and Social Affairs가 책임지고 있다. 또한 보육법The Act on Day Care의 규제를 받는다. 덴마크 프리스쿨의 역사는 1820년대 일하는 부모의 자녀를 돌보기 위해 설립된 데서 출발해 1850년대~1900년대에 보다 교육적 목적을 가진 프리스쿨이 생겨났다. 1933년에 운영비의 절반을 국가에서 지원하게 되었고 그때부터 국가와 지방정부가 보육기관에 대한 재정적 책임과 교육적 책임을 맡아왔다. 1960, 1970년대에 걸쳐 유아교육을 받을 권리가 모두에게 법적으로 주어졌다.

(4) 지방정부의 결정과 책임

덴마크의 영유아 보육·교육에서는 지방정부의 역할이 크다. 보육시설과 가정보육 공급의 총량, 보육 지원 규모와 지원 대상 아동 연령 등 각 지방정부가 독자적으로 결정한다. 만일 지방정부가 법으로 보장된 보육을 아동과 부모에게 제공하지 못하면 경제적 징벌을 받는다.

2) 보육의 유형과 현황

(1) 보육 유형

취학 전 아동을 위한 보육·교육 서비스는 크게는 기관보육Daginstitutioner과 가정보육Dagpleje 두 가지 형태로 구분된다. 덴마크의 모든 영유아 보육·교육 서비스는 종일제를 기본으로 한다. 보통 월~금요일 오전 6시 30분 또는 7시부터 오후 5시까지, 금요일은 오후 4시까지 하루 10시간 이상, 연중무휴 주 5일제로 운영된다. 이외에 간호사 등 교대근무자들을 위하여 밤늦은 시간까지 운영되는 기관이 소수 있다. 일주일에 최대 48시간 이용 가능하다.

기관보육 유형에는 유아원crèche, 유치원kindergartens, 연령 통합 기관age-integrated institutions 등이 있다.

① 유아원(vuggestuer; crèches)

생후 26주~3세의 아동을 돌보는 기관이다. 1일 10시간, 주 5일 운영한다. 30~60명을 수용한다.

② 유치원(børnehaver; kindergartens)

만 3~6세의 아동을 돌보며 교육하는 기관이다. 1일 10시간, 주 5일 운영하며, 보통 20~80명의 아동을 수용한다. 특히 만 6세를 대상으로 하는 유치원 학급b ø rnehaveklasser; kindergarten class; pre-primary school은 초등 예비학급으로 덴마크의 의무교육이 시작되는 첫해에 해당한다. 1일 3~6시간 운영되며, 대부분이 공립이지만 사립도 소수 존재한다. 초등학교와 함께 위치한 경우가 많다.

③ 연령 통합 기관(age-integrated institutions)

생후 26주~6세의 아동 및 12세까지의 방과후 아동을 대상으로 한다. 1일 10시간, 주 5일 운영한다. 40명에서 150명까지 수용할 수 있다.

④ 가정보육(dagpleje)

보육시설서비스와 달리 가정보육dagpleje은 보육모childminder가 자신의 집에서 아동을 돌보는 것으로, 하루 9시간까지 보육서비스를 제공한다. 생후 26주부터 3세까지의 아동을 주로 돌보지만, 일부 가정보육은 3~5세 유아를 돌보기도 한다(박언하, 2017). 보육모 1명이 돌볼 수 있는 아동은 1일 최대 5명이며, 아동을 추가로 돌봐야 하는 상황이 발생할 경우에는 최대 10명까지 보육이 가능하다. 공립 가정보육과 민간 가정보육이 있으며, 지방정부가 가정보육모 수를 결정한다. 또한 가정보육모의 선택, 훈련, 감독, 급여 지급도 지방정부가 맡는다.

그림 13-4 덴마크의 한 가정보육(dagpleje) 모습

출처: Birte's private daycare in Bolbro 홈페이지(http://www.birtesprivatepasningsordningiodense.dk/35684498)

(2) 보육 현황

덴마크는 보육시설을 이용하는 아동의 비율이 매우 높다. 만 1세와 6세 사이 아동의 98%가 영유아 보육 · 교육 기관에 다니며, 이 중 38%가 기관에서 하루 8시간 이상을 보낸다(Winther-Lindqvist & Svinth, 2018). 대부분의 기관이 공립으로, 지방정부에 의해 운영된다.

가정보육을 포함한 보육서비스 이용률을 살펴본 2014년 기준 자료에 따르면, 만 3~5세의 98%가 보육서비스를 이용하고 있다(OECD, 2017). 이는 OECD 평균 83.8%보다 높으며 노르딕 국가 중에서도 높은 수치이다. 1~2세는 89.6%로 높은 편이며, 0세는 17.7% 정도이다. 0~2세를 합한 이용률은 2014년 기준 65.2%로 OECD 평균 38.1%의 두 배 가까이 되며, 스웨덴 등 북유럽 국가들보다도 상당히 높은 편이다. 2014년 기준으로 보육서비스 등록 아동의 대다수가 연령 통합 기관을 이용하고 있으며 나머지는 유치원, 유아원 순이다.

한편, 덴마크는 교사 대 아동 비율 또는 아동을 돌보는 성인의 자격요건에 대한 국가 수준의 규정이 없다. 그러나 가정보육은 일반적으로 1:5를 기준으로 한다. 2014년 교사 대 아동 비율은 3~5세 아동의 경우 6.4명, 0~2세 아동의 경우 3.7명이었다.

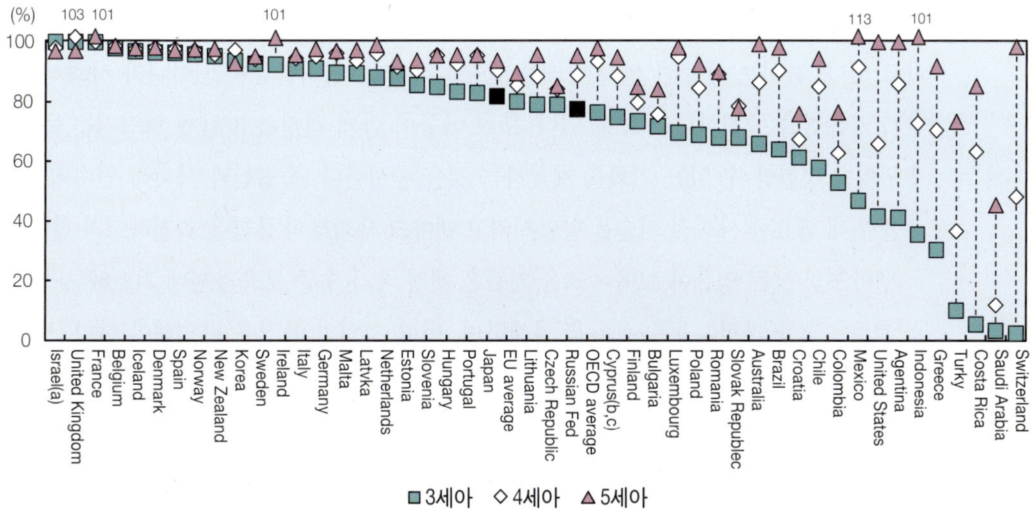

그림 13-5 2017년 기준 3~5세 유아교육 또는 취학 참여율

출처: OECD family database

3) 국가 수준 보육과정

2018년 7월부터 효력이 발생한 덴마크의 개정 보육 · 교육과정ECEC educational curriculum은 0~6세를 대상으로 하며, 다음과 같은 내용을 포함한다.

- 교육의 기초pedagogical foundation : 덴마크의 영유아 보육 · 교육의 핵심가치와 접근법 설명
- 여섯 가지 주제themes
  - –성격 발달
  - –사회적 기술
  - –의사소통 및 언어
  - –신체, 감각, 동작
  - –문화, 심미감, 사회
  - –자연, 실외생활, 과학

개정된 보육·교육 과정은 특히 아동의 놀이, 호기심, 사회적 관계의 중요성을 강조하고 있다. 놀이는 아동의 행복과 배움에 근본적이며, 인지발달뿐만 아니라 사회적 기술과 자존감을 증진한다고 보고 있다. 또한 아동이 함께 결정하고 함께 책임지는 등 민주주의를 경험할 수 있는 기회를 제공하는 것을 중시한다. 독립심과 사회적 연대 및 결속을 위해 필요한 사회적 기술을 발달시키고 덴마크 사회로의 통합을 촉진하고자 한다.

덴마크의 모든 영유아 보육·교육 기관은 개정 국가 수준 보육과정에 기초해 자신들의 보육·교육 과정local curricula을 설계하며, 이때 지역의 특징을 반영해야 한다. 또한 0~2세 아동을 위한 보육과정과 3세부터 취학 전 아동을 위한 보육과정을 계획하고 이에 따라 운영해야 한다.

보육시설장은 보육·교육 과정을 계획하고 공표할 책임이 있으며, 2년에 한 번 보육·교육 과정을 평가하고 그 결과를 알려야 한다. 지방의회는 보육시설이 제출한 보육·교육 과정을 승인하고, 보육시설에서 실시한 평가결과에 기초해 추가 조치를 취할 것인지 결정한다. 가정보육을 위한 보육·교육 과정은 지방정부의 가정보육 계획에 근거하여 마련된다.

한편, 덴마크는 2007년 8월부터 언어자극이 필요할 가능성을 보이는 3세 아동에게 언어평가를 실시하도록 하고 있다. 지방의회는 언어평가를 통해 언어적 자극(또는 치료)이 필요하다고 판단되는 아동에게 반드시 지원을 제공하도록 하고 있다(양미선, 2017).

마지막으로, 덴마크의 보육기관은 교육적 접근은 다양하나 일반적으로 하루에 3~4시간을 실외에서 보낸다. 점심식사, 간식, 대집단활동 시간을 제외하고 아동들이 성인이 제시하는 활동에 참여하는 시간은 보통 하루에 30분 정도이다. 그 외에는 누구와 어떤 놀이를 할지 자유롭게 선택한다.

4) 영유아 보육·교육 교직원

보육시설에서 중심적 역할을 하는 교사인 페다고그pedagogue는 학사학위 소지자로, 전체 종사자의 약 60%를 차지한다. 이는 북유럽 국가 중 가장 높은 비율이다. 보조교사educator assistant는 학사학위 소지자 교사를 지원한다(양미선, 2017; Oxford Bibliographies). 교사 보조가 되기 위한 최소학력 요건은 없다. 대부분 1~2년 임시직을 원하는 젊은이들이다(Jensen, 2017).

가정보육사child minders에 대한 법적 자격기준은 없으나 최소 3주간의 사전교육을 받도록 하고 있다.

덴마크는 8개 대학을 통해 3년 반 과정의 사회교육 학사과정을 제공한다. 사회교육 학사과정을 마치면 아동, 청소년, 노인에 이르기까지 모든 돌봄 분야에서 일할 자격을 취득하게 된다. 한편, 2013년 기준 사회교육 학사과정의 성비는 남학생이 약 30%이었다. 그러나 실제 영유아 보육·교육 현장의 남성 교사 비율은 이보다 훨씬 낮은 8.5% 정도였다(송다영, 2018). 교사를 포함한 교직원 중 크레쉬의 경우 9%, 3~6세 아동 보육기관의 경우 13%, 0~6세 통합보육기관의 경우 13%가 남성 교직원이었다.

표 13-6 덴마크의 보육시설 인력 유형, 양성교육 및 자격기준

연령 구분	서비스 유형	명칭	양성교육	자격기준
0~2세	가정보육 (childminding)	가정보육사 (childminder)	3주	적성 및 이전 경력
	유아원 (creches)	교사(pedagogue)	최소 3.5년제 대학 졸업	학사학위 (사회교육 전공)
		교사보조(peda-gogue assistant)	훈련기간 없음 직업교육 수준	중등학교 직업교육 (교사보조 자격)
	연령 통합 기관 (age-integrated institutions)	교사(pedagogue)	최소 3.5년제 대학 졸업	학사학위 (취학전 교육 전공)
3~5세	유치원 (kindergartens)	교사(pedagogue)	최소 3.5년제 대학 졸업	학사학위 (취학전 교육 전공)
	연령 통합 기관 (age-integrated institutions)	교사(pedagogue)	최소 3.5년제 대학 졸업	학사학위 (취학전 교육 전공)

출처: Danish Ministry for Children and Education(2012)

더 알아보기 ⑬-①

4개국의 보육기관 홈페이지를 찾아보고 일과를 살펴보자.

예) https://www.mandelieu.fr/services-publics/education/ecoles-maternelles.php
https://www.youtube.com/watch?v=R1o3EnuQq6g
https://www.youtube.com/watch?v=WHfeyjuZz9o
https://www.youtube.com/watch?v=Jkiij9dJfcw
https://www.youtube.com/watch?v=_EkYQPeSn7M

더 알아보기 ⑬-②

형식적 교육은 언제 시작하는 것이 좋은가? 어떤 연구 결과에 의하면 학교 교육을 늦게 시작한 아동들이 학교에서 부주의하거나 과잉행동을 할 가능성이 더 적은 것으로 나타났다. 유럽에서 가장 높은 학업성취도를 보이는 두 국가인 핀란드와 에스토니아는 7세에 학교교육을 시작한다. 다음은 몇몇 유럽 국가들의 의무교육 시작 연령이다. 이밖에 세계 여러 나라의 의무교육 시작 연령을 조사해 보고, 형식적 교육을 언제, 어떻게 시작하는 것이 좋을지 토의해 보자. 토의를 위해 관련 논문을 찾아보는 것도 좋다.

- 3세 : 헝가리
- 4세 : 영국, 그리스, 네덜란드, 폴란드
- 6세 : 오스트리아, 벨기에, 체코, 덴마크, 이탈리아, 독일, 아이슬란드, 노르웨이, 포르투갈, 터키
- 7세 : 불가리아, 에스토니아, 핀란드, 리투아니아, 스웨덴

참고문헌

김명순, 신윤승, 이세원, 서재화(2016). 영유아교사 전문성 관련체제 고찰: 미국, 영국, 호주를 중심으로. **한국보육지원학회지**, 12(4), 151-181.

박언하(2017). 노르딕 4개국의 보육정책 사례를 통한 우리나라 보육 및 육아지원정책 방향에 관한 연구. **한국생활과학회지**, 26(6). 513-527.

박은혜, 장민영(2014). 통합 요소별로 살펴본 8개국의 유아교육과 보육 통합 현황 비교: 노르웨이, 뉴질랜드, 덴마크, 스웨덴, 영국, 일본, 프랑스, 핀란드. **교육과학연구**, 45(1), 149-180.

서문희, 이혜민(2013). **호주의 보육 · 유아교육 정책 동향**. 세계육아정책동향시리즈 13. 육아정책연구소.

송다영(2018). 사회적 돌봄 부문으로의 남성참여 확대를 위한 시론적 연구: 유럽 국가들의 경험을 중심으로. **한구경서학**, 34(4). 207-238.

양미선(2017). **덴마크 보육 · 유아교육 정책 동향**. 세계육아정책동향시리즈 20. 육아정책연구소.

홍승아(2005). 복지국가 재편과 젠더: 프랑스 보육정책을 중심으로. **여성연구**, 69, 139-173.

ACECQA (2018). Guide to the national quality framework. Retrieved from http://www.acecqa.gov.au/files/National-Quality-Resources-Kit/NQF-Resouece-03-Guide-to-NQS.pdf.

Australian Children's Education & Care Quality Authority (2013). Guilde to the Education and Care Services National Law and the Education and Care Service National Regulatons 2011.

Danish Ministry for Children and Education (2012). Fakta om dagtilbud.

EACEA (2018). Teaching and learning in programmes for children under 2-3 years. https://eacea.ec.europa.eu/national-policies/eurydice/france/teaching-and-learning-programmes-children-under-2-3-years_en.

EACEA (2019). Key data on early childhood education and care in Europe. Publications Office of the European Union: Luxembourg.

Jensen, J.J. (2017). Denmark−ECEC workforce profile. In Workforce Profies inSystems of Early Childhood Educaion and Care in Europe, edited by P. Oberhuemer and I. Schreyer.

OECD Family Database. http://www.oecd.org/els/family/database.htm

OECD (2017). Country background report Denmark – Transitions from ECEC to school. The Ministry for Children and Social Affairs.

Schreyer, I., & Oberhuemer, P. (2017a). "France–Key Contextual Data". In Workforce Profiles in Systems of Early Childhood Education and Care in Europe, edited by P. Oberhuemer and I. Schreyer. www.seepro. eu/English/Country_Reports.htm.

Schreyer, I., & Oberhuemer, P. (2017b). "Sweden−Key Contetual Data". In Workforce Profiles in Systems of Early Childhood Education and Care in Europe, edited by P. Oberhuemer and I. Schreyer.

The Ministry of Social Affairs (2000). Early Childhood and Care Policy in Denmark–Background Report. OECD Thematic Review of Early Childhood Educaiotn and Care Policy. ISBN: 87−7546−020−3.

Winther−Lindqvist, D. A., & Svinth, L. (2018). Early childhood education and care (ECEC) in Denmark. Oxford Bibliographies. DOI: 10.1093/OBO/9780199756810−0093 https://www.oxfordbibliographies.com/view/document/obo−9780199756810/obo−9780199756810−0093.xml.EPIC 2016

참고 사이트

오스트레일리아 통계청(https://www.abs.gov.au/ausstats/abs@.nsf/cat/4402.0)

Birte's private daycare in Bolbro 홈페이지(http://www.birtesprivatepasningsordningiodense.dk/35684498)

찾아보기

ㅅ

ㅇ

ㅈ

저자소개

민미희 서울대학교 대학원 아동학전공 박사
한국보육진흥원 팀장
현 서경대학교 아동학과 교수

김정민 서울대학교 대학원 아동학전공 박사
서울대학교 어린이보육지원센터 느티나무어린이집 원장
현 대구가톨릭대학교 아동학과 교수

김지현 서울대학교 대학원 아동학전공 박사
서울대학교 생활과학대학 어린이집 원장
현 명지대학교 아동학과 교수

김유미 서울대학교 대학원 아동학전공 박사
서울대학교 어린이보육지원센터 느티나무어린이집 원장
현 숙명여자대학교 교육대학원 교수

박유정 Cornell University Human Development 박사
서울대학교 생활과학대학 어린이집 교사
현 서울대학교 아동가족학과 교수

조우미 서울대학교 대학원 아동학전공 박사
서울법원 바로미어린이집 원장
현 대구가톨릭대학교 아동학과 교수

제4차 어린이집 표준보육과정을 반영한

보육학개론

2020년 9월 1일 초판 인쇄
2020년 9월 5일 초판 발행

지은이 | 민미희 김정민 김지현 김유미 박유정 조우미

발행인 | 유제구
발행처 | 도서출판 파워북
주 소 | 경기도 고양시 일산동구 호수로 358-25
동문타워2차 529호
전 화 | (02) 730-1412
F A X | (031) 908-1410
등 록 | 1997. 1. 31 제 2014-000067호

정가 23,000원
ISBN 978-89-8160-428-8(93370)